ALFRED HITCHCOCK

MEINE SCHRECKLICHSTEN MÖRDERSTUNDEN

ALFRED HITCHCOCK

MEINE SCHRECKLICHSTEN MÖRDERSTUNDEN

VERLEGT BEI
KAISER

Meine schrecklichsten Mörderstunden – Titel des Originals: Mortal Errors
Einzig berechtigte Übertragung aus dem Amerikanischen von Ute Forsythe-Jauch und Ingrid Herrmann

Meine besten Mordsfälle
Einzig berechtigte Übertragung aus dem Amerikanischen von Ingrid Herrmann, Michael K. Georgi, Ute Forsythe-Jauch und Walter Spiegl

Meine exquisiten Mörderstunden
Einzig berichtigte Übertragung aus dem Amerikanischen von Ute Forsythe-Jauch, Bodo Baumann, Ingrid Hermann und Bruni Sautter

Berechtigte Ausgabe für den Neuen Kaiser Verlag – Gesellschaft m. b. H., Klagenfurt, mit Genehmigung des Scherz Verlages, Bern und München

Schutzumschlag; Mario Oberhofer unter Verwendung eines Fotos von Hubertus Mall, Stuttgart
Satz: Times 10 pt Context OEG, 9300 St. Veit/Glan
Gesamtherstellung: Gorenjski Tisk, Kranj – Slowenien

Wo ist Milo?

Fletcher Flora

Es war noch früh, und es stand zehn zu eins, daß Kitty sich verspäten würde. Also holte ich mir einen Gin Tonic an der Bar, wechselte einen Dollar in Fünfcentstücke und ging in den kleinen Nebenraum mit den Spielautomaten. Ich trank den Gin Tonic und fütterte den Fünfcentautomaten mit meinen Münzen. Mit der letzten hatte ich Glück. Die Trommel blieb bei drei Orangen stehen, und der Apparat spuckte achtzehn Fünfcentstücke aus. Ich kehrte in die Bar zurück und sah mich um, aber Kitty war immer noch nicht da, also ließ ich mir noch einen Gin Tonic geben, ging wieder in das Spielzimmer rüber und verlor alle achtzehn Münzen, die ich gewonnen hatte. Inzwischen hatte Kitty sich mit der üblichen Verspätung eingefunden. Sie hörte den Automaten rotieren und kam herein, um nachzusehen.

»Ach, *hier* bist du«, sagte sie.

»Allerdings«, gab ich zurück. »Hier bin ich.«

»Hast du was gewonnen?« fragte sie.

»Nein, verloren. Einen Dollar und neunzig Cent.«

»So ein Pech«, meinte sie.

»Halb so schlimm. Ich hab mit dem ersten Dollar neunzig Cent rausgeholt.«

»Das geht ja noch. Dann hast du bloß zehn Cent eingebüßt.«

»Klingt tröstlich, wie du das sagst.«

Ihr dunkelbraunes, kurzgeschnittenes Struwwelhaar endete im Nacken in einer kleinen Spitze, beinahe wie ein nach hinten verrutschter herzförmiger Haaransatz. Ihre Augen waren braun und grün gesprenkelt und kamen in Form und Größe etwa auf einen Avocadokern heraus. Ihre weiße Baumwollbluse steckte straff in dem Bündchen ihrer weißen Leinenshorts. Sie war klein, geschmeidig, braun, eine adrette Figur mit phantastischen Beinen. Nach einer vollen Mahlzeit mochte sie knappe hundert Pfund auf die Waage bringen, aber in dieser Verteilung waren es die umwerfendsten hundert Pfund, die sich je zu einem Körper zusammengefunden hatten.

»Was trinkst du da?« fragte sie. »Sieht nach Gin Tonic aus.«

»Ist es auch.«

»Ich glaube, ich nehme auch einen.«

»Ein sehr angenehmes Getränk«, sagte ich. »Besonders an heißen Tagen.«

Die Tür des kleinen Zimmers war hinter ihr beinahe zugefallen, also stellte ich mein Glas auf dem Automaten ab, nahm sie in die Arme, küßte sie gründlich und gab ihr drei Klapse auf den Hintern.

»Nicht doch, Liebling«, protestierte sie. »Daß du immer gleich so wild werden mußt! Das führt zu nichts. Im Augenblick kommst du ja doch nicht weiter.«

»Ja, darin sind wir groß«, sagte ich. »Im Nichtweiterkommen sind wir einsame Spitze. Dieses ständige Nichtweiterkommen ist unsere stärkste Seite.«

»Na, ich weiß nicht«, entgegnete sie. »Soweit ich mich erinnere, sind wir schon öfter, jedenfalls ab und zu, ziemlich weit miteinander gekommen.«

»Ja, ab und zu mal hier und da«, sagte ich. »Bloß genügt mir das nicht. Der reinste Frust ist das. Ich habe etwas ganz anderes mit dir im Sinn. Etwas Festes, Bleibendes, worauf man sich verlassen kann.« Ich legte soviel Nachdruck, wie ich konnte, in meine Stimme.

»Genau das schwebt mir auch vor, Liebling. Nur ist Milo da leider anderer Ansicht.«

»Milo soll sich zum Teufel scheren.«

»Das wäre natürlich eine annehmbare Lösung, aber so ohne weiteres, wie du es dir vorzustellen scheinst, wird er das wohl nicht tun. Er macht einfach nicht mit, und da er nun mal mein Mann ist, müssen wir uns nach seinen Wünschen richten, ob wir wollen oder nicht.«

»Milo ist ein Schwein«, sagte ich.

»Das ist er«, stimmte sie zu. »Ohne Zweifel. Aber er ist immerhin ein Schwein mit der löblichen Fähigkeit, einen Dollar in zehn zu verwandeln. Seit ich mit Milo verheiratet bin, habe ich mich daran gewöhnt, Geld zu haben, eine Menge Geld, und da wäre es mir natürlich angenehm, wenn ich eine anständige Abfindung herausschlagen könnte, falls es zur Scheidung kommt.«

»Anständige Abfindungen sind ganz mein Fall«, sagte ich. »Das heißt, wenn irgend möglich. Aber was dich angeht, bin ich klipp und klar für eine Scheidung, selbst ohne Geld.«

»Am besten setzen wir uns in die Bar und reden in aller Ruhe darüber«, schlug sie vor. »Ich weiß, es fällt dir nicht leicht, bei einem Thema wie Milo ruhig zu bleiben, wenn du das überhaupt mal fertigbringst, aber …«

Ich war inzwischen ohnehin fast völlig aus dem Häuschen. Keine Spur mehr von cool, wie es in der Szene immer heißt. Aber wenn ich ehrlich bin, muß ich zugeben, daß das nicht immer an Milo lag, sondern hauptsächlich an Kitty. An Kitty mit den grüngesprenkelten Augen, den knappen weißen Shorts und den schlanken braunen Beinen. Ich streckte die Arme nach ihr aus, um den Clinch von vorhin zu wiederholen, ihn mit ein paar zusätzlichen Improvisationen aus dem Stegreif sogar noch zu verschönern, aber Kitty trat einen Schritt zurück, stemmte mir die Hände flach gegen die Brust und erzwang eine Verlängerung unserer Anstandspause.

»Laß das, Liebling«, sagte sie. »Bitte benimm dich. Du weißt doch, wie leichtsinnig ich werde, wenn du es darauf anlegst. Einem argwöhnischen

Menschen kämen wir hier allein in diesem Zimmer sowieso schon verdächtig vor, egal, wie unschuldig wir sind. Jemand, der hereinplatzt und uns zusammen sieht, würde bestimmt denken, wir hätten nur eins im Sinn - vielleicht sogar schon hinter uns.«

»Was mich betrifft«, sagte ich, »hätte dieser Jemand mit seiner ersten Vermutung völlig recht.«

Immerhin gingen wir, um argwöhnischen Gemütern keinen Verdacht zu liefern, zurück in die Bar, setzten zwei Gin Tonic auf meine Rechnung und trugen unsere Gläser an einen Tisch am Fenster mit Blick auf die Terrasse. Unterhalb der Terrasse lag der Swimmingpool, und dahinter breitete sich, smaragdgrün und kurz geschoren, der hügelige Rasen des Golfplatzes aus. Ein Schwarm von Gören, Jungen und Mädchen zwischen zwei und zwanzig, planschte in dem knallig blauen Wasser des Pools herum, die meisten ohne einen Fetzen Kleidung. Ein paar hatten sich um den Rand des Beckens drapiert und brieten in der weißglühenden Sonne. Weiter draußen, zwischen den Hügeln des Golfplatzes, war ein Viererspiel im Gang und zog langsam mit voll bestückten Golfkarren vorbei. Ich nahm einen Schluck aus meinem Glas, schon meinem dritten heute, und Kitty nippte ebenfalls an ihrem Gin Tonic, aber für sie war es vermutlich der erste.

»Also«, sagte ich. »Dann laß uns mal vernünftig und ruhig über Milo reden.«

»Ob du das schaffst, Liebling? Jedes vernünftige Gespräch über Milo ist eine Tortur. Auch für mich, wie du weißt. Man braucht schon einen außergewöhnlichen Charakter, um ohne Aufregung über meinen Mann zu reden.«

»Was ich hier kippe, ist mein drittes Glas«, sagte ich. »Das dürfte mir den Rücken stärken. Du glaubst nicht, wieviel Charakterstärke in einer Buddel Gin steckt. Im übrigen habe ich mir Milo nicht freiwillig zum Gesprächsthema gewählt. Die Umstände zwingen ihn mir sogar auf. Äußerst betrübliche Umstände.

Und warum sitzen wir hier in dieser Klemme? Doch nur, weil du so kurzsichtig warst, Milo dein Jawort zu geben, bevor du Gelegenheit hattest, mich zu heiraten.«

»Ja, aber das brauchst du mir nicht dauernd unter die Nase zu reiben. Damit änderst du überhaupt nichts. Und außerdem: Wie sollte ich vorausahnen, daß nach Milo noch ein Besserer aufkreuzen und mein Leben durcheinanderbringen würde? Ich konnte nach meiner Heirat schließlich annehmen, daß alles ein für allemal geregelt war.«

»Na hör mal! Daß nach Milo in kürzester Zeit ein Besserer kommen mußte, hätte sich beinahe jede Frau an den fünf Fingern abzählen können.«

»Sei nicht so ungerecht, Liebling. Sicher, in gewissen wesentlichen Punkten läßt Milo sehr zu wünschen übrig, aber auf der anderen Seite hat er auch allerhand los. Erstaunlich viel sogar, das mußt du ihm lassen.«

»Ich weiß. Er hat die beachtliche Gabe, aus einem Dollar zehn zu machen.«
»Eben. Du hast's erfaßt.«
»Während ich sehr im Gegensatz zu Milo nur die bedauerliche Fähigkeit besitze, zehn Dollar in einen zu verwandeln, wie?«
»Nimm dir das nicht so zu Herzen, Liebling. Wegen solcher Kleinigkeiten brauchst du keine Komplexe zu kriegen. Dafür bist du ihm in anderen Dingen haushoch überlegen.«
»Danke. Bloß schade, daß ich nur ab und zu mal hier und da eine Chance bekomme, dir meine Überlegenheit zu beweisen. Womit wir, glaube ich, beim Thema angelangt wären: Hast du Milo schon um die Scheidung gebeten?«
»Aber ja. Ich habe mich erst gestern abend wieder ernsthaft mit ihm darüber unterhalten. Ich schlug ihm vor, wir sollten uns auf eine ausreichende Abfindung für mich einigen und uns in aller Freundschaft trennen - ohne Skandal, ohne unerfreuliche Komplikationen oder sonstige Unannehmlichkeiten.«
»Und was hat er dazu gesagt?«
»Er hörte sich alles sehr liebenswürdig an. Ehrlich gesagt, Liebling, ich habe seine Haltung beinahe bewundert. Es war etwas ganz Neues bei ihm.«
»Hat er eingewilligt?«
»Das nicht direkt. Das heißt, nein, eher das Gegenteil. Wie ich schon sagte, blieb er die ganze Zeit über äußerst liebenswürdig. Er jammerte nicht, wurde nicht ausfallend oder sonstwie gemein, aber er scheint anzunehmen, er könnte mich wegen Untreue drankriegen, falls ich auf Scheidung bestehe.«
»Wegen Ehebruchs, meinst du?«
»Scheint so. Wenn ich mir auch nicht vorstellen kann, woher der olle Milo so genau Bescheid wissen sollte. Es sei denn, er hätte uns mit Privatdetektiven und Wanzen aufgelauert. Wenn du es genau wissen willst, Liebling, so was würde mich bei dem gar nicht wundern. Solche schrägen Tricks würden ihm ähnlich sehen, so hinterhältig, wie er ist. O ja, wenn es darauf ankommt, kann Milo ganz schön gerissen sein.«
»Nun mach aber halblang! Wenn er tatsächlich etwas Handfestes über uns rausgefunden hätte, hätte er dich doch sofort vor den Scheidungsrichter geschleift. Verdammt noch mal, hat der Kerl denn keinen Stolz?«
»Keinen Stolz? Das ist Ansichtssache, Liebling. Milo setzt seinen Stolz darauf, nicht in aller Öffentlichkeit zuzugeben, daß er im Privatleben versagt hat.«
»Das würde ich vielleicht noch verstehen, aber dann könnte er andere Gründe vorbringen. Einige Männer drücken ihre Scheidung durch, auch ohne gleich das mosaische Gesetz aufs Tapet zu bringen. Warum kann er sich nicht mit den Tatsachen abfinden wie ein vernünftiger Mensch?«

»Das ist es ja gerade«, erklärte sie bitter. »Er hält sich für die Vernunft in Person. Hat sich alles gründlich überlegt, sagt er, und ist zu dem Schluß gekommen, daß du mir nicht viel bedeuten kannst. Ein kleiner Seitensprung, mehr nicht. Er meint, er brauche nur abzuwarten, bis ich genug von dir habe.«
»Das ist ja der Hammer! Von wegen kleiner Seitensprung. Dem schlage ich die fette Fresse ein!«
»Nicht so laut, Liebling. Nimm dich ein bißchen zusammen. Außerdem stellst du es dir wahrscheinlich zu leicht vor, Milo umzuhauen. Er ist fett und sieht unbeholfen aus, aber er ist vier Zoll größer als du, nicht nur einen Zentner schwerer, und wenn du dich wirklich mit ihm prügeln willst, wäre noch lange nicht heraus, wer wem die Zähne einschlägt.«
»Dann werde ich wenigstens mit ihm reden und versuchen, ihn zur Einsicht zu bringen.«
»Nein, das wäre zwecklos und könnte alles nur noch verschlimmern. Wie ich Milo kenne, stellt er sich dann erst recht auf die Hinterbeine.«
»Wer weiß, vielleicht ist Milo auch nicht gerade ein Engel. Wenn ich mich umhöre, kriege ich vielleicht etwas über ihn heraus, das ihn zugänglicher machen würde. Dann könnten wir ihm einen Kompromiß vorschlagen.«
»Mach dich nicht lächerlich, Schatz. Warum sollte er hinter anderen herlaufen, wenn er eine bessere zu Hause hat?«
»Hör dir das an! Was deine kleine Person angeht, bist du kein bißchen eingebildet, wie?«
»Nun werde nicht sarkastisch, Liebling. Das ist nicht nett. Außerdem bin ich nicht eingebildet, sondern realistisch. Etwas anderes bleibt uns in unserer Lage gar nicht übrig.«
»Also gut, bleiben wir bei der Realität: Milo will sich nicht scheiden lassen, du willst die Scheidung nicht ohne seine Zustimmung einreichen, die Situation ist festgefahren, und ich sitze als unschuldiges Opfer mittendrin. Meinst du, daß ich das so einfach hinnehme? Was erwartest du von mir?«
»Ich bin genauso Opfer wie du, Liebling. Für eine Weile muß eben noch alles so laufen wie bisher, das siehst du doch ein, oder?«
»Ab und zu mal hier und da! Das kannst du vergessen. Außerdem ist es sowieso ziemlich vorbei mit meiner Leidenschaft, jetzt, wo du von der Möglichkeit redest, Milo könnte uns mit Wanzen und Detektiven auf der Spur sein. Öffentliche Darbietungen liegen mir nicht. Vor Zuschauern spielt sich bei mir nichts ab.«
»Gewarnt sein heißt gewappnet sein, Liebling. Wir müssen nur noch vorsichtiger sein, bis alles nach Wunsch geregelt werden kann.«
»Wie ich es sehe, ist bereits alles geregelt«, sagte ich. »Wenn auch ganz und gar nicht nach Wunsch. Ab und zu mal, das heißt für mich niemals, und hier und da - dann lieber nirgends.«
»Ist das dein Ernst?«

»Verlaß dich drauf!«
»Das kann ich aber nicht. Du findest ja doch keine andere wie mich, da kannst du suchen, solange du willst.«
»Stimmt«, sagte ich. »Vielleicht werde ich mich notgedrungen mit einem Modell minderer Qualität begnügen müssen.«
»Nimm's nicht so schwer, Liebling. Du hast die Geduld verloren und bist sauer. Aber das wird nicht lange vorhalten. Wenn du jetzt wirklich Schluß machst, kommst du eines schönen Tages wieder. Abwarten und Tee trinken.«
»Tee trinken meinetwegen, aber ich habe nicht die Absicht, noch länger zu warten.« Vielleicht war das ein übereilter Entschluß, aber ich hatte ihn nun einmal geäußert und stand auf.
»Deshalb brauchst du doch nicht gleich wegzulaufen«, sagte sie. »Ich bin um fünf zum Tennis verabredet, aber es ist erst kurz nach vier.«
»Ich brauche nicht«, sagte ich. »Aber ich will. Also tschüs, Kitty. Richte deinem Milo meinen Glückwunsch aus.«
»Würdest du mir noch einen Gin Tonic spendieren, bevor du gehst?« fragte sie. »Oder ist das zuviel verlangt?«
Ich holte ihr ihren Drink und verließ die Bar, und da mir kein lohnenderes Ziel einfiel, ging ich nach Hause. Mein Zuhause war eine alte, von Garagen umgebene Scheune, die noch aus der Zeit der Pferdefuhrwerke stammte. Unten war sie geblieben, was sie immer gewesen war, eine Scheune, aber der Besitzer hatte den Einfall gehabt, die Decke über dem Dachboden herunterzuziehen und ein Apartment daraus zu machen, und dieses Apartment hatte ich gemietet. Es entsprach ganz meinen Wünschen: eine billige Bleibe, in der ich meine saubere Ruhe hatte. Für einen Autor nicht sehr gefragter Kurzgeschichten waren dies lebensnotwendige Vorzüge. Ich stieg die Außentreppe hinauf, ging in mein Wohnzimmer, setzte mich an die Schreibmaschine und versuchte, mit der Geschichte voranzukommen, an der ich gerade arbeitete. Zwei Stunden lang mühte ich mich ab, brachte aber nicht mehr als zwei Zeilen zustande. Schließlich ratterte ich das X über die beiden Zeilen, ging in die Küche, warf einen Blick in den Kühlschrank, fand aber nichts Verlockendes. Ich war sowieso nicht besonders hungrig und begnügte mich, statt zu essen, mit einem Fünftel Gin.
Bis ich den Gin intus hatte, vergingen weitere zwei Stunden. Dann erinnerte ich mich, daß ich vergessen hatte, meinen Briefkasten zu leeren, also stieg ich noch einmal die Treppe hinunter und sah nach. Es war tatsächlich ein Brief für mich da, einer von meiner Agentur. Ich nahm ihn mit nach oben und öffnete ihn. Wegen des Gins, den ich an Bord hatte, konnte ich ihn nur schwer entziffern, aber wenn mich nicht alles täuschte, teilten sie mir mit, sie hätten einen zahlungskräftigen Käufer für eine meiner Geschichten gefunden, eine dicke Illustrierte, die bereit war, den erstaunlichen Preis von dreitausend Dollar dafür auf den Tisch zu blät-

tern. Für einen Schreiberling wie mich waren dreitausend Dollar allerhand Geld. Damit ließe sich auch nach Abzug der Provision noch eine Menge anfangen. Ich könnte verreisen, etwas unternehmen - oder auch nichts unternehmen und zu Hause bleiben. Jedenfalls würde mich diese Summe bei sparsamer Einteilung eine ganze Weile über Wasser halten. Ich wagte nicht, den Brief noch einmal durchzulesen, aus Angst, beim zweitenmal könnte etwas anderes darin stehen als vorher. Also schob ich ihn zurück in den Umschlag und streckte mich auf meinem Bett aus. Inzwischen war die Dämmerung in Dunkelheit übergegangen. Kitty hatte recht behalten: Ich hatte gerade erst Schluß gemacht, wollte aber bereits wieder zu ihr zurück. Vielmehr wünschte ich, sie würde zu mir kommen, hierher in mein Apartment, wo sie mich schon öfter besucht hatte. Verdammt noch mal, dachte ich, wo bleibt sie so lange? Sie weiß doch, wo ich zu finden bin. Ich blieb auf meinem Bett liegen, hoffte und wartete, aber Kitty kam nicht. Endlich benebelte der Gin mich so weit, daß ich einschlief.

Am nächsten Morgen wachte ich gegen halb elf auf und trank schwarzen Kaffee - etwa das gleiche Flüssigkeitsvolumen, das ich mir am vergangenen Abend aus der Ginflasche genehmigt hatte. Danach rasierte ich mich, duschte und zog frische Sachen an, aber ich war kaum damit fertig, als ich ins Wohnzimmer mußte, um die Tür zu öffnen. Jemand hatte zu klopfen begonnen und schien nicht bereit, sich wieder zu verziehen. Raten Sie mal, wer auf dem Absatz der Außentreppe stand. Kitty war es nicht. O nein! Es war Milo. Der olle Milo persönlich.

»Hallo Lewis«, sagte er. »Sie sehen aus wie durch die Mangel gedreht.«

»Ich habe mich gerade übergeben«, sagte ich. »Die Wacholderbeeren, die ich gestern zu mir genommen habe, müssen schlecht gewesen sein.«

»Darf ich hineinkommen?«

»Ja, das wäre vielleicht das beste, bevor ich der Versuchung erliege, Sie mit einem kräftigen Tritt die Treppe hinunterzubefördern.«

Er trat ein, setzte sich in meinen besten Sessel und stülpte seinen Hut über ein Knie. Sein feistes Gesicht über dem Doppelkinn trug einen leicht gekränkten Ausdruck. Augenscheinlich war auch sein Kragen ein paar Nummern zu eng, anders ließ sich der blaurote Ton seiner Haut nicht erklären. Vielleicht trug auch die Tatsache, daß er sich gerade meine Außentreppe hochgeschleppt hatte, zu seiner ungesunden Gesichtsfarbe bei. Er war leicht außer Atem.

»Ich muß schon sagen«, fing er an, »Ihre Haltung mir gegenüber scheint mir reichlich sonderbar. Wenn hier jemand das Recht hat, grob zu werden, dann bin ich es doch wohl. Aber ich will für diesmal Nachsicht üben.«

»Wie großherzig«, sagte ich. »Milo, Sie sind ein wahrhaft nobler Charakter.«

»Das bedeutet aber nicht, daß meine Geduld keine Grenzen kennt. Irgendwie werden wir auf einen gemeinsamen Nenner kommen müssen, Sie und

ich, und ich habe meine Mittagsstunde geopfert, um die Angelegenheit hier und jetzt mit Ihnen zu besprechen.«
»Zu gütig, Milo. Ihr Großmut beschämt mich.«
»Ich kann nur wiederholen, Lewis, daß ich für Ihre Unverschämtheiten nicht das geringste Verständnis aufbringe. Ich warne Sie: Treiben Sie es nicht zu weit. Hatten Sie etwa erwartet, ich würde Ihnen Kitty so einfach mir nichts, dir nichts überlassen? In dieser lächerlichen Affäre bin ich der Geschädigte, nicht Sie, wenn ich Sie noch einmal darauf hinweisen darf. Also bitte keinen Rollentausch.«
»Sie haben recht, Milo. Ich lese andauernd Ihren Text.«
»Schon gut, alter Junge. Ich kann Ihnen Ihre Enttäuschung durchaus nachfühlen, aber das steht hier nicht zur Debatte. Sie werden sie ertragen müssen und nach einiger Zeit auch sicher überwinden. Einstweilen muß ich aber darauf bestehen, daß Sie von jedem Versuch Abstand nehmen, Kitty noch einmal wiederzusehen. Das heißt, privat. Natürlich steht Ihnen auch weiterhin frei, den normalen gesellschaftlichen Umgang mit ihr fortzusetzen und sie auf diesem Wege zu treffen, wenn sich die Gelegenheit dazu ergibt.«
»Äußerst großzügig von Ihnen, Milo. Normaler gesellschaftlicher Umgang, das ist ein beachtliches Zugeständnis.«
»Habe ich also Ihr Wort als Gentleman, daß Sie sich an meine Forderung halten werden?«
»Nun ja«, sagte ich. »Eine auf den normalen gesellschaftlichen Kontakt beschränkte Beziehung zu Kitty würde mir, fürchte ich, größere Zurückhaltung abverlangen, als ich aufbringen könnte. In solchen Dingen war ich schon immer ein Schwächling. Statt dessen werde ich, wie ich Kitty gegenüber bereits angedeutet habe, noch einen Schritt weitergehen. Ich werde auf jeden Verkehr mit ihr verzichten, gesellschaftlich wie intim.«
Milo beschloß, keinen Anstoß an der Wortwahl meiner abschließenden Versicherung zu nehmen. Er hakte seinen Hut vom Knie, und ich las ihm an den Augen ab, wie sein reinlich geordnetes kleines Hirn mit Rotstift und Lineal zu arbeiten begann.
»Also schön, Lewis«, sagte er. »Sie haben mir Ihr Ehrenwort gegeben, und ich bin bereit, es in gutem Glauben zu akzeptieren.«
»Ja, auf den Glauben kommt es an«, sagte ich. »Der kann Berge versetzen.«
Er setzte den Hut auf, verließ mein Apartment und stampfte die Treppe hinunter. Ich hörte, wie der Motor seines Wagens unten in der Einfahrt ansprang. Als er weg war, ging ich in die Küche und sah mich nach einer weiteren Ginflasche um, aber es war keine mehr da. Mit dem Bleistiftstummel, der an einer Schnur an der Tür hängt, notierte ich »Gin, 2 Fl. à 1/5 Ltr.« auf meiner Einkaufsliste, und als ich das auf dem Papier hatte, untersuchte ich ein weiteres Fach des Küchenschranks, ging zu meinem Einkaufszettel zurück und schrieb »Tonic, 6 Fl., trocken.« Danach las ich

im Wohnzimmer noch einmal den Brief von meiner Agentur. Am Inhalt hatte sich seit dem vergangenen Abend nichts geändert. Ich setzte mich an die Schreibmaschine und versuchte, an meiner Geschichte zu arbeiten, kam aber nicht voran.

Fünf Tage kam ich nicht voran. Ich quälte mich an meiner Maschine ab, fing von vorne an, dann noch einmal und ein weiteres Mal, aber es wollte nicht werden. Das einzige Ergebnis meiner Arbeit war ein ständig wachsender Haufen zerknüllter gelber Durchschlagsbögen. Zwischen den Neuanfängen trank ich eine ziemliche Menge Gin, und manchmal, wenn ich mich ans Essen erinnerte, briet ich mir ein Ei oder legte eine Kartoffel zum Rösten in die Ofenröhre. Abends machte ich mit dem Gin weiter, und in drei von fünf Nächten schlief ich in den Kleidern. Ich dachte an Kitty. Ich dachte an sie, sah sie vor mir, roch ihren Duft, spürte sie in meinen Armen, wollte sie. In einer der fünf Nächte träumte ich von ihr, einen Traum, der mir meine Entbehrungen nur noch schmerzlicher vor Augen führte. Es war hart, ein Gentleman zu sein. Das härteste Stück Arbeit, das ich je geleistet hatte.

Nach der fünften Nacht, zum sechsten Morgen, stand ich früh auf, duschte und rasierte mich, suchte mir saubere Sachen heraus und machte mich ohne Umschweife an die Arbeit. Und diesmal kam ich gut weiter. Ich verkorkte die Ginflasche und ließ den Korken drin. Den ganzen Tag über ging die Arbeit, wie sie sollte, und am folgenden Tag ebenso, und am Abend des dritten Tages war die Geschichte fertig. Ich steckte sie in einen Umschlag, brachte ihn zur Post und schickte ihn ab. Anschließend ging ich in die Imbißstube des Hotels gegenüber der Post und bestellte mir eine warme Mahlzeit: Steak mit Kartoffeln und all dem Grünzeug, das so gesund sein soll. Dann gönnte ich mir einen Drink an der Bar, nur einen einzigen, und machte mich auf den Heimweg. Unten an meiner Außentreppe warf ich einen Blick in den Briefkasten - ich hatte es seit zwei Tagen versäumt, ihn zu leeren - und fand einen Brief von meiner Agentur vor, der den Scheck enthalten mußte. Ich nahm den Umschlag mit nach oben, öffnete ihn und versank in den Anblick meines Schecks.

Er war wunderschön. Ein schmaler Papierstreifen in zartem Hellgrün mit dem klangvollen Namen der Bank in der linken unteren Ecke und der klaren, energischen Unterschrift meines Agenten rechts unten. Zwischen den Namen am unteren Rand und meinem am oberen Rand stand eine Reihe herrlicher Zahlen und ebenso herrliche Worte, und die Zahlen und Worte stellten auf verschiedene Weise dieselbe herrliche Summe dar - $ 2700,00, zweitausendsiebenhundert und null Hundertstel Dollar. Es war ein erhebender Anblick, ein Anblick, der mich mit festen und guten Vorsätzen erfüllte. Ich suchte all meine schmutzige Wäsche zusammen, schlug sie in ein Laken und schleppte das Bündel zwei Häuserblocks die Straße hinunter zu einer Schnellwäscherei. Während die Sachen gewaschen und getrocknet wurden, holte ich mir zwei Becher schwarzen Kaffee an der Erfrischungstheke und diskutierte die wirtschaftliche Lage des Landes mit einem ernsthaften jungen Mann, der mir erzählte, er sei Klempnerlehrling. Als meine Wäsche trocken war, faltete ich sie ordentlich auf einem dafür vorgesehenen Tische und trug sie auf ausgestreckten Armen nach Hause. Der Stapel war so hoch, daß ich mit schief gehaltenem Kopf daran vorbeischielen mußte, um den Bürgersteig zu sehen. Zu Hause holte ich zwei Koffer aus dem Schrank, öffnete sie auf meinem Bett und packte ein, was an Kleidern hineinging. Es wurde elf, bis ich mit dem Packen fertig war, und ich hatte den zweiten Koffer gerade geschlossen, als das Telefon klingelte.

Ich nahm ab.

»Liebling«, sagte Kitty. »Wo, zum Teufel, hast du so lange gesteckt?«

»Hauptsächlich hier«, sagte ich.

»Und wie hast du dir die Zeit vertrieben?«

»Hauptsächlich mit Arbeit.«

»Stimmt das auch? Hauptsächlich zu arbeiten sieht dir gar nicht ähnlich, Schatz.«

»Vielleicht habe ich ein bißchen übertrieben. Ich war auch recht häufig mit der Ginflasche beschäftigt.«

»Du darfst nicht so viel trinken, das ist ungesund.«

»Ich weiß, und ich versuche bereits, mich zu bessern. Ich übe mich in Abstinenz.«

»Abstinenz heißt doch jeden Alkohol meiden, oder?«

»Genau das heißt es.«

»Na, ich weiß nicht, ob ich das richtig finde. Werd bloß kein Fanatiker.«

»Wenn du es genau wissen willst: Bis zur völligen Abstinenz habe ich es auch nicht geschafft. Ich habe mich bis jetzt nur zur Mäßigkeit durchgerungen. Da ich dich ja doch aufgeben muß, habe ich mir gedacht, ich könnte ebensogut auch mit all meinen anderen schlechten Angewohnheiten Schluß machen.«

»Das bringt mich auf den Zweck meines Anrufs, Liebling: Ich fühle mich sehr einsam ohne dich.«

»Und ich mich ohne dich.«

»Heißt das, daß du mich wiedersehen willst?«

»Ja.«

»Milo fährt morgen abend weg. Zu irgendeiner Versammlung außerhalb. Möchtest du, daß ich dann rüberkomme?«

»Ja.«

»Ich komme, sobald ich hier unauffällig weg kann. Gleich nach dem Dunkelwerden. Wir werden es wunderbar haben, Schatz.«

»Nein.«

»Was heißt das?«

»Ich habe nein gesagt.«

»Nun verstehe ich gar nichts mehr. Warum nicht?«

»Ich bin einsam ohne dich, ich möchte dich wiedersehen, und ich wäre glücklich, wenn du morgen abend herkommen und ein paar herrliche Stunden mit mir verbringen könntest. So weit meine ganz persönlichen Wünsche. Aber ich muß stark sein. Ich hab dir schon erzählt, daß ich das Trinken eingeschränkt habe, mit der Absicht, es bald ganz aufzugeben. Ich gebe dich auf, und die Ginbuddel dazu. Vielleicht hänge ich sogar das Rauchen an den Nagel.«

»Bitte, Liebling, rede nicht so. Du machst mich ganz traurig.«

»Traurig bin ich auch. Ich bin ein trauriger junger Mann.«

»Aber warum bloß? Wie bist du überhaupt auf diesen absurden Einfall gekommen?«

»Das ist kein Einfall. Es ist ein Versprechen. Ich habe mein Wort als Ehrenmann gegeben, und Ehrenmänner spielen nicht mit den Ehefrauen anderer Männer herum.«

»Und wem hast du dein Wort gegeben?«

»Wem wohl? Dem ollen Milo natürlich.«

»Zum Teufel mit Milo ! Es scheint ihm Spaß zu machen, mir jedes kleine Vergnügen zu nehmen. Eine Gemeinheit ist das! Er war also tatsächlich bei dir, oder?«

»Allerdings.«

»Und worüber habt ihr geredet?«

»Über dich. Er war verstimmt, aber äußerst tolerant, und ich mußte ihm versprechen, meinen Verkehr mit dir abzubrechen.«

»Deinen was? Wie konntest du, Lewis? Wie konntest du Milo gegenüber zugeben, daß es das zwischen uns gegeben hat?«

»Was ist denn schon dabei? Du denkst wohl immer nur an die eine Bedeutung, wie?«

»Meinst du? Aber ich bin dir trotzdem böse deswegen.«

»Bitte nicht, Kitty. Sei nicht böse.«

»Macht es dich unglücklich, wenn ich wütend auf dich bin?«

»Ja.«

»Dann Schwamm darüber, Liebling. Was du Milo auch erzählt hast, es ist vergeben und vergessen.«

»Das freut mich. Es ist so viel besser, freundschaftlich auseinanderzugehen.«

»Ach, Lewis, nun kommst du schon wieder damit. Auf diesem Ohr bin ich taub.«

»Tschüs, Kitty«, sagte ich.

Wenn man in Schwung ist, soll man das Tempo halten und weitermachen. Das gilt beim Schreiben wie beim Sport und ebenso bei Reisevorbereitungen. Ich war in Schwung und ließ mich nicht aufhalten. Ich verstaute meine Koffer und die Schreibmaschine in meinem Wagen, schloß das Apartment ab und legte die ersten hundert Meilen in einem Stück zurück, bevor ich mir für den Rest der Nacht ein Zimmer in einem Motel nahm. Am nächsten Tag kam ich bis hinunter in die Ozark-Berge, wo ich in einer Anglerkolonie an einem See ein leerstehendes Blockhaus entdeckte. Dieses Blockhaus mietete ich - bekam sogar Rabatt, weil ich es für einen ganzen Monat nahm - und zog mit meinen Koffern und der Schreibmaschine ein. An sich wollte ich wirklich nur einen Monat bleiben, aber dann wurden sechs daraus. Ich schickte meinen Scheck an die Bank, mit der Anweisung, mir ein Sparkonto einzurichten, ich schrieb, ich teilte meiner Agentur meine neue Adresse mit, und ich begann, mit dem Gedanken zu spielen, überhaupt nicht mehr zurückzukehren. Trotzdem überwies ich dem Besitzer meines Apartments pünktlich an jedem Monatsersten meine Miete. Daß er es anderweitig besetzte, wollte ich immerhin nicht.

Ich blieb aus zwei Gründen so lange weg. Erstens, weil ich in schlechter Verfassung war. Kitty hatte mich noch immer beim Wickel, und ich konnte sie nicht abschütteln. Ich probierte alles Erdenkliche aus, um über sie hinwegzukommen, aber nichts wirkte. Im Vertrauen auf die Behauptung, daß körperliche Betätigung Liebe oder Sex oder beides ersetzen könne, ging ich täglich schwimmen, astete mich in einem Ruderboot ab, unternahm lange Wanderungen in den Hügeln um den See. Und für den Fall, daß die Sache mit dem gesunden Körper, der einen gesunden Geist beherbergt, stimmte, trank ich nur sehr mäßig und päppelte mich mit Milch und Eiern auf, aß Fisch und Bauernschinken in Burgundersoße. Aber es nützte nichts. Kitty ging mir nicht aus dem Kopf. Schließlich hatte ich die Nase voll, daß ich auf einen anderen Dreh verfiel. Da Kitty durch nichts aus meinem Leben zu vertreiben war, beschloß ich, sie einzulassen. Danach war mir besser. Ich schraubte meine körperliche Ertüchtigung zurück und aß nicht mehr soviel. Es war herrlich mit Kitty, auch wenn unsere Zweisamkeit sich auf meine Phantasie beschränkte.

Der zweite Grund für mein langes Wegbleiben war meine Arbeit. Ich stürzte mich gleich nach meiner Ankunft hinein und blieb dabei. Besser als jetzt hatte ich noch nie geschrieben, das spürte ich. Ich brachte so flott und mühelos eine Geschichte zustande, daß ich beschloß, mich endlich an den Roman zu machen, den ich seit einer Ewigkeit auf dem Reißbrett hatte. Auch den Roman zog ich in einem Stück durch. Von Anfang bis Ende brauchte ich fünf Monate dazu, und inzwischen verkaufte mein Agent die flotte, mühelose Geschichte für weitere dreitausend. Mein Roman las sich gut, sehr gut sogar. Ich hatte den Verdacht, er könnte sogar noch besser sein, als ich ihn selber fand. Ich brauchte noch einen knappen Monat, um ihn ein bißchen zu überarbeiten und ins reine zu tippen, packte ihn ein, fuhr in die kleine Stadt an der Hauptstraße und schickte ihn ab. Als ich danach wieder bei meinem Blockhaus anlangte, wurde mir ganz plötzlich klar, daß es Zeit wurde, an den Aufbruch zu denken. Es war bereits November, die Hügel waren braun, die Bäume kahl, und es sah täglich mehr nach Schnee aus. Ich packte meine Sachen, bezahlte die Miete und

machte, daß ich wegkam. Diesmal fuhr ich die Strecke durch und kam noch am selben Abend zu Hause an.
Am nächsten Tag schlief ich bis Mittag. Ich stand auf, ging in die Küche, untersuchte das Gefrierfach im Kühlschrank, fand aber nichts, das mir zum Frühstück oder Mittagessen geeignet schien. Wirklich hungrig war ich sowieso noch nicht, also kehrte ich ins Schlafzimmer zurück, zog mich an und ging einkaufen - Lebensmittel und Gin. Ich kam mir sehr häuslich und tugendhaft vor, während ich meinen Einkaufswagen durch die Gänge des Ladens schob und mir dies und das für die Speisekammer meines kleinen Heims zusammensuchte. Ich war nun zu einem soliden Bürger avanciert, zu einem gediegenen Vertreter des literarischen Gewerbes, der kürzlich zwei Geschichten zu dreitausend Dollar das Stück verkauft und einen Roman verfaßt hatte, einen vollständigen Roman, und jedes Wort aus seiner eigenen Feder. Im Bewußtsein meiner Gediegenheit ging ich in der Metzgerabteilung an den Hamburgern vorbei und kaufte statt dessen ein Lendensteak und ein paar andere gehaltvolle Dinge.
Ich fuhr mit meinen Einkäufen zurück zu meinem Apartment über der Scheune, verstaute das Fleisch im Kühlschrank, räumte alles übrige in Schubladen und Fächer und behielt nur eine Fünftelliterflasche Gin und eine mit Tonic zum sofortigen Verzehr draußen. Ich mixte mir einen Gin Tonic und trug ihn ins Wohnzimmer, wo ich *Till Eulenspiegels lustige Streiche* auf den Plattenteller legte. Ich machte es mir in einem Sessel gemütlich, genoß die Musik und meinen Gin. Nach einer Weile stand ich auf, drehte die Platte um und mixte mir in der Küche noch einen Drink. Dann hörte ich weiter Musik und trank, bis auch dieses Glas leer, Till aufgeknüpft und Strauss zu Ende war. Der Gin rumorte in meinem Magen, aber sonst fühlte ich mich fabelhaft, wirklich fabelhaft, nur wurde ich allmählich hungrig, und es schien mir geboten, etwas Festes in all dem Gin in meinem Innern zu versenken. Auf meiner Uhr war es schon vier vorbei. Ich stand auf, schwebte wie auf Wolken ins Schlafzimmer, zog mich aus und stellte mich unter die voll aufgedrehte Dusche, die mich mit ihrem nadelscharfen Strahl wieder auf die Erde zurückbrachte. Ich rubbelte mich ab und warf mich in meine beste Kluft, einen Anzug in konservativem Dunkelgrau, der den Ansprüchen normalen gesellschaftlichen Umgangs genügte. Denn das war es, was mir fehlte. Als gediegener Vertreter der literarischen Kunst hatte ich dieses Metier zu lange in völliger Abgeschiedenheit ausgeübt und brauchte nun ein wenig normalen gesellschaftlichen Umgang. Das zumindest.
Ich ging in die Imbißstube des Hotels und aß ein Lendensteak, etwa so groß wie das, das ich mir zu Hause nicht gebraten hatte, wechselte danach in die Bar über und bestellte mir einen Drink wie die beiden, die ich zu Hause genossen hatte, während sie Till am Galgen hochzogen, nur war das Verhältnis von Gin zu Tonic hier zugunsten des Tonic verschoben. Ich trank in langsamen Schlucken und überdachte meine Lage. Wirt-

schaftlich stand ich auf solider Basis, körperlich war ich gut versorgt, seelisch war ich am Verhungern. Die Musikbox dudelte leise eine alte Melodie von Irving Berlin, aber Irving Berlin ist kein Richard Strauss - weiß Gott nicht. Als ich zehn Minuten später wieder vor einem leeren Glas saß, gab ich das Spiel endgültig auf. Ich war sechs Monate lang im Kreis herumgelaufen und nun wieder genau dort, wo ich gestartet war. Ich kroch von meinem Hocker und schleppte mich zu einer Telefonzelle in der Eingangshalle. Die Nummer wußte ich noch. Ich wählte und hoffte, ich würde nicht den ollen Milo erwischen. Und es war nicht Milo. Kitty nahm ab.

»Hallo«, sagte ich. »Da bin ich wieder.«

»Oh, Lewis, du verdammter Idiot! Wo um Himmels willen steckst du?«

»Im Augenblick mitten in der Stadt in der Lobby meines Lieblingshotels.«

»Wo hast du dich so lange rumgetrieben? Ich hab alles versucht, um dich aufzuspüren.«

»Du hättest nur bei meiner Bank oder dem Hauswirt anzufragen brauchen - aber macht nichts. Ich hatte mich in die Berge verkrümelt.«

»Und wozu das Ganze? Was, zum Teufel, hattest du in den Bergen verloren?«

»Ich habe versucht, mich zu kurieren. Wie du weißt, ist das Klima dort sehr gesund.«

»Und hast du ... ich meine, bist du kuriert?« »Nein.«

»Du glaubst nicht, wie mich das freut, Liebling. Es war sehr dumm von dir, so Hals über Kopf wegzulaufen, das wirst du bald selber einsehen. Ich könnte wetten, daß dieser miese kleine Lieutenant Foster die ganze Zeit wußte, wo du warst, und es mir nur nicht verraten wollte.«

»Wer ist Lieutenant Foster? Hast du inzwischen mit dem Militär angebändelt?«

»Ganz und gar nicht. Lieutenant Foster ist Polizist.«

»Donnerwetter! Hast du die Polizei bemüht, um nach mir zu fahnden?«

»Nein doch, Liebling. Das haben sie von ganz allein getan.«

»Verdammt noch mal, wovon redest du eigentlich?«

»Nicht so ungeduldig, Liebling. Du bist ganze sechs Monate weggewesen, wenn nicht länger. Da kannst du nicht erwarten, daß ich dich in Null Komma nichts auf den neuesten Stand bringe.«

»Verzeih schon. Aber du mußt verstehen, daß ich ein bißchen empfindlich reagiere, wenn ich plötzlich höre, die Polizei hätte nach mir gesucht. Nicht, daß ich irgend etwas ausgefressen hätte. Es muß wohl noch so ein Reflex von früher sein. Als Junge habe ich im Warenhaus manchmal ein paar Kleinigkeiten mitgehen lassen.«

»Na ja, aber diesmal brauchst du keine Angst zu haben. Im Gegenteil. Ich hab 'ne tolle Nachricht für dich. Komm rüber, Liebling, jetzt, sofort, dann erzähl ich dir alles.«

»Ich weiß nicht recht. Kann mir nicht vorstellen, daß ich bei euch willkommen wäre.«

»Sei nicht lächerlich, Liebling. Ich kann kaum erwarten, dich wiederzusehen.«

»Ich dachte eher an Milo als an dich. Er könnte ein Stelldichein mit seiner Frau nicht als normalen gesellschaftlichen Umgang ansehen.«

»Milo ist nicht da.«

»Wo ist er denn?«

»Herrgott, Lewis! Das will ich dir ja erklären, aber komm jetzt endlich.«

Mir blieb also gar nichts anderes übrig, als hinzugehen. Kitty hielt nach mir Ausschau, sah mich von der Straße in ihre Einfahrt einbiegen und hatte die Tür schon offen, als ich erst auf halbem Wege zur Vordertreppe war. Sie trug einen enganliegenden Pulli und ebenso knappe lange Hosen, und wie sie dort wartend in der Tür lehnte und sich gegen das sanfte Licht aus dem Flur abzeichnete, sah es aus der Dunkelheit des Gartens ganz so aus, als hätte sie überhaupt nichts an. Nicht, daß es mir persönlich etwas ausgemacht hätte. Ich hoffte nur, die Nachbarn drückten sich nicht die Nasen an ihren Fenstern platt. Ich schob mich an Kitty vorbei in die kleine Hausdiele, wo man seinen Hut auf einer Garderobe ablegen konnte, vorausgesetzt, man besaß einen, was ich nicht tat. Sie zog die Tür hinter mir zu, und im nächsten Augenblick waren wir derart ineinander verheddert, daß ich inständig hoffte, Milo würde nicht plötzlich von seiner Ausfahrt oder was ihn gerade von zu Hause fernhielt, zurückkommen. Wir hätten eine ganze Weile gebraucht, um uns auseinanderzuklauben. Aber einstweilen war es, wie sie gesagt hatte: Milo war offensichtlich nicht da. Allmählich ließen wir einander dann doch los, mußten aber noch eine Weile nach Luft schnappen, bevor wir sprechen konnten.

»Lewis, Liebling«, sagte Kitty endlich. »Was hast du dir dabei gedacht, so einfach wegzulaufen und mich mutterseelenallein zurückzulassen? Ich war sehr böse auf dich, wenn dich das interessiert. Du hättest verdient, daß ich dir alle Privilegien streiche!«

»Ich habe dich nicht allein gelassen, sondern bei Milo.«

»Allein oder bei Milo, das bleibt sich gleich. Außerdem ist Milo nicht da, das sage ich doch schon die ganze Zeit.«

»Allerdings. Aber du hast nicht gesagt, wo er ist und wann er zurückkommt.«

»Wenn ich wüßte, wo er steckt, würde ich es dir erzählen, aber ich habe keine Ahnung. Ebensowenig, wann er wiederkommt. Nach so langer Zeit hoffentlich überhaupt nicht mehr.«

»Ein rührend frommer Wunsch, Kitty, nur gehen fromme Wünsche nicht in Erfüllung.«

»Da bin ich nicht so sicher, Liebling. Schließlich ist er ohne Abschied oder irgendeine Nachricht aus dem Haus gegangen und schon über drei Monate weg.«

»Was?«
»Das ist die reine Wahrheit. Sag bloß, du bist nicht angenehm überrascht. Milo ist eben doch kein solches Ekel, wie wir dachten.«
»*Was* Milo ist, scheint mir im Augenblick ziemlich nebensächlich, Kitty. Die Frage ist doch wohl, wo er geblieben ist.«
»Meinst du? Ich finde das nicht so wichtig.«
»Was du findest, ist deine Sache. Ich bin da anderer Ansicht.«
»Ach, Lewis, sei nicht so schwierig«, maulte sie. »Du verdirbst uns noch den ganzen Abend. Dabei habe ich extra Feuer im Kamin gemacht. Komm, wir setzen uns aufs Sofa im Wohnzimmer, dann erkläre ich dir alles der Reihe nach.«
»Eine ausgezeichnete Idee«, sagte ich. »Da kann ich nur zustimmen.«
Ich folgte ihr ins Wohnzimmer, und wir machten es uns vor dem Kamin bequem, in dem dicke Rotulmenklötze flackerten und hin und wieder mit lautem Knacken Funken sprühten. Es war äußerst gemütlich und warm, wenn wir die Wärme an sich auch nicht unbedingt nötig gehabt hätten. Nach und nach, trotz vieler Unterbrechungen meinerseits und Pausen ihrerseits, kam Kitty wie versprochen mit ihrem Bericht heraus. Zusammengefaßt und abzüglich der Pausen und Unterbrechungen hatte sie folgendes zu erzählen: Der olle Milo, sagte sie, sei einfach abgehauen. Eines Morgens, etwa drei Monate nachdem ich mich zu meiner nutzlosen Kur in die Berge aufgemacht hätte, habe Milo ohne jede Erklärung das Haus verlassen und sei auf und davon gegangen. Seitdem sei er verschwunden wie eine Rakete im All. »Genau so und nicht anders war es«, sagte sie. »So unglaublich es klingt. Da sieht man mal wieder, wie man sich irren kann. Wir haben einen gewissen Jemand für fieser gehalten, als er ist.«
Milo habe sie nicht nur von seiner Person befreit, was sie ihm hoch anrechne, sondern ihr nebenbei auch allerhand dagelassen. Seine ganze Garderobe zum Beispiel. Nicht, daß sich damit viel anfangen ließe, aber mit dem gemeinsamen Girokonto in Höhe von $ 2196,56 um so mehr, von dem gemeinsamen Sparbuch, das er ebenfalls unangetastet zurückgelassen habe, ganz zu schweigen. Letzteres beliefe sich auf $12.482,16. Außerdem sei auch sein praktisch fabrikneues Sportkabriolett gut zu gebrauchen. Was ich von der Sache hielte?
Ich hatte aufmerksam zugehört, fand aber keine Antwort auf ihre Frage. Mir war ein bißchen unbehaglich zumute. Ich hatte sogar trotz des Kaminfeuers und Kittys Nähe leicht zu frösteln begonnen.
»Ist das nicht beachtlich von Milo?« wollte sie wissen.
»Das ist es«, sagte ich. »Beachtlich ist gar kein Ausdruck. Willst du mir tatsächlich weismachen, daß Milo, ohne einer Menschenseele ein Sterbenswörtchen zu verraten, hier herausmarschiert ist? Daß er spurlos verschwunden ist und alles Geld, seinen ganzen Kram und sämtliche Kleider hiergelassen hat?«
»Na ja, Liebling, die Sachen, die er anhatte, hat er natürlich mitgenom-

men. Daß er nackt von hier abzieht, konnte ja keiner von ihm verlangen. Aber daß er es überhaupt getan hat, Lewis, das finde ich wirklich großzügig und rücksichtsvoll von ihm.«
»Äußerst rücksichtsvoll. Übertrieben sogar. Hat sich denn niemand hier in der Gegend auch nur die winzigsten Gedanken darüber gemacht? Die Polizei beispielsweise?«
»Doch. Die Polizei wurde reichlich ungemütlich deswegen. Die scheinen von der Idee besessen, jemand müsse Milo was angetan haben. Lächerlich, so was. Jedenfalls haben sie mich vernommen, noch und noch, immer wieder die gleichen Fragen.
Und dann sind sie in der ganzen Stadt rumgelaufen und haben jeden, der auch nur die kleinste Kleinigkeit gewußt haben könnte, genauso ausgequetscht. So kam es überhaupt erst, daß sie von deiner Existenz hörten und anfingen, sich zu überlegen, was du wohl mit Milos Verschwinden zu tun haben könntest. Ich erzählte ihnen, du wärest weggefahren und noch nicht zurück, aber Lieutenant Foster scheint anzunehmen, du hättest zwischendurch heimlich wiederkommen können oder so was, und das, obgleich ich ihm versicherte, du würdest nie und nimmer zurückkommen und wieder abfahren, ohne dich bei mir zu melden. Lieutenant Foster sagte, davon sei er ebenso fest überzeugt wie ich, aber ich hab nicht ganz verstanden, was er damit meinte, wenn es auch so klang, als ob er auf etwas Bestimmtes hinauswollte. Dies war eine sonderbare Bemerkung, Liebling, findest du nicht auch?«
»Das einzig Sonderbare ist, daß sie mich nicht selber gefragt haben. Mich aufzustöbern hätte ihnen ja keine Mühe gemacht.«
»Vielleicht dachten sie sich, du würdest es ja doch nur abstreiten, falls du tatsächlich zwischendurch hier warst.«
»Mit dieser Annahme hätten sie richtig getippt. Aber ich war nicht hier. Während meiner ganzen Abwesenheit war ich nie weiter als zehn Meilen von meinem Blockhaus entfernt.«
»Na also. Dann brauchst du jetzt, wo du zurück bist, bloß zu Lieutenant Foster zu gehen und ihm das klarzumachen .«
»Das werde ich mir nicht nehmen lassen. Aber ich bin sicher, er hat sich diese Information schon woanders geholt. Wozu hätte er mich selbst fragen und riskieren sollen, daß ich das Blaue vom Himmel herunterlüge, wenn er hinter meinem Rücken Ermittlungen über mich anstellen und sicher sein konnte, die Wahrheit zu erfahren? Der Manager der Anglerkolonie, in der ich das Haus gemietet hatte, hätte ihn darüber beruhigen können, daß ich niemals lange genug weg war, um ganz hierher- und wieder zurückzufahren.« Vielleicht hatte die Polizei mir wirklich nachgespürt, aber trotzdem, Lieutenant Foster blieb mir ein Rätsel.
»Hätte der Manager dir nichts erzählt, falls jemand sich nach dir erkundigt hätte? Eine Anfrage der Polizei hätte den Mann doch neugierig gemacht, oder?«

»Sie können ihn gebeten haben, die Sache für sich zu behalten. Dann hätte er mir wahrscheinlich nichts darüber verraten.«
»Jedenfalls bin ich erleichtert, Schatz, das muß ich zugeben. Ich hab mich offen gestanden gefragt, ob du nicht wirklich rasch mal vorbeigekommen bist, um Milo zu kidnappen und ihm irgend etwas anzutun.«
»Das kann nicht dein Ernst sein, Kitty!«
»Doch, Lewis, und ich schäme mich deswegen. Aber auch wenn ich recht gehabt hätte mit meinem Verdacht, hätte ich zu dir gehalten. Milo war genau der Typ, andere zu so was zu verleiten. Der hätte sich nichts dabei gedacht, alle möglichen Leute in die fürchterlichsten Schwierigkeiten und Scherereien zu verwickeln.«
»Besten Dank für deine Treue, Kitty. Mir wird direkt warm ums Herz.«
»Na ja, das ist nun vorbei, und alles Weitere geht auch in Ordnung.«
»So?«
»Aber natürlich, Liebling. Kapierst du nicht, was Milo getan hat? Verlassen hat er mich! Ich habe die Scheidung schon beantragt, und sie wird glatt und ohne peinliche Enthüllungen und Beschuldigungen über die Bühne gehen. Sobald sie durch ist, können wir heiraten und es uns gemütlich machen. Für immer.«
Ich wand mich aus ihren Armen und stand auf. Im Kamin knackte ein Ulmenklotz und versprühte Funken.
»So siehst du aus!« sagte ich.
Sie sagte eine ganze Weile nichts, und ich blickte hinunter in ihre großen Augen, braune, grüngesprenkelte Augen voll verletzter Unschuld und Verwirrung. Kitty war wirklich einmalig. Hundert Pfund konzentrierter, herzensbrechender Einmaligkeit.
»Aber das können wir dann doch, Liebling«, sagte sie endlich. »Warum denn nicht?«
»Weil du heiß bist, Kitty. Etwas so Glutheißes wie dich würde ich nicht mal mit Asbesthandschuhen anfassen.«
»Was meinst du damit, Liebling? Das klingt ja beinahe, als ob du glaubtest, ich hätte was verbrochen.«
»Tu nicht so, Kitty. *Wo ist Milo?* Düngt er die Rosen hinter dem Haus? Oder siedet er vielleicht in der Kalkgrube unter dem Kohlenschuppen?«
»Du weißt ganz genau, daß ich keine Rosen hinter dem Haus habe, Lewis. Und mit Kohlen heizt heute kein Mensch mehr, also gibt es auch keinen Kohlenschuppen.«
»Das waren nur zwei Beispiele traditioneller Örtlichkeiten, Schätzchen. Aber das tut nichts zur Sache. Außerdem bin ich nicht neugierig zu hören, wo Milo geblieben ist. Wo auch immer - Milos Aufenthaltsort ist das allerletzte auf dieser ganzen beknackten Welt, was ich wissen will. Geschweige denn, wie er dorthin gekommen ist. Aber eins muß man dir lassen: Du hast eine großartige Leistung vollbracht. Was du geschafft hast, hebt dich über jeden menschlichen Maßstab hinaus. Wie du es ange-

stellt hast, werde ich zwar nie erfahren, aber es grenzt schon ans Wunderbare, wenn ein knapper Zentner zerbrechlicher Weiblichkeit es fertigbringt, das Doppelte an Knochen und Wabbelfett spurlos zu beseitigen. Der arme Lieutenant Foster. Mittlerweile ist er bestimmt dabei, den letzten Rest Verstand zu verlieren. Jedenfalls bezweifle ich, daß der im Leben je wieder auch nur eine einzige Stunde einer einzigen Nacht ruhig schlafen kann.«

Sie schwang die Beine vom Sofa und stand auf, und in den großen Augen, die mich so verwirrt angestarrt hatten, lag nun eine Art ungläubiger Trauer. »Das ist es also«, sagte sie. »Du glaubst, ich hätte mir Milo vom Hals geschafft. Wie kannst du nur, Liebling! Wie kannst du so etwas von mir denken! Natürlich hat Milo mich verrückt gemacht mit seinen tausend Mängeln und Gemeinheiten, und ich hätte tausendmal Grund gehabt, es ihm zurückzuzahlen, aber nicht... Soll ich mich vielleicht nicht freuen, daß er weg ist? Damit wird für uns beide all das möglich, was vorher nicht möglich war.«

»Nicht doch, Kitty! Ich kann dir nur raten, umzudenken. Was bisher unmöglich war, ist nun erst recht unmöglich. Selbst du wirst einsehen, daß die Lage inzwischen sehr viel komplizierter geworden ist, als sie es ohnehin schon war. So kompliziert, daß ich es vorziehe, mich aus dem Staub zu machen, bevor sie noch komplizierter wird, als sie ist.«

Um meine Worte sofort in die Tat umzusetzen, drehte ich mich auf dem Absatz um, kehrte dem Kaminfeuer samt Kitty und all den vergangenen herrlichen Stunden mit ihr den Rücken und schritt auf die Flurtür zu. Aber bevor ich hindurch war, wandte ich mich ein letztes Mal um. Kitty war mir auf bloßen Füßen gefolgt und stand so dicht hinter mir, daß ich sie fast mit der Schulter berührte.

»Hab doch ein klein wenig Vertrauen zu mir«, sagte sie.

»Leb wohl«, sagte ich.

»Zuerst hat Milo mich verlassen«, fuhr sie fort, »und nun du. Ich hätte nie gedacht, daß du so etwas tun würdest, Lewis. Nie im Leben.«

Sie stand da und blickte zu mir auf. Zwei Tränen liefen ihr langsam die Wangen hinunter, als blute ihr das Herz durch die Augen. Ja, Kitty war ein Wunder. Sie war die Summe aller Wunder dieser Welt. Ich beendete rasch, was ich begonnen hatte.

Ich machte mich aus dem Staub.

Am nächsten Morgen suchte ich Lieutenant Foster auf. Unser Gespräch fand in einer Besenkammer statt, die sich als Büro ausgab. Er war ein mickriger kleiner Mann mit einem Kopf wie ein preisgekrönter Kürbis und einer Nase, die gut und gerne einen Fuß lang war. Seine kleinen Augen standen so eng zusammen, als hätte man sie ihm in die Nasenwurzel gedrückt, und er peilte mich den Nasenrücken entlang an, als wolle er mir im nächsten Augenblick eine Kugel in den Bauch jagen. Es war kein sehr behagliches Gefühl.

»Mein Name ist Lewis O'Day«, sagte ich. »Ich weiß, wer Sie sind«, sagte er.
»Ich habe gehört, Sie hätten nach mir gesucht.«
»Ach, tatsächlich?«
»Ich war an einem See in den Bergen.«
»Ich weiß, wo Sie waren.«
»Ich war die letzten sechs Monate dort. Bin sonst nirgendwohin gefahren.«
»Das hat man mir berichtet.«
»Ich wollte nur bei Ihnen hereinschauen und Sie ins Bild setzen.«
»Danke, daß Sie hereingeschaut haben.«
»Das wäre dann wohl alles, oder?«
»Was heißt alles?«
»Alles, was Sie von mir wollten.«
»Das würde ich nicht sagen.«
»Was wollen Sie denn sonst noch?«
»Kommt darauf an.«
»Worauf?«
»Wie Sie sich nun verhalten werden.«
»Und wie werde ich mich Ihrer Meinung nach verhalten?«
»Sie werden die Dame heiraten.«
»Kitty?«
»Mit der haben Sie doch herumgealbert, oder?«
»Ich war mit ihr befreundet.«
»Mit der Frau, die ihren Mann beseitigt hat, um Platz für Sie zu machen, nicht wahr?«
»Hat sie das?«
»Hat sie es etwa nicht?«
»Ich glaube kaum.«
»Ich aber.«
»Jedenfalls sehen Sie die Sache falsch.«
»Inwiefern falsch?«
»Ich beabsichtige nicht, sie zu heiraten.«
»Dann sollten Sie sich schämen.«
»Und was, wenn ich sie heiraten würde?«
»Ich würde mich wundern, wenn Sie es nicht täten.«
»Warum?«
»Weil das eingeplant war.«
»Ich weiß nichts von irgendeinem Plan, das versichere ich Ihnen.«
»Das werden wir ja sehen.«
»Sie ist noch nicht einmal geschieden.«
»Verwitwet ist so gut wie geschieden.«
»Wenn ich sie tatsächlich heiraten wollte, könnten Sie mich nicht daran hindern.«

»Wer behauptet denn, ich wolle Sie daran hindern?«
»Und was würde passieren, wenn ich es täte?«
»Dann würde mein Interesse für Sie wieder aufleben.«
»Bin ich denn im Augenblick uninteressant für Sie?«
»Das bleibt abzuwarten.«
»Ich war die ganze Zeit über in den Bergen.«
»Das sagten Sie bereits.«
»Ich habe mich kein einziges Mal von meinem dortigen Wohnort entfernt.«
»Auch das sagten Sie schon.«
»Wie kann ich hiergewesen sein, wenn ich dort war?«
»Vielleicht hat nur jemand vergessen, wo Sie waren oder zeitweilig nicht waren.«
»Was hier auch geschehen ist, ich hatte nichts damit zu tun.«
»Nett von Ihnen.«
»Und ich will nichts weiter als diese Stadt verlassen.«
»Bitte sehr.«
»Was?«
»Machen Sie, daß Sie wegkommen!«
Das tat ich denn auch, und diesmal endgültig. Noch drei Tage, dann hatte ich meine Angelegenheiten geordnet und konnte am Morgen des vierten Tages abziehen. Ich legte an die dreihundert Meilen zwischen mich und die Stadt und fuhr zu einer Farm in Kansas. Die Farm gehörte meinem Alten, der dort mit meiner Mutter lebte. Auf die Schnelle war mir keine andere Bleibe eingefallen, die ich hätte ansteuern können, also schien es mir das beste, bei ihnen unterzukriechen und mich von dort nach einer Wohnung umzusehen. Außerdem hatte ich in letzter Zeit einiges durchgestanden. Ich war deprimiert und verbittert und brauchte eine Erholungspause.
Der Alte und meine Mutter überschlugen sich zwar nicht vor Begeisterung, hatten aber nichts dagegen, mich für eine Weile zu beherbergen. Ich verbrachte den ganzen Winter auf der Farm, und während ich mir dort die Beine vertrat, nahm mein Schicksal eine Wendung, die man normalerweise als positiv bezeichnen würde. Ich erfuhr gegen Ende des Winters davon; der Frühling war nicht mehr weit. Ein Verlag hatte mein Buch gekauft, und ein anderer hatte die Rechte erworben, es nach der ersten Auflage als Paperback herauszubringen. So weit, so gut, aber das war noch nicht alles. Irgend jemand in Hollywood las mein Manuskript, und eine Filmgesellschaft kaufte es. Plötzlich war ich ein Erfolgsautor, drauf und dran, ein reicher Mann zu werden. Ich hätte mir ein Bein ausfreuen müssen, tat es aber nicht. Nachts war mir kalt in meinem einsamen Bett, und sobald ich die Augen schloß, stand Kitty vor mir, ihr süßes kleines Gesicht mit den traurigen Augen, aus denen ihr das Herzblut in dicken Tränen die Wangen hinunterlief. Ich war fix und fertig, ein Kranker, der

sich nichts mehr vormachen kann, der endlich einsehen muß, daß es keine Heilung für ihn gibt. Ganz gleich, wo ich mich verkriechen, was ich unternehmen, was ich erleben würde, Gutes oder Böses, ich würde Kitty immer vor Augen haben, ihren Duft riechen, sie in meinen Armen spüren, mich nach ihr sehnen. Und es würde so bleiben, weil ich nichts daran ändern konnte. Was hätte es mir denn genützt, sie zu heiraten? Man hätte mich des gemeinsamen Mordes an Milo bezichtigt und mich irgendwie, irgendwann, wie irrtümlich auch immer, überführt und verurteilt. Aber das war nicht das Schlimmste, das mir blühen konnte. Das Schlimmste war der Gedanke, Tisch und Bett mit einer betörenden kleinen Herzensbrecherin zu teilen, die geradezu teuflisches Geschick in der hohen Kunst bewiesen hatte, sich eines unerwünschten Mannes zu entledigen. Fürs erste war ich ihr noch erwünscht, aber wie lange würde das vorhalten?

Durch einen Freund, der in der Stadt lebte, hielt ich mich über Kitty auf dem laufenden. Sie berief sich darauf, daß keine Frau als Witwe gelten könne, bevor die Leiche ihres Mannes gefunden sei, und setzte die Scheidung wegen böswilligen Verlassens durch. Das war im März. Im Juni heiratete sie den ältlichen Direktor einer Ölgesellschaft und zog nach Tulsa, Oklahoma. So weit, so gut. Für Kitty. Pech für Lewis.

Ein paar Wochen später bat mich mein Agent, nach New York zu kommen, um Verträge und dergleichen auszuhandeln, und weil diese Reise mich ablenken würde, reiste ich und hatte für kurze Zeit zu tun. Danach blieb ich in New York hängen. Ich hatte eine nette kleine Bar ausfindig gemacht, ein angenehm ruhiges Lokal und nie übermäßig voll, und verbrachte einen guten Teil meiner Zeit dort an der Theke. Eines Nachmittags war sie fast leer. Die Hocker waren bis auf meinen unbesetzt, und an den Tischen saßen nur zwei Pärchen. Ich leistete mir eine Flasche Importbier, um den Kater loszuwerden, den ich mir mit Gin aufgehalst hatte, und während ich mir das erste Glas gönnte - das zweite war noch in der Flasche -, kam ein Mann herein und setzte sich auf den übernächsten Hocker rechts neben mir. Ich drehte mich aus bloßer Neugier halb zu ihm um und wäre beinahe vom Hocker gefallen. Der Schluck, den ich gerade genommen hatte, lief mir in die falsche Kehle, und ich erstickte fast, bis ich ihn zurückbefördert und in die vorgeschriebene Richtung geschleust hatte. Der Mann auf dem Hocker nebenan faßte mich näher ins Auge. »Entschuldigen Sie«, sagte ich, »Ihre Ähnlichkeit mit einem früheren Bekannten hat mich erschreckt. Sie könnten sein Zwillingsbruder sein.«

»Hallo, Lewis«, sagte Milo. »Wie geht's?«

Er war es also wirklich. Der olle Milo in Person, fett wie ein Schwein und glatt wie ein Seehund. Die ganze Ausstattung samt Milo begann vor meinen Augen zu verschwimmen, und ich mußte mich an der Theke festhalten, bis das Zerrbild wieder klare Umrisse annahm. Ich drehte mich auf dem Hocker um, langsam und vorsichtig, und blickte Milo voll ins Gesicht.

»Wo zum Henker haben Sie sich so lange herumgetrieben?« fragte ich. »Und wie sind Sie hergekommen, wenn man fragen darf?«
»Ich war fast die ganze Zeit in New York«, sagte er. »Und wie ich hergekommen bin? Mit dem Zug natürlich.«
»Haben Sie auch nur die geringste Ahnung, was Sie anderen damit eingebrockt haben?«
»Das war nicht meine Absicht, Lewis. Ich wollte niemandem Unannehmlichkeiten bereiten. In der Nacht vor meiner Abreise lag ich eine Zeitlang wach, und da wurde mir auf einmal klar, daß ich bis oben hin genug hatte. Und ebenso sicher und plötzlich wußte ich, daß ich weg mußte, irgendwohin, wo ich noch einmal von vorn anfangen konnte. Es war ein ganz sonderbares Gefühl. Irgendwie ... na ja, erhebend. Ich kam mir vor wie neugeboren, wie man so schön sagt. Am nächsten Morgen stand ich dann auf wie üblich und ließ alles hinter mir.«
»Und ob! So einfach klammheimlich abzuhauen! Wie haben Sie es überhaupt gedreht, ungesehen aus der Stadt zu kommen? Kein Mensch wußte, daß Sie weggefahren waren, geschweige denn, wohin.«
»Warum das keiner bemerkt hat, weiß ich auch nicht. Ich bin durchaus nicht heimlich weggegangen, habe auch nicht versucht, mich unterwegs unsichtbar zu machen. Ich verließ das Haus, ging geradewegs zur Bushaltestelle im Zentrum, fuhr von dort zum Bahnhof und löste im Zug eine Fahrkarte. Daß mich niemand gesehen hat, war Zufall. So was gibt's nun mal: einen rein zufälligen Zufall.«
»Und warum haben Sie alles bis zum letzten Taschentuch dagelassen?«
»Weil ich nichts davon behalten wollte. Ich wollte einen Neuanfang mit neuen Sachen. Sogar einen neuen Namen habe ich mir zugelegt.«
»Und wo haben Sie neues Geld hergenommen? Auf der Bank lagen nach Ihrem Verschwinden Tausende Ihrer Dollars herum.«
»Ach, das. Kinkerlitzchen. In einem Tresorfach in der Stadt hatte ich zehnmal soviel. Das habe ich unterwegs zum Bahnhof abgeholt. Sie wissen ja, wie Kitty mit Geld umgeht. Sie ist eine Verschwenderin. Ich hatte die Absicht, meine Reserven irgendwann bei Gelegenheit in günstigen Papieren anzulegen. Hielt es für unvernünftig, sie mit Kitty zu teilen. Sie hätte das Geld ja doch nur zum Fenster hinausgeworfen, wie alles, was sie in die Finger bekam.«
Ich hatte den winzigen Verdacht, daß er es vielleicht auch für unvernünftig gehalten hatte, die Summe im Tresorfach mit dem Finanzamt zu teilen, aber mir war nicht danach, den aufgebrachten Steuerzahler zu spielen.
»Mann Gottes!« sagte ich. »Haben Sie sich denn nie überlegt, was die Polizei von der Sache halten würde? Wie kamen Sie dazu, Ihre dicken Konten auf der Bank zu lassen? Das war eine glatte Rücksichtslosigkeit! Seit Ihrem Verschwinden steht Kitty unter Mordverdacht, und wenn Ihnen das nicht genügt: Auch mich hat man verdächtigt, an Ihrer Ermordung zumindest beteiligt gewesen zu sein.«

»Tut mir aufrichtig leid, alter Junge. Übrigens: Wie geht es Kitty?«
»Der geht's gut. Sie hat sich von Ihnen scheiden lassen und einen Ölmagnaten geheiratet.«
»Na also!« sagte er. »Ende gut, alles gut. Es ist ja niemand zu Schaden gekommen.«
Der Barmann sagte aus, bei mir wären in dem Augenblick sämtliche Sicherungen durchgebrannt. Wenn er damit meinte, daß ich eine Minute lang nicht bei klarem Bewußtsein war, dann hatte er recht. In sechzig Sekunden kann man einiges zuwege bringen, auch wenn man selbst nicht weiß, was man tut. Man kann sterben oder geboren werden oder ein Vermögen verlieren oder seine Seele verkaufen. Man kann auch, wenn zufällig eine halbvolle Bierflasche zur Hand ist, einen Mann damit umbringen. Falls es tatsächlich dazu kommt, bleibt nur eins: Man muß sich einen guten Rechtsanwalt nehmen.
Das habe ich getan. Ich hoffe bloß, er hat ein Zauberkunststück auf Lager.

Der Papierkorb

Jack Ritchie

Ich ging gerade die Bücher der Firma Spencer durch, als mein Blick zufällig auf den Papierkorb neben dem Schreibtisch fiel. Zuoberst, auf einer Schicht zerknüllter Papiere, lag ein Kopf, dessen Augen durch halbgeschlossene Lieder zu mir hinaufstarrten.
Ich zwang meinen Blick zurück auf meine Arbeit, aber gleich darauf schaute ich mich, so unauffällig ich konnte, im Büro um. Abgesehen von ein paar verglasten Abteilen war es ein großer, offener Raum mit etwa zwanzig Schreibtischen, an denen emsig gearbeitet wurde. Niemand schien mich zu beachten.
Ich machte mich wieder an meine Arbeit und addierte langsam eine Zahlenkolonne.
Wer mochte dahinterstecken? Ob sie allesamt die Hand im Spiel hatten und sich jetzt auf meine Reaktion spitzten? - Oder nur Hager?
Ich hatte die Kolonne noch nicht zu Ende addiert, brauchte aber einen Vorwand, um den Blick noch einmal heben zu können, und schlug eine neue Seite auf.
Hager saß an seinem Schreibtisch und war allem Anschein nach in einen Stapel Frachtbriefe vertieft. Oder tat er nur so?
Was erwartet er von mir? Hoffte er, ich würde beim Anblick des Kopfes in meinem Papierkorb einen Schreikrampf bekommen und in Ohnmacht fallen?
Wahrscheinlich. Letzte Woche hatte ich ihm ja auch den Gefallen getan, als ich den Arm in meiner Schreibtischschublade entdeckte.
Der Arm war natürlich aus Wachs gewesen, eine sehr gekonnte Nachbildung eines vom Rumpf getrennten Armes.
Hager hatte vor etwa drei Monaten bei der Firma angefangen, und mit seinem Eintritt hatte der Schabernack begonnen - eine ganze Welle dieser handgreiflichen Scherze. Wir hatten den Summer in der Zimmerpalme gehabt, die wasserspeiende Blume, die Zigarre, die beim Anzünden explodierte.
Es dauerte ein paar Wochen, bis ich an die Reihe kam. Man scheint mich allgemein für etwas farblos zu halten, vielleicht war das der Grund, warum Hager mich anfangs überging. Ich bin eher ruhig veranlagt, erledige meine Arbeit pünktlich und gehe nach Büroschluß nach Hause.
Ich bin Anfang Fünfzig, arbeite schon an die dreißig Jahre als Angestellter bei Black & Black und habe in der ganzen Zeit noch keinen Tag gefehlt. Das heißt, abgesehen von dem einen Nachmittag, den ich mir freinahm, um am Begräbnis meines Vaters teilzunehmen.
Ich schielte noch einmal zum Papierkorb hinunter und besah mir den

Inhalt etwas genauer. Ja, natürlich war der Kopf aus Wachs. Er war nicht einmal besonders wirklichkeitsgetreu modelliert. Zumindest fehlte jede Farbe auf den Wangen. Immerhin, vielleicht sollte er ja so weiß aussehen. Völlig ausgeblutet.

Bei näherem Hinsehen kam mir das Gesicht merkwürdig bekannt vor, aber es dauerte eine Weile, bis mir aufging, an wen es mich erinnerte. Ach ja, es sollte Bronsons Kopf sein. Bronson war der Hausmeister. Aber allzugroß war die Ähnlichkeit nicht. Das Gesicht war zu hager, das Haar zu drahtig.

Wie sollte ich auf diesen Fund reagieren, das war jetzt die Frage. Sollte ich versuchen, den ganzen Tag lang keine Notiz davon zu nehmen? Oder wäre es besser, meine Papierabfälle darüberzuwerfen und so zu tun, als hätte ich ihn nicht einmal bemerkt?

Bei der Vorstellung, Bronson könnte heute abend, wenn er die Papierkörbe leerte, seinen eigenen Kopf aus meinem Korb purzeln sehen, mußte ich unwillkürlich lächeln.

Oder sollte ich jetzt ganz ruhig aufstehen, mit dem Papierkorb zu Hager gehen und ihm den Inhalt auf den Schreibtisch kippen? Natürlich müßte ich eine passende Bemerkung dazu anbringen: »Wenn ich mich nicht irre, gehört dieser Kopf Ihnen«, oder etwas Ähnliches.

Das wäre die bei weitem befriedigendste Lösung, nur konnte ich mich nicht dazu überwinden. Es widerstrebte mir zu sehr, mich derart in Szene zu setzen.

Mein Blick kehrte zu dem Kopf zurück. Ja, es war ganz offensichtlich eine Attrappe. Selbst die Blutstropfen auf dem Papier waren unecht - braun statt rot.

Mir wurde etwas unbehaglich.

Wie war das mit echtem Blut? Verfärbte es sich nicht auch braun, wenn es eine Zeitlang der Luft ausgesetzt war?

Meine Hände fühlten sich ein wenig feucht an.

Der Gedanke war lächerlich, absolut lächerlich, aber nur einmal angenommen, es handelte sich bei dem Objekt in meinem Papierkorb tatsächlich um den Kopf einer Leiche: Würde ein menschlicher Kopf nicht wirklich blutleer sein und so blaß aussehen wie dieser?

Ich begann, an meinem Verstand zu zweifeln. Die bloße Idee, jemand könnte mir einen menschlichen Kopf in den Papierkorb gelegt haben, war verrückt. Außerdem, wie hätte Hager einen bluttriefenden Kopf quer durch ein überfülltes Büro tragen können?

Aber was, wenn er das Blut vorher hätte ablaufen lassen? Hätte er den Kopf dann nicht in einer Papiertüte oder sonst einem Behälter hereinschmuggeln können? Was, wenn er ihn schon vor acht, bevor irgend jemand zur Arbeit erschien, in meinem Papierkorb deponiert hatte?

Und wenn dieser Kopf wirklich einem Menschen gehört hatte? - Dann war dies kein bloßer Schabernack mehr. Dann war es Mord!

Ich zog mein Taschentuch heraus und wischte mir die Stirn.
Aber weshalb hätte irgend jemand den Hausmeister umbringen sollen? Und dann noch das schauerliche Ritual, der Leiche den Kopf abzuschneiden und ihn mir in meinem Papierkorb zu präsentieren! Wozu das?
Die Antwort auf diese Frage war nur zu klar.
Falls Bronsons Kopf in meinem Papierkorb gefunden würde, würden alle, die Polizei selbstverständlich eingeschlossen, sofort davon ausgehen, daß ich ihn getötet hatte. Auf dem Papier unter dem Kopf würden sich mit beinahe absoluter Sicherheit meine Fingerabdrücke feststellen lassen.
Nur: Was für ein Motiv könnte ich gehabt haben, ein solches Verbrechen zu begehen? Soweit ich mich erinnerte, hatte ich mit Bronson im ganzen Leben kein Wort gewechselt. Vielleicht hatte ich ihm im Vorbeigehen hin und wieder zugenickt, das war aber auch alles.
Ich wurde den Laufjungen gewahr, der wie jeden Tag um diese Zeit von Tisch zu Tisch ging, um die zum Abgang fertige Morgenpost einzusammeln. In ein paar Augenblicken würde er bei mir sein.
Ich geriet beinahe in Panik, aber dann, gerade noch rechtzeitig, fiel mir meine Aktentasche ein. Sie lehnte am Schreibtisch, und ich legte sie mit raschem Griff auf den Papierkorb.
Der Junge kam pfeifend an meinen Tisch, nahm die drei Briefe aus meinem Kasten für Ausgänge und ging weiter.
Ich holte tief Luft.
Es war heller Wahnsinn, was ich mir da zurechtgesponnen hatte. Der Kopf mußte aus Wachs sein. Ich brauchte nur die Hand auszustrecken und das Ding im Papierkorb ...
Und wenn es doch nicht aus Wachs war? Wenn es wirklich der Kopf des Hausmeisters war?
Ich trat an den Wasserkühler und schluckte zwei Aspirin.
Warum sollte die Polizei auch nur entfernt annehmen, ich könnte Bronson ermordet haben? Ich hatte ja nicht das geringste Motiv. - Aber würden sie angesichts eines solchen Verbrechens überhaupt nach dem Motiv fragen? Bronson umzubringen war eins, aber der Leiche den Kopf abzuhacken und ihn in einen Papierkorb zu werfen, das war etwas ganz anderes. Das war die Tat eines Irren, und Irre brauchen keine Motive.
Ich malte mir düster aus, welche Spekulationen die Gerichtspsychiater und -psychologen über mich anstellen würden. Vermutlich würden sie gerade meine besten Eigenschaften - meine Ordnungsliebe, meine Zuverlässigkeit -, alles, was meinem Leben Bestand gab, beargwöhnen und als Anzeichen verdrängter Komplexe werten.
Ich lebte ruhig und zurückgezogen, hatte weder Hobbys noch enge Freunde und war Junggeselle geblieben. Ich wohnte mit meinen beiden ebenfalls unverheirateten Schwestern noch immer bei meiner nun verwitweten Mutter. Ich mähte regelmäßig den Rasen. Ich stand jeden Morgen zur selben Zeit auf und ging abends zur selben Zeit zu Bett. Ich trank nicht. Ich

rauchte nicht. Ich hatte noch keinen einzigen Arbeitstag versäumt, abgesehen von dem einen Mal, als wir meinen Vater beerdigten.
Würden sie auch in diese eine Ausnahme irgendeinen Unsinn hineingeheimnissen?
Aber ob der Kopf nun aus Wachs war oder nicht, ich würde ihn fortschaffen müssen, und zwar sofort. Aber wie? Sollte ich den Papierkorb einfach aufheben und hinaustragen?
Nein. Wenn es sich um einen menschlichen Kopf handelte, würde der Mörder mir kaum gestatten, ihn auf so simple Art loszuwerden. Schließlich hatte er sich die Mühe gemacht, ihn mir in den Papierkorb zu schmuggeln.
Wahrscheinlich würde er mich »aus Versehen« anstoßen und mir den Korb aus den Händen schlagen, wenn ich an seinem Schreibtisch vorbeikam. Dann würde der Kopf herausfallen und wohl noch ein ganzes Stück den Fußboden entlangrollen.
Ich würde einen Karton brauchen. Das war es. Einen Pappkarton. Sobald ich sicher sein konnte, daß niemand mich beobachtete, würde ich meinen Papierkorb rasch in den Karton ausleeren, ihn mir unter den Arm klemmen und damit hinausgehen. Das würde so aussehen, als wollte ich ein Paket zum Verschnüren in den Versand bringen. Aber statt dessen würde ich es in den Müllschacht werfen, hinunter in den Verbrennungsofen.
Ich stand auf, verließ das Büro und schritt den langen Korridor hinunter bis zur letzten Tür am anderen Ende. Ich öffnete sie leise und trat rasch ein. Der Lagerraum war nur spärlich beleuchtet, und es regte sich nichts. Offenbar war im Augenblick niemand da.
Ich steuerte auf einen Tisch an der Hinterwand zu, auf dem ein paar anscheinend leere Kartons herumlagen. Aber auf halbem Wege blieb ich stehen. Was ich dort liegen sah, schwarze Schuhe, eine graue Uniform, einen …
Die Leiche hatte keinen Kopf, und daneben lag ein großes, blutiges Messer.
Gleich darauf hörte ich Schritte im Korridor und sah die Silhouette durch die Milchglasscheibe in der Tür. Die Klinke bewegte sich, und die Tür schwang auf. Es war Reilly, der Bürovorsteher. Er zog die Tür hinter sich zu.

Ich sah stirnrunzelnd auf meinen Schreibtisch hinunter. Wo war ich doch gerade stehengeblieben? Was hatte ich zuletzt erledigt? Diese gräßlichen Kopfschmerzen brachten mein Gedächtnis völlig durcheinander.
Miss Grinnel trat mit ein paar Bilanzauszügen an meinen Tisch.
Sie warf einen Blick in meinen Papierkorb und sah die beiden Köpfe - Bronsons und Reillys - nebeneinander auf dem zerknüllten Papier.
Ihre Augen weiteten sich.
Warum müssen diese Leute immer gleich versuchen zu schreien?

Mit einem Seufzer öffnete ich meine unterste Schreibtischschublade, langte nach dem Messer und benutzte es zum dritten Mal an diesem Vormittag.

Stimmen im Brunnen

Donald Honig

So, wie sie über die Farm sprachen, hätte man meinen können, sie wollten, daß etwas Gräßliches passierte, warteten regelrecht darauf, daß etwas Grauenhaftes geschah. So, wie sie redeten, selbst als ich noch ein kleiner Junge war, hörte es sich an, als könne kein Mensch das heraufziehende Unglück verhindern. Sie behaupteten, der Ort sei verdammt und dort spuke es. Doch ich glaubte nicht daran, nicht, als ich noch klein war. Damals spazierte ich oft zur Farm und schaute mich um. Sie sah genau so aus wie all die anderen Gehöfte in unserer Gegend, außer daß sie verwahrlost war, das Haus leer stand und die Scheune langsam in sich zusammensackte.

Einmal spähte ich sogar in den Brunnen hinein, doch drunten gab es weder etwas zu sehen noch zu hören. Zu Hause erzählte ich meiner Mutter von meinem Ausflug und daß ich in den Brunnen hineingeschaut hätte. Sie funkelte mich wütend an, packte meinen Arm und schüttelte mich und verbot mir, jemals wieder dorthin zu gehen. »Weißt du denn nicht, was die Leute sich über diesen Ort erzählen?« schimpfte sie.

Ihr Verbot fruchtete indessen nichts. Nach wie vor lief ich zu der Farm und stöberte in dem verrottenden Anwesen herum. Als kleiner Junge hörte ich niemals Stimmen aus dem Brunnen, und es hatte nie den Anschein, als ob dort etwas Schreckliches passieren könnte. Es sei denn, die Menschen, ich meine richtige, lebendige Leute und keine Geister, hätten ihre Hände im Spiel.

Die Farm lag am Fuß einer Hügelkette, inmitten eines großen Baumbestandes. Der Boden war gut, wenn man sich die Mühe machte, ihn zu bearbeiten. Er war nicht besser als die meisten und nicht schlechter als die anderen Böden, nur hatte er beinahe fünfzig Jahre lang brach gelegen. Unbeackert und unbeansprucht, hatte er ein halbes Jahrhundert lang lediglich das Sonnenlicht, die Sterne, Wind, Regen und Schnee gekannt. Sogar die Landstreicher, die mit dem Güterzug in die Stadt kamen, mieden diesen verrufenen Ort.

Man nannte ihn »Brunnen des toten Mannes«. Im gesamten Umkreis war das Anwesen nur unter diesem Namen bekannt. Er stammte aus der Zeit des Bürgerkrieges. In jener Gegend hatte eine große Schlacht stattgefunden, und sogar auf dem Hof selbst wurde gekämpft. Am Tag nach der Schlacht ritt ein Colonel der Konföderierten zu dem Haus und teilte dem Farmer mit, auf seinem Grund und Boden lägen eine Menge Gefallener. Er bot dem Mann einen Dollar für jeden Toten, den er begrub, denn die Armee könne keine Leute für diese Aufgabe entbehren.

Der Farmer stimmte dem Vorschlag zu. Doch er war ein schlauer Fuchs. Er spannte seine Pferde vor einen Wagen, fuhr hinaus auf die Felder und

Weiden und sammelte dreißig gefallene Soldaten auf. Dann kassierte er dreißig Dollar - wobei er darauf bestand, es müßten Goldmünzen sein. Papiergeld nähme er nicht.
Im Laufe des Tages zog die Armee weiter. Sobald die Soldaten fort waren, begann der Farmer, der seinen Buckel nur ungern zum Arbeiten krumm machte, die Toten in den Brunnenschacht zu werfen. Ungeachtet der Einwände und Proteste seiner Frau habe er jeden der dreißig Gefallenen vom Wagen gezerrt und in den Brunnen hinabgestürzt.
Der Vorfall wurde bald bekannt, und niemand billigte, was der Farmer getan hatte. Ein paar Männer rotteten sich zusammen und marschierten eines Nachts zum Hof. Es gab einen hitzigen Wortwechsel, und dann passierte etwas, über das nie in aller Klarheit gesprochen wurde. Jedenfalls lag der Farmer bald, von Gewehrkugeln durchsiebt, am Boden. Seine Frau, die bei dem Ereignis zugegen war, verfiel in totale geistige Umnachtung. Es dauerte zwei Tage, ehe sie in den Wäldern aufgespürt wurde. Dann brachte man sie in ein Irrenhaus.
So begann die Legende. Nach dem Tod des Farmers mochte niemand mehr das Anwesen betreten. Menschen, die auf dem Land leben und sich die langen Abende vertreiben müssen, entwickeln ein Talent, Legenden zu erfinden und sie weiterzugeben. Diejenigen, die zu nächtlicher Stunde an der Farm vorbeikamen, schworen, sie hätten allerlei eigenartige Geräusche aus dem Brunnen gehört.
Es habe geklungen, als ob verlorene Seelen weinten und stöhnten und wie wenn Knochen rasselten. Das Geklapper von Knochen käme daher, so mutmaßte man, daß die Toten vergebens versuchten, sich aus ihrem unnatürlichen Grab zu befreien.
Deshalb konnten Burt Potter und ich die Farm so billig von der Gemeinde kaufen. Es kostete viel Arbeit, sie wieder in Schuß zu bringen. Wir mußten die Scheune neu bauen und das Haus renovieren. Es gab Unkraut zu jäten, Gestrüpp zu roden und tausend andere Dinge zu tun, ehe wir mit der Landwirtschaft beginnen konnten. Wir schufteten einen halben Sommer lang, um den Betrieb in Gang zu bekommen.
Doch selbst nachdem die Reparaturen beendet waren und der Besitz sich in einem tadellosen Zustand befand, haftete der Farm etwas Eigenartiges, Gespenstisches an. Wenn es da draußen ruhig war, dann herrschte gleich eine Totenstille. Man hörte absolut nichts, nicht einmal ein Hund bellte, und kein Vogel im Wald sang. Manchmal stand ich da und lauschte in die Stille hinein, und dann war mir, als durchdränge sie mich, als ströme sie in mein Blut. Dann packte mich das Grauen, und ich fing wie wild an zu arbeiten, wobei ich soviel Lärm wie möglich veranstaltete. Doch egal, welche Laute ich verursachte, jedes Geräusch erstarb sogleich, keinen Nachhall hinterlassend, als würde es von der Stille verschluckt. Dann hielt ich wieder inne und horchte. Mit der Zeit ertappte ich mich dabei, wie ich immer häufiger mit der Arbeit innehielt und immer länger in die

sonderbare Stille hineinhorchte, die sich über die Felder bis hin zu den Bergen zu erstrecken schien.
Des Nachts war es am seltsamsten. Wenn der Wind durch die Baumwipfel strich, ertönte ein unheimliches Geräusch, wie ein Flüstern. Vermutlich hatten die Leute, die hier vorbeikamen, diese Laute gehört und sie für Geisterstimmen aus dem Brunnen gehalten. Man hatte uns gewarnt, die Stimmen würden uns keine Nacht schlafen lassen, doch wir waren jung und draufgängerisch und lachten nur darüber. Sowohl Burt als auch ich hatten bei den amerikanischen Streitkräften in Frankreich gekämpft, und wir fürchteten uns vor nichts.
Eines Morgens besuchte uns der Prediger. Es war Herbst, der erste Herbst, den wir auf unserem Besitz verbrachten. Er kam in einem offenen Pferdefuhrwerk. Da heute Sonntag sei, sagte er, wolle er uns eine kleine Predigt halten. Burt und ich hockten auf der Treppe, rauchten Pfeife und beobachteten ihn. Noch nie zuvor hatte er die Farm besucht. Er war derjenige gewesen, der uns am eindringlichsten vor den Gespenstern gewarnt hatte.
Der Prediger, ein hochgewachsener, hagerer Mann in einem langen schwarzen Rock, trat an den Brunnen und legte seinen Hut auf den Boden. Dann faltete er die Hände, schloß die Augen und hob den Kopf. Mit dröhnender Stimme begann er zu predigen. Er sagte Dinge wie »Gott möge jene Seelen retten und ihnen ewigen Frieden schenken«. Und voller Inbrunst setzte er hinzu: »Herr, behüte diese beiden jungen Männer, die Nacht für Nacht allein hier verbringen, umgeben von ruhelosen Toten, die danach trachten, ihre Fesseln zu sprengen, um Rache zu nehmen an einer grausamen, kalten, vergeßlichen Welt!«
Der Blick des Predigers heftete sich auf uns. Er sah uns an, als ob wir auf einem Galgen säßen. In seinen weit aufgerissenen Augen stand das Entsetzen. Wir starrten zurück, die erkalteten Pfeifen in unseren Händen. Ohne ein weiteres Wort zu sagen, bückte er sich nach seinem Hut, setzte ihn auf und entfernte sich eilig vom Brunnen. Dabei beobachtete er uns, als seien wir Erscheinungen aus einer anderen Welt, begierig, uns auf ihn zu stürzen und ihn den Brunnenschacht hinunterzuwerfen. Er kletterte in sein Gefährt und fuhr los.
»Der spinnt«, äußerte Burt.
»Vielleicht« entgegnete ich.
»Was meinst du mit ›vielleicht‹?«
»Er ist doch Prediger, nicht? Womöglich weiß er etwas.«
»Er soll etwas *wissen?«* blökte Burt in einer Lautstärke, als säße ich auf der anderen Seite des Hofes. »Was gibt es denn da zu wissen? Es ist ein ganz gewöhnlicher Brunnen mit Wasser darin. Nicht anders als sämtliche übrigen Brunnen in dieser Gegend.«
»Schon gut, schon gut«, versetzte ich heftig. »Schrei mich nicht so an.«
In der letzten Zeit hatte Burt mir viel Kummer bereitet. Er war nicht der

ideale Partner für ein Unternehmen. Gleich vom ersten Tag an, als wir unser Geld zusammenlegten und die Farm kauften, hatten wir Meinungsverschiedenheiten. Burt besaß ein streitsüchtiges Naturell, auf die Dauer konnte nur ein Heiliger mit ihm auskommen. Da ich kein Heiliger bin und wohl auch nie einer werde, wünschte ich mir immer häufiger, Burt würde eines Tages fortgehen und nicht wieder zurückkommen. Ich gönnte es ihm, daß er in eine Bärenfalle tappte oder daß ihm etwas Ähnliches zustieße.
Burt liebte den Alkohol, und er liebte die Frauen. Manchmal, wenn er von diesen beiden Schwächen heimgesucht wurde, mußte ich tagelang allein auf der Farm arbeiten. Am Monatsende jedoch, wenn das bißchen Geld aufgeteilt wurde, das wir erwirtschafteten, stellte er sich mächtig auf die Hinterbeine und verlangte einen Anteil von fünfzig Prozent.
Einmal prügelten wir uns, als wir vom Feld heimkamen. Burt war ein gutes Stück größer als ich und walkte mich tüchtig durch. Ich liebäugelte mit dem Gedanken, ihn mit der Sense zu erwischen, doch zum Glück fiel mir noch rechtzeitig ein, wie engstirnig der Staat mit Mördern umgeht. Wir hatten uns wieder einmal über die Gespenster unterhalten; ich erzählte Burt, daß sich der Wind in den Bäumen tatsächlich anhörte wie Stimmen. Worauf er in seiner reizbaren, aufbrausenden Art antwortete, ich würde langsam verrückt.
Mehr als einmal wollte ich ihm das geben, was er verdiente, doch so schnell verliere ich nicht den Kopf. Ich wußte, daß Menschen vom Schlage Burts früher oder später ihrem Richter begegnen, und ich hatte Zeit.
Burt pflegte zu sagen. »Ich verstehe nicht, was in dich gefahren ist. Früher waren wir doch gute Freunde. Und wie benimmst du dich jetzt?«
»Wirklich gute Freunde waren wir nie«, versetzte ich dann. »Versuch also nicht, mir Honig um den Bart zu schmieren. Ich bin nicht eines deiner Mädchen.«
Falls Sie jetzt glauben, mein Zorn auf Burt sei so weit gegangen, daß ich ihm nur das Schlimmste wünschte, so lassen Sie mich erzählen, wie ich ihm eines Tages das Leben rettete, als er in den Brunnen stürzte. In betrunkenem Zustand war er über die niedrige Mauer gefallen (Touristen aus dem Norden, die erfuhren, welche Bewandtnis es mit dem Brunnen hatte, waren hierhergepilgert, um ihn zu besichtigen, und hatten dabei Steine als Andenken aus der Umrandung gebrochen); ich warf ihm ein Seil zu und zog ihn wieder herauf.
Je länger wir auf der Farm arbeiteten, um so gepflegter sah der Besitz aus. Nach ungefähr einem Jahr scherten sich ein paar Grundstücksmakler aus der Stadt nicht mehr um den Aberglauben und wollten uns die Farm gegen einen guten Preis abkaufen. Doch ich sagte ihnen, ich sei nicht an einem Verkauf interessiert. Burt schloß sich meiner Meinung an. Verschiedene Male schlug ich ihm vor, er solle mir seinen Anteil verkaufen, aber er ließ sich nicht darauf ein. Schließlich war er nicht dumm. Ich tat

die meiste Arbeit, doch den Profit teilten wir uns. Mit der Zeit wurde ich immer unzufriedener.
Außerdem erschienen mir jene Stimmen - den Grund dafür weiß ich nicht - immer wirklicher, immer echter. An eine Nacht erinnere ich mich besonders gut, wir verbrachten unseren zweiten Sommer auf der Farm. Ich lag im Bett und fand keinen Schlaf. Meine Gedanken kreisten um den ermordeten Farmer und dessen Frau, die den Verstand verloren hatte. Burt trieb sich Gott weiß wo herum und stellte vielleicht auch irgendwelchen Unfug an. Dann hörte ich den Wind in den Bäumen rauschen. Ich lauschte eine lange Zeit. Das Flüstern der Blätter vernahm ich auch dann noch, als sich kein Luftzug mehr regte. Es lief mir eiskalt über den Rücken.
Ich stand auf und ging nach draußen. Vorsichtig huschte ich über den Hof zum Brunnen und schaute hinab auf das dunkle Wasser. Irgendeinem Impuls folgend, hob ich einen Stein auf und warf ihn in den Schacht. Ich fand, es dauerte überaus lange, bis ich endlich das Aufklatschen hörte. Als ich zum Haus zurückging, erhob sich abermals eine Brise. Doch dieses Mal ließ ich mich nicht stören. Sobald ich in meinem Bett lag, schlief ich ein.
»Gestern nacht haben sie über dich gesprochen«, erzählte ich Burt am anderen Morgen.
»Wer?« fragte er verdutzt.
»Die Stimmen. Sie sagten, du solltest dich endlich zusammenreißen, oder deine Anwesenheit hier würde nicht länger geduldet.« Ich wußte, daß er dies nicht gern hörte, doch ich hielt es für meine Pflicht, es ihm zu sagen. Plötzlich konnte ich gar nicht anders, ich stand wie unter einem Zwang.
Er lachte mich aus. »Stimmt das wirklich?«
»Wirklich.«
»Verrate mir eins, mein Junge. Wenn da drunten so viele Stimmen sprechen - es müssen doch mindestens dreißig oder vierzig sein -, wie kannst du dann verstehen, was sie dir erzählen?«
»Weil ich ein feines Gehör habe, darum«, entgegnete ich.
»Und wie kommt es, daß ich sie nicht höre?«
»Weil sie nur zu mir sprechen.«
»Haben sie meinen Namen genannt?« erkundigte er sich.
»Wenn du es genau wissen willst, ja.«
Wie Sie sehen, glaubte Burt nicht an die Stimmen. Und ich vergegenwärtigte mir, daß ich sie bis zu diesem Zeitpunkt gleichfalls als Humbug abgetan hatte. Die Erkenntnis, daß ich die Stimmen plötzlich als etwas Reales empfand, verursachte mir eine Gänsehaut. Doch warum sollte ich über etwas spotten, das sich jeder aus der ganzen Gemeinde zu Herzen nahm? So redete ich mir selbst zu. Und man hätte annehmen sollen, daß sich sogar ein Mann wie Burt, der eine ernsthafte Warnung erhielt, in Zukunft vorsehen würde. Doch nichts dergleichen geschah. Wenn ihm

etwas zustoßen sollte, hätte ich wenigstens ein reines Gewissen. Schließlich hatte ich ihn gewarnt, nicht wahr?
Und dann, in einer Samstagnacht, passierte es. Gegen Mittag hörte ich auf zu arbeiten - samstags arbeite ich immer nur bis zwölf -, wusch mich, zog mich an und marschierte in die Stadt. Bis zum Dunkelwerden bummelte ich über den Marktplatz, später sah ich mir einen Film an, und dann wurde es Zeit zum Heimgehen. Der Himmel war bedeckt, und nur hin und wieder lugte ein voller Septembermond durch die vorbeijagenden Wolken.
Es war gerade hell genug, daß ich die Straße erkennen konnte.
Als ich mich unserer Farm näherte, kam der verrückte alte Nicholson, der den Hof neben unserem besitzt, seinen Gartenweg entlanggerannt. In dem Mondlicht und mit seiner sonderbaren Kleidung bot er einen komischen Anblick. Er trug eine ausgebeulte Hose, die von breiten Trägern gehalten wurde, und sein langer weißer Bart flatterte ihm ums Gesicht. Als junger Mann hatte er in A.P. Hills Division am Antietam gekämpft und dabei eine wirklich schwere Kopfverletzung davongetragen. Das war über sechzig Jahre her, aber der verrückte Alte bildete sich ein, er lebe noch in genau dieser Zeit. Er hatte ein cholerisches Temperament, pflegte wild mit den Augen zu rollen und traute niemand und nichts zwischen Himmel und Erde.
»Stehenbleiben, junger Mann!« brüllte er mir zu.
Dabei stand ich längst wie angewurzelt und beobachtete ihn, wie er mir entgegenrannte.
»Wo ist Ihr Partner?« wollte er wissen. Er trat durch die Pforte und steckte die Daumen in den Hosenbund.
»Wer?« fragte ich.
»Potter. Burt Potter. Sie haben doch nur einen Partner.«
»Ich spioniere ihm nicht nach«, versetzte ich.
»Jemand sollte das aber ruhig tun. Mit dem Gewehr im Anschlag. Wissen Sie, was er getan hat?«
»Das müssen Sie mir schon erzählen«, erwiderte ich.
»Heute nacht schlich er sich stinkbesoffen auf mein Grundstück und nahm Sally Ann mit. Er holte sie sich geradewegs aus dem Haus.« Sally Ann war Nicholsons Enkeltochter. Und hübsch obendrein.
»Das war sicher nicht das erstemal«, mutmaßte ich.
»Aber immer kam er ungeschoren davon«, wetterte der Alte. Seine kleinen roten Äuglein sprühten. »Doch dieses Mal nicht. Was zuviel ist, ist zuviel. Himmel noch mal, der Schuft kann was erleben. Er schleppte sie zu eurer verdammten Spukfarm und ...«
»Moment mal«, fiel ich ihm ins Wort. »Das steht doch noch gar nicht fest.«
»Doch, doch, ich sage es Ihnen!« zeterte der Verrückte. Vor Aufregung hopste er von einem Bein auf das andere. »Weil er weiß, daß ich mich

fürchte, dieses verfluchte Grundstück zu betreten. Deshalb bringt er sie immer dorthin, wo man die Stimmen der Toten hört.«
»Nun, ich gehe jetzt heim. Wenn ich Sally Ann sehen sollte, schicke ich sie zurück.«
Mit wilden Blicken funkelte er mich an. »Schwören Sie mir das?«
»Bei allem, was mir heilig ist.«
»In einer solchen Nacht und bei Vollmond kann alles mögliche geschehen. Und der Wind frischt auf. Meine kleine Enkelin, allein mit diesem -«
»Ich laufe sofort los. Warten Sie hier, Mr. Nicholson.«
Ich ließ den alten Mann stehen, der vor Wut und Angst zitterte, und schritt kräftig aus. In Gedanken verfluchte ich Burt, weil er ständig irgendwelches Unheil stiftete.
Ich verließ die Straße und nahm eine Abkürzung. Schon von weitem sah ich, daß im Haus Licht brannte, und ich wußte, daß sie sich drinnen aufhielten. Auf alle Fälle mußten sie im Haus gewesen sein. Im Näherkommen entdeckte ich plötzlich Burt, der sich torkelnd aus dem Schatten löste und dabei einen Schlager grölte, den er vermutlich in der Stadt gehört hatte. Sein Anblick brachte mein Blut zum Sieden.
Als er mich sah, blieb er jählings stehen. Blinzelnd sah er mich an. Er schwankte hin und her, als brächte der böige Wind ihn aus dem Gleichgewicht.
»Du bist ja gar nicht Sally Ann«, lallte er.
Er sah verkommen aus. Das weiße Hemd schlotterte ihm über der Hose, und sein Jackett saß schief, als hätte jemand daran gezerrt. Er wankte auf mich zu.
»Wo ist sie?« fragte ich.
»Weggelaufen«, erwiderte er, sich das Haar aus der Stirn streichend. »Warum fragst du?«
»Ist sie heimgegangen?« Ich wußte, daß sie nicht zu ihrem Großvater zurückgelaufen sein konnte, denn dann hätte ich sie unterwegs sehen müssen.
»Keine Ahnung.« Burt schüttelte den Kopf.
»Der alte Nicholson ist mit einer Flinte hinter dir her.«
Burt lachte. Es klang wie ein Keckern. Er lachte laut und anhaltend, während ein kräftiger, warmer Windstoß über den Hof fauchte und die trockenen Blätter vor sich her trieb.
»Hör endlich auf!« schimpfte ich erbost. »Verrate mir lieber, in welche Richtung sie ging.«
»Dorthin.« Er deutete auf die Bäume. »Es stimmt, über dieser Farm liegt ein Fluch«, versetzte ich erbittert. »Nur ist nicht der Brunnen daran schuld, sondern du.«
Taumelnd wollte er sich entfernen. Ich packte seinen Arm.
»Wohin gehst du?« fragte ich.

»Keine Ahnung. Vielleicht sollte ich Sally Ann suchen .«
»Solltest du nicht! Du bleibst hier! Wenn du in der Gegend umherstreunst, erwischt dich noch ihr Großvater. Geh hinein und schlaf deinen Rausch aus. Ich suche Sally Ann und bringe sie heim. Wasch dich und leg dich ins Bett!«
Ich schob ihn auf das Haus zu. Mehr braucht ein Betrunkener nicht, nur einen leichten Stoß in die richtige Richtung. Seine Melodie grölend, stolperte er los, wobei ihm das schief sitzende Jackett eine bizarre Silhouette verlieh.
Dann steuerte ich auf die Bäume zu, hinter denen gleich unser Weideland begann. Ich rief Sally Anns Namen. Mittlerweile blies ein starker Wind, und in der Luft hing ein Geruch wie von einem heraufziehenden Regensturm. Auf der Weide prallte ich mit unserem Maultier zusammen. Es stand einfach nur da, blickte verstört und benommen drein und ängstigte sich vermutlich im Dunkeln.
Wahrscheinlich hatte Burt das Muli freigelassen, als er auf der Suche nach Sally Ann in der Scheune herumtappte. Für kurze Zeit gab ich es auf, mich nach Sally Ann umzuschauen, denn ich mußte den alten Ben in die Scheune zurückbringen und ihn dort einsperren.
Danach lief ich wieder zu den Bäumen, rief den Namen des Mädchens und kam mir halb wie ein Held, halb wie ein Idiot vor. Der Wind brauste in den Wipfeln, und durch das Laub blickte das kalte, blasse Gesicht des Mondes, als wolle er mich beobachten. Es war unheimlich. Ich erinnere mich noch, wie mir in den Sinn kam: *Heut nacht werden die Stimmen wirklich flüstern.* Mir war, als käme dieser Gedanke nicht aus mir selbst, sondern als raune ein Fremder mir diese Worte zu.
Ich hastete über die Weide, wobei ich mehrere Male über Felsen stolperte und stürzte. Als ich vom Rennen und Rufen außer Atem war, blieb ich nach Luft schnappend stehen. Und dann sah ich Sally Ann. Sie saß auf der Steinmauer und beobachtete mich. Sie blickte neugierig und amüsiert drein, als hätte ich diese ganze Vorstellung eigens zu ihrer Unterhaltung inszeniert.
»Was tust du hier?« fragte ich. Mittlerweile war ich sehr böse. Wahrscheinlich hatte sie die ganze Zeit über auf ihrem Platz gesessen und sich mein Umhergerenne angeschaut.
»Ich warte darauf, daß Burt mich suchen kommt«, erwiderte sie.
»Verdammt noch mal, ich bringe dich jetzt zu deinem Großvater.«
»Wo ist Burt?«
»Er hat sich schlafen gelegt. Er ist ja sturzbetrunken.«
»Ich dachte, er käme hinterher.«
Ich ging zu ihr, nahm ihren Arm und zog sie von der Mauer.
»Dein Großvater ist sehr wütend«, sagte ich.
»Dann hat er etwas, womit er sich beschäftigen kann«, versetzte sie. Sie war wirklich eine ganz Schnippische.

»Egal. Ich bin hier, um einen Mord zu verhindern. Komm mit. Deinetwegen hätte ich fast mein Muli verloren.«
»Wir waren nicht einmal in der Nähe der Scheune«, gab sie zurück.
Ich stutzte. Angenommen, Burt hatte den alten Ben gar nicht herausgelassen. Angenommen, der verrückte Alte war mir gefolgt und pirschte nun auf dem Anwesen herum. Als ich Burt zuletzt sah, torkelte er auf das Haus zu, und das Scheunentor war geschlossen.
Also ließ ich Sally, wo sie war, und rannte schon wieder los. Nach so vielen Jahren hatte der Alte in seinem Zorn auf Burt womöglich seine tief verwurzelte Furcht vor den Gespenstern gemeistert.
»Paß auf, daß er Burt nicht erschießt«, kreischte Sally Ann hinter mir her.
Der Sturm brüllte nun und schüttelte die Bäume. Rings um mich her bogen sich ächzend die Zweige. Der ganze Wald war angefüllt mit Geräuschen, lauter, als ich sie je zuvor gehört hatte. Ich lief durch den Pappelhain, vorbei an der Scheune und erreichte den Hof. Während ich ihn überquerte, erspähte ich im Mondlicht den alten Mann, wie er um die Scheune herumschlich. Und dann hörte ich die Stimmen. So klar und deutlich wie noch nie. Obwohl ich rannte, konnte ich beinahe verstehen, was sie sagten.
Mit dem Gewehr im Arm stürmte der Alte auf mich zu. Er gebärdete sich, als ritte er unter Hills Kommando eine Attacke.
»Was ist das?« fragte er mit vor Angst runden Augen.
Ich wirbelte herum. Burts Jackett und Hemd lagen neben der Mauer, wo er sich vor dem Waschen ausgezogen hatte. Die Stimmen nahmen an Lautstärke und Klarheit zu. Es klang, als stünden die Toten bereits im Begriff, die Brunnenumrandung zu überklettern.
»Was hat das Gebrüll zu bedeuten?« wollte der verrückte Alte wissen.
»Das sind die Gespenster«, schrie ich. Ich schrie aus Leibeskräften.
»Gott steh uns bei!« kreischte der Greis, wobei er mich noch übertönte. Der Sturm blies ihm den Bart über die Schulter. Er hetzte zum Brunnen, zielte mit der Flinte in den Schacht und feuerte. Das Echo des Schusses muß bis zum Mittelpunkt der Erde zu hören gewesen sein. Der Alte trat einen Schritt zurück, schulterte das Gewehr, nahm Haltung an und salutierte.

Der alte Nicholson wurde in eine staatliche Irrenanstalt eingewiesen. Nun bin ich Alleinbesitzer der Farm, doch nach dem Mord sind die Leute erst recht davon überzeugt, daß der Ort verwunschen und mit einem Fluch beladen ist. Ich versuchte, das Anwesen zu verkaufen, spottbillig, aber keiner wollte es haben. Mittlerweile bewirtschafte ich das Land nicht mehr. Das Unkraut wuchert. Ich fühle mich sehr einsam.
Fortgehen möchte ich jedoch noch nicht. Vielleicht bleibe ich sogar für immer hier. Seit sechs Jahren lebe ich hier allein, und bevor ich ein Weggehen überhaupt nur in Betracht ziehe, muß ich die Stimmen wenigstens

noch ein einziges Mal hören, wie damals, als Burt in den Brunnen gestürzt war.
Unentwegt rede ich mir ein, ich hätte nicht gewußt, daß Burt dort unten steckte, daß es nicht seine Stimme war, die ich hörte, daß das Heulen des Sturms und das Stöhnen der Zweige die Sinneswahrnehmungen verwirrte. Seit jener Zeit tobten mindestens tausend Stürme über das Land, doch nie wieder habe ich ähnliche Laute vernommen. Wenn ich nur noch ein einziges Mal die Stimmen höre, dann weiß ich mit Bestimmtheit, daß ich den alten Mann nicht in den Brunnen hineinschießen ließ, weil ich wollte, daß er für mich einen Mord beging.

Leichte Beute

Al Nussbaum

Warum die beiden Männer sich gerade die alte Mrs. Hartman als Opfer aussuchten, hätte niemand mit Sicherheit sagen können. Vielleicht war ihr hohes Alter ein Grund, ihre offensichtliche Gebrechlichkeit. Vielleicht lag es daran, daß sie erst ein paar Minuten zuvor die Bank verlassen hatte. Vielleicht auch hatte ihre große Umhängetasche, die sie ängstlich an sich drückte, die beiden angelockt - oder die Tatsache, daß sie einen Häuserblock weiter von der belebten Geschäftsstraße in eine stille, menschenleere Seitenstraße abgebogen war.

Jeder dieser Umstände - oder auch alle zusammen mochte die Männer bewogen haben. Jedenfalls hatten sie Mrs. Hartman bemerkt und sie als leichte Beute ins Auge gefaßt. Sie waren ihr gefolgt, hatten sie eingeholt und sich dann getrennt, um sie in die Mitte zu nehmen. Der Mann links von ihr stellte ihr ein Bein, und im gleichen Augenblick schnitt der andere den Schulterriemen ihrer Tasche durch und versuchte, sie ihr abzunehmen. Die Angreifer hatten erwartet, Mrs. Hartman würde die Arme ausstrecken, um ihren Fall abzufangen, aber die grauhaarige alte Frau packte ihre Tasche nur noch fester und umklammerte sie mit beiden Händen. Sie schlug auf dem Bürgersteig auf, und es gab einen Knacks, als sei ein alter Knochen gebrochen, aber Mrs. Hartman ließ ihre Tasche nicht los.

Einer der Männer wickelte sich ein lose baumelndes Ende des Riemens um die Hand und begann daran zu zerren, und der andere versetzte der Frau einen Tritt mit der breitkappigen Stiefelspitze. Sie schrie nicht auf, rief nicht einmal um Hilfe. Außer dem schweren Atem der beiden Männer und dem Scharren ihrer Füße, während sie versuchten, Mrs. Hartman zur Hergabe ihrer Tasche zu zwingen, war nichts zu hören. Die beiden waren entschlossen, die Beute an sich zu bringen, und um Mrs. Hartmans Griff zu lockern, begleitete der Mann mit den eckigen Stiefelspitzen jeden Ruck seines Komplicen am Schulterriemen mit mehreren wütenden Fußtritten.

Aber die Entschlossenheit der alten Frau stand der ihrer Angreifer in nichts nach. Sie biß die Zähne zusammen, umkrallte ihre Tasche verzweifelt und war nicht bereit, sie sich entreißen zu lassen.

Aber natürlich war die alte Frau auf die Dauer nicht einmal einem der Männer gewachsen, geschweige denn beiden. Schon nach wenigen Sekunden verlor sie vor Schmerz und Erschöpfung das Bewußtsein. Die Männer rissen ihr die Tasche aus den erschlafften Händen, ließen sie quer über dem Bürgersteig liegen und machten sich davon.

Es gab keine Zeugen des Vorfalls, und es verging noch beinahe eine Viertelstunde, bis ein Passant vorbeikam und Mrs. Hartman entdeckte. Kurz

danach, fast gleichzeitig, trafen Polizei und Krankenwagen ein, aber bis dahin waren die beiden Räuber über alle Berge.
Während man sie auf eine Trage hob, um sie in die Ambulanz zu verladen, erwachte Mrs. Hartman einige Sekunden lang aus ihrer Ohnmacht. Ihre schmerzerfüllten Augen hefteten sich auf das Gesicht eines Polizisten, der in der Nähe stand und auf sie herunterblickte. »Mein Geld«, sagte sie, und ihre Stimme war so leise und kraftlos, daß er sie beinahe überhört hätte. »Sie haben meine Tasche gestohlen, und ich hatte mein ganzes Geld darin.«
»Wieviel, Madam?« fragte der Beamte. »Wieviel Geld ist Ihnen gestohlen worden?«
Nach einer Pause brachte sie die Antwort heraus. »Dreiunddreißigtausend Dollar.« Dann sank sie in ihre Bewußtlosigkeit zurück.
Viel hatte sie nicht berichten können, aber es genügte, um den Überfall aus der Kategorie alltäglicher und vergleichsweise geringfügiger Delikte herauszuheben und ihn in die Sparte schwerer Verbrechen einzureihen. Ein Aufgebot von vier Kriminalbeamten wurde zur Intensivstation des Krankenhauses geschickt, um verfügbar zu sein, sobald Mrs. Hartman wieder sprechen konnte. Auch Fernsehberichterstatter und Zeitungsreporter - ebenso viele wie Polizisten - fanden sich im Krankenhaus ein.
Mrs. Hartman sah aus wie eine Mumie, als man sie aus dem Behandlungszimmer rollte. Beide Arme und Beine steckten in unförmigen Gipsverbänden, und ihr Kopf war dick bandagiert. Aber sie war bei Bewußtsein und imstande, einige weitere Auskünfte zu geben. Sergeant Kendris, ein stämmiger Mann etwa Mitte vierzig, behielt sich die Befragung vor. Die Vertreter der Nachrichtenmedien mußten sich mit dem wenigen begnügen, das sie von dem Gespräch mithörten, und mit den Aufnahmen, die sie ergattern konnten.
»Mrs. Hartman, können Sie mich verstehen?« fragte Kendris.
»Ja«, sagte die alte Frau matt.
»Als Sie gefunden wurden, haben Sie dem Beamten erzählt, man hätte Ihnen dreiunddreißigtausend Dollar geraubt. Trifft das zu?«
»Ja ...«
»Wie kam es, daß Sie eine solche Geldsumme bei sich hatten?«
Mrs. Hartman zögerte, als suche sie nach den richtigen Worten. Was sie zu sagen hatte, war eine Art Beichte. »Ich ... ich bin eine dumme alte Frau. Ich handele nicht immer so vernünftig, wie ich sollte. Einmal im Jahr, mitunter auch zweimal, hebe ich all mein Erspartes von der Bank ab. Nur um es für ein paar Tage zu Hause zu haben, wo ich es ansehen und in die Hände nehmen kann. Dann bringe ich es wieder zurück auf die Bank. Aber diesmal ...« Ihre Stimme wurde schwächer, fast unhörbar. »Diesmal habe ich es verloren. Alles.«
»Können Sie den Dieb beschreiben?«
»Es waren zwei, aber ich hatte sie noch nie vorher gesehen, ich weiß nicht

einmal, ob ich sie wiedererkennen würde. Es ging alles so furchtbar schnell ...«

An diesem Punkt der Befragung begann das Beruhigungsmittel zu wirken, das der Arzt ihr gegeben hatte, und sie schlief ein.

»Falls Sie weitere Fragen haben, Sergeant, werden Sie morgen wiederkommen müssen«, sagte die Schwester.

Am folgenden Nachmittag stürmte Kendris wutschnaubend ins Krankenhaus. Er sah aus wie ein gereizter Bär, aber er wurde nicht zu Mrs. Hartman hineingelassen. Sie hatte den ganzen Tag geschlafen und schlief noch immer, und der Arzt verweigerte ihm die Erlaubnis, sie zu wecken.

Kendris kam am nächsten Tag wieder. Inzwischen hatte er sich einigermaßen beruhigt, war aber noch sichtlich verärgert. Mrs. Hartman saß, von Kissen gestützt, im Bett, und eine freiwillige Betreuerin, ein junges Mädchen im High-School-Alter, las ihr aus der Zeitung vor. Kendris bat sie, auf dem Korridor zu warten, er wolle sich allein mit Mrs. Hartman unterhalten.

»So«, sagte er, als das Mädchen draußen war. »Nun will ich wissen, warum Sie mich belogen haben.«

»Ich … ich verstehe nicht, was Sie meinen«, stammelte sie.

»Tun Sie nicht so! Sie wissen genau, wovon ich spreche. Von Ihren imaginären dreiunddreißigtausend Dollar! Der Überfall ist durch die ganze Presse gegangen, es gab in allen Fernsehprogrammen Berichte darüber, aber als ich gestern zur Bank ging und mich erkundigte, ob sie sich die Seriennummern der gestohlenen Scheine notiert hätten, erfuhr ich, daß Sie gar kein Bankkonto besitzen und nie besessen haben. Man erzählte mir, Sie würden die Bank ausschließlich benutzen, um Ihren Scheck von der Sozialversicherung einzulösen, und das hätten Sie auch vorgestern getan. Warum also diese Lüge?«

Die alte Frau breitete die Hände ratlos auf der Bettdecke aus, verkrampfte die Finger und öffnete sie wieder. »Ich wollte nicht, daß die Diebe ungestraft davonkommen ... Ich ... ich wollte, daß Sie sie drankriegen für das, was sie mit mir gemacht haben.«

»Aber deshalb brauchten Sie nicht zu lügen«, beharrte Kendris. »Wir hätten ebenso hart an Ihrem Fall gearbeitet, hätten uns genauso bemüht, Ihre gestohlene Sozialrente zurückzubekommen wie den Riesenbetrag, den Sie uns nannten. Das sollte Ihnen klar sein, oder?«

Mrs. Hartman antwortete nicht gleich, und Kendris hatte Zeit, seine letzte Bemerkung zu überdenken. Was er gerade gesagt hatte, war lächerlich, einfach lächerlich. Solange man geglaubt hatte, daß die Diebe dreiunddreißigtausend Dollar erbeutet hatten, waren vier Kriminalbeamte auf den Fall angesetzt gewesen, und die vier hatten Reporter auf den Fersen gehabt, um die Öffentlichkeit über jeden ihrer Schritte auf dem laufenden zu halten. Aber mittlerweile war nur noch er selbst mit der Geschichte betraut, ein einziger Beamter, und auch das nur noch, bis er im Revier seinen Bericht aufgesetzt und ihn im Ordner für ungelöste Fälle abgeheftet hatte. Es war eine Überlegung, die Kendris peinlich berührte, soviel Anstand besaß er immerhin.

»So habe ich das wirklich nicht gemeint«, sagte Mrs. Hartman endlich. »Ich bin sicher, die Polizei tut ihr Bestes, ganz gleich, wieviel man verloren hat.« Aber in Kendris' Ohren hatten ihre Worte einen hohlen Klang, und die Erkenntnis, daß diese alte Frau, die man brutal zusammengeschlagen hatte, seinen Gefühlen mehr Rücksicht entgegenbrachte, als er den ihren gegenüber gezeigt hatte, beschämte ihn um so tiefer.

»Schwamm drüber, Mrs. Hartman«, sagte er. Er hatte nur noch den Wunsch, die Unterredung so rasch wie möglich zu beenden. »Vergessen wir das Ganze.« Er ging zur Tür. »Wenn wir irgend etwas herausbekommen, benachrichtigen wir Sie.« Damit trat er auf den Korridor hinaus und war verschwunden.

Die junge Betreuerin kam wieder herein. Sie nahm die Zeitung auf, die sie bei Kendris' Ankunft beiseite gelegt hatte, und setzte sich ans Bett. »Soll ich weiterlesen?« fragte sie.

»Ja, bitte«, sagte Mrs. Hartman. »Lesen Sie mir die Spalte mit den Mordfällen noch einmal vor.«

»Aber die haben Sie doch schon viermal gehört«, protestierte das Mädchen.

»Ich weiß, aber lesen Sie sie bitte noch einmal.«

Das Mädchen räusperte sich und begann: »Streifenbeamte der Polizei kamen bei der Untersuchung einer öffentlichen Ruhestörung in einem Apartment in der South Avenue 895 gestern abend gegen zehn Uhr einem Doppelmord auf die Spur. Sie fanden zwei Männer, William White und Jesse Bolt, als Ergebnis einer Messerstecherei tot auf dem Fußboden des Wohnzimmers vor. Die beiden Männer bewohnten das Apartment gemeinsam und hatten sich nach Aussage der Nachbarn bereits den ganzen Tag gestritten. Dem Vernehmen nach hatte jeder den anderen beschuldigt, ihn um eine nicht näher bezeichnete Geldsumme betrogen zu haben. Die Auseinandersetzung artete in Tätlichkeiten aus, bei denen sich die beiden Männer gegenseitig erstachen. Beide hatten lange Gefängnisvorstrafen. Die Polizei setzt ihre Ermittlungen fort. «

Mrs. Hartman lächelte hinter ihren aufgeschlagenen Lippen. »Würden Sie es mir noch einmal vorlesen«, bat sie sanft.

Die große Masche

Leo R. Ellis

Spook war kein Mensch, der sich mit überflüssigem Gepäck abschleppte. Auch nach Higginston, wo er per Fernlaster ankam, fuhr er unbeschwert von Kreditkarten, Sozialversicherungskarte und Wehrpaß. Er spähte aus der Hecktür des Laderaums und warf einen vorsichtigen Blick in die Runde. Wachsamkeit war ihm zur zweiten Natur geworden, aber diesmal war sie besonders angebracht, denn er hatte sich auf seiner letzten Station den Lapsus geleistet, die Promille eines Betrunkenen zu hoch zu veranschlagen. Als der Mann die fremde Hand in seiner Tasche gespürt hatte, war er aus seinem alkoholischen Dusel erwacht und hatte noch als Spook sich auf den Laster schwang, gellend nach der Polizei geschrien.

Spook war ein Knirps, eine halbe Portion von einem Mann, mit gespannter, gelblicher Gesichtshaut und einem Schädel, der nicht einmal genug Haare zu einem anständigen Malerpinsel hergegeben hätte. Er hüpfte vom Trittbrett, klopfte sich den Staub von dem zu eng sitzenden Anzug, schob seinen Hut schief aus der Stirn und befingerte den einzigen Gegenstand, den er bei sich trug: die Kaninchenpfote in seiner Tasche.

Der Talisman bewährte sich augenblicklich. So rasch, daß selbst Spook verblüfft war: Er wurde gewahr, daß in Higginston ein Jahrmarkt im Gange war.

Jahrmärkte bedeuteten Menschen, die Geld auszugeben hatten, und je größer die Menschenmenge, desto größer die Summe, die den Weg in seine eigene Tasche finden würde. Spook verließ sich auf seine Verhältnisrechnung.

Er erwischte eine weitere Freifahrt, direkt zum Jahrmarktsgelände, und marschierte selbstbewußt auf das Drehkreuz am Eingang zu. »Presseberichterstatter«, erklärte er großspurig und schlüpfte hindurch. Bis der Kassierer sich erholt hatte, war Spook in der Menge untergetaucht.

Er ließ die Viehstände und Ausstellungshallen links liegen und steuerte auf den Rummelplatz zu. An einer Erfrischungshalle gönnte er sich eine Pause und schnupperte den Duft der brutzelnden Fleischpasteten auf dem Rost.

Der Mann in der Bude winkte mit einem Spatel in Spooks Richtung. »Wie ist es, Mac? Könnten Sie einen Job hinter der Theke gebrauchen?«

Spook reagierte, als hätte der Mann ihn geohrfeigt. Er richtete sich zu seiner vollen Größe von knapp einssechzig auf und sagte im Weggehen von oben herab: »Leck mich am Arsch!«

Er steckte die Hand in die Tasche und rieb seinen Talisman unablässig, während er sich durch das lärmende Gewühl des Mittelganges schob, aber die Kaninchenpfote trieb ihm nichts Lohnendes in den Weg. Ein Stück

weiter vorn ragte bereits die Haupttribüne der Rennbahn auf, doch ein weiteres Drehkreuz davor blockierte den Durchgang.
Er verlangsamte den Schritt, aber gleich darauf stolperte ein Laufbursche mit einer Ladung hochaufgetürmter Kartons an ihm vorbei. »Augenblick, Kumpel, ich fasse mit an«, sagte Spook, hob resolut den obersten Karton vom Stapel und heftete sich dem jungen Mann an die Fersen. Sobald er das Drehkreuz passiert hatte, ließ er den Karton fallen und schlenderte auf den Platz hinter der Tribüne zu. Er hatte die Kaninchenpfote schon eine Zeitlang nur noch mechanisch gerieben, aber plötzlich stockte seine Hand, und er blieb witternd stehen. Spooks Hirn hatte ein Signal aufgefangen. Seine schmalen Nasenflügel bebten, und der Talisman in seiner Hand wurde heiß.
Im nächsten Augenblick erspähte er sein Opfer - einen riesenhaften jungen Mann in Cowboyhut und Reitstiefeln. Der Bursche stand ganz in seiner Nähe und wandte ihm den breiten Rücken zu.
Spook hatte oft bereut, daß er sich nie die Zeit genommen hatte, seine Talente als Taschendieb zu vervollkommnen. Er war kein Profi und hatte sich kaum je an einen Nüchternen herangewagt. Aber das braunlederne Objekt, dessen oberer Rand aus der Hüfttasche des Mannes hervorguckte, bat geradezu um seinen Zugriff.
Die Brieftasche schien sich wie aus eigenem Antrieb immer höher hinter dem Levi-Aufnäher herauszuzwängen, um Spook in die aufgehaltene Hand zu fallen.
Er schob sich an den Mann heran, hatte ihm die Börse bereits aus der Jeanstasche gezogen, als eine Pranke ihn beim Genick packte und ihn am Kragen seines Jacketts in die Höhe hob. Spook starrte verängstigt in das sommersprossige Gesicht eines jugendlichen Grizzlybären. Er erwartete, im nächsten Augenblick das Knacken seiner eigenen Knochen zu hören, und zitterte vor Anstrengung, während er seinen baumelnden Körper in einer instinktiven Abwehrreaktion versteifte. »Ich habe das hier gerade vom Boden aufgehoben«, keuchte er und fuchtelte mit der Brieftasche verzweifelt vor den Augen des jungen Mannes herum. »Ich hab versucht, es Ihnen in die Tasche zurückzuschieben.«
Der Riese starrte den »Fund« begriffsstutzig an, dann breitete sich langsam ein verstehendes Grinsen über sein rundes Gesicht, und er ließ Spook behutsam auf die Erde herunter. »Na so was«, sagte er gedehnt. »Vielen Dank auch. Das war aber wirklich nett von Ihnen, Mister.«
»Keine Ursache«, erwiderte Spook. Er zog sich das Jackett zurecht und beäugte die Brieftasche. »Aber wenn Sie 'ne Kleinigkeit für den ehrlichen Finder ...«
Der junge Mann wurde rot. »Ich würde Ihnen ja gern eine Belohnung zahlen, aber...« Er klappte die Brieftasche auf und hielt Spook die leeren Innenflächen zur Besichtigung hin. »Daß nichts drin ist, konnten Sie natürlich nicht wissen«, setzte er hastig hinzu.

Spook nahm die Kaninchenpfote in seiner Tasche vorwurfsvoll zwischen Daumen und Zeigefinger und kniff zu.
»Ich heiße Courtney Philmore«, sagte der junge Mann und deutete in die Arena jenseits der Umzäunung. »Ich sehe mir gerade den Rodeo an. Wollte an sich mitmachen, bin extra deswegen in die Stadt gekommen, aber gestern abend lernte ich zwei Burschen kennen, die mich beim Pokern abgezockt haben. Mein ganzes Geld ist weg. Die Teilnahmegebühr und alles. Jetzt darf ich hier rumstehen und mir den Spaß von draußen angucken.«
»Trübe Geschichte«, kommentierte Spook, hielt es aber für weit betrüblicher, daß Courtney ihm nicht über den Weg gelaufen war, bevor die Zocker ihn ausgenommen hatten. Nach allem, was ihm an diesem Tag begegnet war, hielt er es für angezeigt, eine kleine Ruhepause einzulegen, bevor er sein Glück erneut auf die Probe stellte. Außerdem hatte er noch nie einen Rodeo gesehen. Er kletterte auf den Zaun und beobachtete das Treiben in der Arena. Aber schon nach ein paar Minuten brummte er mißgelaunt: »Was soll der Quatsch? Weshalb jagen die Kerle diese mickrigen Rindviecher im Kreis herum?«
»Das ist die Kälbernummer«, erläuterte Courtney. »Wer sein Kalb am schnellsten einfängt und anseilt, kriegt das große Geld.«
Spook wandte ihm das Gesicht zu. »Wieso? Gibt's dafür Geld auf die Kralle?«
»Klar doch. Auf so einem Rodeo geht's um dicke Gelder.«
Spook beobachtete die Show plötzlich mit neuem Interesse. Die Kälbernummer endete, und die nächste Darbietung konnte beginnen. Ein Gatter flog auf, und ein Cowboy schoß auf einem Etwas heraus, das sich wie ein in eine Pferdehaut gehülltes Bündel von Matratzenfedern ausnahm. Der Mustang bäumte sich auf, schüttelte sich, wirbelte wie wild um die eigene Achse und bockte vor der Startrampe.
»Die hätten den Burschen besser abrichten sollen, bevor sie ihn auf die Bahn loslassen«, bemerkte Spook. »Der gewinnt doch im Leben kein Rennen bei *dem* Start.«
»Bei dieser Nummer kommen die Mustangs zum erstenmal unter den Sattel«, sagte Courtney mit belegter Stimme. »Das ist der Wettbewerb, zu dem ich mich melden wollte. Ich will nicht sagen, daß ich übermäßig gut bin, aber ich hätte trotzdem verdammt gern mal mitgemacht auf so 'nem richtigen großen Rodeo.«
»Tja«, sagte Spook und verfolgte, wie der Mustang seinen Reiter in hohem Bogen vom Sattel schleuderte. »Und was gibt's dafür, wenn man diesen Zirkus vorführt?«
»Gar nichts«, sagte Courtney. »Man zahlt die Teilnahmegebühr, und wenn man beim Rundritt 'ne hohe Bewertung kriegt, gewinnt man einen Tagespreis. Wer über die ganzen drei Tage die meisten Punkte macht, bekommt den Hauptgewinn. Das ist 'ne Menge Geld. Man muß natürlich

bis zum Abpfiff im Sattel bleiben, sonst gibt's keinen einzigen Punkt, aber hier lassen sie schon als Tagespreis gegen fünflhundert Dollar springen.«
Die Erwähnung von fünfhundert Dollar löste bei Spook einen Mechanismus aus, der sein Hirn auf Touren brachte. »Klingt mir ein bißchen zu simpel, das mit den Gewinnchancen«, meinte er. »Wie frisieren sie die Resultate denn bei so einem Rodeo?«
Der junge Cowboy fixierte ihn mit dem begriffsstutzigen Ausdruck, den Spook bereits an ihm gewöhnt war, und fragte: »Frisieren?«
»Ja doch. Wo sitzt der Haken, die Masche, der Trick? Wie ziehen sie diese Mustangnummer auf, damit der Richtige den Gewinn kassiert?«
Courtneys Verwirrung hielt an. »Das ist 'ne ganz reelle Sache«, sagte er. »Wenn ich zum Beispiel besser reiten würde als alle anderen, bekäme ich das Geld.«
»Komischer Verein hier. Keine Ahnung vom Geschäft.« Es fiel Spook schwer, sich eine Organisation vorzustellen, bei der niemand in die eigene Tasche wirtschaftete, erst recht, wenn es um Summen von fünfhundert Dollar ging. Ein schlauer Unternehmer hätte sich längst eine Masche einfallen lassen, eine Methode, um die Sahne für sich abzuschöpfen. So etwas gab es schließlich überall. Wo sportliche Ereignisse stattfanden, ganz gleich welcher Art, fand sich früher oder später immer irgendein heller Kopf, der die Gewinne zu seinem eigenen Vorteil manipulierte.
Aber dies war eine ländliche Veranstaltung. Ein Kleinstadtvergnügen. Vielleicht hatten die Macher diesen Rodeo bisher übersehen. Der Gedanke, er könnte unvermutet auf Neuland gestoßen sein, dämmerte in Spook auf und erfüllte ihn mit Erregung. »Ich bin schon oft bei Pferderennen gewesen«, sagte er. »Kenne da ein Dope, das die Biester derart verlangsamt, daß sie nur noch im Schritt gehen können. Eine kleine Spritze davon in die Flanke dieses Gauls, dann könnte ihn jeder reiten.«
»Nee, Mann! Wer will denn einen Mustang, der im Schritt rumschleicht. Die Preisrichter bewerten nicht nur den Ritt. Man kriegt auch Punkte für das Pferd, und wenn es nicht mal versucht, einen abzuwerfen, gibt's eh nicht genug Punkte für einen Gewinn.«
»Das war bloß so eine Idee. Es gibt noch andere Tricks.« Spook hatte sein Leben lang keinen Trick ausgelassen, wenn sich die Gelegenheit bot, und dies war wieder eine Chance. Man mußte nur auf den richtigen Dreh kommen, um sie auszunutzen. »Vielleicht könnten wir die Sache aufziehen wie einen Ringkampf«, meinte er und blinzelte den Cowboy vertraulich an. »Du weißt doch, Courtney. Diese Kämpfe, bei denen einer bloß so tut als ob und den anderen gewinnen läßt.«
Courtney schob den Hut in den Nacken und kratzte sich den Kopf. »Ja. Aber ich glaube nicht, daß man einen Mustang überreden könnte, bei so etwas mitzumachen.«
»Na ja, schon gut«, sagte Spook und versank in Nachdenken. Er ging die

Liste der Kniffe durch, die er über die Jahre mit Erfolg ausprobiert hatte, besann sich auf alle Tricks, die ihm je zu Ohren gekommen waren, aber es war nichts dabei, das sich auf diesen Fall anwenden ließ. Er würde sich etwas völlig Neues ausdenken müssen. »Wir könnten dir die Knöchel wohl nicht unter dem Bauch des Mustangs zusammenbinden, wie?« fragte er hoffnungsvoll.

»Nee, geht nicht. Wer dem Pferd beim Sprung über die Rampe nicht die Sporen in die Weichen drückt, wird disqualifiziert.«

Spook beobachtete den dritten Reiter, der, wie seine Vorgänger, schon vor dem Zehnsekundenpfiff im Staub landete. Es lief alles auf eine einzige simple Formel hinaus: Falls er es auf irgendeine Weise schaffte, Courtney bis zum Pfiff im Sattel zu halten, hätten sie großartige Gewinnchancen. »Ich lasse mir was einfallen, daß du morgen mit dabeisein kannst«, versprach er.

Courtney schien nicht sehr optimistisch. »Ich habe die Teilnahmegebühr nicht.«

»Keine Bange, das regeln wir schon. Aber zuerst muß ich mir die andere Sache durch den Kopf gehen lassen. Ich lege kein Geld auf den Tisch, bis ich sicher bin, daß wir gewinnen.« Er musterte Courtney abwägend. »Bis dahin habe ich aber noch was anderes mit dir vor. Komm mit.«

Spook nahm den jungen Cowboy ins Schlepptau, führte ihn zu dem Erfrischungsstand und überredete den Besitzer nach einigem Hin und Her, Courtney als Verkäufer einzustellen. Aber als Spook mit weiteren Forderungen kam, blieb der Mann hart.

»Kommt nicht in Frage«, sagte er schließlich. »Ich zahle keinen Vorschuß auf den Lohn des Jungen und erst recht keine Provision für Ihre Vermittlung. Und jetzt verschwinden Sie, bevor mir der Kragen platzt.«

Spook zuckte die Achseln und wandte sich an Courtney. »Wieviel Klimpergeld hast du dabei?« Er nahm das dargebotene Fünfzigcentstück, ließ es in seine Tasche gleiten und meinte: »Dafür hast du vorerst ja doch keine Verwendung. Also, dann bis nach Feierabend. Wir treffen uns am Tor. Und laß dir von diesem Typ keine Bouletten als Bezahlung andrehen.«

Spook hatte das Jahrmarktsgelände kaum verlassen, als er etwas erspähte, das eine magische Anziehungskraft auf ihn ausübte. Es war eine kleine Menschenansammlung unweit der Bushaltestelle. Spook steuerte geradlinig darauf zu wie die Fliege auf den Honigtopf und hörte im Näherkommen den sonoren Singsang einer Stimme, die er kannte. Die Stimme kam aus der Mitte der Menge, und Spook zwängte sich bis zum vordersten Kreis der Umstehenden durch, um den rundlichen Mann hinter dem Verkaufstisch ungehindert beobachten zu können. Es war Oily Parker.

Spook hatte dem Straßenhändler schon ein- oder zweimal als Schlepper ausgeholfen, einmal als begeisterter Benutzer eines Rasierapparates, den Oily vertrieb, bei einer anderen Gelegenheit mit einem Werbespruch über die vielseitige Verwendbarkeit eines Gemüsemessers. Er fixierte den weißhaarigen, wie aus dem Ei gepellten Oily und hoffte, dieser werde auch heute wieder für ein paar Dollar seine Unterstützung gebrauchen können.

Oily Parker hielt eine Flasche in die Höhe und ließ die Augen über die Gesichter seiner Zuhörer schweifen. Sein Blick fiel auf Spook, aber er quittierte dessen Anwesenheit nur mit einem leichten Kopfschütteln.

»Von allen Wundem, die uns das atomare Zeitalter beschert hat, meine Freunde, hat sich dieses hier als das nützlichste für Menschen wie Sie und mich erwiesen«, begann Oily und schüttelte die Flasche. »Die Zusammensetzung ist streng geheim. Die Formel wurde hinter verschlossenen Türen entwickelt und wird bis heute in einem Tresor im Pentagon aufbewahrt. Es ist die Substanz, die den äußeren Metallmantel unserer Raketen auf ihren Flügen durch das All fest auf der Kapsel verankert.«

Heute schwatzt er ihnen also Klebstoff auf, dachte Spook. Er warf einen Blick in die Runde, verzog aber keine Miene. Oily hätte ihn umgebracht, wenn er versucht hätte, ihm ins Handwerk zu pfuschen.

»Von nun an brauchen Sie keinen entzweigegangenen Gegenstand mehr wegwerfen«, fuhr Oily in ruhigem, sanft überredendem Ton fort. »Was Sie mit Grip-Hold flicken, wird wieder so gut wie neu. Besser als neu.« Er blickte auf den Tisch hinunter, wo mehrere reparierte Gebrauchsartikel ausgebreitet lagen, und wählte einen aus. »Sehen Sie sich diesen Hammerstiel an. Er wurde mitten durchgesägt, um Ihnen zu beweisen, was ein einziger Tropfen Grip-Hold vermag.« Er warf den Stiel einem der Umstehenden zu. »Nehmen Sie die Klebestelle unter die Lupe, mein Freund. Belasten Sie sie auf jede beliebige Weise. Versuchen Sie, die eiserne Haltkraft von Grip-Hold zu brechen.«

Während der Mann den Asphalt mit dem Hammerstiel bearbeitete, wanderten Spooks Gedanken zu seinem eigenen Problem zurück. Er hatte noch immer nichts Brauchbares für die Mustang-Nummer ausgeknobelt.

»Grip-Hold ist der ideale Kleber für alle Materialien. Er befestigt Glas auf Metall, Holz auf Metall, Tuch auf Leder - er verbindet alles mit allem. Sie tragen die Flüssigkeit auf, pressen die Oberflächen zusammen, und der Halt ist perfekt. Was dieses Wundermittel zusammengefügt hat, ist durch keine Macht der Welt wieder zu trennen.«

Spook hörte Oilys Anpreisungen nur noch mit halbem Ohr, während er angestrengt über sein Problem nachgrübelte. Aber plötzlich blendete sich die Platte des Händlers in seine Gedanken ein. Er brauchte eine Methode, um Courtney im Sattel festzuhalten, und Oily behauptete, sein Produkt würde alles kleben.

»Ich stehe persönlich dafür gerade, daß Grip-Hold alles repariert - das heißt, alles außer gebrochene Herzen -, daß es alles zusammenhält, mit Ausnahme treuloser Ehepartner...«

Spook wartete geduldig, bis Oily ein paar Flaschen seiner Ware an den Mann gebracht und begonnen hatte, seinen Tisch abzuräumen. Dann end-

lich trat er forsch auf ihn zu und begrüßte ihn. »Hallo, Oily, alter Kumpel!«
Der Straßenhändler blickte nicht einmal auf. »Falls du mich anpumpen willst, Spook, ich bin pleite.«
Spook lachte laut auf. »Das ist ein Witz auf Rädern, Oily. Ich dich um Geld anhauen? Und das, wo ich auf dem fettesten Paket seit dem Bankraub in Brink sitze!«
Oily verstaute die letzten Artikel der Auslage in seinem Koffer. »Ich zahle der Stadt eine dicke Gebühr für meine Arbeitserlaubnis, Spook. Aber wenn mich die Bullen hier im Gespräch mit dir erwischen, bin ich die Lizenz los.«
»Haha, Oily, du bist vielleicht 'ne Marke! Sag mal, taugt dieses Grip-Hold was? Ich meine, klebt das Zeug wirklich so einmalig, wie du sagst?«
Oily drückte das Schnappschloß seines Koffers zu. »Es ist ein gutes Produkt, und du zahlst das gleiche dafür wie alle anderen: einen Dollar die Flasche, und zwar in bar.«
»Nun hab dich nicht so, Oily«, bettelte Spook. »Ich hatte daran gedacht, das Ding, das ich in petto habe, gemeinsam mit dir zu organisieren, da könnte ich ein klein wenig Entgegenkommen von dir ...«
Oily musterte ihn mit einem kalten Blick seiner blassen Augen. »'ne Partnerschaft mit dir? Das käme auf das gleiche heraus, wie wenn ich mit einem Burschen auf dem elektrischen Stuhl Händchen halten würde.« Der Straßenhändler klemmte seinen Klapptisch unter den Arm und bückte sich nach dem Koffer.
Spook packte ihn beim Arm. »Laß mir ein paar Buddeln von deinem Grip-Hold da, Oily. Morgen abend zahle ich dir hundert Eier dafür, das schwöre ich dir.«
Oily drehte sich langsam zu ihm um, und ein engelhaftes Lächeln breitete sich über sein rundes Gesicht. »Gib mir die Hand darauf, Spook. Aber hack sie dir zuerst ab. Irgendeine Sicherheit brauche ich schließlich.«
Spook blieb Oily auf den Fersen. Er nahm den gleichen Bus in die Stadt, und er folgte ihm zu einem Hotel, wo er den Rest der fünfzig Cent für Kaffee und einen Hot dog verpulverte. Dann ging er ein Stück die Straße hinunter und fand im Hof einer Baufirma eine Tonne voll Sand. Er streifte einen Schuh ab, zog die Socke aus und füllte sie aus der Tonne.
Zwei Stunden später erschien Oily Parker im Speisesaal des Hotels, wo er eine riesige Mahlzeit in sich hineinschlang. Spook behielt ihn von einer gegenüberliegenden Einfahrt aus im Auge und verzehrte sich vor Gram. Oily beschloß sein Abendbrot mit mehreren Tassen Kaffee, dann nahm er seinen Tisch und den Koffer auf und verließ das Hotel.
Die Dunkelheit der Straße verschluckte die beiden Gestalten, die sich kurz hintereinander in gleicher Richtung in Bewegung setzten. Der Dicke watschelte unbekümmert voran, der kleine Magere folgte und schlich sich mit jedem Schritt näher an ihn heran. Als der Dicke in eine Gasse einbie-

gen wollte, war sein Verfolger mit einem Satz hinter ihm. Eine mit Sand gefüllte Socke sauste durch die Luft und landete mit einem dumpfen Schlag auf dem Schädel des Dicken.
Oily torkelte ein paar Schritte, aber bevor er zusammensackte, bugsierte Spook ihn mit einem Schubs in die Gasse hinein. »Da hast du dein Fett«, bemerkte er und kniete sich neben Oilys Koffer. »Selbst schuld, weil du mir nicht getraut hast.« Er öffnete das Schloß, grapschte mit beiden Händen nach den Klebstoff-Flaschen und stopfte sich die Jackentaschen voll. Dann wandte er seine Aufmerksamkeit dem Bewußtlosen zu.
Oily hatte gelogen. Er war keineswegs so blank, wie er behauptet hatte. Spook erleichterte ihn um eine Handvoll Kleingeld und ein dünnes Banknotenbündel und hastete im Schatten der Häuser davon.
Er kam noch zur rechten Zeit, um seine Verabredung einzuhalten, und als der Jahrmarkt für die Nacht schloß, schlenderte Courtney durch das Tor auf ihn zu.
»Sieh zu, daß du heute nacht anständig schläfst«, mahnte Spook und streckte die Hand nach Courtneys Lohn aus. »Morgen bist du dran. Auf einem dieser Mustangs.«
Courtneys Blick war starr vor Bewunderung. »Mann, Mr. Spook! Sie sind Spitze!«
»Ja«, sagte Spook und hob die Hand an den Hut. »Das finde ich auch.«
Spook suchte sich ein zweitklassiges Hotel für die Nacht. Er schlief ausgezeichnet und machte sich gleich nach dem Frühstück zum Jahrmarkt auf. Courtney, noch mit Stallstroh von seinem Nachtlager an den Kleidern, erwartete ihn bereits, und Spook unterzog seinen Schützling einer kritischen Musterung. »Vielleicht sollte ich dir zunächst ein kleines Lauftraining verordnen«, meinte er. »Damit wir dich für heute nachmittag in Form kriegen.«
»Wir Reiter machen unsere Arbeit im Sitzen«, entgegnete der Cowboy. »Ich brauche kein Lauftraining.«
»Ja, da könntest du recht haben«, gab Spook zu und rieb sich die Hände. »Also dann kümmere ich mich als dein Manager wohl als erstes um deine ordnungsgemäße Anmeldung für die große Nummer. Wo ist die Verwaltung?«
Courtney zeigte ihm das Büro, und Spook trat ein und meldete ihn an. Aber als er Courtneys Teilnehmerkarte auf Kredit verlangte, wies der Sekretär ihn ab. Spook drohte, er werde die Anmeldung des Jungen zurückziehen, doch als auch das nichts nützte, blätterte er ein paar Scheine von Oilys Notenbündel ab.
Er riß dem Sekretär das mit einer Startnummer bedruckte Stoffviereck, das Courtney auf dem Rücken tragen würde, aus der Hand, funkelte den Mann wütend an und brüllte: »Wenn ich diesen Saftladen hier gekauft habe, feure ich Sie! Das zuallererst!«
Courtney hatte draußen neben einer Scheune auf Spook gewartet und deu-

tete stolz auf den Sattel, den er sich geborgt hatte. »Und meine Überhosen habe ich auch schon«, meldete er.
Spook beäugte ihn kritisch, während er sich den Schurz aus schwerem Kunststoff über die Jeans schnallte. Er ging um Courtney herum und inspizierte seine Rückansicht. Der Schurz ließ den Sitz der Jeans frei, verdeckte ihn aber teilweise mit den breiten Schößen, die zu beiden Seiten herunterhingen.
Er nickte zufrieden und zog eine von Oilys Flaschen aus der Tasche. »Nun fehlt nur noch dies«, sagte er. »Das Zeug hier ist unsere Goldgrube. Paß gut auf, dann erzähle ich dir, wie die Sache funktioniert.«
Courtney hörte gespannt zu und machte große Augen. »Mann, das ist ja 'ne Wucht, Mr. Spook. Aber Klebstoff auf die Hosen? Ich weiß nicht, ob das legal ist.«
»Legal, illegal, scheißegal«, erklärte Spook kurz angebunden, aber dann sah er den störrischen Ausdruck in Courtneys Gesicht und änderte seine Tonart. »Hör zu, Junge«, sagte er. »Boxer bandagieren sich doch auch die Hände unter den Handschuhen, oder?«
»Ja, tun sie wohl.«
»Eben. Und Baseballspieler tragen Spikes unter den Schuhen, und bei Football sind es Helme und Schulterpolster. Und wozu das? Die Leute wollen sich Vorteile sichern, ist doch klar. Das ist nichts anderes, als wenn du dir Klebe auf den Hosenboden schmierst. Damit erhöhen wir unsere Gewinnchancen, das ist alles.«
»Wird schon stimmen, wenn Sie das sagen, Mr. Spook. Ich bin mir bloß nicht sicher, wie die Veranstalter das auffassen werden, wenn sie es herauskriegen.«
»Das dürfen sie nicht«, entgegnete Spook hastig. »Weder die Preisrichter noch sonstwer. Wo kämen wir hin, wenn alle anfangen würden, Grip-Hold zu benutzen? Dann hättest du in der Rodeo-Szene nichts mehr zu melden.«
»Mag sein, daß Sie recht haben«, gab Courtney zu. »Also gut, ich halte den Mund.«
Kurz nach Mittag wurden die Mustangs ausgelost, und ihre Namen erschienen neben denen ihrer Reiter auf dem Schwarzen Brett. Courtney hatte einen Mustang namens Destruction gezogen, und Spook hörte sich um und erfuhr, daß dieses Pferd als besonders ungebärdig galt und der Jury mit Sicherheit eine lohnende Show liefern würde. Natürlich wollte er auch wissen, wie man seinen Schützling beurteilte, aber von Courtney Philmore hatte anscheinend nie jemand etwas gehört.
Spook verbrachte eine volle Stunde damit, den Jungen von der Unfehlbarkeit des Klebstoffes zu überzeugen. Er mußte dafür sorgen, daß sein Reiter mit der nötigen Selbstsicherheit antrat, wenn es soweit war. »Ein kleiner Haken ist allerdings dabei«, gestand er. »Dieses Grip-Hold ist teuer, und ich habe mir ein Bein ausgerissen, ein paar Flaschen davon zu

beschaffen. Aber wo wir mehr herkriegen sollen, ist mir bis jetzt noch schleierhaft. Es ist nicht leicht, an das Zeug heranzukommen.«
»Oha«, sagte Courtney besorgt. »Schlimme Sache.«
»Ja, aber vielleicht treiben wir noch was auf.«
Spook fand heraus, daß Courtney als letzter Teilnehmer über die Bahn gehen würde, und wartete, bis die Mustang-Nummer zur Hälfte vorbei war. Dann zog er Courtney hinter einen Laster und befahl ihm, sich zu bücken. Der Junge gehorchte stumm, und Spook leerte eine Flasche Grip-Hold über dem straff gespannten Gesäß seiner Jeans aus.
Courtney richtete sich mit einem Ruck auf. »Mann, ist das Zeug kalt!«
»Bau keinen Mist!« herrschte Spook ihn an und drückte ihn wütend hinunter. Er trug zwei weitere Flaschen auf und verteilte die schleimige Flüssigkeit mit einem Holzspan. »So, und jetzt ab mit dir an die Rampe. Du mußt im Sattel sitzen, bevor die Klebe trocknet.«
Der Cowboy stakste spreizbeinig und mit flatternden Schößen seiner Überhosen auf die Boxen zu.
Spook begann, im Kreis herumzuwandern. Nur einmal verlangsamte er den Schritt, um seine Kaninchenpfote herauszuziehen. Er hauchte sie an, rieb sie hinter seinem Ohr, stopfte sie mit heftiger Bewegung zurück in seine Tasche und setzte seine Wanderung fort.
Als das Bullenhorn auf der Stange den letzten Ritt der Mustang-Nummer ansagte, rannte Spook zum Zaun, kletterte hinauf und schwang sich auf die oberste Latte.
»Courtney Philmore auf Destruction aus der Box vier«, quäkte das Horn.
Das Gatter schwang auf, und ein hammerköpfiger Brauner kam herausgeschossen. Er fegte mit weitem Sprung über die Rampe und hatte den Boden der Arena kaum berührt, als er erneut in die Höhe schnellte. Destruction beschrieb einen steilen Bogen, landete mit gekrümmtem Rücken und wirbelte dreimal um die eigene Achse. Dann rüttelte er die Knochen seines Reiters mit einer Reihe abrupter Delphinsprünge durch, bockte und scheute quer durch die Arena.
Spook beschattete seine Augen mit der linken Hand, während seine Rechte den Talisman in seiner Tasche umklammerte.
Courtney ruderte mit den Beinen. Er ritt seinen Mustang nicht eben schneidig - eher wie ein unterlegener Boxer, der sich mit letzter Kraft in Erwartung des Schlußgongs aufrecht hält -, aber er blieb im Sattel.
Der Pfiff ertönte. Spook spähte durch die gespreizten Finger und sah, daß sein Schützling noch immer auf dem Pferd saß. Es hatte geklappt mit seinem Trick. Zumindest hatte Courtney nicht schlappgemacht.
Das Horn trompetete Courtneys Bewertung heraus. Die Richter hatten ihm einhundertzweiundsiebzig Punkte für seinen Ritt gegeben. Nicht, daß die Punktzahl Spook irgend etwas sagte, aber ein paar Augenblicke später meldete die Stimme, Courtney Philmore habe mit seinen einhundertzweiundsiebzig Punkten den Tagespreis gewonnen.

Spook hielt sich an der Latte fest, um nicht hinunterzufallen. »Ich hab's geschafft!« krächzte er. »Ich hab fünfhundert Eier abgestaubt!«
»Meinen Glückwunsch«, sagte eine geschmeidige Stimme hinter ihm.
Spook blickte sich um, sah Oily Parker und ließ sich neben ihm auf den Boden hinunter. Hier, auf offener Szene, würde Oily nicht tätlich werden, und an die Bullen verpfeifen würde er ihn ebensowenig. Das verbot ihm schon sein Stolz als Straßenhändler. Spook fühlte sich sicher und wurde übermütig. »Du redest mit einem Großunternehmer«, sagte er und drückte den Brustkorb heraus. »Ich wollte dich mit ins Geschäft nehmen, aber du wußtest es ja besser, falls du dich erinnerst.«
»Natürlich erinnere ich mich«, sagte Oily ungerührt. »Sogar noch sehr gut.« Er berührte sachte seinen Hinterkopf. »Übrigens ist mir gestern abend was Eigenartiges passiert, als ich zum Jahrmarkt wollte. Ich wurde unterwegs bewußtlos geschlagen.«
»Nee, sag bloß!« Spook war ganz bestürzte Teilnahme. »Das ist ja fürchterlich.«
»Allerdings. Der Bursche hat sich mein Geld und die Flaschen aus meinem Koffer geschnappt.« Oily steckte sich eine Zigarette zwischen die Lippen, knipste sein Feuerzeug an und hielt die Flamme ans Ende. »Zuerst konnte ich mir nicht erklären, wieso der Kerl auch meine Ware mitgenommen hatte«, sagte er und stieß eine Rauchwolke aus. »Aber dann fiel mir ein gewisser dreckiger kleiner Typ ein, der am Nachmittag wie verrückt hinter meinem Grip-Hold her gewesen war.«
»Du kannst nichts beweisen.«
Oilys Stimme klang liebenswürdig. »Was ich wußte, hat mir genügt«, sagte er. »Ich hab mir meinen Reim auf die Geschichte gemacht und diesen fiesen kleinen Typen heute den ganzen Tag unter Beobachtung gehalten.«
»Na gut, du weißt also Bescheid«, erklärte Spook patzig. »Fragt sich bloß, was du damit anfangen kannst.«
Der Straßenhändler schnippte die Asche von seiner Zigarette. »Daß man einen Reiter auf dem Sattel festkleben kann, glaubt doch bloß ein Idiot.«
»Aber es hat geklappt«, trumpfte Spook auf. »Der Gaul hat gebockt wie wild und konnte Courtney trotzdem nicht abwerfen.«
»Aber nicht wegen Grip-Hold. Was ihn im Sattel gehalten hat, war pure Suggestion. Der Junge ist naiv. Mit anderen Worten: Er ist noch blöder als du. Er dachte, er säße fest, also blieb er oben. Außerdem hast du mit dem Pferd Glück gehabt. Destruction war 'ne Klasse für sich. Hat all die Punkte allein gemacht, die dein Junge hätte rausholen müssen.«
»Schön und gut. Mag sein, daß es nicht Grip-Hold war. Aber solange der junge Gorilla an das Zeug glaubt, können wir überall abräumen.«
»Da würde ich mir keine so großen Hoffnungen machen«, meinte Oily und lächelte. »Eines Tages wird sogar Courtney so schlau sein, sich zu fragen, wieso er nach dem Abpfiff mühelos vom Sattel rutschen kann.«

Der Straßenhändler schüttelte den Kopf. »Nee, Spook, ich fürchte, dein Geschäft war 'ne Eintagsfliege. Halt dein Geld gut fest, kann ich dir nur raten.«

Spook blickte der davonwatschelnden Gestalt mit gemischten Gefühlen nach. Falls Oily recht behielt, würde er Courtney abschieben müssen. Spook überlegte eine Weile und fand, er könne auch so zufrieden sein. Er hatte einen guten Fang gemacht, fünfhundert Dollar, und alles sein Geld. Kein Mensch würde ihm auch nur einen roten Cent davon abknöpfen. Er würde den Tagespreis vom Büro abholen und sich aus dem Staub machen - und diesmal nicht im Laderaum eines Fernlasters.

Aber im Veranstaltungsbüro stieß Spook auf die gleiche verbohrte Ablehnung, mit der man seine Kreditwünsche zurückgewiesen hatte. Der Preis werde nur dem Reiter persönlich ausgehändigt, hieß es. Ohne Courtney kein Geld. Schließlich, als Spook aggressiv wurde, setzte man ihn mit der Aufforderung, sich nicht noch einmal blicken zu lassen, kurzerhand vor die Tür.

Der Gedanke, sein Geld durch die Hände eines Mittelsmannes gehen zu lassen, war Spook zuwider, aber was blieb ihm anderes übrig? Er würde Courtney aufsuchen müssen.

Der junge Cowboy machte einen beklommenen Eindruck, als er zu ihm trat. »Ich kriege meine Hose nicht runter«, sagte er. »Sie sitzt fest.«

»Darum kümmere ich mich später«, entgegnete Spook und schob Courtney in Richtung Büro. »Hol das Geld, und bring es mir ans Tor. Ich warte dort auf dich.«

Courtney setzte sich steifbeinig und mit einem verwunderten Kopfschütteln in Bewegung. »Mann, dieses Grip-Hold! Einmalig, wie das Zeug klebt.«

Spook hatte keine Ahnung, wie lange man im Büro brauchen würde, bis Courtney seinen Preis bekam, aber es schien ihm, als sei er schon seit einer Stunde wartend auf und ab gegangen. Er machte sich keine Sorgen, der Junge könnte mit dem Geld durchgebrannt sein. Um diese Möglichkeit auszuschließen, hatte Spook sich vor dem einzigen Ausgang postiert. Außerdem besaß Courtney nicht den Grips für derlei schlaue Einfälle. Der Junge war dämlich und grundehrlich, der geborene Trottel.

Endlich erschien er in der Menge und schritt mit einem breiten Grinsen im sommersprossigen Gesicht auf Spook zu. Spook hastete ihm mit aufgehaltener Hand entgegen. »Die fünfhundert«, sagte er heiser.

Courtneys Grinsen hielt an, aber er machte keine Anstalten, in die Tasche zu greifen. »Ich komme gar nicht darüber weg, wie phantastisch dieses Grip-Hold ist.«

»Das hast du schon einmal gesagt.« Spooks gekrümmte Finger wackelten ungeduldig. »Her damit.«

»Mann, ist das 'ne Klebe! Die flickt alles außer gebrochenen Herzen und klebt alles fest außer ungetreuen Ehepartnern.«

Kalte Angst legte sich um Spooks Brustkorb. »Woher hast du das?« fragte er im Befehlston.
»Das hat der Mann gesagt, der mir dies hier gegeben hat«, erklärte Courtney und langte in die Tasche.
Spook grapschte nach dem Zettel und las die handschriftliche Mitteilung mit wachsendem Entsetzen.

An alle, die es angeht: Hiermit wird Courtney Philmore als vertragliche Gegenleistung für eine ordnungsgemäß entrichtete Übertragungsgebühr das alleinige Vertreterrecht für Grip-Hold im Staat Oklahoma zuerkannt. Der Genannte erhält ferner die Berechtigung, das Produkt in unbegrenzter Menge zum Großhandelspreis von einem Dollar pro Flasche zu beziehen.

»Damit sind Sie Ihre Sorgen los, Mr. Spook«, sagte Courtney beglückt. »Jetzt können wir soviel Grip-Hold kriegen, wie wir wollen. Genug, um mich zum Champion zu machen.«
Spook schluchzte auf und las die letzten Zeilen, die durch den Tränenschleier vor seinen Augen verschwammen:

Für die in bar erhaltende Summe von fünfhundert Dollar verzichte ich hiermit außerdem auf alle Schadenersatzansprüche bezüglich erlittener Körperverletzung und Beleidigung sowie meiner Verluste an Banknoten und Ware.

Gezeichnet
Oily J. Parker

Narrengold

Gil Brewer

Er lag oben am Wasserfall auf dem sonnenwarmen Schiefer und spähte hinunter zu dem Blockhaus auf der Lichtung. Die frühe Nachmittagssonne streute tanzende Diamanten auf das Wasser. Seine Hand auf dem Gewehrschaft schwitzte. Er konnte die beiden nicht sehen, wußte aber, daß Harvey da war, unten bei Terese.
Er hatte den perfekten Ausguck gewählt, den äußersten Rand der Schieferplatte. Das Haus stand am Teich, nahe dem Fuß des Wasserfalls - dreißig Meter senkrecht unter ihm.
Er versuchte sich einzureden, es geschähe aus Liebe.
Neben der Schieferplatte wuchsen fingerartige Wurzeln aus dem Wasser. Sie ragten etwa sechs Zoll über die quirlende Oberfläche hinaus - zu Hunderten -, braunglänzende Häkchen mit grünen Knospen an der Spitze. Sie säumten den Rand des Wassers bis an den Abgrund.
Das Geräusch des herabstürzenden Wassers, das donnernd auf den Felsen unten aufschlug, erfüllte den Nachmittag.
Der Kolben des Gewehrs lag im Wasser. Er nahm ihn heraus und legte ihn auf den Schiefer. Es war ein deutsches Fabrikat, ein Volkssturm-Maschinengewehr Kaliber 7.92, mit einer Ladekapazität von dreißig Patronen. Die Schußweite betrug an die dreihundert Meter, also würde er Harvey Thrum mühelos erledigen können, das wußte er. Schließlich war er ein ausgezeichneter Schütze. Rex Booth liebte dieses Gewehr. Es war ein Teufelsding. Er hatte den Abzugsstollen sorgfältig zurechtgefeilt, um mit leichtem Fingerdruck auch Einzelschüsse abfeuern zu können, ohne die Repetierautomatik auszulösen. Ein Schuß würde genügen, aber er hatte noch weitere neunundzwanzig in Reserve. Rex Booth überließ nichts dem Zufall.
Es geschah aus Liebe, nicht wegen des Geldes. Das sagte er sich immer. Ihm schien, als würde schon der Gedanke an das Geld das kommende Ereignis in ein falsches Licht rücken, die Tat beflecken.
Das Haus hatte nur eine Tür, vorn unter einer kleinen überdachten Veranda, und er hatte sie deutlich im Blick. Neben dem Haus, in der kiesbestreuten Einfahrt, standen zwei Wagen - Tereses roter MG und Harvey Thrums Cadillac. Rex wußte also, daß Harvey im Haus war. Mit Terese.
Der Zorn machte ihn beinahe wahnsinnig. Auch die Angst, aber die unterdrückte er. Er lag lang ausgestreckt auf der Schieferplatte, hielt das deutsche Gewehr umklammert und wartete, während Haß und Angst sich ätzend in ihn hineinfraßen und seine Spannung immer mehr steigerten.
Er versuchte, sich zur Ruhe zu zwingen, aber es war unmöglich.
»Freut mich, daß du nicht mehr mit Terese ausgehst«, hatte Harvey ihm

am vergangenen Abend eröffnet. Es hatte ihn wie ein Schlag getroffen.
»Terese hat mir erzählt, ihr hättet Schluß gemacht, sie und du. Sie trägt es verdammt tapfer, kann ich nur sagen.«
»So?«
Das war alles, was er herausgebracht hatte. Terese und all das Geld. Sie hatte es von ihrem Bruder geerbt, der vor einigen Monaten Selbstmord verübt hatte, als er erfahren hatte, daß sein leichter Husten tödlich verlaufen würde. Er hatte das große Familienvermögen verwaltet und war außerdem ein Finanzgenie an der Wall Street gewesen. Nach seinem Tod war alles an Terese gegangen, und Rex hatte sich als gemachten Mann betrachtet. Schließlich liebte er sie, wie er sich immer wieder vor Augen führte. Terese war alles, was ein Mann sich wünschen konnte: Geld. Eine herrliche Blondine. Sicherheit. Es war ja nicht so, daß sie seine Liebe nicht erwidert hätte. Geld. Er hatte als sicher angenommen, daß sie eines Tages heiraten würden. Und dann hatte Harvey Thrum die Bombe gezündet. Doch, natürlich hatte er Terese schon vorher etwas angemerkt. Die zunehmende Kühle, die beunruhigende Nüchternheit, die Zerstreutheit, die ihn befremdet hatte. Aber er hatte sich in seinem Glück so sicher geglaubt, daß ...
»Sie ist oben im Blockhaus«, hatte Harvey gesagt.
»So?«
»Ich fahre morgen zu ihr hoch«, hatte Harvey mit einem Grinsen hinzugefügt. Er war breit und stämmig, hatte strahlende dunkle Augen, schwarzes Haar und Grübchen in den Wangen. »Terese und ich sind in letzter Zeit viel zusammen«, Harvey gluckste. »Das kann ich nun ja offen zugeben, was? Im Krieg und in der Liebe ist alles erlaubt, hm? Aber auch du trägst die Sache mit Fassung, das muß man dir lassen.«
»Terese und ich waren uns wohl einig«, hörte Rex sich sagen.
»Sicher. So soll es sein.«
»Es klappte eben nicht mit uns beiden.«
»Tja. Für Terese muß man sich schon ein bißchen mehr anstrengen. Übrigens ...« Harvey beugte sich zu ihm herüber. Sie hatten in einer kleinen Bar einen Whisky gekippt, es war ruhig dort, und die Lampen verbreiteten gedämpftes Licht. - »Ich kann es dir eigentlich auch gleich erzählen: Wir fahren bis zur Endstation.«
Rex nahm einen Schluck, sagte aber nichts. Er wußte nicht, was Harvey meinte, und wollte nicht fragen.
»Was, keinen Glückwunsch?«
»Wieso?«
»Wir wollen heiraten, alter Freund.«
»Ist das nicht ein bißchen plötzlich?«
»Wir haben uns in letzter Zeit sehr häufig getroffen, Rex.« Harvey preßte die Lippen zusammen und klopfte ihm auf die Schulter. »Ich wußte ja, du würdest es verstehen.«

Und nun lag er hier auf dem Schiefer und beobachtete das Haus. Natürlich verstand er Harvey. Er wünschte nur, er müßte nicht immer an das Geld denken. Terese sollte ihm mehr bedeuten, das Geld weniger. Aber - zum Teufel damit! Wozu sich etwas vormachen? Er hatte sich mit Schnorren und Nassauern durchschlagen müssen, sein Leben lang. Sollte er sich diese Chance so einfach entgehen lassen? Klein beigeben und nichts unternehmen?
Er lag da und stützte das Kinn auf die geballte Faust.
Das Wasser war nicht sehr tief. Es strömte in seinem steinigen Bett zwischen den aufgerichteten Wurzeln hindurch auf die Klippe zu. Ein Glitzern auf dem Grund zog Rex' Blick an. Er langte hinunter in das kalte Wasser und holte einen kleinen Felsbrocken heraus. An einigen Stellen glänzte der Stein golden in der Sonne.
Eisenkies. Pyrit. Das Narrengold, das ihm in seiner Kindheit so viel bedeutet hatte. Er erinnerte sich, wie er in den Schluchten herumgeklettert war und es gesammelt hatte. Nur war es nichts wert, das war das Dumme. Aber gefallen hatte es ihm trotzdem immer. Völlig nutzloses Zeug, natürlich. Außer als Kristalldetektor in primitiven Rundfunkempfängern. Er erinnerte sich noch, wie er solche Radios gebastelt und Narrengold dabei verwendet hatte.
Er legte den Brocken auf den Schiefer, tauchte den Arm ins Wasser und fischte einen weiteren Stein heraus. Dieser war noch dichter mit Pyrit beschichtet. Er spähte ins Wasser hinunter. Das Zeug lag in Massen auf dem Grund, überall, wohin er blickte. Für Kinder wäre das hier eine tolle Fundgrube, soviel war sicher.
Er holte aus und stieß die Steine mit einer heftigen Bewegung zurück ins Wasser. Seine nassen Finger spannten sich um den Gewehrkolben, und sein Blick richtete sich starr hinunter auf das Blockhaus.
Harvey töten, das war die Hauptsache. Wenn Harvey tot war, würde er selbst wieder an Terese herankommen können.
Er dachte daran, wie oft er mit ihr hierher zu ihrem Blockhaus gefahren war und ihr beim Malen zugesehen hatte. Sie verstand etwas davon, das konnte selbst er beurteilen, auch wenn er für gewöhnlich Kunst nicht von Comics zu unterscheiden vermochte. Aber ihre Bilder waren gut, das spürte er. Sie berührten einen - weckten Gefühle.
Es gab nur eins: Er mußte sie wiederhaben.
Er war zu ihr gefahren, hatte sie zur Rede gestellt.
»Ich gebe zu, ich hätte es dir sagen sollen«, hatte sie gesagt.
»Aber, Terese ...«
»Ich versuche, dich um Verzeihung zu bitten, Rex. Kriegst du das nicht in deinen Kopf? Ich hätte es dir sagen sollen, aber ich hab's nicht fertiggebracht. Du bist so ... so ...«
»So wie?«
»Ach, ich weiß nicht.« Terese war ganz nahe an ihn herangetreten, so

nahe, daß der gekräuselte Stoff ihres leichten geblümten Kleides seine Finger gestreift und er ihren Duft gerochen hatte. Es war ihm durch und durch gegangen. Er hatte erfaßt, daß er sie verlieren sollte, und im selben Augenblick, noch während sie redete, gewußt, daß er Harvey umbringen würde.

»Ich will dir erklären, warum«, hatte sie gesagt. »Harvey Thrum ... ich kann ihm nicht widerstehen. Ich komme nicht von ihm los, Rex. Ich kann mir nicht helfen. Versuch doch, das zu verstehen.« Sie hatte eine Pause gemacht und ihn mit ihren großen, runden, blaßblauen Augen angeblickt, und ihre vollen roten Lippen waren so weich gewesen, so wundervoll. Das und all das Geld.

»Wenn es Harvey nicht gäbe, wären wir beide für immer zusammengeblieben«, hatte sie gesagt. »Das weiß ich, Rex.«

»Aber es gibt ihn«, hatte er erwidert. »Ja.«

»Ach Gott, Terese.«

»Es tut mir so leid.«

Dann war er gegangen. Er lag auf dem Schiefer und ließ das Haus nicht aus den Augen. Der Zorn wallte siedend durch seinen ganzen Körper. Er wollte Harvey durch den Kopf schießen, hatte keinen anderen Gedanken mehr. Die beiden mußten irgendwann herauskommen, durch die Tür da unten.

Die Tür schwang auf, und Terese lief über die Veranda auf den kleinen Vorplatz hinaus, der an den Teich unterhalb des Wasserfalls angrenzte. Sie trug ein hellblaues Kleid, und er sah, daß sie lachte, sah ihr leuchtendes Haar im gesprenkelten Sonnenlicht, das durch die Bäume fiel.

Dann sah er Harvey. Terese drehte sich um und lief auf den Pfad zu, der an der Seite des Wasserfalls durch den Wald heraufführte. Sie lief wieder zurück zum Haus, und Harvey stieg die Verandastufen hinunter. Sie hatte ihn beinahe erreicht, blieb stehen und bewegte die Lippen, aber das Donnern des Wasserfalles löschte aus, was sie sagte.

Harvey erwiderte etwas und grinste. Er hatte ein weißes Strickhemd an und eine cremefarbene Sporthose.

Rex stützte das Gewehr sorgfältig auf dem Schiefer ab und legte an. Der Zorn pulsierte wie wild durch seinen Körper, aber er visierte sein Ziel mit ruhigen, sicheren Bewegungen an.

Harvey Thrum blickte auf zum Wasserfall, beinahe genau in Rex' Richtung. Das Visier erfaßte sein Gesicht. Rex hob den Lauf leicht an, nahm die breite Stirn ins Fadenkreuz und drückte ab - nur einmal und ganz sanft.

Das Gewehr spuckte, und Harvey fiel wie ein Stein.

Terese schrie. Über dem Getöse des Wasserfalls war nichts zu hören, aber Rex sah, daß sie schrie. Sie lief hinüber zu dem zusammengebrochenen Mann und rang die Hände, dann blickte sie zum Wasserfall hinauf.

Sie wirbelte herum und rannte auf den Pfad zu, der nach oben führte.

Wilder Jubel durchflutete ihn. Er hatte sie wieder, das war alles, woran er denken konnte. Er sah sie auf den Pfad zurennen.
Er mußte sehen, daß er wegkam, durch den Wald, zurück zu seinem Wagen.
Der Kolben des Gewehrs war vom Rand der Schieferplatte ins Wasser gerutscht. Rex hatte sich schon halb auf die Knie erhoben, als er es bemerkte. Aber den Wurzelfinger, der hinter dem Abzugsbügel aus dem Wasser ragte, sah er nicht. Er setzte einen Fuß auf die Schieferplatte und zog im Aufstehen an dem Gewehr.
Der Feuerstoß hallte in den Nachmittag, ein scharfes, wütendes Rattern. Die Kugeln durchschlugen Rex Booths Körper, punktierten ihn in gerader Linie vom Bauch bis zur Stirn. Er stürzte hintenüber und landete lang ausgestreckt halb auf der Schieferplatte, halb im Wasser.
So fand ihn Terese.

Spuren im Dunkel

Edward Wellen

Harry Singleton begleitete Officer Leonard Zollweg zur Tür. »Ich fürchte, ich habe dir die Ohren voll geredet, Len.«

»Mal sehen. Nein, die kleinen Finger kann ich noch hineinstecken.«

Harry lachte. »Du weißt schon, wie ich es meine. Ein Mann in meinem Alter neigt dazu, in der Vergangenheit zu leben und andere mit sich zu ziehen.«

»Ich habe mich aber gern mitziehen lassen. Hör mal, Harry, ich will jetzt nicht philosophisch werden, aber der Fortschritt der Menschheit beruht darauf, daß die Alten ihr Wissen an die Jungen weitergeben.«

»Leider bedeutet Fortschritt nicht immer einen Weg in die richtige Richtung.«

»Also wirklich, Harry, was du mir über die zwei Jahre erzählt hast, in denen du mit den Zigeunern herumgezogen bist, fand ich ungeheuer spannend. Ich höre dir gern zu, wenn du mir deine Erlebnisse schilderst. Du hast ja ungemein viel unternommen. Und deine guten Jahre sind noch längst nicht vorüber.«

Harry lächelte. »Danke. Besonders für die letzte Feststellung.«

Vorsichtig streifte Len sich den Mantel über. »Im übrigen habe ich dir die Ohren damit voll geredet, wie sehr mich die Schußwunde behindert. Das Ding braucht verdammt lange Zeit, um zu heilen.«

»Ich weiß, wie einem zumute ist, wenn man sich gehandikapt fühlt.«

»Das kann ich mir vorstellen. Also dann bis bald.«

»Bis bald, Len. Und laß mich wirklich nicht zu lange warten.«

Durch die geöffnete Tür blies ein kräftiger, kalter Luftzug.

»Mein Gott, das geht einem ja durch Mark und Bein. Gute Nacht, Harry.«

»Gute Nacht, Len.«

Die Tür fiel ins Schloß. Nach einer Weile heulte der Motor von Leonards Wagen auf, und das Geräusch entfernte sich. Harry war allein. Vor ihm lagen viele Stunden der Dunkelheit.

Nachdem Harry eine halbe Stunde lang in Erinnerungen an eine längst tote Vergangenheit geschwelgt hatte, die der Abend noch einmal in ihm wachgerufen hatte, beschloß er, sich einen Becher heiße Schokolade zu kochen. Als er in die Küche ging, huschte um seine Lippen ein wehmütiges Lächeln. Welch ein Unterschied zu einem Lagerfeuer der Zigeuner!

Er gab zwei gehäufte Teelöffel sofort löslichen Kakao in einen Becher, dann füllte er einen kleinen Stieltopf zur Hälfte mit Wasser. Er maß die richtige Menge, indem er den Topf schräg hielt und wartete, bis Wasser über den Rand strömte.

Danach setzte er den Topf auf den Herd und betätigte den Schalter. Er hörte das Zischen von Gas, jedoch nicht den leisen Knall der Flamme. Er drehte den Schalter wieder auf Nullstellung und legte die Handfläche auf die Metallverkleidung über der Kontrollflamme. Die gußeiserne Fläche war kalt. Die Flamme war erloschen.

Schnuppernd sog er die Luft ein. Schon viel früher hätte er den Duftstoff wahrnehmen müssen, den das Gaswerk aus Sicherheitsgründen dem natürlichen Erdgas beimischte. Viel Gas konnte jedoch noch nicht entwichen sein. Wahrscheinlich hatte der Luftzug, der beim Öffnen der Haustür entstand, die Flamme gelöscht.

Harry öffnete das Küchenfenster, um Sauerstoff hereinzulassen. Nun galt es, die Kontrollflamme wieder zu entzünden. Dazu brauchte er Streichhölzer. Tastend suchte er auf dem Regal, auf dem er sie normalerweise aufbewahrte. Nichts. Die Streichhölzer waren ihm ausgegangen. Er entsann sich, daß er sie in Blindenschrift auf seiner Einkaufsliste für den kommenden Montag notiert hatte. Im Augenblick nützte ihm dies jedoch wenig.

Er seufzte. Seine netten alten Nachbarn, die Yoders, verbrachten die Wintermonate im Süden. Die neuen Nachbarn, die in dem Haus zur Linken wohnten, waren daheim. Das verriet ihm das ruhige Verhalten ihres Hundes, eines riesigen, ungebärdigen Dobermannpinschers, wie ihm jemand erzählt hatte. Wenn das Ehepaar fortfuhr und der Hund allein zurückblieb, bellte er sich die Kehle heiser.

Leider hatte Harry die Venters bis jetzt nur als unfreundliche oder vorsichtiger ausgedrückt - ungefällige Leute kennengelernt. Er wandte sich nur ungern an sie, doch so kaltherzig konnten sie doch wohl nicht sein, daß sie ihm ein paar Streichhölzer verweigerten.

Und wenn er sie erst einmal um einen Gefallen bat, änderten sie daraufhin vielleicht ihr Verhalten. Womöglich entwickelte sich doch noch eine gutnachbarliche Beziehung.

Er zog sich Gummistiefel und den Mantel an, setzte seinen Hut auf und schlang sich einen warmen Wollschal um den Hals. Zuletzt holte er seinen Stock aus dem Schirmständer.

Die Haustür schloß er nicht ab, da er damit rechnete, in wenigen Minuten wieder zurück zu sein.

Weder Hecke noch Zaun trennte die kleinen Areale voneinander, die der Bauherr »großzügige Rasenflächen« zu nennen beliebte, doch es wäre Harry nicht im Traum eingefallen, den Rasen der Venters zu betreten. Sein Stock führte ihn zu ihrer Haustür, indem er erst seinen, dann den benachbarten Plattenweg entlangschritt. Resolut rückte er seine dunkle Brille zurecht, dann tastete er nach der Türglocke.

Der Hund kam ihm zuvor. Er schlug an, noch ehe die Glocke ertönte. Harry hörte, wie sich das tiefe, rauhe Bellen näherte, vernahm das Klopfen der Pfoten auf dem Fußboden.

Dann erschütterte ein gewaltiger Stoß die Tür, als das Tier sich in vollem

Lauf dagegenwarf. Das gesamte Haus schien zu beben. Der Hund mußte ein wahres Monstrum sein.
»Platz, Tiger!« befahl Mrs. Venter.
In ihrer Stimme entdeckte Harry eine sonderbare Mischung aus Erwartung und Furcht. Er hörte, wie die Pfoten langsam die Tür hinunterrutschten. Das Schnaufen, das gierige Hecheln ließen ein wenig nach, und dann spürte er, wie die Tür aufging.
»Hast du es bekommen, Roy? Ach, Sie sind ja gar nicht Roy! Sie sind der ... der Hausbesitzer von nebenan.«
Ihre Stimme klang gepreßt. Leder knarrte leise, offenbar hielt Mrs. Venter den Hund am Halsband fest. Bedächtig hob Harry die Hand und tippte an seine Hutkrempe. »Guten Abend, Mrs. Venter. Ich bin Harry Singleton. Entschuldigen Sie bitte, meine Kontrollflamme ist ausgegangen, und ich brauche Streichhölzer.«
»Ihre was? Ach so, die vom Gasherd?« Sie wirkte ungeheuer fahrig und zerstreut.
»Ja«, antwortete Harry und wunderte sich, was los sei.
»Na schön«, entgegnete sie widerstrebend. »Kommen Sie lieber herein, damit ich die Tür schließen kann. Mal sehen, ob ich welche finde.«
Er betrat die Diele, und sie schloß die Tür. Tiger knurrte.
»Danke, Mrs. Venter.«
»Bedanken Sie sich nicht zu früh. Ich habe keine Ahnung, ob sich in diesem Haus ein Zündholz befindet. Wir haben einen Elektroherd, und bei uns raucht nur mein Mann. Ich werde mich jedoch umschauen. Warten Sie hier.«
Harry nickte. Er rührte sich nicht vom Fleck, während Tiger ihn umkreiste und von allen Seiten beschnüffelte.
»Sitz, Tiger!« rief die Frau über die Schulter zurück, während sie offenbar der Tür zustrebte.
Den Geräuschen nach zu schließen, kam Tiger dem Befehl nach, stand gleich darauf jedoch wieder auf. Um sich von dem Hund abzulenken, dachte Harry an Mrs. Venter.
Sie trug Lederstiefel, deren Knarren viel leiser und weicher klang als das des Hundehalsbandes. Das Rascheln ihrer Kleidung verriet, daß sie sich dick eingepackt hatte. Vielleicht rüstete sie sich zum Ausgehen und wartete lediglich die Rückkehr ihres Mannes ab.
Was es wohl sein mochte, das Roy Venter mitbringen sollte? Die Frage »Hast du es bekommen?« hatte halb ängstlich, halb hoffnungsvoll geklungen. So, als sei seine Besorgung mit einem Zweifel oder einem Risiko verbunden. In Harrys Gedanken hinein strömte der Duft warmer Milch. Er lächelte. Den Venters hätte er eher eine Vorliebe für Gin-Fizz oder Bloody Mary zugetraut. So konnte man sich irren!
Tiger rückte ein Stück von ihm ab. Mrs. Venter kehrte zurück. Ein Baby begann zu schreien.

Harry schmunzelte. Das erklärte den Geruch von warmer Milch. Mrs. Venter zögerte, dann ging sie weiter. Er lächelte ihr zu. »Ich wußte gar nicht, daß Sie ein Baby haben, Mrs. Venter.«
Abermals blieb sie kurz stehen. Dann machte sie erst wieder halt, als sie vor ihm stand. »Das Baby gehört meiner Schwester. Wir kümmern uns darum, solange sie im Krankenhaus liegt.«
Seltsam, die Worte klangen gekünstelt, einstudiert. Aber warum sollte die Frau lügen?
»Es tut mir leid, daß Ihre Schwester krank ist. Es handelt sich hoffentlich um nichts Ernstes.«
»Sie wird schon wieder werden. Danke.« Vor Nervosität begann sie zu lachen. »Na so was! Hier stehe ich und halte Ihnen die Zündhölzer hin, dabei können Sie sie gar nicht sehen. Ich fand das Päckchen auf einem Regal. Sie scheinen uralt zu sein. Vielleicht müssen Sie ein paar davon ausprobieren, ehe eines wirklich brennt.«
»Das macht nichts, Mrs. Venter. Vielen Dank für Ihre Hilfsbereitschaft.«
Er streckte die Hand aus, um die Zündhölzer entgegenzunehmen, zog sie jedoch gleich wieder zurück, als Tiger bedrohlich knurrte. Es wäre wohl besser, wenn die Frau ihm die Schachtel reichte.
Er wartete vergebens. Offenbar geriet er in Vergessenheit, als der Hund plötzlich beglückt bellte und an ihm vorbei zur Tür stürmte. Harry sah sich gegen die Wand gedrängt.
Im Schloß drehte sich ein Schlüssel, und die Tür flog auf. Die Gegenwart eines anderen Menschen füllte die Diele. Sofort war die Atmosphäre wie elektrisch geladen.
»Ich hab's, Lorraine!« Der Mann drehte sich um und schloß die Tür. Harry vernahm das Rascheln von Papier, in dem wiederum Papier, von anderer Beschaffenheit, leise knisterte. »Ich hab's -« Die Stimme erstarb. »Wer ist das?«
»Du kennst den Herrn, Roy.« Die Stimme der Frau klang beschwörend, angereichert mit versteckten Gesten. »Es ist Mr. Singleton von nebenan.«
»Was will er hier?«
»Er fragte, ob wir ein paar Zündhölzer für ihn hätten. Die Kontrollflamme an seinem Gasherd ist ausgegangen.«
Manche Leute besaßen die Angewohnheit, in Gegenwart eines Blinden zu sprechen, als sei der außerstande, sich zu artikulieren.
Das Baby brüllte.
»Ich sagte dir doch, du sollst dem Kind das Mittel geben, damit es nicht schreit!« Roy Venter sprach leise, aber mit mühsam verhaltener Wut.
»Ja, sicher, aber -«
Tiger war offensichtlich ungeduldig, weil man ihn nicht beachtete. Eifersucht auf das Baby trug womöglich noch zu seiner Gereiztheit bei. Harry hörte, wie der Hund hochsprang und schleckte. Der Mann prallte zurück und schlug nach ihm. Darauf folgte ein Laut, als ob etwas entzweigerissen

würde - eine Einkaufstasche? -, und dann erklang das gedämpfte Geräusch von irgend etwas Papierenem, das zu Boden viel.
»Verdammt noch mal, Tiger!«
Etwas kam auf Harrys Fuß zu liegen. Er bückte sich, um es aufzuheben. Seine Finger umschlossen ein dickes Bündel Banknoten.
Als er sich aufrichtete, stieg ihm ein unangenehmer Geruch in die Nase. Angewidert verzog Harry das Gesicht. Diesen Gestank kannte er, es handelte sich um die Ausdünstung von »schnödem Mammon«, wie er sich in Gedanken sagte. Er streckte die Hand mit dem Geldscheinpacken aus, der ihm sogleich entrissen wurde.
Lächelnd wandte sich Harry mit der leeren Hand an Mrs. Venter. »Ich glaube, ich nehme jetzt die Zündhölzer und gehe in mein Haus zurück, ehe zu viel Gas entweicht.«
»Natürlich. Hier ist das Päckchen.«
»Moment mal, Lorraine!« mischte sich Roy Venter mit scharfer Stimme ein. »Gib ihm das Päckchen nicht. Wir können ihn jetzt nicht laufenlassen. Ich sehe ihm an, daß er irgendeinen Verdacht geschöpft hat. Und sollte er jetzt noch nicht wissen, was los ist, so wird er zwei und zwei zusammenzählen, wenn er in den Nachrichten von dem Baby hört.«
Harry zählte sofort zwei und zwei zusammen. Bei dem Geld mußte es sich um Lösegeld handeln, und das Baby konnte nur ein entführtes Kind sein. Bis jetzt hatte er im Radio noch nichts über eine Kindesentführung gehört, doch das konnte bedeuten, daß der Entführer - Roy Venter - die Eltern gedrängt hatte, weder die Polizei noch die Öffentlichkeit, noch die Medien einzuschalten.
»Aber Roy -«
»Schau, Lorraine, wir brauchen einen möglichst großen Vorsprung. Jetzt, wo wir das Geld in Händen haben, sind wir unserem Ziel so nahe, daß wir es uns nicht leisten können, etwas zu riskieren.«
»Und was sollen wir mit ihm anfangen?«
»Das laß meine Sorge sein.«
Und meine, setzte Harry in Gedanken hinzu. »Wie du willst, Roy.«
»Zuerst holst du den leeren Koffer aus dem Schrank und hilfst mir, das Geld darin unterzubringen. Bewach ihn, Tiger!«
Aus Tigers Kehle stieg ein dumpfes Grollen. Durch den Stoff der Hose hindurch spürte Harry den heißen Atem des Tieres an seinen Beinen. Der Dielenschrank wurde geöffnet. Zweimal ertönte ein leiser Knall - der eine klang dumpf, der andere hohl.
»Hier ist auch gleich mein Koffer, Roy. Ich habe bereits fertig gepackt.«
»Fein, Püppchen.«
Das Geld wurde im Koffer verstaut, dann klappte der Deckel zu.
Die Frau seufzte. »Ein schöner Anblick, all diese grünen Scheine.«
»Grün war schon immer meine Lieblingsfarbe. Alles klar, Lorraine? Du könntest jetzt aufbrechen.«

»Ich glaube ja, Roy.« Kleiderbügel klapperten. »Hilf mir nur noch in den Mantel. Mit dem vielen Geld, das du nun besitzt, mußt du lernen, dich wie ein Kavalier zu benehmen.«
Venter lachte. »Sag bloß, du bist unzufrieden mit mir.« Harry hörte, wie ein schweres Kleidungsstück mit Knöpfen zu Boden fiel. Lorraine Venter stöhnte auf.
Der Mann gab einen grunzenden Laut von sich, hob den Mantel auf und klopfte ihn flüchtig ab. »Weshalb bist du so nervös? Du brauchst doch nichts weiter zu tun, als ein Flugzeug zu besteigen.«
»Danke. Du bist der vollendete Gentleman. Natürlich, du hast recht. Ich gehe ganz ruhig zur nächsten Ecke und halte ganz unauffällig ein Taxi an, das mich zum Flughafen bringt. Sei ehrlich, Roy, ist es wirklich nötig, daß wir uns jetzt trennen?«
»Ich wiederhole es noch einmal. Die Polizei weiß, daß ein Mann und eine Frau an dieser Sache beteiligt sein müssen, und sie werden nach einem Paar Ausschau halten. Man wird nach einem Mann meines Alters und einer Frau von Dreißig - Entschuldigung, sechsundzwanzig - suchen. Hast du das Flugticket bei dir?«
Harry hörte, wie sie in einer Tasche stöberte. »Ja. Nein. Ja. Und was machst du, Roy? Geht bei dir alles klar?«
»Selbstverständlich. Ich sperre den alten Knaben ein, steige in den Wagen, setze unterwegs das Baby ab, und am Freitag treffen du, ich und Tiger wieder zusammen. Du weißt, wo.«
»Aber du sorgst dafür, daß das Baby warm und ordentlich eingewickelt bleibt, versprichst du mir das?«
»Ja, ja.«
»Und von einer Telefonzelle aus rufst du die Eltern an und sagst ihnen Bescheid, wo sie ihr Kind abholen können?«
»Ja, gewiß doch.«
Harry lief es eiskalt über den Rücken. Roys Beteuerungen klangen nicht sehr echt.
»Bis später dann, Roy.«
»Bis später, Lorraine.«
Ein schmatzender Kuß, die Tür wurde geöffnet und wieder geschlossen, dann verhallten eilige Schritte. Harry bewegte sich; Tiger knurrte.
»Was haben Sie mit mir vor?«
»Immer mit der Ruhe, Mr. Singleton. Wir warten ab, bis sie um die Ecke gebogen ist, dann machen wir einen kleinen Spaziergang zu Ihrem Haus. Die Kontrollflamme ist erloschen, sagten Sie?«
»Das stimmt.«
»Ich kümmere mich darum.«
Abermals bekam Harry eine Gänsehaut. Die erloschene Kontrollflamme hatte Venter auf eine Idee gebracht. Er plante, den Gashahn zu öffnen, damit es später so aussähe, als habe er, Harry, Selbstmord begangen.

Len Zollweg würde aussagen, sein Freund Harry habe an jenem Abend ungewöhnlich fröhlich und aufgeräumt gewirkt, doch für einen Selbstmörder war ein Stimmungshoch kurz vor der Tat durchaus typisch.
Harry vernahm das Rascheln von Fenstervorhängen. »Okay. Gerade ist sie um die Ecke gebogen. Wir können gehen. Den Koffer nehmen wir lieber mit, was, alter Knabe? Nach all dem, was wir durchgemacht haben, lassen wir ihn nicht mehr aus den Augen.« Harry merkte, daß Venter mit seinem Hund sprach.
Tiger knurrte zustimmend. Offenbar gefiel ihm der Ton, in dem sein Herr mit ihm redete. Die Klopfgeräusche, als schlüge jemand mit einem Tau gegen das Holz, stammten von seinem Schwanz, der begeistert auf den Boden trommelte.
Eine große, derbe Faust umklammerte Harrys Arm, und Venter sagte: »Lassen Sie uns gehen.«
Harry beugte sich ein wenig vor, schob sich ein Stück in Venters Richtung und schnupperte. »Warten Sie einen Augenblick.«
Venter schien sich zu amüsieren. »Was riechen Sie denn? Das Gas entweicht doch in Ihrem Haus, oder? Sagen Sie bitte nicht, Sie könnten den Geruch von hier aus wahrnehmen.«
»Nein. Aber mir fällt etwas an Ihrem Koffer auf.«
Ein paarmal sog Venter geräuschvoll die Luft ein. »Ich rieche überhaupt nichts.«
»Das ist es ja. Sagen Sie, sehen der Koffer, den Ihre Frau mitnahm und der, in den Sie das Geld gelegt haben, gleich aus?«
»Jaah. Warum?«
»Sie hat die beiden Koffer vertauscht. Vermutlich tat sie es in dem Augenblick, als ihr Mantel zu Boden fiel und Sie ihn aufhoben.«
»Sie sind ja verrückt. Woher wollen Sie das wissen?« Die Faust, die Harrys Arm umklammert hielt, öffnete sich, und dann hörte Harry das Aufschnappen der Kofferschlösser. Ein wütendes Grunzen ertönte. »Sie hat mich tatsächlich hintergangen, die verdammte kleine -« Finger gruben sich in Harrys Handgelenk. »Wie kamen Sie darauf?«
»Ich nehme an, Sie haben gebrauchte und kleine Scheine verlangt?«
»Richtig.«
»Nun, es handelt sich um altes Geld. Alte und schmutzige Banknoten. Vor vielen Jahren arbeitete ich einmal in einer Bank, und wenn wir frühmorgens die Stahlkammer öffneten, genügte der Gestank, der von dem Papiergeld ausging, daß einem davon übel wurde. Heutzutage sind die Stahlkammern sicher mit Klimaanlagen ausgestattet, vielleicht ist es also besser geworden. Aber den Gestank schmutzigen Geldes werde ich nie vergessen.«
Widerstrebend löste sich der Griff um Harrys Handgelenk. »Ich verschwende meine Zeit. Sie ist unterwegs zum Flughafen.«
Harry versuchte, das Gespräch in die Länge zu ziehen. Er wollte Zeit her-

ausschinden. »Vielleicht handelt es sich um einen Irrtum. Sie muß die Koffer nicht absichtlich vertauscht haben.«
»Irrtum! Jawohl! Ich werde ihr zeigen, daß sie den folgenschwersten Irrtum ihres Lebens begangen hat.«
Tiger knurrte. Der Mann hingegen hüllte sich in völliges Schweigen. Ohne Zweifel überlegte er, wie er, angesichts der unerwarteten Wende, mit Harry verfahren sollte. Harry packte den Griff seines Blindenstocks fester. Falls der Mann seine Meinung änderte und ihn an Ort und Stelle umbringen wollte, anstatt einen Selbstmord vorzutäuschen, gedachte er sein Leben so teuer wie möglich zu verkaufen. So ohne weiteres käme Venter ihm nicht davon. Er sollte merken, daß sein Gegner kämpfen konnte.
Doch dann hörte Harry das Klappern eines Schlüsselbundes und wie das leicht sperrige Schloß des Dielenschranks ausprobiert wurde.
»Ja, es geht. Vorwärts, Alter, hinein in den Schrank.«
Venter drehte Harry herum und schob ihn nach hinten. Die Hände waren brutal, und die Stimme klang boshaft, so, als sei es dem Mann nicht recht, daß er die endgültige Lösung des Problems Harry Singleton aufschieben mußte.
Roy Venter, falls der Name stimmte, mußte die Frau, die sich Lorraine nannte, einholen, ehe sie eine Maschine nach Gott weiß wohin bestieg.
Harry stolperte über die Schrankkante und fiel mit dem Rücken gegen ein paar Kleidungsstücke, die den Aufprall gegen die dahinter liegende harte Wand jedoch nicht milderten. Unter dem lauten Geklapper der Kleiderbügel stürzte Harry in den Schrank. Die Tür wurde zugeknallt und abgesperrt.
Venters Stimme klang hart wie Metall. »Ich rate Ihnen, erst gar nicht auf den Gedanken zu kommen, einen Ausbruch zu versuchen. Zur Bewachung lasse ich den Hund hier. Für den Fall, daß Sie es noch nicht bemerkt haben sollten, Tiger ist zum Töten abgerichtet.« Die Stimme hob sich zu einem Kommando. »Gib acht, Tiger!«
Aus Tigers Kehle stieg ein tiefes, haßerfülltes Knurren. Die Haustür fiel ins Schloß. In Tigers Grollen mischte sich das Aufheulen eines Automotors.
Tastend erkundete Harry die Umgebung. Vergebens probierte er die Türklinke. Das Schlüsselloch reichte nicht durch die gesamte Holzplatte, die Hoffnung, sich aus einem Drahtbügel einen Dietrich zurechtzubiegen, mußte er also aufgeben. Die Angeln befanden sich an der Außenseite der Tür, was wiederum eine andere Möglichkeit zunichte machte. Zum Glück hatte Harry jedoch erkannt, daß die Schranktür in Richtung der Haustür aufging.
Er nahm eine Bestandsaufnahme des Schrankinhalts vor. Auf den Bügeln hingen ein schwerer, grobmaschiger Wollpullover und eine Lederjacke. Das Regal enthielt ein seidenes Tuch und ein halbes Dutzend Hüte und

Mützen. Zu seinen Füßen entdeckte er ein Paar Galoschen. In seinem Kopf entstand ein Plan.
Das Halstuch, die Hüte und Mützen stopfte er in den Pullover, den er wiederum in die Lederjacke zwängte, wobei er den Reißverschluß sorgsam zuzog. Als ihm die Füllung nicht genügte, tat er kurzerhand seinen eigenen Schal und seinen Hut dazu.
Den geraden Teil eines Drahtbügels bog er so lange hin und her, bis er brach, dann stieß er die Enden durch die Jacke und den Pullover, um dem Ganzen Halt zu geben.
Wie ein Schlangenmensch mußte er sich in dem engen Raum drehen und winden, als er versuchte, seinen Mantel auszuziehen. Den Mantel hängte er über die mit Hüten, Schals und Mützen ausgestopfte Form und knöpfte ihn sorgfältig zu.
Als der dann die Galoschen mit einem zweiten abgebrochenen Drahtbügel an den Ärmeln befestigte, hatte er ein Gebilde gebastelt, das vage an eine menschliche Gestalt erinnerte.
Harrys Wirken in dem Schrank schien Tiger in eine wahre Raserei zu versetzen. Harry bildete sich ein, durch die Tür hindurch den heißen Atem zu spüren, doch er wußte, daß es seine eigene, angestaute Körperwärme war, die ihm den Schweiß auf die Stirn trieb. Als Harry innehielt, um Atem zu schöpfen und sich auf seine nächste Tat vorzubereiten, verhielt auch Tiger sich einen Augenblick lang ruhig, doch nur, um kurz darauf mit neuentfachter Wut loszubellen.
Vor Schreck fuhr Harry zusammen, aber dann lächelte er. »Richtig so, Tiger! Mir soll ruhig der Angstschweiß ausbrechen.«
Er zückte sein Taschentuch, knüllte es zusammen und rieb sich damit Gesicht, Arme und Nacken ab. Das so präparierte Tuch steckte er in seine primitive Stoffpuppe. Den Trick mit dem schweißgetränkten Taschentuch hatte er von Zigeunern gelernt. Er hoffte, er möge auch jetzt funktionieren.
Nun stemmte Harry sich mit dem Rücken gegen die hintere Wand und trat mit dem Stiefelabsatz gegen die Stelle, an der das Türschloß saß. Nichts. Er versuchte es ein zweites Mal. Ein leises, splitterndes Geräusch erklang.
Tiger tobte wie wahnsinnig durch die Diele. Hin und wieder sprang er am Schrank hoch, indem er sich mit beängstigender Wucht gegen das Holz warf.
Harry nahm einen dritten Anlauf. Mit angehaltenem Atem lauschte er. Ja, noch ein Tritt, und das Schloß gäbe nach. Er spitzte die Ohren, um die Geräusche, die Tigers Pranken auf dem Boden verursachten, zu verfolgen. Als er sicher war, daß sich der Hund auf der Seite der Tür befand, an der sie in den Angeln hing, fackelte er nicht lange. Er reagierte blitzschnell.
Bei dem letzten Tritt mit dem Stiefel brach das Schloß unter einem Hagel von Splittern aus dem Holz. Die zurückschwingende Tür traf Tiger,

wobei sie den Hund für einen kurzen Augenblick betäubte. Es genügte, um ihn zwischen der Schranktür und der Haustür einzuklemmen.
Harry handelte in fliegender Hast. Er riß die Außentür auf und schleuderte den Stofftorso, dem sein Körpergeruch anhaftete, soweit wie möglich nach draußen. Tiger flitzte hinterher. Rasch zog Harry die Tür zu und verriegelte sie.
Erleichtert, aber schwach, lehnte er sich gegen die Türfüllung. Viel Zeit, sich zu erholen, gönnte er sich jedoch nicht. Er mußte sich sputen.
Wenn dieses Haus nach den gleichen Plänen errichtet war wie sein eigenes - woran er nicht zweifelte, da sie von ein und demselben Architekten stammten -, dann befand sich das Baby in dem ersten Zimmer zur Rechten. Doch zuerst mußte er sich um die Hintertür kümmern. An der Wand entlang tastete er sich zur Küche, fand die hintere Tür und versperrte sie. Zur Sicherheit schob er noch einen hochlehnigen Küchenstuhl unter die Klinke und verkeilte ihn sorgfältig.
Allein der Geruch warmer Milch hätte genügt, um ihn zu dem Baby zu führen. Mit dem Handrücken fühlte er nach dem Kind. Er wollte nicht versehentlich mit einem Finger in dessen Augen oder Ohren stechen.
Als er das Baby hochhob, kam es wie ein verspäteter Schock über ihn, und er begann heftig zu zittern. Das Baby krähte. »Schsch. Schon gut, mein Kleines. Dir kann nichts mehr passieren.«
Das stimmte nicht. Sie schwebten so lange in Lebensgefahr, bis die Venters wohlverwahrt hinter Schloß und Riegel saßen. Mit dem Baby auf dem Arm suchte er das Telefon.
Er stand im Begriff, den Notruf zu wählen, doch dann besann er sich anders. Er würde zu lange reden müssen, um die Polizei davon zu überzeugen, daß es sich bei seinem Anruf nicht um einen üblen Scherz oder die Laune eines Irren handelte. Im Geist hörte er bereits die mißtrauischen Fragen. »Entführung? Wer soll denn entführt worden sein? Uns ist kein derartiger Fall bekannt.«
Die Polizei wäre eher bereit, einem aus ihren eigenen Reihen zu glauben. Im übrigen brannte Officer Leonard Zollweg darauf, seinen Genesungsurlaub abzubrechen, wieder aktiv am Geschehen teilzunehmen.
Harry wählte Leonards private Rufnummer. Während er darauf wartete, daß jemand abhob, zog er die Nase kraus und schmunzelte. Hoffentlich tauchte die Polizei recht bald auf. Das Baby brauchte unbedingt frische Windeln.

Unterricht bei einem Meister

George Kipp

Ich wußte, daß der Bengel an der dunklen Ecke bei Renés Nachtklub auf mich wartete, und wenn ich mich nicht sehr irrte, dann war er nervös, ängstlich und geneigt draufloszuballern. Mit diesen Risiken muß man in meinem Metier leben. Ich klappte den Kragen meines Mantels hoch und zog mir den Hut ins Gesicht. Nicht, weil ich gefroren hätte. Ich wollte lediglich den Anschein erwecken, als ob ich blindlings meines Weges ginge.

Mit gesenktem Kopf schritt ich die menschenleere Straße entlang. Ohne mir Furcht oder Vorsicht anmerken zu lassen, bog ich um die Ecke. Als der Bengel aus der Toreinfahrt auftauchte, war ich schnell wie der Blitz bei ihm, umklammerte mit der Linken seine rechte Hand, ehe er mit seinem Revolver auf mich zielen konnte, und rammte ihm brutal den Lauf meiner Achtunddreißiger in den Magen. Vor Schmerz ächzte der Junge auf. Aus großen, angsterfüllten Augen starrte er mich an.

»Laß die Waffe fallen«, zischte ich. »Und keine hastigen Bewegungen.«

Als der Revolver am Boden lag, stieß ich ihn mit dem Fuß in eine weit entfernte Ecke, dann schlug ich dem Burschen den Griff meiner Achtunddreißiger ins Gesicht. Wimmernd sackte er gegen die Wand. Er war nur noch ein Häufchen Elend.

»Ich wußte, daß du mir auflauerst«, schnauzte ich ihn an. »Fünf Nächte hintereinander bist du mir gefolgt, wenn ich Renés Nachtklub verließ, und als ich heute in die Garderobe ging, um mir meinen Mantel zu holen, bist du vor mir zur Tür hinausgeflitzt.«

Natürlich hatte er mich beobachtet, wie ich meine Zwanziger, Fünfziger und Hunderter aus der Tasche zog und die Puppen tanzen ließ, während er an seinem schalen Bier herumnuckelte und dazu Erdnüsse kaute. Heute abend hatte er endlich Mut gefaßt, oder der Hunger hatte sein Urteilsvermögen getrübt. Egal, welche Gründe ihn bewogen haben mochten, mir aufzulauern, er hatte das Spiel verloren. Nachdem ich seine Schienbeine mit einem meiner Hundertdollarschuhe bearbeitet hatte, packte ich ihn und schleuderte ihn gegen die Wand.

»Ich verdiene mir meinen Lebensunterhalt mit der Waffe, Junge«, schnarrte ich. »Und ich bin seit vielen Jahren im Geschäft. Was glaubst du wohl, wie jemand wie ich an so viel Knete kommt?«

Allmählich verließ ihn die Furcht. »Sie - Sie werden nicht die Bullen holen?«

»Von mir bekommen die Polypen nichts«, knurrte ich. »Nicht mal einen grünschnäbeligen Möchtegernganoven wie dich. In diesem Punkt unterscheiden sich die echten Profis von den Amateuren. Jemand vergaß dir zu

erzählen, daß man auch in diesem Geschäft zuerst eine Lehre absolvieren muß. Bei dir zu Hause in Hicksville hast du vielleicht die Straßen unsicher gemacht, doch hier, im Großstadtdschungel, bist du ahnungslos wie ein neugeborenes Baby. Jetzt schieß in den Wind, Bubi. Und wenn du es noch einmal wagen solltest, mir zu nahe zu kommen, mache ich ein Puzzlespiel aus dir.«
Mit der flachen Hand schlug ich ihm ins Gesicht. Dann trat ich zurück und sah ihm nach, wie er im Dunkel der Nacht untertauchte.

Eine Woche später hielt ich mich wieder bei René auf, als der Bengel zur Tür hereinkam. Man sah noch den blauen Fleck unter dem Jochbein, wo ich ihm mit meiner Achtunddreißiger eins übergezogen hatte. Anfangs tat ich so, als würde ich ihn nicht bemerken, und widmete meine ungeteilte Aufmerksamkeit der vollbusigen Blondine, die neben mir saß.
Aus der Miene des Jungen las ich ganz deutlich, daß er schon lange keine weibliche Gesellschaft mehr gehabt hatte. Ich winkte dem Kellner und bestellte noch eine Flasche von dem rosa Champagner, dann kitzelte ich die Blonde, bis sie laut zu kichern anfing. Als sie nach ihrer Handtasche griff und auf die Damentoilette zusteuerte, verließ der Junge die Bar und kam zu mir an den Tisch.
In gespieltem Entsetzen warf ich die Hände hoch. »Großer Gott, ein richtiger, leibhaftiger Gangster!«
Der Junge - wie ich später erfuhr, hieß er Willie - lief rot an. »Machen Sie sich nicht über mich lustig«, bat er. Er setzte sich mir gegenüber auf einen Stuhl.
»Ich habe über das, was Sie mir neulich nachts gesagt haben, nachgedacht, und ich finde, es klang ganz vernünftig. Jeder sollte das Handwerk, mit dem er sich seinen Lebensunterhalt verdienen will, von der Pike auf lernen. Ich glaube, ich habe mich ganz schön blamiert, als ich versuchte, einen alten Fuchs wie Sie zu überfallen.«
Ich bemühte mich, blasiert auszusehen. »Die meisten Amateure geben eine komische Figur ab, wenn sie sich in einer Branche versuchen, von der sie nichts verstehen. So wie du. Zuerst hängen sie irgendwo herum, bis ihnen die Mäuse ausgehen, dann beginnen sie in ihrer Verzweiflung, Leute auf der Straße anzuhalten. Hast du eine Ahnung, wieviel Geld ich bei mir hatte, als du mich ausrauben wolltest?«
Nervös kaute Willie an seiner Unterlippe und schüttelte den Kopf. »Hier drinnen hatten Sie jedenfalls mächtig viel Kies bei sich.«
»Woher wolltest du wissen, daß ich nicht alles ausgegeben hatte? Dies ist ein weiterer Punkt, der dich als Anfänger und Stümper kennzeichnet. Lektion eins lautet: Überzeuge dich immer zuerst davon, ob dein Opfer auch genug Mäuse bei sich hat, ehe du es überfällst. Das Risiko muß sich lohnen. Diesen Lehrsatz solltest du dir merken. Wenn die Jungs in Blau dich wegen bewaffneten Raubüberfalls festnehmen, dann bedeutet das für

dich zwanzig Jahre, egal, ob du zwei Dollar abgeerntet hast oder zweihunderttausend.«

Willie wollte nicht gehen, aber der Gesprächsstoff war ihm ausgegangen, und ich dachte nicht daran, ihn zum Bleiben zu ermutigen. Als er sah, daß die Blondine zurückkam, mußte er schlucken. »Wäre es vielleicht möglich, daß Sie … daß wir beide, Sie und ich -«

»Du und ich?! Kommt gar nicht in Frage! Ich mag es, wenn ich meinen Mädchen noch was beibringen kann, aber nicht meinen Partnern.« Als ich merkte, daß der Junge wirklich am Ende war und daß man ihm alles zutrauen konnte, wenn ich ihn jetzt auch noch im Stich ließ, steckte ich ihm einen Fünfziger zu. »Am Freitag, um die gleiche Zeit, treffen wir uns hier. In der Zwischenzeit sehe ich mich mal um. Vielleicht finde ich etwas für dich.«

Er schnappte sich den Fünfziger und verkrümelte sich, noch ehe ich meinen Satz zu Ende gesprochen hatte.

Als ich am Freitag in den Klub kam, saß er schon da. Er rutschte vom Barhocker und wollte auf mich zusteuern, doch ich warf ihm einen vielsagenden Blick zu und furchte die Stirn. Er verstand den Wink und ging an mir vorbei zum Zigarettenautomaten. Sorgfältig nahm ich das Lokal in Augenschein. Die Luft war rein. Mit dem Kinn gab ich Willie ein Zeichen, ehe ich wieder nach draußen trat. Er folgte mir auf dem Fuße.

Ich lenkte den Wagen vom Bordstein weg und fädelte mich in den vorbeiströmenden Verkehr ein. »Zu Anfang«, sagte ich, »bekommst du ein paar kleinere Jobs. Nichts Besonderes, verstehst du? Ich möchte nur sehen, wie du arbeitest. Die Einsatzorte habe ich ausgesucht und sämtliche Haken und Risiken einkalkuliert. Den ersten Auftrag könnte ein zehn Jahre alter Junge erledigen, aber mit zehn hat man ja auch noch gute Nerven. «

Willie fühlte sich gekränkt. »Ich gebe zu, ich bin ein Neuling, aber ich kann lernen. Erklären Sie mir, was ich tun soll, und ich werde den Job zu Ihrer Zufriedenheit erledigen. Und wegen meiner Nerven brauchen Sie sich keine Sorgen zu machen.«

Wenige Minuten später fuhr ich in langsamem Tempo am Pfandhaus vorbei.

»Sind Sie auch sicher, daß sich in dieser Bude Geld befindet?« brummte Willie. »Die meisten Pfandleihen sind wie die Tankstellen. Sie lohnen die Mühe nicht.«

Von oben herab lächelte ich ihm zu. »Wer gibt hier den Unterricht, du oder ich?« Er machte ein Gesicht, als hätte ich ihn geschlagen. »Zufällig weiß ich«, fuhr ich fort, »daß der alte Knabe, der diesen Schuppen betreibt, jeden Monat eine hübsche Stange Geld einnimmt. Seinen Gewinn läßt er von einem speziellen Boten abholen. Wohin er das Geld bringt, weiß ich nicht, aber es steht fest, daß der Bote morgen wieder fällig ist. Das Geld muß also zum Abholen bereitliegen. Ich schätze, daß der Job einen Tausender einbringt. Das Beste an dieser Geschichte ist der alte Knabe. Vor Schußwaffen hat er eine Heidenangst. Wenn der Laden leer ist, gehst du hinein und bugsierst den Alten in das hintere Zimmer. Aber denk daran, keine Gewalt. Den Revolver benutzt du nur, wenn es gar nicht anders geht. Du verlangst einfach die Knete, nimmst sie dir und haust ab. Ich warte gleich um die Ecke mit dem Wagen auf dich.«

Die zu erwartende Beute entsprach nicht Willies Ansprüchen. »Nur tausend, meinen Sie?« murrte er. »Wenn wir teilen, gibt das für jeden bloß fünfhundert.«

»Wir teilen nicht!« versetzte ich ungeduldig. »Noch sind wir keine Partner, deshalb gehört der ganze Kies dir. Bei dieser Operation will ich nur sehen, ob du dich bewährst.«

»Aber daß ich alles bekommen soll, finde ich auch nicht gerecht«, protestierte Willie.

»Du hast das Geld nötiger als ich«, gab ich schroff zurück. Ich deutete auf die Pfandleihe. »Der Alte ist jetzt allein im Laden. Beweg dich.«

Einen Moment lang glaubte ich, er wolle kneifen, doch dann schluckte er ein paarmal krampfhaft, öffnete die Wagentür und trottete auf das Pfandhaus zu. Binnen drei Minuten war er wieder zurück. In seiner Jacke steckte ein grüner Leinenbeutel. Sobald er im Wagen saß, brauste ich los. Ich fuhr in Richtung Autobahn, wo um diese Zeit der dickste Verkehr herrschte.

»Es - es war gar nichts dabei«, stotterte er verwundert. »Ich hielt ihm nur den Revolver vor den Bauch und sagte, ich wüßte, daß er Geld im Laden habe. Er sprach überhaupt nicht. Er hob bloß ein loses Dielenbrett hoch und gab mir den Beutel.«

»So einfach wird es nicht immer gehen«, warnte ich. »Laß dir diesen schnellen Erfolg also nicht zu Kopf steigen. Es gibt Leute, die um einen Vierteldollar kämpfen. Und vergiß nicht, du bist noch immer Lehrling.«

Ein paar Abende später fuhr ich mit Willie in eine ruhige, baumgesäumte Seitenstraße. Ich zeigte ihm ein großes Gebäude, von dem eine kleine Neonreklame blinkte. »Dein nächster Auftrag.«

»Sind Sie verrückt?« Seine Stimme überschlug sich. »Ein Beerdigungsunternehmen. Erwarten Sie etwa von mir, daß ich in ein Bestattungsinstitut einbreche?«

Mit dem Handrücken schlug ich ihm auf den Mund, wobei ich ihm fast den Kopf abgerissen hätte. »Was passiert, bestimme ich, du Nichtskönner! Und alles, was wir unternehmen, machen wir mit profihafter Gründlichkeit oder überhaupt nicht! Nur damit du Bescheid weißt - heutzutage kostet eine Beerdigung mindestens tausend Dollar, und dieses Institut hat heute fünf, die ins Gras gebissen haben, unter die Erde gebracht. Viele Kunden zahlen natürlich mit Schecks. Die läßt du liegen und nimmst nur

das Bargeld. Ich tippe auf tausend Dollar, wenn nicht mehr. Im Büro, wo der Safe ist, hält sich ein Mann auf. Benutze die Seitentür, und wenn du eintrittst, findest du gleich im ersten Raum rechts, was du suchst.«
Willie mochte sich nicht recht mit dem Plan anfreunden, doch er bequemte sich, aus dem Wagen zu steigen. Sich das Kinn reibend, das von meinem Schlag offenbar immer noch schmerzte, schlug er einen Bogen zum Nebeneingang des Unternehmens. Dieses Mal brauchte er mehr Zeit als beim Überfall auf die Pfandleihe, doch als er wieder auftauchte, trug er den Geldsack unter seiner Jacke.
»Es war halb so schlimm«, bekannte er verlegen. »Ich glaube, es war nur die Vorstellung, ein Beerdigungsunternehmen zu berauben, die mir angst machte.«
Ich nickte verständnisvoll. »Vielleicht wird aus dir noch ein richtiger Profi, Willie.«
Mein Lob freute ihn ungemein. Ich sah ihm förmlich an, wie seine Stimmung stieg.

Ein paar Abende darauf holte ich Willie nach Einbruch der Dunkelheit ab und brachte ihn zu einem Einkaufszentrum am Stadtrand. »Eines muß ich dir einschärfen«, sagte ich mit Nachdruck. »Falls diese Großstadtbullen dich je erwischen sollten, bist du erledigt. Mit ihren Computern können sie deine Fingerabdrücke oder Fotos von deiner Schnauze binnen Minuten von einer Küste zur anderen schicken. Wenn dir je so etwas passiert, bleibt dir nichts anderes übrig, als dich in die Berge zu flüchten und da den Rest deines Lebens als Einsiedler zu hausen.«
Als ich merkte, daß ich ihn eingeschüchtert hatte, sprach ich in zuversichtlichem Ton weiter: »Ich sage das nicht, weil ich mit irgendwelchen Problemen rechne. Aber ich finde, du als angehender Profi solltest gewisse Dinge wissen.«
Bei diesen Worten atmete er sichtlich auf.
Ich deutete auf den Supermarkt. Es war kurz vor Ladenschluß, und in dem Geschäft befanden sich nur noch wenige Kunden. »Geh ganz lässig rein«, riet ich ihm. »So, als ob du etwas einkaufen wolltest. Nimm dir einen Einkaufswagen, und leg ein paar Artikel hinein, damit es ganz unverfänglich aussieht. Das Büro des Filialleiters ist am hintersten Ende des Ladens. Darauf mußt du deine Aufmerksamkeit richten. Wenn die Situation günstig ist und niemand dich sieht, schlüpfst du zu ihm hinein. Die ganze Sache darf höchstens nur fünf Minuten dauern. Ich warte mit dem Wagen in der Seitenstraße dort auf dich, zwischen dem Supermarkt und der Garage.«
»Ist Geld in dem Büro?« fragte Willie mißtrauisch.
Mit dem Kinn deutete ich auf das Geschäft. »Sieh doch selbst. Von den acht Kassen sind sieben bereits geschlossen. Das Geld, das drinnen war, liegt im Büro. «

»Bei diesem Zug verdienen wir bestimmt mehr als einen Tausender«, behauptete Willie. Der Junge lernte schnell.
»Das kannst du wohl annehmen«, erwiderte ich in kumpelhaftem Ton. »Wenn die Sache klappt, darfst du nicht nur die gesamte Beute behalten, es wird auch dein letzter Soloauftrag sein. Erledige diese Geschichte ordentlich, und beim nächsten Mal treten wir als Team auf. Aber dann wird richtig abgesahnt.«
Willie warf sich in die schmächtige Brust, daß um ein Haar die Knöpfe von seiner Versandhausjacke abgesprungen wären. »Noch etwas«, ermahnte ich ihn. »Der Filialleiter scheint mir einer von der ängstlichen Sorte zu sein. Wenn du also dein Einkaufswägelchen durch die Gänge schiebst, leg eine Wäscheleine hinein, damit du ihn fesseln kannst, und etwas, das sich als Knebel eignet. Wir wollen doch nicht, daß er sich die Lunge aus dem Leib schreit, ehe wir mit dem Wagen fort sind. Und versuch nicht, durch den hinteren Ausgang zu entwischen. Seit der letzten Warenlieferung um sechs Uhr sind die rückwärtigen Türen verriegelt.«
Ich ließ ihn aussteigen. Dann wendete ich den Wagen und schaltete die Scheinwerfer aus.
Willie schaffte es tatsächlich in fünf Minuten. Als er um die Ecke bog, trug er einen Sack bei sich, der wegen seiner Größe nicht unter die Jacke paßte. Der Junge bewegte sich mit auffälliger Eile.
Die Hälfte des Weges zu meinem Wagen hatte er zurückgelegt, als plötzlich in der gähnenden Schwärze des offenstehenden Garagentors die Scheinwerfer eines anderen Autos aufblitzten. Jemand leuchtete ihm mit einer Taschenlampe direkt ins Gesicht.
Selbst aus der Entfernung erkannte ich, wie Willie vor Schreck die Augen aufriß, als ein uniformierter Polizist mit schußbereiter Waffe im Scheinwerferlicht auftauchte.
Ehe Willie wußte, wie ihm geschah, hatte ihm der Polizist den Geldsack abgenommen. Dann mußte sich der Junge mit gespreizten Beinen und ausgebreiteten Armen gegen die Garagenwand lehnen, und der Bulle nahm ihm den Revolver ab.
Danach durfte er sich wieder aufrichten. Der Bulle versetzte ihm einen unsanften Stoß in den Rücken, deutete mit dem Lauf seiner Dienstwaffe in eine bestimmte Richtung, und die beiden setzten sich auf den Supermarkt zu in Bewegung.
Kurz bevor sie das Geschäft erreichten, verfing sich der Fuß des Polizisten in einem Drahtknäuel, das vor einer Reihe Mülltonnen lag. Der Bulle strauchelte und stürzte der Länge nach auf den Bordstein. Dabei verlor er die Waffe, doch ehe er sich hochrappelte, tastete er wie wild mit der Hand danach.
Der Vorfall dauerte nur wenige Sekunden, aber mehr Zeit brauchte Willie nicht, um sich aus dem Staub zu machen. Wie ein Karnickel hetzte er über die Straße, einen Mißklang aus quietschenden Reifen und wütenden

Huptönen verursachend. Er rannte auf den Schienenstrang zu, der stadtauswärts führte, als seien ihm tausend Teufel auf den Fersen.

Ich saß zu Hause in meiner Bleibe, als Lee, mein Partner, hereinkam und den Geldsack vom Supermarkt auf den Tisch warf. Die geliehene Polizeiuniform hatte er abgelegt und trug nun wieder zivile Kleidung.
»Hat er den Güterzug erreicht?« erkundigte ich mich.
Lee nickte. »Als der Zug bergan langsamer fuhr, dachte ich schon, er wolle abspringen und schieben. Der kommt nicht mehr zurück.«
Ich spähte in den Sack hinein. »Hast du schon nachgezählt?«
»Etwas über fünfundzwanzigtausend«, antwortete Lee aufgeräumt. »Wenn wir das Geld abziehen, das wir Libbutz von der Pfandleihe und dem Beerdigungsfritzen schulden, bleiben uns immer noch mehr als zweiundzwanzigtausend. Nicht schlecht für zwei Wochen Arbeit.«
Ich schenkte mir einen Drink ein und schaute aus dem Fenster meines Penthouses empor zum sternenübersäten Himmel. Mir war nicht ganz wohl zumute. »Für Willie tut es mir leid«, sagte ich. »Er war ein braver Junge und hatte vielversprechende Anlagen.«
Lee sortierte emsig die Geldscheine. »Du wirst drüber wegkommen. Bei den anderen hast du genauso geredet. Erinnerst du dich noch an den Bengel, der vierzig Riesen aus der Versicherungsagentur klaute?«
Und ob ich mich erinnerte. Nach zwei weiteren Drinks besserte sich meine Laune. Ich fing an zu schmunzeln. Sentimentalitäten kann ich mir nicht leisten. Schließlich bin ich ein Profi.

Hungriger Löwe

Isabel Field

Mama hatte meine kleine Schwester gerade zwei Wochen unter der Erde, als ich meinen Dienst beim Marineinfanteriecorps aufgab. Sie hatte begraben, was der Sheriff in Florida ihr von Rose Ann nach Hause geschickt hatte.

Was das Fernsehen und die Yankeepresse angeht, die können gar nicht genug über uns sticheln. Ziehen über die Jugend von Süd-Carolina her, wo es eben geht. Diese Leute scheinen uns allesamt für Dorfdeppen zu halten, die in Latzhosen an den Tankstellen rumblödeln, Limonade süffeln und den nächsten Ku-Klux-Klan-Überfall aushecken. Ich bin aus Süd-Carolina, aber ich war acht Jahre beim Militär und bin nicht gerade vom Dorf.

Nein, das stimmt nicht ganz. Auf eine Art bin ich genau wie die jungen Leute bei uns auf dem Land. Denen geht nichts über ihre Familien, und keiner würde sich einfallen lassen, die kleine Schwester eines Burschen auch nur anzufassen. Das heißt, keiner, der seine Hand nicht einbüßen will: Und zwar bis rauf zur Schulter.

Der Hauptmann sagte, ich sollte mich erst mal mit drei Monaten Sonderurlaub zufriedengeben und wiederkommen, aber ich machte ihm klar, ich würde als Marinesoldat wohl nicht mehr viel taugen, wenn ich mit der ganzen Geschichte durch wäre. Also zahlte er mir meine Abfindung, schüttelte mir die Hand, und ich schob ab nach Hause. Mama war froh, mich dazuhaben, wenigstens zuerst. Nachher nicht mehr, als sie mir vom Gesicht ablas, was ich vorhatte.

»Dabei kommst du nur selber unter die Räder, Junge«, sagte sie. Aber sie weinte nicht. Sie hatte wohl keine Tränen mehr.

»Du hättest mir eher schreiben sollen, was mit Rose Ann war. Ich dachte, sie wäre auf dem College.«

»Das war sie auch, aber dann lernte sie diesen Mann kennen ...« Mama sackte weg in einen Sessel und erzählte, wie alles gekommen war.

Der Kerl war ein Gammler gewesen - mehr oder weniger -, hatte in einer Country-and-Western-Gruppe aus Nord-Carolina Gitarre geklimpert. Meine Schwester hatte ihn spielen sehen, und damit war alles andere für sie gelaufen. Sie zog mit ihm los, und Mama sah sie nicht mehr lebend wieder. Sechs Monate lang schrieb sie Mama Karten von überall her, aus Memphis, Nashville, Atlanta, Jacksonville. Zuletzt war sie in Miami und schrieb auch von da immer noch aufgekratzt, aber nur an der Oberfläche. Unten drunten kam doch heraus, wie unglücklich sie war, und mir wurde ganz elend, als ich diese letzten Briefe las.

Dieser Kerl hatte unten in Miami eine feste Stellung angenommen, in irgendeinem billigen Nachtclub, aber geheiratet hatte er meine Schwester trotzdem nicht, und sie war so blöde zu glauben, er täte es noch, bloß, weil er es versprochen hatte. Mit achtzehn war ich wohl auch noch reichlich naiv, wenn ich das auch nicht mehr so genau weiß. Jedenfalls haben sie mir das beim Barras gründlich ausgetrieben.

Ich las also die Briefe, sagte Mama, sie solle die Ohren steif halten und fuhr ab nach Miami. Der Coroner hatte Rose Anns Tod als Selbstmord hingestellt - eine in Alkohol aufgelöste Schlafmittelüberdosis -, aber meiner Meinung nach war sie ermordet worden. Sie hatten Mama in dem Bericht geschrieben, meine Schwester sei im Krankenhaus auf der Armenstation gestorben und wir schuldeten dem Distrikt dreihundert Dollar.

Ich kam in Miami nur mit einem Namen und einer Adresse an - Peter Lorimer, Paradise Club -, aber Rose Ann hatte in einem ihrer Briefe ein Foto von ihm mitgeschickt, und sein Gesicht war in jeder Zelle meines Gehirns eingegraben.

Der Paradise Club war größer, als ich erwartet hatte: ein Tanzparkett, ein Podium, eine Menge Tische und eine lange blanke Theke. Ich war gleich hingegangen, obwohl es erst Mittag war und der Hausmeister noch den Dreck der vergangenen Nacht aus den Ecken schrubbte.

»Nee, Mister. Sie können nicht rein. Hier ist zu«, rief der alte Mann mir entgegen.

»Das weiß ich. Ich möchte den Besitzer sprechen.«

»Die kommt nicht vor acht oder neun.«

»Die?«

»Miss Ducaine.«

»Könnte ich mich dann einen Augenblick mit Ihnen unterhalten?«

»Ich hab Ihnen schon mal gesagt, daß wir dicht haben, Mister. Die Bar macht um zwei auf. Steht alles draußen im Aushang. Kommen Sie später wieder, dann können Sie von mir aus reden, mit wem Sie wollen.«

Ich ging gegen sieben zum zweitenmal hin, ließ mir einen Drink geben, dann eine Mahlzeit, dann noch zwei Drinks. Jemand hatte eine Notiz rausgehängt, die Band würde pünktlich um neun anfangen, und der Club begann sich langsam zu füllen. An der Theke drängten sich die Stammgäste, aber von dieser Miss Ducaine war noch nichts zu sehen. Ich ging sparsam mit meinem dritten Drink um und sah mir den Schuppen ein bißchen genauer an. Er war wie die ganze Gegend: gewöhnlich und überladen und an den Kanten ziemlich ausgefranst. Aber später würde bestimmt Leben in die Bude kommen. Am Freitag- und Sonnabendabend ist in Miami immer allerhand los, und es war Freitag. Der Club beschäftigte drei Barmänner, ein halbes Dutzend Kellnerinnen und einen Rausschmeißer.

Endlich kam die Besitzerin. Sie sah ganz wie ihre Pinte aus, ziemlich flott, aber berechnend - und aufgetakelt wie eine Fregatte. Sie war groß,

fast einsachtzig, eine Frau um die Vierzig mit voll ausgefahrenen Kurven. Sie stöckelte rein, baute sich hinter der Theke auf und sah sich ihre Kundschaft an.
Einer der Barmänner steuerte gleich auf sie zu, ein Langer mit einer Narbe quer über der Wange bis zum Mundwinkel. Er hob den Arm und zeigte auf mich, weil ich ihn nach ihr gefragt hatte.
Sie kam rüber an meinen Tisch und plierte zu mir runter. Von so nah sah ihr Gesicht hart und kalt aus. Sie lächelte. »Bart sagte, Sie wollten mich sprechen.«
»Ja, Madam. Ich habe meinen Dienst bei der Marineinfanterie gerade hinter mir, und ein Kumpel von mir meinte, ich würde hier in der Gegend Arbeit finden. Als ich heute an Ihrem Club vorbeikam, habe ich mir gedacht, Sie hätten vielleicht Verwendung für einen Burschen mit meinen Talenten.« Ich war aufgestanden, um ihr all das zu erzählen, und hatte das Lächeln aufgesetzt, das ich für Frauen ihrer Sorte auf Lager habe. Mit denen ist es überall dasselbe, ob sie in Tokio arbeiten, in Saigon, San Diego oder Miami. Wenn man sie wie Damen behandelt, kommt man bei ihnen an. Schließlich sind sie alle immer noch Frauen, egal, womit sie sich ihre Brötchen verdienen, und jede Frau will eine Dame sein.
Sie musterte mich, diesmal mit einem echten Lächeln. »Was für Talente hast du denn, Süßer?«
Ich zuckte die Achseln. »Na ja, für den Anfang könnte ich Rausschmeißer spielen. Der, den Sie da vorn an der Tür haben, sieht ein bißchen weich um die Mitte aus.«
Sie mußte laut lachen. »Dann versuch's mal mit ihm. Wenn du ihn umhaust, kannst du seinen Job haben.«
»Und was springt dabei heraus?«
»Hundertfünfzig die Woche für gute Arbeit.«
Ich nickte zustimmend und schlenderte rüber zum Eingang. Sie blieb an meinem Tisch sitzen.
»Wie heißt du, Junge?« fragte ich den Typen. Er war ungefähr vierzig und ein ziemliches Paket. Muskulöse Schultern, eine Masse Knochen und Fleisch, aber der Schmerbauch darunter sprach von zuviel Alkohol.
Er gaffte mich überrascht an. »Mein Name ist Monihan. Was willst du?«
Ich grinste. »Du bist gefeuert, Monihan. Zieh Leine.«
Der große Kerl erschrak im ersten Moment. Dann holte er plötzlich aus, aber bevor er den Arm oben hatte, packte ich ihn.
»Gehen wir hinten raus. Wir brauchen nicht gleich das Inventar zu demolieren.«
Der Hinterhof war dunkel, abgesehen von einer trüben Funzel über der Tür. Wir standen uns einen Augenblick lang im Lichtkreis gegenüber und nahmen Maß. Aus seinem Gesicht war die Verblüffung noch immer nicht ganz verschwunden, trotz der Wut, die jetzt darüber lag. Der narbige Barmann kam heraus und lehnte sich gegen die Tür.

»Los, Monihan!« hetzte er und verzog das Narbengesicht zu einer häßlichen Fratze. »Mach den Lackaffen fertig!«
Monihan wartete nicht länger. Er fintierte mit der Linken und holte mit der Rechten zum Schlag aus. Ich fing seinen Schwinger mit dem Oberarm ab und wuchtete ihm eine rechte Gerade in den Bauch. Es fühlte sich an, als ob ich meine Faust in Brotteig versenkt hätte. Monihan stieß die Luft mit einem explosiven Grunzen aus. Er versuchte, mir sein Knie in den Unterleib zu rammen, aber ich klemmte seine Arme ein und trommelte ihm die Fäuste in die Nieren. Dann schob ich ihn von mir und umkreiste ihn.
Monihan schüttelte langsam den Kopf und drehte sich um die eigene Achse. Er japste mit weit geöffnetem Mund nach Luft und stampfte den Boden wie ein gereizter Bulle. Dann raste er auf mich zu. Ich warf mich ihm entgegen und versuchte, in den Clinch zu gehen, während er mich bearbeitete. Er hievte mich hoch und schubste mich weg, um seinen nächsten Schwinger zu landen, aber ich war schneller und traf ihn noch einmal in den Wanst. Sein Mund verzog sich, als ob ihm schlecht geworden wäre, während ich ihm den Magen knetete. Seine Kinnlade fiel runter, und sein Blick verschleierte sich. Ein krachender Kinnhaken noch, dann war er fertig und kippte mit einem Seufzer in den Dreck.
Der Narbige grinste verächtlich, ließ Monihan liegen und folgte mir hinein. »Dann bist du wohl ihre neueste Errungenschaft, Hübscher«, knurrte er. Ich sparte mir die Antwort, zog nur meine Krawatte zurecht und wischte mir den Schweiß vom Gesicht. Die Beule auf meiner Wange, die ich dabei entdeckte, war eine Überraschung. Ich hatte gar nicht gemerkt, daß Monihan mir einen Schlag ins Gesicht verpaßt hatte.
»Wann soll ich mit der Arbeit anfangen, Chefin?« fragte ich und grinste zu ihr runter.
»Sofort«, sagte sie. »Das Abendbrot geht auf Kosten des Hauses. Wie heißt du?«
»Spence ... Mac Spence«, sagte ich und gab rasch meinen Vornamen als Nachnamen an. Der Mann, hinter dem ich her war, sollte nicht gleich erfahren, wer ich war.
Die Band hatte sich inzwischen eingefunden und fing an, ihre Instrumente zu stimmen. Ich nahm die Burschen von meinem Posten an der Tür aus unter die Lupe, aber Lorimer war nicht dabei. Er kam etwas später als die anderen. Ich schätzte ihn etwa auf mein Alter, um die fünfundzwanzig herum. Er hatte braunes, von der Sonne strähnig gebleichtes Haar und war der Typ, auf den die Frauen fliegen. Wahrscheinlich hatte er auch das dazu passende Mundwerk - raspelte den Mädchen Süßholz vor, bis sie schwach wurden. Er mußte meinen Blick gespürt haben, denn er drehte sich fragend zu mir um. Gleich darauf legte er seine Gitarre aufs Podium und holte sich einen Drink an der Bar, aber ich wußte, daß er das nur tat, um den Narbigen nach mir auszuhorchen.

Der Abend verging ziemlich rasch. Es gab zwei Schlägereien, aber damit wurde ich gut fertig und hatte auch keine Mühe, die üblichen Betrunkenen an die Luft zu setzen. Es gibt immer ein paar, die nicht einsehen wollen, daß irgendwann dichtgemacht wird.

Als ich sie alle draußen hatte, schloß ich ab und ging rüber zu den Tischen, wo sich das Personal zu einem letzten Drink zusammengesetzt hatte. Auch Lorimer war geblieben und starrte mich an, während er sich eine Zigarette ansteckte.

»Warst du schon mal in der Charlotte?« fragte er langsam und musterte mich forschend.

»Nein.«

»Dann vielleicht in Jacksonville?« Es beunruhigte ihn, daß er mich nicht unterbringen konnte.

»Bin gestern durchgefahren, aber vorher noch nicht.« Er drehte seine Zigarette zwischen den langen Fingern, und ich bemerkte, daß seine Hände tadellos manikürt waren. »Dann muß es in Columbia, Süd-Carolina, gewesen sein.«

»Nein«, sagte ich. »Du hast mich noch nie gesehen.«

»O doch, und ich komme auch noch darauf, wo.«

Lucille Ducaine kam an den Tisch und setzte sich neben ihn. Er nahm abwesend ihre Hand, während er über mich nachgrübelte.

»Du redest zuviel, Kumpel«, sagte ich grob.

Er stieß heftig einen langen Strahl von Zigarettenrauch aus, und seine blauen Augen funkelten mich darüber hinweg wütend an. Er hatte bogenförmig geschwungene rote Lippen und lange, lockige Koteletten. Ich linste ihn scharf an und dachte an meine kleine Schwester, die so gern gelacht hatte. Sie hatte Musik geliebt und Sonnenschein. Und dieses Dreckschwein hatte sie beschmutzt, hatte genauso mit ihr herumgespielt, wie er bestimmt auch mit anderen herumspielte. Mit jungen Mädchen, die sich um sein Podium drängten und seine schöne Visage anhimmelten, ohne dahinterzugucken, und nichts hörten als seinen geilen Bariton.

Aber irgendwann hatte Rose Ann dann doch geschnallt, was für einem Kerl sie auf den Leim gegangen war, und von dem Augenblick an hatte sie angefangen zu sterben. Und nun saß dieser selbe Kerl hier am Tisch, rauchte und trank und machte die Besitzerin an. Am liebsten hätte ich ihn sofort zerfetzt, aber das schien mir dann doch zu gut für ihn, zu schnell. Ich würde das Leben ganz langsam aus ihm herausquetschen. Dieser Mann mußte sich vor Qual krümmen und schwitzen und heulen, bevor er starb. Schon weil er sich immer noch für wer weiß was hielt. Er war arrogant, lässig, sorglos. All das würde ich ihm abschrubben, und noch viel mehr.

Meine Gedanken mußten sich in meinem Gesicht verraten haben, denn er ließ die Hand der Chefin los, stand auf und schob seinen Stuhl mit dem Fuß zurück.

»Was willst du von mir, Kumpel? Warum starrst du mich an wie ein hungriger Löwe?«
Ich stand ebenfalls auf. »Noch mehr von deinen blöden Fragen, und ich poliere dir die Fresse«, sagte ich und lächelte freundlich.
Die anderen hatten sich schon aus unserer Nähe verzogen. Sie sahen ja, was fällig war.
»Du suchst Streit, Junge, wie?« zischte er. »Den kannst du haben.«
Er hatte die Fäuste schon oben, rätselte aber anscheinend immer noch an mir herum und zögerte. Ich packte die Tischkante und schob den Tisch mit einem Ruck in seine Richtung. Er nahm die Hände runter, um ihn abzufangen, und in dem Augenblick rannte ich zu ihm herum und knallte ihm die Faust ins Gesicht. Das störte sein Gleichgewicht, und er torkelte mit blutender Lippe der Länge nach zu Boden. Als nächstes langte er in seine Tasche, aber bevor er die Hand wieder draußen hatte, versetzte ich seinem Handgelenk einen Tritt und nagelte ihm die Rechte mit meinem ganzen Gewicht auf den Fußboden. Er schrie auf und grapschte mit der freien Hand nach meinen Beinen, aber ich warf mich auf ihn, riß ihm das Messer aus der Tasche und stand auf.
Die anderen Männer rührten sich nicht. Sie hatten längst gelernt, daß es nichts bringt, die Nase in anderer Leute Angelegenheiten zu stecken. Nur der narbige Barmann sah aus, als jucke es ihm in den Fingern, aber wahrscheinlich konnte er sich nicht entscheiden, wen er mehr haßte, Lorimer oder mich, also stand er bloß rum, rieb sich die Hände an den Hosen und fluchte halblaut.
Lorimer stand langsam auf. Offenbar war ihm schwindlig; er schüttelte sich ein paarmal, wie um wieder einen klaren Kopf zu bekommen. »Wenn ich wüßte, was das eigentlich soll«, murmelte er durch die geplatzte Lippe und hielt sich die gequetschte rechte Hand. »Ich weiß bloß, daß ich dich schon irgendwo gesehen habe.«
»Häng noch 'ne Weile in Miami rum, dann findest du raus, was das sollte.«
»Glaubst du vielleicht, ich renne vor dir weg?« fragte er verächtlich. »Ich bin schon mit Schlimmerem fertig geworden.«
»Und wie du rennen wirst«, sagte ich durch die Zähne. Ich hatte Mühe, mich im Griff zu behalten. »Das heißt, wenn du noch kannst.«
Die Ducaine stiftete Frieden. »Kommt, Jungs. Schluß jetzt. Wir brauchen alle unsere Ruhe.« Sie nahm Lorimer am Arm und führte ihn vom Tisch, aber vorher sah sie mich nochmal an, und ihre Augen glitzerten geil. Sie hätte ihn stehen lassen, wenn ich ihr auch nur den kleinsten Wink gegeben hätte. Vielleicht später mal, wenn's nicht anders ging, aber nicht jetzt.
Als ich durch die Hintertür rausging - ich hatte mir ein paar Häuserblocks weiter ein billiges Zimmer genommen -, wartete Monihan auf mich. Ich erkannte ihn an seinem klotzigen Umriß, bevor er noch den Mund aufgemacht hatte, und ich war auf alles gefaßt. »Sie Vollidiot!« sagte er und

packte meinen Arm, bevor ich zuschlagen konnte. »Sie dämlicher Kleinstadtheld! Warum mußten Sie ausgerechnet jetzt hier auflkreuzen?«
Dann sah ich, was er mir entgegenhielt. Es war eine Polizeimarke und eine Karte, und im trüben Schein der Straßenlampe las ich, was darauf stand. Es war ein Ausweis, und der Mann hieß Daniel M. Riley und war Sergeant bei der Polizei in Miami.
Ich stand mit offenem Mund da, während er mir klarmachte, was er von mir hielt. So klein wie Riley mich zusammenfaltete, hatten es nur die Spieße im Ausbildungslager gekonnt, und ich bekam beinahe Heimweh. Als er fertig war, wußte ich nicht viel zu sagen, bloß wer ich war und was ich in Miami wollte.
»Ich weiß, wer Sie sind, Sie Mohrrübe. Ich war Ihretwegen beim Chef. Ihre Mutter hatte bei mir angerufen. Macht sich Sorgen um Sie.«
»Sind Sie hinter Lorimer her?«
»Nein. Lorimer ist unbedeutend. Ein kleiner Popper, der Gitarre spielt und sich nebenbei etwas mit Zuhälterei verdient. Aber diese Ducaine ist interessant. Hat sich auf einen einträglichen Nebenerwerb verlegt. Sie hat ihre Jungen organisiert, Pillen im Großhandel zu vertreiben. Hauptsächlich Speed und Barbiturate, hie und da auch Gras. Wir sind ziemlich genau über ihr Pillengeschäft informiert, aber wir haben sie bis jetzt noch nicht ausgehoben, weil wir wissen wollen, wer alles mitmischt, wer sie beliefert und so weiter. Ich habe diese Ducaine einen Monat lang bearbeitet, bis ich den Job als Rausschmeißer hatte.« Er seufzte und schüttelte den Kopf. »In den letzten zwei Wochen haben sie nichts mehr hereinbekommen, also nehmen wir an, daß demnächst wieder eine Lieferung fällig ist. Der Chef hat sich gleich telegraphisch bei der Marineinfanterie nach Ihnen erkundigt, und die scheinen große Stücke auf Sie zu halten - Kriegsauszeichnung und alles. Also läßt der Chef anfragen, ob Sie bereit wären, die Augen für uns offenzuhalten. Nur für ein paar Tage. Wir sind einsatzbereit, warten nur noch auf den richtigen Moment. Aber um nichts zu verpassen, brauchen wir drinnen einen Verbindungsmann, der uns auf dem laufenden hält.«
»Ich will nur Lorimer.«
»Das weiß ich. Den kriegen Sie auch. Wenn wir hier ausmisten, wird er eingebuchtet wie alle anderen. Die Frau hat keinen einzigen in ihrer Mannschaft, der die Finger nicht als Dealer oder Schlepper mit im Geschäft hat.«
»Für Lorimer hatte ich mir was anderes gedacht als 'ne kleine Abkühlung im Knast.«
»Das können Sie vergessen, Junge. Also, machen Sie mit oder nicht? Ich muß den Chef so bald wie möglich zurückrufen.«
Ich ließ mir die Idee einen Augenblick durch den Kopf gehen. Es war eine Möglichkeit, das ganze Gesindel zu schnappen, alles Leute, die davon lebten, andere eiskalt kaputtzumachen. Es war klar, daß Lorimer

meine Schwester wegen dieser Ducaine abgehängt hatte, und die Pillen, die er vermarktete, hatten Rose Ann getötet.
»Na schön, ich mach's. Was habe ich zu tun?«
»Nichts anderes als bisher. Mischen Sie sich unter das Personal und machen Sie der Ducaine schöne Augen. Und wenn's was gibt, ich hänge hier in der Gegend rum wie seit über einem Monat. Meist krieche ich in der Billardhalle nebenan unter. Sie brauchen nur vor die Clubtür zu gehen und laut brüllen. Ja, und hier ist eine Telefonnummer, dort melden Sie sich jeden Morgen. Aber jedesmal von einem anderen Apparat.«
»Und worauf soll ich achten?«
»Auf Namen, ungewöhnliche Lieferungen, besonders Kisten, die ungeöffnet stehenbleiben, und auf die Leute, die sie bringen. Auf alles, was Ihnen verdächtig vorkommt.
Die meisten dieser Pillen werden auf Fernlastern aus der Stadt befördert, und viele der Fahrer gehören zur Stammtischkundschaft des Paradise Club. Wir wissen über diese Fahrer Bescheid, haben fast alle auf der Liste, aber was uns noch fehlt, sind die Namen der Zulieferer. Und noch etwas, das ich Ihnen nicht verschweigen will: Im Augenblick arbeiten nur drei Leute an diesem Fall - Sie und ich und noch einer im Außendienst. Bis vor kurzem hatten wir einen weiteren, aber letzte Woche fanden wir seine Leiche auf einer Müllkippe.«
»Ich werde tun, was ich kann.«
Er zog ab, und ich ging in meinem schäbigen kleinen Zimmer zu Bett. Nicht, daß ich in dieser Nacht viel Schlaf bekommen hätte, dafür mußte ich zu sehr an Lorimer und alles andere denken. Nach dem Frühstück wählte ich die Nummer, die Riley mir gegeben hatte.
»Hier Spence MacLeod«, sagte ich vorsichtig.
»Ja?«
»Riley sagte, ich solle anrufen.«
»Nett, daß Sie sich melden«, kam es gedehnt aus der Hörmuschel. Es war eine tiefe, weiche Frauenstimme, angenehm, aber unpersönlich.
Mir fiel nichts ein, was ich sonst noch hätte sagen sollen, also stand ich bloß da und gaffte auf den Apparat runter. Schließlich lachte die Frau am anderen Ende.
»Willkommen im Team, Spence MacLeod. Rufen Sie morgen wieder an.« Dann legte sie auf.
Ich kam mir auf meinem anschließenden Einkaufsbummel durch die Stadt noch eine ganze Weile ziemlich blöde vor. Zuerst besorgte ich mir ein blaues Hemd, eine Seidenkrawatte und eine Karte von Miami, dann fuhr ich meinen Wagen zu einer Werkstatt in der Nähe des Clubs und ließ das Öl wechseln. Während ich wartete, studierte ich die Karte und prägte mir die Gegend um den Club herum ein und die Straßen, die von dort zur Innenstadt führten. In fremden Städten kenne ich mich immer schnell aus, habe ich mich ja auch in Haiphong, Hanoi und anderen Ausflugsorten

zurechtgefunden, und das mit sehr viel weniger Orientierungsmaterial. Dagegen war Miami ein Kinderspiel.

Um zwei ging ich zur Arbeit in den Paradise Club. Der Hausmeister war gerade mit Saubermachen fertig und blieb auf seinem Weg nach draußen vor mir stehen.

»Sie haben also mit der Chefin gesprochen, was?« fragte er und grinste anzüglich.

Vielleicht hatte er die Ausbuchtung unter meinem Gürtel bemerkt. Diesmal hatte ich meine fünfundvierziger Automatik mitgenommen.

»Ja, aber wenn ich was sage, rede ich nicht darum herum.« Das und mein Gesichtsausdruck genügten ihm. Er machte, daß er wegkam.

Der Narbige war schon da und polierte die Theke. »Du hältst dich wohl für Superman persönlich, wie?« kommentierte er säuerlich. Er nahm ein Glas vom Regal, um den ersten Gast zu bedienen, der gerade hereingekommen war.

Ich zuckte die Achseln. »Hast du was dagegen?«

»Glaub bloß nicht, Lorimer haut ab. Der hat den letzten Gitarristen in Streifen geschnitten, um den Job zu kriegen.«

»Und? Halt dich gefälligst raus aus meinen Angelegenheiten.«

Danach ließ er mich in Ruhe, und ich setzte mich mit einer Limonade an einen Tisch. Wenn es auf rasche Reflexe und Treffsicherheit ankommt, ist Alkohol die falsche Unterlage.

Gegen acht klingelte das Telefon hinter der Theke. Es klingelte zweimal, setzte aus und fing wieder an. Der Narbige nahm ab.

»Ja doch. Schon gut. Bis zwölf dann.« Das war alles, was ich von dem Gespräch mitbekam. Aber dann winkte er zur Chefin rüber und rief ihr was zu. »Der Mann von der Wäscherei bringt die Tischwäsche und die Handtücher später vorbei.«

Ich ließ mir die Geschichte durch den Kopf gehen. Es schien nichts Wichtiges zu sein, aber seit ich den Club gestern zum erstenmal betreten hatte, war dies der erste Anruf gewesen, den sie bekommen hatten. Und warum hatte der Narbige am Apparat gestanden und gewartet, bis es nach dem zweimaligen Klingelzeichen und der Pause wieder zu läuten anfing? Es konnte immerhin etwas dahinterstecken. Ich verdrückte mich so bald ich konnte in Richtung Herrentoilette und schlüpfte durch die Hintertür nach draußen. Vor der Tankstelle gegenüber war eine Telefonzelle, und ich wählte die Nummer, die Riley mir dagelassen hatte.

»Ja?« Es war wieder die weibliche Stimme, langgezogen und belegt, und ich überlegte einen Augenblick lang, wie die Puppe wohl aussehen mochte.

»MacLeod«, meldete ich mich. »Sie erwarten um Mitternacht jemanden am Hintereingang. Der Mann von der Wäscherei, sagten sie.«

»Und was ist daran verdächtig?«

Ich erzählte ihr, wie er angerufen hatte.

»Seien Sie vorsichtig. Wir passen die Ankunft des Wagens ab.«
»In Ordnung.« Ich legte rasch auf und stahl mich durch die Hintertür zurück. Offenbar hatte mich niemand vermißt. Ich wanderte im Clubraum herum und lächelte zwei Mädchen zu, die unter ihrem dicken Make-up knapp sechzehn sein mochten. Am liebsten hätte ich ihnen gesagt, sie sollten nach Hause gehen, sich den Anstrich abwaschen und ihre Schularbeiten machen. Aber da sich sonst niemand um die beiden zu scheren schien, ließ ich es bleiben.
Der Abend verlief schleppend, bis um neun die Band antrat. Lorimer hatte sich die Lippe mit einem Pflasterstreifen verklebt und beobachtete mich auch beim Spielen und Singen unablässig. Ich stand an der Tür und gaffte zurück, ließ ihn keine Sekunde aus den Augen. Um halb zwölf legte die Band eine Pause ein, und ich folgte ihnen durch die Hintertür hinaus. Ich konnte an nichts anderes denken als an Lorimer. Der Kerl hatte sich in meinem Bauch verkrallt und fraß sich durch meine Eingeweide wie eine glühende Schlange. Als ich auf die Gasse trat, steckte er sich gerade eine Zigarette an, und plötzlich stieg mir ein eigenartiger Geruch in die Nase. Es war der muffige Gestank von versengtem Hanf: Marihuana.
»Willst du auch mal ziehen?« fragte mich der Schlagzeuger und grinste fies. Er schien zu erwarten, Lorimer würde seinen Joint herumreichen.
»Nein, danke.«
Ich baute mich vor Lorimer auf und linste ihn an, während er sich die Lungen mit einem tiefen Seufzer vollzog. Er hielt den Atem an, solange er konnte, und blies den ätzenden Qualm langsam und mit der Miene des routinierten Kiffers wieder aus.
»Mach mich nicht verrückt, Mann!« zischte er mir ins Gesicht.
»Wieso? Ich tu doch gar nichts«, sagte ich, aber ich starrte ihm so lange in die Augen, bis er den Blick senkte. Er nahm einen zweiten langen Zug und reichte die Zigarette an den Schlagzeuger weiter.
»Du gehst mir auf den Geist«, sagte er, holte aus und rammte mir die Faust in die Schulter.
Ich gab mit zwei raschen Schlägen Kontra und schmetterte ihn gegen eine Mülltonne, wo er zu Boden ging. »Wenn du es auf die harte Tour willst«, sagte ich, »die kannst du haben.«
Er rappelte sich hoch und rannte mich geduckt an, aber ich ankerte mich auf dem Boden fest, schwang mein Knie zurück und wuchtete es ihm krachend mitten ins Gesicht. Das Geräusch hallte scharf wie ein Schuß in der stillen Gasse wider. Die übrigen Mitglieder der Band hatten sich inzwischen unsichtbar gemacht. Lorimer erhob sich auf alle viere, brachte es aber nicht weiter. Er hockte am Boden und zog den Kopf ein, um ihn vor einem neuen Angriff zu schützen. Seine Nase mußte ziemlich gründlich gebrochen sein, so heftig, wie das Blut herausspritzte.
Ich staubte mir die Hände ab, grinste zu ihm hinunter und schlenderte zur Tür, aber bevor ich hindurch war, hatte er es geschafft aufzustehen. Er

schleppte sich hinter mir her ins Haus zu dem Spiegel, der im Flur an der Wand hing, und blieb davor stehen, um den Schaden abzuschätzen. Was er sah, jagte ihm offensichtlich einen Schrecken ein. Er hob die Hände und tastete vorsichtig über sein Gesicht.

»Du verfluchtes Schwein!« schrie er. »Du hast mich entstellt!« Er feuerte eine Salve häßlicher Flüche gegen mich ab, aber ich lachte ihn nur aus.

»Dein Pech, Casanova. Jetzt wird dir die Anmache bei den Frauen ein bißchen schwerer fallen, wie?«

Ich ließ ihn stehen und war auf halbem Weg zum Clubraum, als ich draußen einen Lieferwagen vorfahren hörte. Erst dann erinnerte ich mich wieder an die Polizeifalle. Die Ducaine kam zu uns raus, beäugte Lorimer, und sie flüsterten miteinander, aber er wendete den Blick nicht von mir. Er sah aus, als würde er im nächsten Augenblick durchdrehen. Die Ducaine plierte zu mir rüber, schüttelte den Kopf und grinste amüsiert, als hätte ich mir einen Lausbubenstreich geleistet. Dann ging sie hinaus, und Lorimer zottelte hinterher.

Ich blieb unschlüssig im Flur stehen, aber als auch der narbige Barmann an mir vorbei hinausging, stellte ich mich in die Tür, um den Ausgang zu blockieren.

Gleich darauf bog ein Wagen in das breite Ende der Gasse ein, und ich hörte Rileys Stimme. Er bellte einen Befehl, alles solle stehen bleiben und sich ruhig verhalten.

Ein Mann, der gerade dabei war, einen Sack vom Wäschewagen zu hieven, stieß einen Fluch aus und griff in seine Jackentasche, aber ich zog meine Fünfundvierziger und blies ihn um, bevor er seine Knarre draußen hatte. Danach ging ein Höllenspektakel los, und alles kam in Bewegung, auch Lorimer. Ich sah aus dem Augenwinkel, wie er losspurtete, auf den engeren Ausgang der Gasse zu, und rannte ihm nach. Er hatte das Ende fast erreicht, als er über die Straße stolperte und in einer Lücke zwischen zwei Häusern verschwand. Ich legte einen Zahn zu und hatte ihn beinahe eingeholt, aber dann verlor ich ihn in der nächsten Gasse, die hinter den Gebäuden entlanglief.

Es war sehr dunkel in dieser Gasse. Ich blieb stehen, versuchte, mich auf die Lage der Straßen hinter dem Club zu besinnen, und lauschte. Plötzlich hörte ich seinen Schritt. Er war links um die Ecke gebogen. Ich tauchte in die Dunkelheit ein, rannte um einen Stapel Kisten herum und sah gerade noch rechtzeitig, wie er sich ein Stück weiter vorn durch die Hintertür eines dreistöckigen Hauses schob.

Ich erinnerte mich von einem Erkundungsgang her an dieses Haus. Es hatte alt und baufällig ausgesehen. Das Erdgeschoß war ein Laden, und die beiden oberen Stockwerke schienen leer zu stehen. Vielleicht wurden sie als Lagerräume benutzt.

Ich wetzte zu der Tür, öffnete sie behutsam und blickte in einen langen, engen Gang, der zu beiden Seiten mit Kisten und Kartons vollgestellt war.

Als einzige Beleuchtung brannte über meinem Kopf ein mit »Notausgang« beschriftetes rotes Neonkästchen, und ich hatte das Gefühl, geradewegs in die dunkle Mündung einer Pistole zu blicken. Ich trat geräuschlos ein und horchte. Irgendwo über mir hasteten Laufschritte. Ich schlich den Gang entlang, auf eine Treppe zu, an schmutziggrauen Wänden vorbei, die die muffigen Ausdünstungen unzähliger Dinge und Menschen in die stickige Luft verströmten.

Ich stieg leise die Treppe hinauf, setzte vorsichtig einen Fuß vor den anderen. Lorimers unsicheres Tappen war nun deutlich auf der Treppe zum dritten Stock zu hören. Das hieß, daß ich mich nicht mehr zu beeilen brauchte.

Seine Flucht in die oberen Stockwerke war ein Fehler gewesen, das würde er vermutlich bald selber einsehen. Von dort führte außer der Treppe nur eine Feuerleiter nach draußen. Er saß fest wie ein Waschbär, der sich vor einem Hund auf einen Baum gerettet hat - aber selbst Waschbären werden aggressiv, wenn sie in der Falle sitzen.

Ich stieg weiter in den dritten Stock und spähte vom obersten Treppenabsatz vorsichtig einen weiteren langen Korridor hinunter. Lorimer stand am anderen Ende und rüttelte an der Tür zur Feuerleiter, aber sie klemmte und gab nicht nach.

Ich rief ihn an. »Lorimer!«

Er warf sich in der dunklen Ecke neben der Tür zu Boden, stöhnte auf und fragte: »Bist du das, MacLeod?«

Ich antwortete nicht.

»Du heißt MacLeod, oder? Du mußt Roses Bruder sein.«

»Steh auf, Lorimer. Du redest zuviel.«

»Ich wußte ja, daß was nicht stimmte mit dir. Dein Gesicht kam mir gleich bekannt vor. Aber wer du bist, ist mir erst jetzt aufgegangen.«

»Los jetzt, Hände hinter den Kopf und aufstehen!«

Aber er redete weiter. »Deine Schwester hat mir nichts eingebracht, gar nichts. Es war eine einzige Talfahrt mit ihr. Als ich Lucille kennenlernte, dachte ich, ich würde wieder hochkommen, aber denkste, es blieb alles beim alten. Ich war schon zu weit den Bach runter, und alles bloß wegen deiner Schwester.«

Ich hörte, wie er in seiner Ecke rumorte, und brachte meine Automatic in Anschlag. Die Bodenbretter knackten, dann fing er wieder an, diesmal abgebrochen und winselnd:

»Sie ist mitgekommen, weil sie es wollte, nicht ich. Als ob ich sie dazu gezwungen hätte! Außerdem war sie alt genug, um zu wissen, wo's mit mir langging. Ich hab ihr gesagt, sie solle nach Hause fahren - aber nein, sie hat sich immer fester an mich gekrallt und die ganze Zeit bloß gemeckert und gebettelt.«

Aus seiner Ecke kam ein neues Geräusch, eins, das ich kannte. Es war das Klicken eines Sicherungsflügels. Lorimer hatte eine Kanone. Ich warf

mich der Länge nach auf den Boden, und im selben Augenblick feuerte er. Eine Kugel klatschte über mir in die Wand, und es rieselte Mörtel und Holzsplitter. Gleich danach knallte es noch einmal.
Aber nun wußte ich, wo er war. Ich zielte in die Richtung, aus der es geblitzt hatte, drückte dreimal ab und hörte ihn durch den Lärm meiner Schüsse hindurch aufschreien und auf den Brettern aufschlagen. Dann wurde es still, und ich sah ihn. Er wälzte sich unter dem dichten Qualm auf dem Boden, und sein Atem rasselte, daß ich ihn an meinem Ende des Ganges hören konnte.
Aber er hatte immer noch was zu sagen, auch wenn er nur noch röchelte.
»Laß mich in Ruhe, MacLeod. Ich rühre im Leben keine Frau mehr an.«
»Das weiß ich, Lorimer. So sicher wie sonst nichts auf der Welt.«
»Hab ich das verdient? Ich hab bloß zu Rose Ann runtergelächelt, und sie hat mich angestrahlt, und …«
»Und du hast sie in den Tod getrieben. Hatte sie das verdient?«
Er antwortete nicht. Ich wartete eine Weile auf eine Bewegung von ihm, aber dann ging mir auf, daß in dem langen dreckigen Flur nur noch mein eigener Atem zu hören war. Ich schob die Fünfundvierziger in meinen Gürtel zurück, drehte mich langsam zur Treppe um und stieg hinunter.
Auf halbem Wege schnaufte mir Riley entgegen.
»Ich wollte ihn bei Ihnen abliefern«, sagte ich und deutete nach oben. »Aber er hatte eine Pistole.«
Riley stapfte weiter, und ich machte noch einmal kehrt und folgte.
In Lorimers Ecke zog er seine Funzel aus der Tasche und leuchtete ihn ab. »Ja, sicher wollten Sie das«, sagte er. »Am besten, Sie kommen gleich mit zum Chef und geben die Geschichte zu Protokoll.«

An einem Wintertag

William Link und Richard Levinson

Es hatte am Morgen zu schneien begonnen, und schon am frühen Nachmittag waren die Berge rundherum nicht mehr blau, sondern weiß.
Karl saß an dem großen, bauchigen Ofen in seinem Dienstzimmer und blickte aus dem Fenster. Er war müde und spürte den Witterungsumschlag in allen Gelenken. Man sollte den Winter verschlafen, dachte er. Bis zum Frühling. Man müßte einschlafen können wie ein Bär und erst aufwachen, wenn die Forellen springen und die Wälder wieder warm sind.
Er tröstete sich mit dem Gedanken, daß es nur noch eine Frage der Zeit war. In ein paar Wochen würde er in den Ruhestand treten, eine kleine Monatsrente beziehen und den ganzen Tag Zeit haben, sich draußen in der Sonne zu entspannen, zu angeln und zu lesen.
Al, der neue stellvertretende Sheriff, hatte es sich mit den Füßen auf dem Ofen bequem gemacht. »Hab ich Ihnen meinen Kleinen schon gezeigt?« fragte er und reichte Karl ein Farbfoto. »Das hat meine Frau aufgenommen.«
Karl blickte in ein rundes Kindergesicht. »Niedlich.«
»Das nächste ist schon unterwegs«, fuhr Al fort und nahm das Foto zurück. »Aber diesmal schaffen wir uns eine Filmkamera an und drehen jeden Monat einen Streifen. Als Protokoll seiner Entwicklung, sozusagen.«
Karl lächelte. Ganz schön vernarrt in seinen Sproß, der gute Al, dachte er. Feine Sache, Kinder zu haben. Eine runde, lohnende Aufgabe. Er lehnte sich in seinem Stuhl zurück. Der Nachmittag würde auszuhalten sein. Vielleicht könnte ich Al nach Kaffee schicken, überlegte er. Das heißt, wenn der alte Wyco nicht dichtgemacht hat, bei diesem Schnee.
»Ist es immer so ruhig hier?« wollte Al wissen.
»Wenn es schneit, schon. Dann hat niemand Lust, Rabatz zu machen. Bei diesem Wetter hockt alles in der Wohnstube und ödet sich an.« Er reckte die Schultern und gähnte. »Würden Sie die Nase kurz zur Tür rausstrecken und uns einen Kaffee holen?«
»Ja, könnte ich eigentlich.« Al war gerade aufgestanden, als das Telefon klingelte. »Ob das meine Frau ist?« fragte er.
Karl nahm ab. Es war ein Ferngespräch aus Denver.
»Ja?«
»Sind Sie es, Karl? Hier Ed Gruen.«
»Ja, was gibt's, Ed?«
Al blieb in der Tür stehen, drehte sich um und kam langsam, unschlüssig zurück.

»Bobby Lee ist letzte Nacht ausgebrochen. Hat sich in eure Richtung abgesetzt.«
»Teufel auch! Allein?«
»Mhm. Er ist nach Larkspur oder Kalen unterwegs. Hat Freunde in der Gegend. Der Mann ist verwundet. Wir haben ihn mit einem Streifschuß an der Hüfte erwischt.«
Karl beugte sich vor. Er hatte ein ungutes Gefühl im Magen. »Was für einen Wagen fährt er?«
»Eine Dodge-Limousine. Einfarbig grau. Baujahr achtundvierzig. Gestohlen natürlich. Hören Sie, Karl, haben Sie dort unten ein paar Leute zur Hilfe?«
Karl blickte hinaus in die weißen leeren Straßen. »Bei uns schneit's«, sagte er.
»Ich weiß. Der Schnee hat die Staatspolizei aufgehalten. Aber wir werden versuchen, Ihnen bis heute Abend Verstärkung zu schicken.« Die sachlich kühle Stimme brach ab. »Übrigens: Lee ist bewaffnet. Hat einen Fünfundvierziger im Gepäck.«
»Wer ist da?« fragte Al.
»In Ordnung, Ed«, sagte Karl. »Ich werde sehen, was sich machen läßt. Danke für den Anruf.« Es klickte in der Leitung, dann kam nur noch das Surren des Amtszeichens.
Al beugte sich über den Schreibtisch. »Also?«
Es war sehr warm am großen, glühenden Ofen. Karl hätte am liebsten die Schuhe ausgezogen und sich die Füße auf der Klappe gewärmt. Das und eine schöne Tasse Kaffee dazu. Das wäre jetzt das einzig Wahre.
»Was ist los?« drängte Al. »Wer war das?«
»Das Gefängnis in Denver. Ein Kerl names Bobby Lee ist getürmt und wahrscheinlich hierher unterwegs.« Was sage ich da, dachte er. Warum erzähle ich ihm das? Ich hätte es für mich behalten sollen, dann hätten wir den ganzen Nachmittag gemütlich am Ofen verbringen können.
»Tatsächlich?« sagte Al gespannt.
Karl sah ihn nachdenklich an. Ein gutaussehender Junge, stellte er bei sich fest. Starke, gesunde Zähne, strohblondes Haar. Seine Frau vergöttert ihn bestimmt. Verstehe nur nicht, warum sie ihm erlaubt, in diesen Beruf einzusteigen. Al gehörte auf eine Farm, wo er sich ausarbeiten konnte. Oder als Packer in einen F!eischversand. Aber das hatte ihm wohl nicht genügt. Dieser Anruf eben, das war es, was er suchte - wie er sich seinen Dienst als Arm des Gesetzes vorstellte. Ein Abenteuer mit Glanz und Gloria im Stil der Fernsehfilme.
»Wieviel?« fragte Al.
Karl blickte auf. »Wieviel was?«
»Munition.« Al stand vor der Waffenkammer und war dabei, das Vorhängeschloß zu öffnen.
Karl sah sich selbst vor dreißig Jahren. Damals hatte auch er manchmal

vor der Kammertür gestanden und die Finger nicht rasch genug an die Waffen bekommen können. Aber der alte Ben hatte die Ruhe weggehabt. Hatte ihn jedesmal ausgelacht. Ben hatte wohl auch davon geträumt, sich die Socken am Ofen zu versengen, und gewünscht, es wäre Frühling und Forellenzeit. Karl wurde sich bewußt, daß er kaum je wirklich gefährliche Situationen hatte meistern müssen. Trunkenheit und Wilderei - das war so ziemlich alles gewesen. Ausbrecher aus dem Staatsgefängnis zurückzubringen, Kerle mit fünfundvierziger Colts in der Tasche, hatte nicht zu seinem täglichen Trott gehört. »Nehmen Sie zwei Pistolen«, sagte er. »Und den Karabiner.« Er wußte, daß Al den mitnehmen wollte. »Und 'ne ordentliche Runde Munition.«

Al verschwand in der Kammer und kam mit vollen Armen wieder heraus. Wozu das, dachte Karl. Warum müssen wir los? Mochte Bobby Lee in seinem alten Dodge doch durch die Hügel rund um die Berge kurven. Was konnte er an einem verschneiten Nachmittag schon anstellen? Besonders heute, wo noch ein Schneesturm in der Luft lag. Bei diesem Wetter verkroch sich alles ins Haus. Nur die Gören waren draußen, und was sollte Bobby Lee wohl von Schulkindern wollen?

»Soll ich die Dinger laden?« fragte Al.

Karl stand langsam auf. »Ja, tun Sie das.«

»Wo wollen Sie hin?«

»Raus, den Wagen überprüfen.« Karl zog seinen schweren Tuchmantel an und bückte sich nach den Stiefeln.

»Der Wagen ist in Ordnung. Sprang heute früh mühelos an.«

»Bei dieser Batterie kann man nie wissen. Ich sehe besser nach.«

Karl stieg die Treppe zur Straße hinunter. Er würde die Batterie in bester Ordnung vorfinden, das wußte er. Man konnte die alte Kiste eine Woche lang bei zehn Grad unter Null draußen stehenlassen, und der Motor würde trotzdem beim ersten Versuch starten. Nein, an der Batterie war nichts auszusetzen. Karl trat hinaus in den schneidenden Wind. Aber das Nachprüfen der Batterie würde ein paar Minuten in Anspruch nehmen, Zeit vergeuden, während Bobby Lee durch die Stadt preschte oder sie vielleicht sogar auf der Umgehungsstraße links liegen ließ.

Er bog um die Ecke in den überdachten Durchgang und schob sich auf den Vordersitz des alten Tourenwagens. Eine ganze Weile saß er reglos auf dem zerfetzten Polster und starrte sein Spiegelbild in der Windschutzscheibe an. Das graue Haar allein sagte nichts über sein Alter aus. Es war die Haut, die schlaffen Runzeln unter dem Kinn, die es verrieten. Aber derlei Äußerlichkeiten waren Karl unwichtig. Was zählte, war der Verfall seiner Persönlichkeit, den das Alter mit sich gebracht hatte. Es hatte ihn ängstlich gemacht und bange vor einsamen, harten Kerlen. Bald bin ich im Ruhestand, dachte er plötzlich. Nur noch drei Wochen.

Er hob den Blick und sah das Paar winziger weißer Babyschuhe, das an einem Band vom Rückspiegel baumelte. Verdammt noch mal, dachte er.

Man erlaubt diesem Al gleich anfangs, den Wagen zu benutzen, und fünf Minuten später tut er schon so, als wäre es seiner. Wenn ich bloß allein wäre mit dieser Geschichte. Wenn ich wenigstens *ihn* nicht auf dem Hals hätte mit seinen Fragen über Munition und all den anderen Kram.
Er starrte hinunter auf den Zündschlüssel. Al hatte ihn am Vormittag steckenlassen. Karl zog ihn ab und wog ihn in der Hand. Er brauchte nur das Fenster zu öffnen und den Schlüssel hinauszuwerfen, weit weg in eine Schneewehe. Den Ersatzschlüssel verwahrte er zu Hause auf, und ganz bis zu ihm hinaus würde sie heute niemand fahren. Sie würden ihrer Wut über die Verantwortungslosigkeit eines Unbekannten mit lauten Flüchen Luft machen und den Rest des Tages oben im Dienstzimmer verbringen. Am Ofen. Bei einer Tasse Kaffee vielleicht.
Als Stimme weckte ihn aus seinen Grübeleien. »Karl!«
Karl blickte sich um. Al hatte das Gesicht gegen das Seitenfenster gedrückt, und die Scheibe war von dem Atem aus seinem offenen Mund beschlagen.
»Mrs. Hunter an der Straße nach Lakeridge hat gerade angerufen. Ich glaube, sie hat den Kerl gesehen.«
»Was für ein Wagen?«
»Graue Dodge-Limousine. Wir müssen uns beeilen.«
Karl rückte auf dem Vordersitz zur Seite. »Ja«, sagte er. »Holen Sie das Zeug von oben.«
Er steckte den Schlüssel in die Zündung.
Sie fuhren durch das Einkaufszentrum, ein froststarres Gewirr eng aneinandergedrückter Läden und niedriger Häuser. Auf einigen abschüssigen Straßen fuhren Kinder Schlitten. Sie flitzten gefährlich nahe an die schlingernden Räder heran, bevor sie in scharfer Kurve auswichen. »Verrückte Gören«, sagte Al. Karl sagte nichts.
Sie fuhren langsam durch die Vorstadtstraßen, an weißen Feldern und dem Fluß vorbei, der sich wie ein langes silbernes Band zu den Bergen erstreckte. Auf der Straße zum städtischen Krankenhaus versuchte ein alter Schneepflug, die Fahrbahn freizulegen. Die Spitze eines Telegraphenmastes war abgebrochen und schaukelte in den durchhängenden Drähten.
»Sie fahren aber verdammt langsam«, bemerkte Al.
»Ich weiß. Bei diesem Wetter wäre es leichtsinnig, irgend etwas zu riskieren.«
»Sicher. Aber ein klein wenig schneller ginge es trotzdem, oder?«
»Wenn wir schlau wären, hätten wir uns überhaupt nicht auf diese Fahrt eingelassen.«
Al musterte ihn verdutzt. »Wer soll den Burschen denn sonst schnappen?«
Karl grunzte. Die Räder rutschten und griffen dann wieder auf einem hartgefrorenen Anstieg.

»Das ist vielleicht ein Schneckentempo«, nörgelte Al erneut. »Die Frau sagte, wir sollten uns beeilen.«
»Mann Gottes!« bellte Karl zurück. »Soll ich einen Unfall bauen?« Er haßte es, bei Schnee zu fahren. Jede Sekunde erforderte scharfe Konzentration. Man konnte von einem Augenblick zum anderen über die Böschung schlittern. »Sollen wir uns vielleicht beide den Hals brechen?«
Al verstummte für kurze Zeit, dann fragte er: »Ist der Kerl ein Mörder?«
»Ja.«
»Und wen hat er abgeräumt?«
Karl fummelte an der Heizung herum. »Ted Wagners Sohn und Schwiegertochter. Bei einem Einbruchsversuch in ihre Farm. Hat sie alle beide umgebracht. Unter anderen.«
Al befühlte den Lauf des Karabiners. »Es ist also hier in der Stadt passiert?« fragte er.
»Zwei Meilen hinter dem Freilichtkino.«
Al blieb einige Minuten lang still, dann sagte er unvermittelt: »Sie haben im Dienst bestimmt 'ne Menge Verbrecher umgelegt, oder?«
»Ich habe nie einen Menschen getötet«, entgegnete Karl und fügte in Gedanken hinzu: Wenn es nach dir ginge, müßte ich jetzt den Helden markieren, aber ich denke nicht daran.
»Wie sich das wohl anfühlt?« überlegte Al laut. »Ich meine, wie das wohl ist, wenn man einen Menschen tötet?«
»Halten Sie den Rand! Über solche Dinge redet man nicht.« Karls um das Steuer gekrampfte Hände hatten zu zittern begonnen. Vor Kälte, versuchte er sich einzureden.
»Tut mir leid«, sagte Al. »Ich verstehe, was Sie meinen.«
»Schon gut«, brummte Karl. Sein Kopf fühlte sich heiß an. Ich brüte eine Erkältung aus, dachte er. Das hat mir jetzt noch gefehlt. Ich hätte im Dienstzimmer bleiben sollen. Bei diesem Wetter kann eine Angina und dann eine Lungenentzündung daraus werden. Und was, wenn sie wirklich im Wagen verunglückten? Würde das der Stadt auch nur das geringste ausmachen?
»Da wohnt sie«, sagte Al und deutete auf ein großes Haus etwas abseits der Straße. »Gleich dort drüben.«
Was würde es die Stadt scheren, wenn wir umkämen? Diese Frage hatte Karl sich noch nie gestellt.
»He! Langsam jetzt! Wir sind fast da.«
Karl bog in die schmale Einfahrt ein. Eine Frau stand auf der Veranda und winkte ihnen zu.
»Am besten, wir fahren bis zur Treppe«, meinte Al. »Wenn sie über den Hof muß, kriegt sie nasse Füße.«
»Soll sie ruhig laufen«, gab Karl zurück. »Sie sieht mir nicht gerade gebrechlich aus, oder?«
Al öffnete den Schlag. »Was ist bloß heute mit Ihnen?«

»Nichts. Fühle mich nur miserabel. Mir ist schlecht.« Geh ein bißchen fürsorglicher mit mir um, dachte er. Hab Mitleid mit einem alten Mann. Wenn es soweit ist, wirst du mir helfen müssen, meine Pistole auf Bobby Lee zu richten.
Die Frau schlurfte durch den Schnee zum Wagen, eine große hagere Person in langem Ledermantel mit einem Schal um den Kopf. »Sheriff?«
»Haben Sie uns angerufen?«
»Ja.« Der Wind zerrte an ihrem Schal. »Ich sah, wie er auf der Straße stehenblieb. Da drüben hinter den Bäumen. Er muß den Motor abgewürgt haben. Ich hörte die Radiodurchsage über ihn.«
»In welche Richtung ist er weitergefahren?«
»Er bog in den Wald ab. Ein Stück weiter drinnen sind ein paar Blockhütten. Noch von dem Pine Motel, das früher dort stand.«
»Das weiß ich selbst«, sagte Karl ungeduldig. »Ist das alles, was Sie uns erzählen können?«
Die Frau sah ihn verwirrt an und runzelte die Stirn.
»Wieso? Ich hörte im Rundfunk, falls er irgendwo auftaucht, sollten wir ...«
»Ja doch!« herrschte Karl sie an. »Sie haben uns berichtet, wo er hingefahren ist, aber schnappen dürfen wir ihn allein, wie? Feine Einstellung, so was!«
»Wie meinen Sie das?« fragte die Frau. »Das ist doch Ihr Beruf. Dafür werden Sie bezahlt, oder?«
»Und wenn es damit nicht getan ist? Angenommen, wir haben keine Lust?«
Die Frau öffnete den Mund und blickte ratlos zu Al hinüber.
»Was ist bloß mit Ihnen?« fragte Al und wandte sich an die Frau. »Er fühlt sich nicht gut heute. Wo ist Ihr Mann, Madam?«
»Der arbeitet bei der Eisenbahn. Vor sieben oder acht kommt er nie zurück.«
»Ist sonst jemand zu Hause?«
»Nur mein Junge. Er ist vierzehn.«
»Schließen Sie sich ein, Madam, und öffnen Sie niemandem. - Wenn wir jetzt vielleicht Ihr Telefon benutzen dürften ...«
Karl lachte auf. »Wozu das? Wollen Sie etwa Hilfe holen?«
»Sicher. Wir wissen jetzt, daß er hier in den Wäldern steckt, also ...«
»Wen wollen Sie denn ranholen? Sie bilden sich doch nicht etwa ein, daß auch nur ein einziger kommen würde, wie? Nein, mein Junge. Dies ist unsere ganz persönliche Show.« Karl empfand Genugtuung, daß er Al über diesen Punkt aufgeklärt hatte. Offenbar kannte er sich noch nicht allzu genau in seinen Befugnissen aus.
»Sie gehen am besten wieder ins Haus, Madam«, bestimmte Al.
»Soll ich jemanden für Sie anrufen?
Al vermied es, Karl anzusehen. »Nein.«

Karl spürte, wie ihm die Kälte in den Mantel und die Handschuhe kroch, und rieb sich die starren Finger.
»Gehen Sie ins Haus«, wiederholte Al.
Die Frau trat zögernd ein paar Schritte zurück, blickte Karl noch einmal unsicher an und entfernte sich zur Veranda. Ein halbwüchsiger Junge beugte sich über das Geländer und starrte zu ihnen herüber.
»Dämlicher Bengel!« knurrte Karl halblaut.
Al packte ihn am Arm. »Was ist bloß in Sie gefahren, Karl? Sind Sie wirklich krank, oder ...«
»Was soll das nun wieder heißen?« fauchte Karl zurück. Al weiß Bescheid, dachte er. Auch gut. Dann darf er den Helden spielen. Ich bleibe im Wagen, und er kann draußen unter den Bäumen seinen Mut beweisen. Nur schade, daß seine Frau ihn nicht sehen und Beifall klatschen kann. »Sie haben einfach noch keine Erfahrung mit Leuten wie Bobby Lee«, sagte er.
»Sie etwa?« fragte Al.
Nein, dachte Karl. Ich auch nicht. »Verdammt noch mal!« fuhr er auf. »Ich bin Jäger. Das kommt auf das gleiche heraus. Beim Anpirschen ist Vorsicht das oberste Gebot.«
»Dann mal los«, sagte Al. »Gehen wir.«
»Wohin?«
Al wurde rot. »Lee aufspüren.«
Er ist verrückt, dachte Karl. Vollkommen verrückt. Scheint zu glauben, er könne mit seinem Karabiner geradewegs in den Wald spazierengehen. Macht sich nicht klar, daß Lee auf der Lauer liegt und nur darauf wartet, uns abzuknallen. Zwei Männer ohne Deckung unter den kahlen Bäumen. Etwas Besseres könnte er sich gar nicht wünschen.
»Gehen wir«, wiederholte Al bestimmt.
Bei den Wagners hatte Lee seine Opfer im Dunkeln aufstöbern müssen, überlegte Karl. Mit ihm und Al würde er es sehr viel leichter haben.
»Al!« sagte er abrupt. »Dies ist die Straße nach Lakeridge, oder?«
Al musterte ihn befremdet. »Ja, und?«
Karls Stimme überschlug sich beinahe. »Hier kriegen wir Hilfe! Ganz in der Nähe wohnt jemand, der uns hilft!«
»Wer denn?«
»Ted Wagner. Er ist Jäger. Einer der besten, die ich kenne. Und Lee hat seinen Sohn auf dem Gewissen.«
»Glauben Sie, er kommt mit?«
»Und ob er mitkommt! Verlassen Sie sich darauf.« Er unterließ es, Al zu erzählen, welche Rolle Ted bei jener ersten Jagd auf Lee gespielt hatte. Er hatte den Suchtrupp mit Laternen, Decken, Verpflegung und Pferden ausgerüstet und sie alle wie Könige behandelt, als sie die Wälder um Cooper herum nach Lee durchkämmten. Karl sah ihn vor sich, wie er in jener Nacht ausgesehen hatte, sah noch die haßglühenden Augen in dem lan-

gen, hageren Gesicht. Aber in den frühen Morgenstunden hatte Lee sich freiwillig gestellt, und Wagner hatte die Gelegenheit verpaßt, seine feine englische Jagdflinte zu benutzen.
»Ich gehe rasch rüber«, sagte er zu Al.
»Wohin?«
»Zu den Wagners. Das Haus ist nur eine halbe Meile die Straße runter. Wir brauchen Ted.«
Al hob den Kopf und blinzelte in das Schneetreiben. »Wenn Sie nicht auf dem Damm sind, sollte ich vielleicht ...«
»Nein. Sie bleiben hier beim Wagen. Ich bin gleich wieder zurück und bringe ihn mit. Er wird sich die Finger danach lecken.
»Die Finger ...«
Karl klopfte ihm auf die Schulter. »Also, Sie bleiben schön hier. Zwanzig Minuten nur, länger brauche ich nicht.« Er stapfte auf die Straße hinaus. Al rief ihm irgend etwas nach - im Weggehen hörte er seine Stimme durch den Wind -, aber Karl drehte sich nicht um.
Er kam nur mühsam vorwärts. Manche Schneewehen reichten ihm bis zu den Hüften. Die Kälte legte sich um seine Waden und leckte ihm naß die Knöchel hinunter in die Stiefel. Er sah nur grauen Himmel vor sich, starre Bäume und Schnee. Ich hole mir eine Lungenentzündung, dachte er. Aber selbst das war besser als eine Kugel von Bobby Lee. Alles war besser als das.
Plötzlich mußte er an seine Frau denken, die tief und geborgen unter einem alten Feldstein in Cooper auf dem Friedhof ruhte. Was würde *sie* jetzt sagen? Sei kein Narr, Karl, würde sie sagen. Du bist fast sechzig, Höchste Zeit, daß du aufhörst. Du stehst kurz vor der Pensionierung und hast ihnen immerhin dreißig Jahre deines Lebens gegeben. Mehr können sie nicht von dir verlangen, sag ihnen das. Sag ihnen, sie sollen Al die Führung übergeben. Wenn du gut für dich sorgst und auf deine Gesundheit achtest, hast du vielleicht noch zehn Jahre zum Jagen und Angeln vor dir.
Aber wie er sie kannte, wäre das nicht alles, was sie sagen würde. Bring diese Geschichte noch zu Ende, würde sie sagen. Diese eine Sache noch. - Und gerade das konnte er nicht.
Das Anwesen der Wagners tauchte plötzlich neben der Straße auf, eher, als er erwartet hatte. Er stolperte quer über den großen Rasen vor dem Haus, vorbei an hohen Hecken und Rabatten voll teurer Ziersträucher. Dicke Säulen umgaben die breite Veranda. Karl schlug mit der Faust an die Tür und wartete fröstelnd.
Ein Diener öffnete und blickte an ihm hinunter. »Ist Mr. Wagner zu Hause?« stammelte Karl.
»Ja, Sir, aber ...
»Wer ist da, Arthur?«
Ein Mann näherte sich langsam durch das Halbdunkel der Eingangshalle,

und Karl erkannte die straffe, schlanke Gestalt und das gebräunte Gesicht. Schon der Anblick dieses Mannes erleichterte ihn.
Wagner musterte ihn. »Sie waren mit dabei, nicht wahr? Damals, als wir …«
»Lee suchten«, ergänzte Karl und versuchte zu lächeln. Es fühlte sich an, als platze ihm die Haut im ganzen Gesicht. »Sie haben ein gutes Gedächtnis, Sir.«
»Was tun Sie hier draußen bei diesem Wetter?«
»Lee ist aus dem Gefängnis ausgebrochen, und wir sind ziemlich sicher, daß er in einem Waldstück ganz in der Nähe in Deckung gegangen ist. Er hat eine Schußverletzung.«
Wagner schob die Hände tastend in die Taschen seines Morgenrocks. »Ach, tatsächlich? Ist er schwer verwundet?«
»Ich weiß nicht. Ich glaube nicht. Er ist bewaffnet. Hat einen Fünfundvierziger mitgenommen.«
Heftiger Schüttelfrost packte seinen Körper und hielt so lange an, daß er sich mit der Rechten gegen die Wand stützen mußte. Wagner blickte ihn wortlos an.
»Mr. Wagner«, begann Karl verlegen. »Ich wollte fragen, ob …«
»Ja?«
Karls Gedanken setzten aus. Es war, als sei mit seinem Körper auch sein Geist vor Kälte erstarrt. Er versuchte, seine Frage stotternd über die Lippen zu bekommen, brachte aber keinen Ton heraus. Wagners Gesicht wurde deutlicher, schien sich dem seinen zu nähern.
»Wollen Sie mich bitten, Sie zu begleiten?«
»Ja.«
Wagner runzelte die Stirn. »Das ist völlig ausgeschlossen. Nein. Das geht wirklich nicht. Tut mir leid.«
Karl traute seinen Ohren nicht. »Aber … damals …«
»Das war etwas anderes. Damals war ich aufgebracht. Ich war außer mir vor Zorn. Redete mir wohl auch ein, ich sei verpflichtet, bei der Fahndung zu helfen. Aber jetzt? Nein, jetzt nicht mehr.«
»Es war Ihr Sohn, den er ermordet hat«, sagte Karl und spürte Wut in sich aufsteigen.
»Das weiß ich. Aber es ist nicht meine Aufgabe, den Mann festzunehmen, das sollte Ihnen doch klar sein.
Es ist einzig und allein Angelegenheit der vom Staat beauftragten Sicherheitsbeamten und war es auch damals schon. Nachträglich bin ich froh, daß er sich der Polizei stellte, bevor …«
»Ist Ihnen diese Sache denn gleichgültig?« fragte Karl. Er war wie vor den Kopf geschlagen. Sein Blick glitt an Wagner vorbei durch die breite, gewölbte Halle in ein großes, freundliches Zimmer. Eine ältere Dame und ein junges Mädchen saßen an einem Backsteinkamin, in dem ein helles Feuer flackerte.

»Natürlich nicht«, entgegnete Wagner. »Aber dies ist nun einmal nicht meine Aufgabe, sondern Ihre.«
»Meine?« wiederholte Karl. Ja, sicher, dachte er. Meine Aufgabe. Eine Pflicht, die er mir überläßt, damit er es sich wieder im warmen Wohnzimmer bei seiner Familie gemütlich machen kann. »Sie kommen also nicht mit?«
»Nein. Tut mir leid.«
Plötzlich war es Karl gleich, was er sagte. »Was ist es denn nun wirklich?« fragte er. »Haben Sie Angst?«
Wagner antwortete nicht gleich. Dann lächelte er kalt und sagte: »Und Sie?«
Karl würgte an seiner Wut. Er riß die Tür auf und trat mit krachenden Schritten hinaus auf die Veranda.
»Augenblick«, rief Wagner ihm nach. »Möchten Sie einen Drink oder sonst eine Erfrischung?«
Karl war bereits im Vorgarten. »Nein, nichts! Gar nichts!« Seine Stimme war schrill. Er pflügte durch den Schnee zur Straße und stemmte die Schultern gegen den Wind. Wen kümmert es schon, ob ich hinter Lee herlaufe oder nicht, fragte er sich. Der Frau, die uns anrief, ist es egal. Wagner und seiner Familie ist es egal. Der ganzen Stadt ist es egal. Nur Al ist scharf darauf. Hält es für seine Pflicht. Al, der zu oft ins Kino geht und zuviel vor dem Fernseher sitzt.
Die Anfälle von Schüttelfrost kamen wieder, aber Karl fühlte sich besser als vorher. Er hatte die Situation überdacht und seine Entscheidung getroffen, die einzig richtige Entscheidung. Dreißig Jahre lang war er in den Wäldern herumgestreift, hatte Wilddiebe gefangen, Betrunkene aus den Kneipen geholt, im alten Gefängnisgebäude Missetäter vernommen. Aber mit alledem war es von nun an vorbei. Er mußte die Kraft, die ihm blieb, für den Frühling aufsparen, für die Forellenbäche und seine kleine Jagdhütte nicht weit von Larkspur. Mochte Al sagen, was er wollte. Mochte er ihn einen Feigling nennen. Als Meinung zählt nicht mehr. Er würde zum Wagen zurückgehen und nach Hause fahren. Und wenn Al dort bleiben und im Wald nach Bobby Lee herumspüren wollte, dann bitte. Ihm sollte es recht sein.
Ein Stück weiter vorn kam der Wagen in Sicht. Karl war nahe daran, sich mit Lachen und Brüllen Luft zu machen. Er war frei, und Al konnte sich samt seiner Meinung über ihn zum Teufel scheren.
Karl kämpfte sich durch den Wind an den Wagen heran, zog den Kopf ein, öffnete den Schlag und begann, während er sich auf seinen Sitz schob: »Al, ich ...« Aber Al war nicht da. Der schäbige alte Wagen war leer. Auch der Karabiner war verschwunden.
»Du Blödhammel!« entfuhr es ihm. Nun bemerkte er auch die Spur, die vom Wagen über das Feld in den im Schneetreiben verschwindenden Wald führte. Mein Gott, dieser Idiot! Und ganz allein!

Karl begann etwas zu spüren, das er nicht wahrhaben wollte. Etwas, das er abzuwehren versuchte. Es war eine ärgerliche Regung seines alten Verantwortungsgefühls. Viel war nicht davon übriggeblieben, und das Wenige, das ihn in diesem Augenblick peinigte, galt nicht der Stadt. Es galt einem grünen Jungen mit einem Schnappschuß in der Tasche und einer schwangeren Frau zu Hause.

Er ergriff eine der beiden Pistolen und zwängte sich aus dem Wagen hinaus in den Schnee. Die Spur führte geradewegs zu den hohen, schneebeladenen Bäumen. Er erkannte nichts als weiße Dunkelheit und Stämme zu beiden Seiten, durch die der Wind wie durch einen Tunnel fegte. Er nahm seinen roten Schal ab und warf ihn fort. Er würde eine zu deutliche Zielscheibe abgeben.

Er schritt mit gesenkter Pistole in der Hand durch die Bäume und folgte der geraden, schon halbverschneiten Spur. Noch konnte er umkehren. Er konnte den Motor anlassen, nach Hause fahren und Ed Gruen melden, Al habe sich allein aufgemacht. Nein. Er mußte wissen, wo Al steckte, ob er Bobby Lee in die Falle gegangen war. Gebe der Himmel, daß Al ihn nicht gefunden hat, dachte Karl. Lee war jeder Situation gewachsen, wußte, wie man die eigene Spur so unauffällig zurückverfolgt, daß niemand einen Trick vermutet. Der Mann konnte Anstände bauen und so geschickt tarnen, daß nicht einmal ein Berufsjäger sie entdecken würde. Am Ende einer Lichtung ein kurzes Stück vor sich erkannte Karl eine graue Dodge-Limousine. Hier hatte Lee seinen Wagen also stehenlassen.

Er begann zu laufen. Das alte Pine Motel und der Weg, der von dort zur Hauptstraße führte, mußte irgendwo hinter dieser Lichtung liegen. Er lief weiter, bis ihm aufging, was es mit der Lichtung auf sich hatte. Sie öffnete sich zu einem großen, ebenen Platz, dem ehemaligen Parkplatz des Motels. Durch die Überreste der zehn Blockhütten am Rand heulte der Wind.

Karl warf sich zu Boden und preßte das Gesicht in den Schnee. Er spürte nichts mehr. Sein Körper hatte jedes Gefühl verloren. Nach einer Weile hob er langsam den Kopf und spähte hinaus auf den schneeverhangenen Platz. Die ihm zunächst liegende Hütte war keine zwanzig Meter entfernt, und die Spur schien in gerader Linie zu ihr hinzuführen. Er blinzelte angestrengt und glaubte, in der ihm schräg zugekehrten Vorderseite der Hütte eine Tür zu erkennen. Sie stand halb offen und hing schief in den Angeln.

Er robbte sich flach auf dem Boden voran, durch Schneewehen hindurch, langsam, Stück für Stück, bis zur Hinterwand. Dann stand er vorsichtig auf.

Ein krachender Schuß folgte. Der Knall hämmerte gegen die verfallenen Wände, die Baumstämme, schien den ganzen Himmel auszufüllen. Karl rannte bereits, bevor ihm bewußt wurde, daß der Schuß aus dem Innern der Hütte gekommen war.

Er stolperte mit der Pistole im Anschlag um die Hütte herum, polterte die Stufen zur Tür hinauf und stieß sie mit der Schulter zur Seite. Im Eingang duckte er sich, machte sich so klein er konnte. »Lee!« brüllte er. »Lee!«
Die Hütte hatte kein Dach, und der Schnee rieselte sanft auf die morschen Fußbodenbretter. In der Nähe der Tür lag ein Mann auf dem Bauch. Er trug einen grünen Jägerhut, und seine reglose Hand hielt einen fünfundvierziger Colt umklammert.
Karl richtete sich auf und blickte hinunter in das Gesicht. Es war Bobby Lee, und er war tot. Erst als Karl sich langsam umwandte, gewahrte er Al am anderen Ende des Raumes. »Al! Was ist passiert?«
Al lehnte seinen rauchenden Karabiner gegen die Wand. Sein Gesicht war blaugefroren. »Ich hab ihn hier vor etwa fünf Minuten gefunden. Er war schon tot. Muß an dem Hüftschuß verblutet sein.«
»Aber was war das eben für ein Schuß, Al? Was war das?«
Al schwieg sich aus.
»Der Schuß, Al. Was war damit?« Er trat auf den jungen Mann zu und starrte ihm ins Gesicht.
»Ich sah Sie da draußen im Schnee«, murmelte Al. »Dieser Schuß ... na ja, das war nur so ein Impuls. Ich wollte mal sehen, ob ...« Seine Stimme war immer leiser geworden und brach ab.
Karl senkte den Blick. Eine Weile sagte er nichts, spürte nur, wie die Spannung von ihm abzufallen begann.
Dies war sein letzter Einsatz gewesen. Dreißig Jahre, und nun hatte er es hinter sich. »Morgen höre ich auf«, sagte er schließlich.
»Ja, das dachte ich mir schon.«
»Es ist ein gutes Gefühl. Al, wenn man sagen kann: Morgen ist Schluß. Eines Tages werden Sie mir recht geben.«
Sie verließen die Hütte und stapften nebeneinander her zum Wagen zurück. Der Schnee fiel in immer dichteren Flocken.

Das Netz

Bill Pronzini

Das Haus lag in einem der ruhigeren Wohnviertel Wiens. Zwei Reihen kahler Buchen säumten die dunkle Straße. Die grauen, unbelaubten Äste gemahnten an Gerippe, die ein eisiger Winterwind von den letzten Fleischresten befreit hat.

Im Hof des Hauses Nummer 629 wuchs, gleich hinter der Eingangspforte, eine riesige Trauerweide. Das Haus selbst war klein, spitzgiebelig, und die vordere Fassade hatte man mit Holz verkleidet.

Carmody stieß das Tor auf und schritt den mit welkem Laub bedeckten Plattenweg entlang, der zur Haustür führte. Er hob den Klopfer und ließ ihn wieder fallen. Dann stand er wartend da, mit hochgezogenen Schultern, denn trotz seines schweren Wollmantels fröstelte er. Versonnen lauschte er dem wütenden Fauchen des Windes.

Carmody war großgewachsen, sehnig, und in seinen grünen Augen lauerte ein hungriger Ausdruck. Seine Haut erinnerte an gegerbtes Leder, und zu dem schmalen Gesicht trug er eine Mähne von angegrautem, ehemals schwarzem Haar. In der Rechten hielt er einen großen Aktenkoffer. Die Beretta steckte an ihrem üblichen Platz, in dem Gürtelhalfter an seiner linken Hüfte.

Seit knapp vier Stunden befand er sich in Wien. Er gedachte, nicht länger als bis zum nächsten Vormittag zu bleiben. Andere Geschäfte in anderen Städten warteten auf ihn. Der Ruf der Stadt, ein Ort der Intrigen und Geheimnisse zu sein, entstammte anscheinend ihrer Nähe zu Ungarn und der Tschechoslowakei, und nicht zuletzt dem Film *Der dritte Mann,* aber mit der Realität hatte das indessen wenig zu tun.

In Wahrheit präsentierte sich Wien dem Besucher als eine geschichtsträchtige Stadt voller Traditionen, malerisch, beschaulich, den Künsten gegenüber aufgeschlossen. Ein Mann vom Schlage Carmodys wäre verhungert, hätte er versucht, seine professionellen Aktivitäten auf Wien zu beschränken.

Drinnen im Haus erklangen Schritte. Die Tür ging auf, und vor Carmody stand ein Mann, der seinem Aussehen nach Skandinavier hätte sein können. Er lächelte. Bruckner hatte Anton Varndal treffend beschrieben: zurückgekämmtes blondes Haar, durchdringende blaue Augen, kräftiges Kinn mit einer Kerbe in der Mitte.

Zur Sicherheit fragte Carmody: »Heißen Sie Varndal?«

»Ja. Spreche ich mit Herrn Carmody?« Ausgezeichnetes Englisch, einwandfreie Aussprache.

»Richtig. Darf ich eintreten? Hier draußen ist es verdammt kalt.«

»Aber natürlich.«

Varndal rückte zur Seite, und Carmody betrat eine kurze Diele. Den Aktenkoffer wechselte er in die andere Hand über, dann knöpfte er sowohl seinen Mantel als auch das darunter getragene Jackett auf. Notfalls wollte er rasch an seine Beretta herankommen. Er fand, jemand in seinem Metier könne nicht vorsichtig genug sein.
Varndal schloß die Tür und führte ihn in ein Wohnzimmer. Schwere, wuchtige Möbel, auf dem Boden ein antiker Teppich.
Sich umblickend, fragte Varndal: »Haben Sie den Sender mitgebracht?«
»Ja, ich habe ihn bei mir.«
»Ich möchte ihn sehen.«
»Sie schulden mir immer noch achttausend.«
»Ich hab's nicht vergessen. Sie bekommen das Geld, sobald ich den Sender geprüft habe.«
»Na schön.«
Carmody reichte ihm den Aktenkoffer, wobei er seine Rechte in die Nähe des Gürtelhalfters rückte. Varndal hatte jedoch nur Augen für den Koffer. Er stellte ihn auf einen Tisch nahe dem Fenster, öffnete ihn und hob den Inhalt behutsam heraus.
Das Funkgerät war kompakt, tragbar und batteriebetrieben. Es war außerdem eigens dafür konzipiert, ein Signal von ultrahoher Frequenz und Stärke auszusenden, dessen Variationsbreite sich in extrem niedrigen Grenzen hielt.
Ein Funkgerät dieses Typs war nicht leicht zu bekommen; vor allen Dingen dann nicht, wenn man seinen Ursprung verwischen wollte und sein Gebrauch sich auf Gebiete erstreckte, die außerhalb der Legalität lagen.
Brauchte man ein derartiges Gerät, wandte man sich am besten an Carmody. Carmody hatte Verbindungen zu fast jedem europäischen Land und den meisten Nationen des Westblocks. Für einen entsprechenden Preis besorgte Carmody alles, was sich herstellen oder auf den verschiedensten, manchmal auch krummen Wegen ergattern ließ.
Nebenher verdingte er sich als Leibwächter. Carmody arrangierte gefahrlos Reisen von einem Land ins andere. Er vermittelte bei Geschäften, die sich außer mit Drogen und Menschenhandel, mit jeder erdenklichen Ware befaßten.
Und was vielleicht das Wichtigste war, er galt als absolut vertrauenswürdig und zuverlässig. Sein einzigartiger Ruf war sein Kapital, und er brachte ihm Aufträge in Hülle und Fülle ein.
Durch seinen Kontaktmann in Wien, Josef Bruckner, hatte Carmody den Auftrag erhalten, Anton Varndal dieses spezielle Funkgerät zu beschaffen. Liefertermin sollte spätestens der nächstfolgende Tag sein.
Carmody interessierte das nicht, für welche Zwecke Varndal den Sender brauchte. Sein einziges Interesse galt dem Preis.
Über Bruckner hatte er bestellen lassen, er verlange zehntausend. Varndal war einverstanden gewesen. Nach einer Anzahlung von zweitausend und

der Angabe der genauen Daten und Eigenschaften, die der Apparat besitzen sollte, hatte Carmody den Sender besorgt - für etwas unter zweitausend.
Sein Profit belief sich auf vierhundert Prozent - doch Bruckner bekäme seinen Anteil, und außerdem mußte er Spesen und Zeitaufwand berücksichtigen. Zehntausend war ein guter, akzeptabler Schwarzmarktpreis.
»Zufrieden, Varndal?« erkundigte sich Carmody.
»Mehr als zufrieden. Der Sender ist von erstklassiger Qualität.«
»Was hatten Sie denn erwartet?«
»Genau das, was Sie mir lieferten.«
»Tatsächlich? Dann können Sie mir ja jetzt den Rest bezahlen.«
»Gewiß, Herr Carmody.«
Varndal legte den Sender in den Aktenkoffer zurück. Den Koffer auf dem Tisch lassend, näherte er sich Carmody, der ihn aufmerksam beobachtete.
»Begleiten Sie mich ins Arbeitszimmer?«
»Bewahren Sie dort das Geld auf?«
»Ja.«
»Gehen Sie bitte voran.«
Varndal lächelte. Er verließ das Wohnzimmer und schritt durch die Diele. Carmody folgte ihm. Vor einer anderen Tür, am Ende des Korridors, blieb Varndal stehen. Er öffnete sie und machte Platz, damit Carmody eintreten konnte. Der schüttelte jedoch den Kopf und sagte:
»Nach Ihnen.«
Mit einem gleichgültigen Schulterzucken überschritt Varndal die Schwelle. Er betätigte einen Wandschalter, und Licht durchflutete den Raum.
Carmody, der Varndal gefolgt war, sah, daß es sich um eine Art Abstellkammer handelte. Überall lag oder stand Gerümpel. Er stutzte, und reflexartig umklammerte seine Hand den Griff der Beretta. Doch Varndal überrumpelte ihn trotzdem.
Mit beinahe raubtierhafter Geschmeidigkeit wirbelte er herum und schlug ihm eine fünfundzwanzig Zentimeter lange Metallstange ins Gesicht, die er unter seiner Jacke verborgen hatte. Er traf ihn über dem linken Ohr.
Schmerzen blendeten Carmody, strahlten von der Gesichtshälfte über den ganzen Körper aus. Er sackte zu Boden. In seinen Ohren dröhnte es, das Geräusch schwoll an, steigerte sich, erinnerte immer mehr an das schrille Jaulen eines hochtourigen Bohrers.
Eine Tür fiel knallend ins Schloß.
Nichts.

Carmody kam langsam zu sich. Er setzte sich aufrecht hin, den Kopf auf die angezogenen Knie gestützt. Der Griff seiner Beretta, die immer noch im Gurthalfter steckte, drückte ihm schmerzhaft auf die Rippen.
Sein Magen rebellierte, und sein Schädel fühlte sich an, als sei er gespalten. Er tippte auf eine Gehirnerschütterung.

Mit spitzen Fingern betastete er die Stelle, wo Varndal ihn getroffen hatte. Er fand eine Schwellung, doch das dichte Haar hatte die Wucht des Schlages gedämpft. Kein Blut.
Auf den Knien richtete er sich auf, dann stellte er sich langsam auf die Füße. Gegen die Wand gelehnt wartete er darauf, daß der Brechreiz und das Schwindelgefühl sich legten.
Nun tastete er sich zur Tür, öffnete sie und trat hinaus in die Diele. Im Korridor brannte das Licht, und er warf einen Blick auf seine Armbanduhr. Zwanzig Minuten nach acht. Über eine Stunde lang hatte er ohnmächtig dagelegen.
Bei jedem Schritt schmerzte der Kopf. Ihm war, als bearbeiteten glühende Nadeln sein Gehirn. Während er die Diele durchquerte, öffnete er im Vorbeigehen jede einzelne Tür und spähte in die Zimmer. Er entdeckte nichts Aufschlußreiches, im Erdgeschoß standen sämtliche Räume außer dem Wohnzimmer leer.
Carmody stieg die Treppe zur oberen Etage hinauf und blickte in die ersten beiden Zimmer hinter dem Treppenabsatz. Über den Möbeln lag, gleich Leinentüchern, eine dicke Schicht weißen Staubs.
Er schritt die Stufen wieder hinab und verließ das Haus. Die Eingangstür ließ er weit offenstehen. Der Nachtwind war noch kälter, noch beißender geworden. Er setzte sich in seinen gemieteten Wagen und brauste geräuschvoll los. Vornübergebeugt hockte er hinter dem Lenkrad, innerlich brodelnd vor Wut. An den Händen, die das Steuer umklammerten, traten die Knöchel weiß hervor.
Er brauchte über eine Stunde, um die Ortschaft Grinzing zu erreichen. Das Dorf lag gleich hinter der Stadtgrenze Wiens und war berühmt für seine guten Weine und gemütlichen Weinlokale. Die romantische, typisch österreichische Atmosphäre zog Touristen in Scharen an.
Carmody parkte den Wagen und ging zu einem Gebäude, an dem im Sommer das Weinlaub bis zum Dach emporrankte. Er trat ein. Für viele Gäste war es noch zu früh am Abend, doch ungefähr ein Drittel der hochlehnigen Bänke, die um rustikale Tische standen, waren besetzt.
Ein Geiger und ein Akkordeonspieler, beide in malerische Trachten gekleidet, spielten Zigeunermusik. Unter anderen Umständen hätte sogar Carmody, der sich aus Musik nichts machte, die schwungvollen Weisen genossen, nun jedoch hörte er sie nicht einmal. Die Schmerzen in seinem Schädel trübten seine Aufnahmefähigkeit.
In einer Ecknische am hinteren Ende des Raumes saß Bruckner. In seiner Begleitung befand sich eine Blondine, die ausgezeichnet in eine Wagneroper gepaßt hätte. Sie tranken Wein und prosteten einander zu, wobei sie beredte, lächelnde Blicke tauschten.
Carmody ging zu ihnen und sprach Bruckner an. »Schicken Sie die Frau fort. Wir zwei müssen uns miteinander unterhalten.«
Bruckner, ein schmächtiger Mann mit wild vom Kopf abstehendem brau-

nem Haar und einem buschigen Schnauzbart, blickte überrascht drein.
»Ist etwas passiert, Herr Carmody?«
»Allerdings. Die Frau soll gehen, Bruckner.«
»Wie Sie wünschen.« Bruckner tätschelte den rundlichen Arm der Walküre und sagte etwas auf deutsch zu ihr, das Carmody nicht verstand. Die dralle Blondine errötete und streifte Carmody mit einem feindseligen Blick. Dann zwängte sie sich hoheitsvoll aus der Ecknische und begab sich zur Tür.
Carmody setzte sich. »Anstatt mir den Rest des Geldes zu geben, verpaßte Ihr Kunde, Varndal, mir eins mit der Eisenstange«, legte er unvermittelt los. »Ich mag es nicht, wenn man mich betrügt, Bruckner. So etwas paßt mir ganz und gar nicht.«
Bruckner wirkte erschrocken. »Aber - aber warum? Warum tat er das?«
»Das will ich ja von Ihnen wissen«, gab Carmody zurück. »Sie bürgten doch für ihn. Sie sagten, er sei in Ordnung.«
»Davon war ich auch fest überzeugt, Herr Carmody. Ehe ich mit Ihnen Kontakt aufnahm, unterhielt ich mich zu drei verschiedenen Gelegenheiten sehr ausführlich mit ihm. Er erklärte sich mit allen Bedingungen einverstanden.«
»Natürlich. Verriet er Ihnen, wozu er den Sender braucht?«
»Nein.«
»Haben Sie einen Verdacht, eine Ahnung?«
»Keinen blassen Schimmer.«
»Wo wohnt er?«
»Suchten Sie ihn nicht bei sich zu Hause auf - ?«
»Das Haus steht leer. Dort wohnt zur Zeit niemand. Der Staub liegt zentimeterdick, die Polstermöbel sind mit Tüchern abgedeckt. Im Erdgeschoß richtete er ein Zimmer her, daß es aussah, als sei es ständig bewohnt.«
»Wessen Haus war es dann?«
»Eine interessante Frage. Varndal besaß die Schlüssel, daran besteht für mich kein Zweifel. Hören Sie, wenn Sie seine Adresse nicht kennen, wie traten Sie dann mit ihm in Verbindung?«
»Ich hinterließ Botschaften bei Anya Berg. Und bei ihr fanden auch meine Unterredungen mit Varndal statt.«
»Wer ist Anya Berg?«
»Sie besitzt ein Kuriositätengeschäft, in dem man außer Waren auch Informationen kaufen kann.«
»Tatsächlich? Und welche Rolle spielt sie bei diesem Handel?«
»Sie gab Varndal meinen Namen - und Ihren.«
»Haben Sie sie überprüft? Wissen Sie, in welcher Beziehung sie zu Varndal steht?«
»Ja. Sie sagte, ein Freund von ihr hätte ihr erzählt, daß Varndal auf der Suche nach etwas Bestimmtem sei.«
»Wer ist dieser Freund?«

»Ich sah keine Veranlassung, sie danach zu fragen«, versetzte Bruckner trotzig.
»Anya und ich sind gute alte Bekannte.«
»Sie arbeiten doch gründlich, nicht wahr, Bruckner?«
»Herr Carmody, ich - «
»Wissen Sie, wie man um diese Zeit Anya Berg erreichen kann?«
»Natürlich.«
»Dann gehen Sie und rufen Sie sie an. Geht sie selbst an den Apparat, wenn sie zu Hause ist?«
»Ja. Sie lebt allein.«
»Wenn sie abhebt, melden Sie sich nicht. Sie legen gleich wieder auf. Ich will nur wissen, ob sie zu Hause ist.«
Bruckner sah Carmody in die Augen, doch der Ausdruck, den er in ihnen las, ließ ihn sofort den Blick senken. Er glitt aus der Nische und eilte zu einem öffentlichen Telefon.
Während Carmody wartete, zündete er sich einen schlanken, kurzen, schwarzen Zigarillo an. Anton Varndal mußte unbedingt gefunden werden. Wenn er es nicht schaffte, wenn er den Rest seines Geldes nicht bekäme, dann würde es bald heißen, Carmody habe sich hereinlegen lassen. Das Gerücht würde die Runde machen, und Varndals Bubenstück fände Nachahmer. Um mit den geringstmöglichen Druckmitteln arbeiten zu können, mußte Carmody seinen Ruf aufrechterhalten. Und um zu vermeiden, daß sein Ruf litt, mußte er Varndal möglichst umgehend aufstöbern!
Bruckner kam zurück und setzte sich. Mit einem seidenen Taschentuch wischte er sich die Schweißperlen von der Stirn.
»Sie ist zu Hause«, sagte er. »Wie lautet ihre Adresse?«
Bruckner nannte sie ihm. »Was haben Sie mit ihr vor?«
»Ich werde ihr ein paar Fragen stellen.«
»Sie ist nicht für Varndal verantwortlich.«
»Das wollen wir hoffen«, entgegnete Carmody. »Sie, Bruckner, gehen jetzt in Ihre Wohnung. Vielleicht brauche ich Sie heute nacht noch einmal, und ich muß wissen, wo ich Sie erreichen kann.«
»Wie Sie wünschen, Herr Carmody.«
Carmody entfernte sich, setzte sich in seinen Wagen und zog den Stadtplan zu Rate, der im Handschuhfach lag. Nachdem er den Plan studiert hatte, legte er ihn aufgeschlagen auf den Nebensitz, dann ließ er den Motor an.

»Anya Berg?« fragte Carmody.
Er schätzte die Frau, die vor ihm im Hauseingang stand, auf ungefähr Mitte Dreißig. Sie hatte seidiges, dunkelblondes Haar und die volle, aber straffe Figur eines jungen Mädchens. Das kniekurze Kleid mit dem Rüschenkragen und den Rüschenmanschetten verlieh ihr ein sanftes,

unschuldiges Aussehen, das indessen nicht zu ihrem Mund und ihren Augen paßte. »Ja«, gab sie zurück. »Sie wünschen?«
»Ich heiße Carmody. Können wir uns im Haus unterhalten?«
Anya musterte ihn einen Augenblick lang, dann zuckte sie mit den Schultern und ließ ihn eintreten. Sie führte ihn in eine kleine Wohnstube.
»Sind Sie die Person, die vor zwanzig Minuten bei mir anrief und dann, ohne ein Wort zu sagen, auflegte?«
»Das war Bruckner.«
»Der arme Josef. Er hat nichts als dicke Frauen und Wein im Kopf. Warum interessieren Sie sich für mich, Herr Carmody?«
»Bruckner erzählte mir, daß er durch Sie Anton Varndal kennenlernte. Was wissen Sie über diesen Mann?«
»Könnten Sie Ihre Fragen vielleicht etwas präzisieren?«
»Natürlich. Wo wohnt er?«
»Keine Ahnung.«
»Ich denke, Sie kennen ihn.«
»Nur flüchtig. Ein gemeinsamer Freund schickte ihn zu mir.«
»Das sagte Bruckner mir bereits. Wie heißt dieser Freund?«
»Warum fragen Sie?«
»Varndal schuldet mir Geld«, erwiderte er. »Ich möchte es mir abholen. Wer ist dieser Freund?«
Sie überhörte nicht die verhaltene Wut in seiner Stimme. »Na schön. Er heißt Dietrich, Viktor Dietrich.«
»In welcher Beziehung steht Varndal zu ihm?«
»Victor erledigte in seinem Auftrag einmal ein Geschäft.«
»Welche Art von Geschäft?«
»Den Verkauf eines kleinen Grundstücks.«
»Tatsächlich? Dann ist dieser Dietrich also Immobilienmakler?«
»Ja, das ist richtig.«
»Schön. Wo finde ich ihn?«
»Ich mag Viktor«, bekannte Anya. »Sie wollen ihm doch nichts antun, oder?«
»Nicht, wenn er mit mir zusammenarbeitet.«
Sie nannte ihm die Straße und die Hausnummer.
»Sie rufen ihn doch nicht an, sobald ich fort bin, nicht wahr?« warnte Carmody. »Ich möchte keine Schwierigkeiten haben, ihn zu finden.«
Anya lächelte. »Ich habe den Eindruck, Sie trauen niemandem.«
»Dafür habe ich auch einen guten Grund.«
»Ich werde ihn nicht anrufen.«

Als Carmody am Haus von Viktor Dietrich vorbeifuhr, bog gerade, aus der entgegengesetzten Richtung kommend, ein großer schwarzer Wagen in die Zufahrt ein.
Ein gutes Stück von dem Haus entfernt, das im Schweizer Stil gebaut

war, parkte Carmody. Er stieg aus, überquerte die Straße und ließ sich vom Schatten einer üppig wuchernden Trauerweide verschlucken, die auf dem benachbarten Grundstück wuchs.
Carmodys Kopf schmerzte höllisch, als er über einen kleinen Zaun sprang. Die Beretta schußbereit in der Hand, duckte er sich in den Schutz von Dietrichs Garage.
Der Fahrer des schwarzen Wagens schloß die Tür, da trat Carmody hervor. Der Mann stutzte und fragte:
»Wer sind Sie? Was wollen Sie hier?«
»Sind Sie Viktor Dietrich?«
»Ja. Was ist los?«
Langsamen Schrittes begab Carmody sich in die Garage hinein. Ungefähr einen Meter von Dietrich entfernt, blieb er stehen. Er bemühte sich, das Gesicht im Schatten zu behalten.
»Ich suche Anton Varndal. Wie ich hörte, sind Sie ein Freund von ihm.«
»Es stimmt, ich kenne ihn, ja«, antwortete Dietrich auf englisch. »Und wer sind Sie?«
»Ich bin auch ein Freund Varndals. Ich versuche ihn zu finden.«
»Haben Sie es schon bei ihm zu Hause versucht?«
»Ich weiß seine Adresse nicht. Wo wohnt er?«
»Gehören Sie auch bestimmt zu seinen Freunden? Lassen Sie uns bitte mal nach draußen gehen, ans Licht - «
»Wir bleiben hier«, bestimmte Carmody. Er rückte ein Stück näher an Dietrich heran, damit man die Beretta sehen konnte.
Dietrich erstarrte. In seiner Stimme schwang Angst mit, als er fragte:
»Was haben Sie vor? Was wollen Sie tun?«
»Nichts, wenn Sie mir meine Fragen beantworten. Sie sollen mir nur helfen, mehr verlange ich nicht von Ihnen .«
»Ich - ich tue alles, was Sie sagen.«
»Ausgezeichnet. Wann haben Sie Varndal das letzte Mal gesehen?«
»Gestern abend. Gegen neun.«
»Wo?«
»Hier. Er kam mich besuchen.«
»Aus welchem Grund?«
»Er bat mich, ich solle ihm einen Gefallen tun.«
»Welche Art von Gefallen? Sollten Sie ihm vielleicht den Schlüssel zu einem leerstehenden Haus leihen?«
Dietrichs Furcht schlug in Überraschung um. »Ja. Woher wissen Sie das?«
»Ich bin der Grund, weshalb er ein leeres Haus brauchte«, versetzte Carmody mit schmalen Lippen. »Hat Varndal Ihnen von mir erzählt?«
»Nein, er erzählte mir überhaupt nichts.«
»Wie kommt es dann, daß Sie ihm den Schlüssel gaben?«
»Ich … wir sind Freunde.«

»Natürlich. Wieviel bezahlte er Ihnen für die Gefälligkeit?«
Dietrich zögerte, dann schien er sich an die Pistole in Carmodys Hand zu erinnern. »Eintausend.«
»Verriet Varndal Ihnen, warum er mit Anya Berg Kontakt aufnehmen wollte?«
»Anya Berg? Kennen Sie Anya?«
»Noch nicht. Beantworten Sie mir meine Frage.«
»Ich wußte nicht einmal, daß Varndal Anya aufgesucht hatte, bis sie mir von sich aus davon erzählte«, entgegnete Dietrich. »Ich gab ihm ihren Namen, das stimmt, aber ich machte die beiden nicht miteinander bekannt. Er berief sich auf mich ohne meine Zustimmung.«
»Ich kann mir vorstellen, daß Sie darüber nicht sehr erfreut waren«, meinte Carmody. »Haben Sie einen Verdacht, weshalb Varndal ein tragbares Spezialfunkgerät mit einer ganz bestimmten Leistung und Frequenz brauchte?«
»Funkgerät? Nein. Nein, ich habe wirklich keine Ahnung.«
»Ich hoffe, Sie lügen nicht, Dietrich.«
»Ich sage die Wahrheit. Weshalb sollte ich lügen?«
»Das weiß ich noch nicht. Na schön, wo wohnt Varndal?«
»In der Kürzgasse Nummer zwanzig.«
»In einem eigenen Haus?«
»Ja. Es ist eine gemischte Nachbarschaft.«
»Gemischt?«
»Privathäuser und Geschäftsgebäude stehen nebeneinander.«
»Falls Varndal nicht dort sein sollte, wo könnte ich ihn dann finden?«
»Das weiß ich nicht.«
»Ich dachte, Sie wären sein Freund.«
»Das ist zuviel gesagt. Privat haben wir kaum miteinander zu tun.«
»Dann kennen Sie also keinen seiner Freunde? Oder Lokale, in denen er sich aufzuhalten pflegt?«
»Nein. Nein, wirklich nicht.«
»Ich sage es noch einmal, Dietrich, in Ihrem eigenen Interesse hoffe ich, daß Sie nicht lügen.«
Rückwärts gehend, verließ Carmody die Garage. Selbst draußen hörte er noch, wie Dietrich aufgeregt schnaufte. Er setzte über den niedrigen Zaun, tauchte in den Schatten der Weide ein und schritt zu seinem geparkten Auto.

Mit dem behandschuhten Zeigefinger drückte Carmody viermal auf die Klingel. Er lauschte dem Klang, der hohl in dem finsteren Klinkerhaus in der Kürzgasse Nummer zwanzig verhallte. Ohne Schwierigkeiten sprengte er das leichte Schloß und trat ein. Nachdem er hinter sich die Tür geschlossen hatte, zog er eine bleistiftdünne Stablampe aus der Manteltasche.

Dem Strahl folgend, untersuchte er die fünf Zimmer des Hauses. Systematisch öffnete er Schränke, Kommoden, Truhen. Die rasche aber gründliche Suche ergab, daß Varndal seine wichtigen Habseligkeiten eingepackt und sich aus dem Staub gemacht hatte.
Carmody fragte sich, ob er nicht eine bereits eiskalte Spur verfolgte. Varndal hatte Zeit genug gehabt, Wien mit dem Zug oder Flugzeug zu verlassen. Doch Carmody ging davon aus, daß Varndal das Funkgerät dazu brauchte, um es in der näheren Umgebung Wiens einzusetzen.
Da er sein Haus aufgegeben hatte, war es mehr als wahrscheinlich, daß er noch in derselben Nacht das Gerät benutzte, um erst danach Wien endgültig den Rücken zu kehren. Carmody mußte ihn finden, ehe er den Sender - zu welchen Zwecken auch immer - in Betrieb setzte, solange er sich noch in Österreich aufhielt.
An einem Ende der Küche entdeckte Carmody eine Tür. Er ging hin und öffnete sie. Im dünnen Schein der Lampe erspähte er eine steile Treppe, die nach unten führte. Nach einigem Umhertasten fand er einen Lichtschalter und betätigte ihn. Ehe er die Stufen hinabstieg, zog er die Tür hinter sich ins Schloß.
Der Keller war klein und mit allerlei Gerümpel vollgestopft. In der Luft hing ein widerwärtiger Gestank nach Moder und Schimmel ... und nach noch etwas, das Carmody auf Anhieb nicht definieren konnte. Es roch säuerlich und entsetzlich widerlich nach faulendem Fisch.
Der Boden bestand aus gestampfter Erde. Längs der Steinmauern hatte das Grundwasser tiefe Rinnen ausgewaschen, vielleicht war der Keller während der Wintermonate auch hin und wieder überschwemmt.
Zwischen unordentlich aufgestapelten Kartons tappte Carmody hin und her, prüfte deren Inhalt, der jedoch nichts Aufschlußreiches ergab. Auf einer schmalen Werkbank, die mit Winkeleisen am Gemäuer befestigt war, häuften sich leere Flaschen, Gläser und verschiedene Werkzeuge. Carmody nahm alles in Augenschein - ohne Ergebnis.
Er wandte sich um, ging ein paar Schritte auf die am entferntesten liegende Wand zu und schnupperte angewidert. Wie eine Welle schlug ihm der eigenartige, säuerliche Geruch entgegen. Carmody tat einen tiefen Atemzug, und plötzlich richteten sich seine sämtlichen Haare im Nacken auf.
Er hatte den Gestank identifiziert, jetzt wußte er, was die Luft im Keller verpestete.
Carmody bewegte sich auf die Stelle zu, wo es am stärksten stank, und mit der Taschenlampe leuchtete er sorgfältig die feuchten Vertiefungen längs des Fundamentes ab. Er entdeckte etwas und trat näher heran.
Das Etwas entpuppte sich als ein Schuh, in dem ein menschlicher Fuß steckte.
Carmody eilte zur Werkbank, ergriff die Maurerkelle, die er dort gesehen hatte, und ging zu dem Fuß zurück. Auf einem Bündel alter Zeitungen kniete er nieder und begann zu graben.

Er brauchte nur wenige Minuten, um den Körper von dem losen Erdreich freizulegen und im Schein der Taschenlampe zu erkennen, daß es sich bei dem Toten um einen Mann handelte.
Der fortgeschrittene Verwesungszustand und die Tatsache, daß das am Gemäuer herabrinnende Wasser einen Teil der Leiche freigelegt hatte, erklärten den widerwärtigen Gestank.
Angeekelt, aber vorsichtig untersuchte Carmody den Toten. Er fand eine wasserdurchtränkte, in Auflösung begriffene Brieftasche. Behutsam öffnete er sie und hielt den Strahl der Lampe auf den Inhalt gerichtet.
Die meisten Papiere waren bis zur Unkenntlichkeit aufgeweicht, doch ein paar Karten steckten in schützenden Plastikhüllen. Er verstand genug Deutsch, um die Beschriftungen zu lesen. Auf diese Weise erfuhr er, daß der Tote Karl Heinz hieß, von Beruf Elektriker war und in der Kürzgasse zweiundzwanzig wohnte. Er vergegenwärtigte sich, daß dies das Nachbarhaus sein mußte.
Carmody richtete sich aus seiner gebückten Haltung auf. Er entsann sich, daß das benachbarte Gebäude ein düsterer Klinkerbau war, den man teilweise verputzt hatte. An mehr vermochte er sich nicht zu erinnern, doch bei seinem Kommen hatte er auch nur flüchtig auf das Nachbarhaus geachtet.
Bis zu einem gewissen Grad konnte er sich die Vorgänge, die stattgefunden haben mußten, zusammenreimen. Doch es fehlte jegliches Motiv für Heinz' Ermordung. Eines war jedoch klar - der Tote im Keller würde ihn auf Varndals Spur bringen.
Carmody hastete die Treppe hinauf, löschte im Keller das Licht und eilte durch die Küche zum Hinterausgang. In dem kleinen, rückwärtig gelegenen Garten wuchsen ein paar Fichten, die jedes Licht abzuschirmen schienen. In den Zweigen hingen dichte weiße Nebelschwaden.
Er traf auf einen Zaun aus Maschendraht, der Varndals Garten vom Nachbargrundstück trennte. Nebenan befand sich die Werkstatt des Elektrikers Karl Heinz.
Über den Zaun war zusätzlich Stacheldraht gespannt, doch der bildete für Carmody kein unüberwindliches Hindernis.
Er spähte um die Hausecke und sah, daß die Kürzgasse einsam und verlassen dalag wie zuvor. Mühelos stieg er über den Zaun, wobei seine dicken Lederhandschuhe ihm gute Dienste leisteten. Mit einer Hand drückte er den Stacheldraht hinunter, dann schwang er zuerst das eine, dann das andere Bein hinüber. Sobald er auf dem Nachbargrundstück stand, lief er, jeden Schatten ausnutzend, zum Hintereingang der Werkstatt.
In weniger als zwei Minuten hatte Carmody das altmodische Schloß geöffnet. Er schlüpfte in die Werkstatt hinein, wobei er nicht vergaß, die Tür sorgfältig hinter sich zu schließen. Dann holte er die kleine Lampe aus der Tasche. Der Lichtfinger tastete sich den Raum entlang, bis Car-

mody sich vergewissert hatte, daß es sich tatsächlich um eine Elektro-Werkstatt handelte.
Er entdeckte Drahtrollen, Kabel, Werkzeuge, die ein Elektriker zur Ausübung seines Berufs brauchte. Außerdem gewahrte er zwei weitere Türen - beide geschlossen. Die eine führte in einen kleinen Laden, die andere in das Büro.
Dort hinein ging Carmody.
Das Büro war klein und peinlich sauber aufgeräumt. Es hatte den Anschein, als hätte erst kürzlich jemand dort Ordnung geschaffen. Verwandte vielleicht, die nach Karl Heinz' mysteriösem Verschwinden bereits den mutmaßlichen Nachlaß sichteten.
Der Raum enthielt einen Schreibtisch und drei große Aktenschränke. Offenbar waren die Geschäfte des Elektrikers gut gelaufen.
Als Carmody den Inhalt der Aktenschränke prüfte, fiel ihm auf, daß die Ablage datenmäßig geordnet war und nicht alphabetisch. Das erleichterte seine Nachforschungen ungemein.
Er griff nach der letzten Akte, die in dem Monat von Heinz' Tod angelegt worden war, und studierte systematisch die Eintragungen. Die Suche ergab kein Ergebnis. Falls sich tatsächlich ein verfängliches Schriftstück in dem Ordner befunden hatte, so war es verschwunden. Varndal würde dafür gesorgt haben, daß er keine Spuren hinterließ.
Er klappte den Ordner zu und stellte ihn in den Schrank zurück. Dann widmete er sich dem Schreibtisch. In zwei Drahtkörbchen lagen, sauber aufeinandergeschichtet, Papiere. Er prüfte den Inhalt des obersten Behälters, fand indessen nichts. Dann begann er mit der Durchsicht des zweiten Stapels.
Ein drei Seiten langer Geschäftsbericht, an den ein Brief geheftet war, erregte und fesselte seine Aufmerksamkeit. Der vorgedruckte Briefkopf und die Unterschrift ergaben, daß der Absender des Schreibens Gunter Amerling hieß. Amerling schrieb, daß er dem Brief als Anlage einen Scheck beifüge.
Außerdem las Carmody sowohl den Geschäftsbericht als auch den Brief. Und dann hatte er die Antwort.
Der Brief mit dem Scheck war nach Heinz' Ermordung eingetroffen. Wer immer seine Geschäftspost öffnen mochte, hatte das Schreiben gewissenhaft in den Ablagekorb gelegt. Varndal hatte von diesem Brief nichts gewußt, denn sonst hätte er ihn vernichtet, wie sämtliche andere Unterlagen, die von dem Geschäft mit Amerling handelten.
Carmody blickte auf seine Uhr: zehn Minuten vor elf. Vielleicht war es noch nicht zu spät. Varndal würde sich hüten, den Sender zu verhältnismäßig früher Stunde einzusetzen. Denn selbst wenn Amerling und seine Familie nicht daheim waren, so mußte er Rücksicht auf Hausangestellte und Nachbarn nehmen.
Carmody verließ das Büro und betrat den kleinen Laden. Vorsichtig späh-

te er durch die Lamellen der zugezogenen Jalousie. Die Kürzgasse war menschenleer.
Ohne Mühe sperrte er das Türschloß auf und trat hinaus auf die öde, verlassene Straße. Mit schnellen Schritten begab er sich zu seinem Wagen zurück.
Auf dem Stadtplan suchte er die Straße, in der Amerling wohnte. Sie befand sich in einem nordwestlich gelegenen Vorort Wiens.
Ohne lange zu fackeln, fuhr er los. Sein Fuß ruhte auf dem Gaspedal, sein Kopf schmerzte von dem Schlag und der neu hinzugekommenen inneren Anspannung.
Im Geist legte sich Carmody die Fakten zurecht, wie sie sich ihm bis jetzt darboten.
Von Gunter Amerling hatte Karl Heinz den Auftrag erhalten, in sein Privathaus einen großen, dickwandigen Stahlsafe einzubauen. Es handelte sich nicht um die herkömmliche Art von Tresor, sondern um einen Typ, der kein Zahlenkombinationsschloß besaß. Im Grunde handelte es sich um nichts weiter als eine Stahlkammer ohne sichtbare Türöffnung.
Der Safe wurde bedient durch ein gequarztes Funkgerät von ultrahoher, extrem starker und stetiger Frequenz. Es aktivierte die Schließvorrichtung, die verdeckt in die Stahltür eingelassen war.
Falls jemand versuchte, den Safe mit einem herkömmlichen Funkgerät zu öffnen oder gar ihn gewaltsam zu sprengen, wurde sowohl im Haus als auch in der nächsten Polizeistation ein Alarm ausgelöst. Die Konstruktion war supermodern und supersicher. Karl Heinz, den Amerling mit der Installation dieser Anlage betraut hatte, war offenbar ein Meister seines Fachs. Er hatte an alles gedacht - bis auf einen unvorhersehbaren Faktor, den er gar nicht hätte berücksichtigen können.
Dieser unvorhersehbare Faktor hieß Anton Varndal.
Er war Heinz' Nachbar, vielleicht sogar sein Freund und Trinkkumpan. Er bekam Wind von dem Auftrag, den Heinz für Amerling ausführte, und faßte den Plan, das zu stehlen, was auch immer in diesem Safe aufbewahrt sein mochte. Auf jeden Fall mußte es etwas ungeheuer Wertvolles sein.
Der Plan gestaltete sich unglaublich simpel, er war die Einfachheit selbst. Varndal brauchte nichts weiter, als sich einen kleinen, tragbaren Sender von der Art und Frequenz zu besorgen, der die Türverriegelung zu Amerlings Tresor aktivierte. Deshalb legte er so viel Wert darauf, daß die Schwankungstoleranz des Signals so gering war - unterschritt sie eine gewisse Abweichung nach oben oder unten, wurde der Alarmton ausgelöst.
Varndal mußte sich mit seinem Ansinnen Heinz genähert haben, denn er brauchte ja jemanden, der für ihn den tragbaren Sender herstellte. Er selbst konnte sich kein Gerät dieser Art verschaffen, es sei denn, er stahl es Amerling. Doch das hätte ein zusätzliches Risiko bedeutet, außerdem

wäre die Gefahr einer Entdeckung zu groß gewesen. Und falls Amerling den Sender in einem Versteck aufbewahrte, was zu vermuten war, so konnte er nicht sicher sein, daß er ihm sein Geheimnis auch verriet. Der andere Weg war einfacher - jedenfalls hatte Varndal es sich so ausgerechnet.

Heinz ließ sich auf Varndals Vorschlag nicht ein. Vielleicht drohte er sogar, zur Polizei zu gehen oder Gunter Amerling einzuweihen. Varndal hatte Heinz getötet, damit er schwieg. Die Leiche vergrub er in seinem eigenen Keller. Es war der ideale Ort, um einen Toten verschwinden zu lassen, denn wenn die Polizei hinsichtlich seiner unerklärlichen Abwesenheit Nachforschungen anstellte, so käme man jedoch nie auf den Verdacht, Heinz sei von einem Nachbarn ermordet worden. Kein Mensch käme auf die Idee, seine Leiche könne in einem benachbarten Keller liegen.

Durch Dietrich lernte Varndal Anya Berg kennen, und wiederum durch sie Josef Bruckner, der ihn mit Carmody zusammenbrachte. Da er in einer heruntergekommenen Gegend wie dieser lebte, durfte man getrost davon ausgehen, daß er über sehr wenig Geld verfügte. Irgendwie hatte er es geschafft, die zweitausend Dollar Anzahlung aufzubringen, damit Carmody ihm den Sender besorgte - und ihn zu einem ganz bestimmten Zeitpunkt übergab.

Der Umstand, daß ein festgesetzter Termin eine wichtige Rolle spielte, überzeugte Carmody, daß Amerling sein Haus vorläufig verlassen haben mußte, und daß es relativ unbeaufsichtigt war.

Vielleicht befand sich Gunter Amerling zur Zeit nicht einmal in Wien. Und offenbar setzte er ein grenzenloses Vertrauen in seinen neuen Safe. Amerlings Abwesenheit verführte Varndal dazu, seinen Coup so rasch wie möglich auszuführen.

Nachdem Carmody den Sender ablieferte, schlug Varndal ihn aus dem einfachen Grund nieder, weil er die noch zu bezahlenden achttausend Dollar nicht besaß. Es glich einem Akt der Verzweiflung. Er hätte Carmody um eine Frist bitten können, um ein paar Tage Aufschub. Aber er hatte sich für eine dilettantische, amateurhafte Lösung entschieden. Er wählte einen drastischen Weg, indem er alles auf eine Karte setzte, ohne an mögliche Folgen zu denken oder sich einen sorgfältigen Plan zurechtzulegen.

Gegen halb elf erreichte Carmody die Straße, an der Gunter Amerlings Haus lag. Die Gegend wirkte vornehm. Längs einer birkengesäumten Zufahrt, die ausschließlich Anliegern vorbehalten war, erstreckten sich von hohen Mauern umfriedete Anwesen.

Gleich an dieses Wohnviertel schloß sich der berühmte Wienerwald an. Zwischen nebelverhangenen Tannen schlängelte sich der Weg bergan. Zuerst herrschte noch Mischwald vor, der allmählich jedoch, mit zunehmender Steigung, gewaltigen, alten Nadelbäumen Platz machte. Schemenhaft reckten sich die kahlen Zweige der Birken, Buchen und Eichen

in den dunklen Himmel, ihre Wipfel in den weißgrauen Schleiern versteckend. Der Szene haftete etwas Gespenstisches an.
Carmody fand das Haus, das er suchte. Die Nummer stand auf zwei Findlingen, die die hohe Steinmauer, die parallel zur Straße verlief und den Besitz eingrenzte, noch überragten. Eingefaßt in die beiden Findlinge war ein schmiedeeisernes Tor, das aller Wahrscheinlichkeit nach durch Fernsteuerung bedient wurde.
Er passierte das Portal und parkte den Wagen ein gutes Stück von der Straße entfernt. Zu Fuß begab er sich zu der Steinmauer.
Es fiel Carmody nicht schwer, die glatte und hohe Wand hinaufzuklettern. Keine Minute später bahnte er sich einen Pfad durch einen dichten Birkenbestand. Er schlug die Richtung ein, in der er das Haus vermutete. Das dicke Polster aus feuchtem Laub dämpfte jeden seiner Schritte.
Das Wäldchen endete, und ungefähr einhundert Meter weiter entdeckte er die Villa. Die im neoklassizistischen Stil gehaltene Fassade war offensichtlich erst kürzlich renoviert worden. Dichter Nebel umhüllte das Gebäude, kein einziges Fenster war erhellt.
Zur Linken erspähte Carmody eine private Zufahrt, die vom Portal zum Hauseingang führte. Auf halber Höhe stand, inmitten von Bäumen und kaum zu sehen, ein Bungalow, in dem vermutlich ein Bediensteter Amerlings wohnte, vielleicht die Wirtschafterin oder ein Gärtner. Ein erleuchtetes Fensterviereck schimmerte matt durch den Nebel. Alles machte einen ruhigen, normalen Eindruck.
Carmody schloß nicht aus, daß Varndal sein Vorhaben bereits beendet und sich aus dem Staub gemacht hatte. Doch um sicherzugehen, mußte er die Situation prüfen. Sich im Schatten der Bäume haltend, bewegte er sich in einem Winkel auf die Villa zu. Schemengleich huschte er die Seitenwand entlang und erreichte den rückwärtigen Teil des Gebäudes. Die Fenster beider Etagen waren mit stabil aussehenden Blendläden verschlossen.
Carmody durchquerte einen Garten und gelangte auf einen steingepflasterten Hof. Die Fenstertüren, die auf den Patio führten, waren natürlich verriegelt.
Er schlich zur anderen Seite des Hauses und stieß auf einen kurzen, hohen Anbau, in dem sich offenbar noch ein Dienstbotentrakt und die Küche befanden.
Im Obergeschoß sickerte Licht durch zugezogene Fenstervorhänge, also war das Haus auch während Amerlings Abwesenheit nicht völlig verlassen. Vermutlich wohnte dort oben jemand vom Hauspersonal.
Für Varndals Pläne spielte dies keine Rolle. Der Diebstahl würde geräuschlos vonstatten gehen.
Noch während Carmody schaute, erlosch das Licht im Dienstbotenflügel. Völlige Finsternis hüllte ihn und das Haus ein.
Etwas Kurzes, Wurmartiges streifte seine Hosenbeine. Carmody bückte sich und hob es auf. Es handelte sich um ein Stück schwarzen Draht,

ungefähr dreißig Zentimeter lang, das der Wind über den Boden getrieben hatte. Es sah aus, als wäre es aus einer nahe gelegenen elektrischen Leitung geschnitten worden.
Er dachte sich, das Haus müsse durch irgendeine herkömmliche Alarmanlage gesichert sein, von der Varndal gewußt hatte. Entweder hatte er es von Heinz erfahren oder durch Stöbern in dessen Geschäftsunterlagen herausbekommen. An einer bestimmten Stelle durchschnitt er dann das System, um unbemerkt in die Villa zu gelangen.
Also war Varnadal bereits dagewesen ... oder hielt sich sogar immer noch im Haus auf.
Carmodys Lippen wurden schmal. Er bleckte die Zähne. Er rüstete sich zum Weitergehen, als vor ihm die Blendläden eines Fensters zu klappen begannen. Sie waren geöffnet und von innen wieder geschlossen worden, allerdings nicht fest genug.
Vorsichtig pirschte er sich an das Fenster heran. Durch die Ritzen zwischen den einzelnen Läden vermochte er nicht zu spähen, jedenfalls konnte er nicht deutlich genug erkennen, was drinnen in dem Raum vor sich ging.
Plötzlich blitzte ein Lichtschein auf, erlosch, um gleich darauf wieder huschend durchs Innere eines Zimmers zu wandern. Ohne Zweifel hantierte jemand mit einer Taschenlampe.
Im Haus bewegte sich Varndal, gefangen in einem Netz, in das er sich selbst mit Fleiß eingesponnen hatte.
Carmody schlich zum Dienstbotenflügel zurück, wo er sich, die Beretta schußbereit in der Hand, in die tiefen Schatten duckte. Eine Brise blies ihm den klammen Nebel ins Gesicht, welkes Laub und kleinere Zweige umwirbelten seine Schuhe. Von alldem merkte Carmody kaum etwas. Den Blick gebannt auf das Fenster geheftet, wartete er darauf, daß Varndal herauskletterte.
Nach ungefähr zehn Minuten wurden die Läden sachte von innen aufgestoßen. In dem dunklen Fensterviereck erschien eine schwarzgekleidete Gestalt. In der Linken trug sie eine große Tasche, die Rechte umklammerte das Funkgerät.
Der Mann schwang sich über die Brüstung, legte die beiden Sachen auf dem Boden ab und sicherte die Läden.
Er schaute sich um, ohne Carmody indessen zu entdecken, dann setzte er sich auf den Wald zu in Bewegung, der in dieser Richtung bis dicht an das Haus heranreichte.
Carmody folgte ihm auf dem Fuß, den Schutz der Hauswand ausnutzend. Er hielt gerade so viel Abstand, um ihn zwischen den Baumstämmen, in denen weiß der Nebel hing, nicht zu verlieren.
Varndal fiel in eine Art Laufschritt, wobei das Gewicht der Tasche und des Funkgeräts ihn zu behindern schien. Schwerfällig trabte er voran, während Carmody ihm wieselgleich nachsetzte. Geräuschlos huschte er

von Baum zu Baum, Deckung suchend, für den Fall, daß Varndal sich einmal umblicken sollte.
Varndal schien jedoch von dem einzigen Gedanken besessen, die hohe Umfriedungsmauer zu erreichen. Sein einziges Sinnen und Trachten war auf Flucht gerichtet. Er wollte sich und seine kostbare Beute so rasch wie möglich in Sicherheit bringen.
Durch die Bäume tauchte die Steinmauer auf, und Varndal beschleunigte seine Schritte. Sein Atem ging keuchend, als er am Fuß der Mauer anlangte. Deutlich konnte Carmody sein schweres Atmen hören.
Um Luft zu schöpfen, setzte Varndal seine Last auf dem Boden ab. Unterdessen hatte sich Carmody ihm bis auf dreißig Schritte genähert - und Varndal horchte sichtlich auf.
Dann wußte er, daß er verfolgt wurde. Mit einem jähen Satz entfernte er sich von der Mauer. Gebückt zog er etwas aus seinem Hosengurt. Doch Carmody kam ihm zuvor. Zwei Schüsse aus seiner Beretta - Varndal gab einen röchelnden Laut von sich und sackte auf die Knie. Mit weitaufgerissenen Augen starrte er zu Carmody empor. In seinem Blick lag völlig überraschtes Erkennen. Sein Gesicht war weiß, und vor Schmerzen spannte sich die Haut über den Wangenknochen.
Carmody rannte zu ihm, die Beretta im Anschlag. Doch Varndal konnte nicht mehr kämpfen. Er versank in Fassungslosigkeit und Entsetzen, er vermochte es nicht zu begreifen, daß Carmody ihn gefunden und auf ihn geschossen hatte.
Seine Lippen bewegten sich, versuchten Worte zu formen, doch die Stimme versagte. Plötzlich kippte er vornüber. Die Waffe fiel zu Boden, er verlor die schwarze Mütze, die sein Haar verdeckt hatte. Der auffrischende Wind brachte die blonden Strähnen unbarmherzig durcheinander, während er reglos auf dem dicken Laubteppich lag.
Carmody steckte die Beretta fort. Dann bückte er sich nach der Tasche und dem Sender und schritt die Mauer entlang zum Eingangsportal. Wenn ein Bediensteter oder die Wirtschafterin die Schüsse gehört hatten und beschlossen, deren Ursache zu erforschen, mußten sie das Wäldchen durchqueren. Es verginge eine geraume Zeit, ehe sie Varndals Leiche fänden und zum Bungalow zurückeilten, um die Polizei zu benachrichtigen.
Ohne Zwischenfall erreichte Carmody das Tor. Er überquerte die Zufahrt und tauchte ein in das Gewirr aus Baumstämmen, das sich auf der anderen Seite befand. Als er sich an der Stelle angekommen wähnte, an der er die Außenmauer überklettert hatte, hob er die Tasche und den Sender auf die Mauerkrone und stemmte sich danach selbst hoch. Oben blieb er eine Weile liegen, um die Straße zu beobachten. Kein Licht, keine Bewegung. Beladen mit seiner Last sprang er hinunter und eilte zu seinem Auto.
Tasche und Sender verstaute er im Kofferraum. Er setzte sich hinter das Lenkrad, wendete und fuhr ohne Beleuchtung die Straße zurück.
Als er das Tor passierte, spähte er hindurch. Das Anwesen Gunter Amer-

lings wirkte wie ausgestorben. Fünf Minuten später befand er sich auf einer der Hauptstraßen, die direkt nach Grinzing führten.

»Goldmünzen!« staunte Bruckner. »Europäische Gedenkmünzen - komplette Serien. Das also holte Varndal aus Amerlings Safe.«
Carmody nickte. Er hatte Bruckner in dessen Grinzinger Wohnung aufgesucht und ihm die ganze Geschichte erzählt. »Anscheinend gehört Amerling zu diesen passionierten Sammlern, die ein Vermögen in ihr Hobby investieren.«
»Die Münzen haben einen ungeheuren Wert«, sinnierte Bruckner. »Ich tippe auf mindestens fünfzigtausend amerikanische Dollar.«
»Das spielt keine Rolle, da ich ohnehin keinen Cent an ihnen verdienen werde.«
Verblüfft starrte Bruckner ihn an. »Das verstehe ich nicht.«
»Morgen früh gehen diese Münzen an Amerling zurück, in einem Päckchen, das irgendwo in Wien per Post abgeschickt wurde. In Amerlings Safe befanden sich außerdem dreißigtausend Schilling, die Varndal ebenfalls mitnahm. Umgerechnet sind es zwar nicht ganz achttausend Dollar, doch es genügt mir. Ich finde, Amerling ist mir für meine Zeit und meine Bemühungen diese Summe schuldig.«
»Ich verstehe Sie immer noch nicht, Herr Carmody«, wiederholte Bruckner. »Fünfzigtausend amerikanische Dollar ...«
»Von mir aus können es hundertfünfzigtausend sein«, fiel Carmody ihm ins Wort. »Ich bin kein Dieb. Ich umgehe das Gesetz, aber ich stehle nicht.«
Bruckner verzichtete auf eine Diskussion. Er stieß einen schweren Seufzer aus. »Morgen kümmere ich mich darum, daß die Münzen an Amerling zurückgeschickt werden.«
»Ich verlasse mich auf Sie.«
Bruckner deutete ein Lächeln an. »Ich glaube, ich gehe jetzt, Bruckner«, verabschiedete sich Carmody. »Und wenn Sie mir das nächstemal ein Geschäft vermitteln, prüfen Sie den Kunden vorher etwas eingehender. Ich möchte nicht, daß sich der Fall Varndal wiederholt.«
»Ich werde sehr vorsichtig sein«, versprach Bruckner.

Immer Ärger mit Walter

Stephen Wasylyk

Onkel Walter kam wieder einmal zu seinem jährlichen Besuch.
Soweit es Marius Danby betraf, sah er kaum einen Grund für Fahnenschmuck und Blaskapelle. Genau gesagt, hielt Danby selbst ein flatterndes Taschentuch und ein verstimmtes Solo von *Horch, was kommt von draußen rein* für zuviel.
Onkel Walter erwartete von Danby, daß er ihn mit Essen, Trinken und einem Bett versorgte, während er sich in der Stadt aufhielt; und wenn das Bett auch praktisch nichts kostete, so war das Essen und Trinken für Onkel Walter dafür um so kostspieliger. Onkel Walter hatte drei Laster: Essen, Trinken und ein phantastisches Talent, dafür keinen einzigen Cent seines bescheidenen Vermögens auszugeben. Onkel Walter war, mit einem Wort, ein Nassauer.
Es lag nicht nur an dem Geld, das Onkel Walter nicht ausgab, oder an seinen gastronomischen Ansprüchen, weshalb Danby ihn gründlich verabscheute, sondern der eigentliche Grund war, daß Onkel Walter fast einsneunzig groß war und knapp zweihundertdreißig Pfund wog. Sein kleiner Kopf mit den hervorquellenden Schweinsäuglein, der Knollennase und der markanten, mit einem struppigen Schnauzbart verzierten Oberlippe, erinnerte Danby an ein weißhaariges Walroß. Schon rein körperlich fand Danby seine Gegenwart immer überwältigend; er selbst war höchstens einsfünfundsechzig groß und brachte nur hundertvierzig Pfund auf die Waage, mit dem glatten runden Gesicht und der hohen, etwas piepsigen Stimme eines Schuljungen. Danby fühlte sich wie ein Zwerg, wenn Onkel Walter in der Nähe war.
»Er ist ein Schwein«, sagte Galatea Danby, »nur an geschnorrtem Essen und Schnaps interessiert.«
»Prima«, erwiderte Danby. »Wenn er so weitermacht, lebt er nicht mehr lange. Da du sein Geld erbst, bin ich dir gern in jeder Weise behilflich, obwohl mich seine jährlichen Besuche ein kleines Vermögen kosten, weil er so ungern wieder weggeht.«
Sie schnaubte wütend. »Der überlebt uns beide und seinen Arzt auch; und selbst wenn er stirbt, möchte ich dieses Geld in die Finger bekommen, solange ich noch jung genug bin, um etwas davon zu haben.«
»Sehr einfach. Sieh zu, daß du ihn beseitigst«, meinte Danby.
»Vielleicht werde ich genau das tun.«
Danby grinste. Der Gedanke, daß seine zierliche Frau, noch kleiner und leichter als er, jemanden beseitigen sollte, war ziemlich lächerlich. »Ich fahre jetzt besser los und hole ihn ab«, sagte er. »Du weißt ja, was er möchte, sobald er zur Tür hereinspaziert kommt.«

»Ich kümmere mich um das Essen«, erwiderte sie scharf. »Sieh nur zu, daß du genügend harte Sachen für ihn hast.«
»Ich frage mich, wie lange er diesmal bei uns schnorren will«, sinnierte Danby.
»Nicht lange«, erklärte sie grimmig, als Danby zur Tür ging.

Onkel Walter marschierte ungeduldig in der Ankunftshalle auf und ab, als Danby ihn schließlich fand.
»Ich warte schon seit einer halben Stunde«, sagte er vorwurfsvoll.
»So ein Pech«, antwortete Danby, »aber sogar um diese späte Stunde nimmt der Verkehr keine Rücksicht auf deine Gefühle.«
»Ich habe Hunger«, erklärte Onkel Walter. »Hoffentlich hat Galatea etwas gekocht.«
»Haben sie dir in der Maschine nichts zu essen gegeben ?«
»Das war nicht mehr als ein Bissen für meinen hohlen Zahn. Außerdem muß man für Getränke selbst zahlen. Wo ist dein Wagen?«
Danby führte ihn hinaus. Onkel Walter betrachtete das Gefährt kopfschüttelnd von allen Seiten. »Was soll denn das sein?«
»Ein zweisitziger Sportwagen«, erklärte Danby. »Klein, aber eine flotte und sparsame Maschine.«
Onkel Walter grinste abfällig. »Sieht aus wie eine motorisierte Seifenkiste. Da passe ich wahrscheinlich überhaupt nicht rein.«
»Du paßt rein«, versicherte Danby. »Sonst gehst du nämlich zu Fuß.« Er hielt ihm die Tür auf.
»Ich lege dein Gepäck in den Kofferraum.«
Mit viel Mühe quetschte Onkel Walter sich in den Wagen, die Schultern gekrümmt, die Knie bis zur Brust hochgezogen. »Ich glaube kaum, daß ich jemals wieder hier hinauskomme.«
»In diesem Fall werde ich das Auto mit dir darin verkaufen«, sagte Danby. »Ich erkläre, daß du eine wertvolle Sonderausstattung bist.«
Die Fahrt nach Hause dauerte nicht lange. Danby wohnte ziemlich in der Nähe, in einem hügeligen Vorort, der erst vor kurzem entstanden war. Er hatte ein kleines zweistöckiges Haus mit einer angebauten Garage.
Wie Danby schon befürchtet hatte, verlor Onkel Walter keine Zeit. »Du hast bestimmt etwas zu essen im Haus«, sagte er zu Galatea.
»Roastbeef und Kartoffelbrei«, erklärte sie. »Ich kann dir ein richtiges Festessen versprechen.«
»Ich hatte eigentlich auf eine mehr internationale Küche gehofft«, meinte Walter, »aber eine raffinierte Köchin warst du ja noch nie. Na ja, wollen wir mal probieren, was bei deinen Kochkünsten herausgekommen ist.« Er wandte sich an Danby. »Du hast bestimmt irgendwo eine Flasche versteckt.«
»Das kann ich leider nicht abstreiten«, brummte Danby. »Du hast sogar die große Auswahl.«

»Ich nehme den Bourbon, und mach dir keine Mühe mit Eis und Soda. Die Flasche reicht schon.«
Danby wußte genau, daß Onkel Walter ähnlich wie ein feudaler Gutsherr die nächsten Stunden mit Essen und Trinken verbringen würde, wobei er bei einer Sitzung mehr verdrückte, als vier erwachsene Personen normalerweise essen konnten.
Danby brachte ihm die Flasche ins Wohnzimmer. Onkel Walter schenkte sein Glas voll. »Das regt den Appetit an«, erklärte er. »Du kannst mich jetzt allein lassen, Marius. Ich habe einen Genossen hier, dessen Gegenwart völlig ausreicht, um mich zu trösten und zu wärmen.«
Danby ging in die Küche. »Er ist wieder bei uns, in seiner ganzen Pracht und Herrlichkeit«, sagte er. »Der alte Walter, wie er leibt und lebt. Er wird sich besaufen und besoffen bleiben, bis er einschläft. Morgen erwartet er bestimmt, daß wir ihn in das teuerste Restaurant zum Essen ausführen.«
»Vielleicht wird er nicht in der Lage dazu sein.«
»Für eine Einladung zum Essen würde der sogar aus dem Grab aufsteigen.« Heftig knallte sie den Topf auf die Herdplatte. »Vielleicht muß er genau das tun.«
Danby lachte leise. »Was hast du vor? Ihn vergiften?«
»Ich möchte es wenigstens versuchen.«
Danby lachte schallend. »Dann werde ich ihn dir für eine Weile überlassen. Kannst mich ja rufen, wenn du Hilfe bei der Beseitigung der Leiche brauchst.«
»Gern. Besten Dank für das Angebot.«
Danby grinste noch immer, als er bei Walter vorbeikam, der sich gerade mit seinem zweiten Glas Bourbon beschäftigte. Wäre eine ganz schöne Arbeit, diese Leiche zu beseitigen. Manchmal hatte seine Frau schon einen merkwürdigen Humor.
Da im Augenblick weder seine Frau noch Onkel Walter ihn brauchten oder seine Anwesenheit wünschten, legte er sich aufs Bett und schloß die Augen. Es war ein langer Tag gewesen, und Onkel Walters mitternächtliche Ankunft hatte ihn auch nicht gerade kürzer gemacht.
Er wachte auf, als seine Frau ihn am Arm berührte. »Walter ist von uns gegangen«, sagte sie.
»Prima. Was hat ihn vertrieben? Dein Essen oder mein Schnaps?«
»Er ist nicht weggegangen, er sitzt immer noch unten«, erwiderte sie ungeduldig. »Er ist tot.«
Danby richtete sich auf, war jetzt hellwach. »Du machst wohl einen Witz.«
»Sieh doch selbst.«
Walter lag halb über dem Eßtisch, sein Gesicht neben einem halbvollen Teller, vor ihm die fast leere Whiskyflasche. »Er ist nur besinnungslos«, sagte Danby.

Seine Frau schnaubte wütend. »Aber bis in alle Ewigkeit.«
Danby suchte nach einem Puls und fand keinen, blieb aber unschlüssig, vor allem weil er eigentlich gar nicht genau wußte, wo und wie man nach einem Puls fühlte. Er packte Walters volles weißes Haar und zog daran. Es löste sich und hinterließ einen großen kahlen Fleck, eingerahmt von dünnem grauen Flaum.
»Paßt zu ihm«, höhnte seine Frau. »Er war genau der Typ für eine Perücke. Was sollen wir mit ihm anfangen?«
»Sehr einfach. Wir rufen einen Krankenwagen.«
Sie schüttelte den Kopf. »Das würde ich nicht tun.«
»Warum nicht? Das viele Essen und Trinken war sein Untergang. Er ist ganz offensichtlich an einem Herzversagen gestorben. Nichts Ungewöhnliches in deiner Familie, wie du weißt.«
»Herzversagen - von wegen! Ich habe dir doch gesagt, ich würde es tun. Ich habe ihn umgebracht.«
Danby lachte. »So schlecht ist dein Essen ja nun auch wieder nicht. Wie hast du das angestellt?«
»Es war ganz einfach. Ich habe es genauso gemacht wie die Frau, von der ich letzte Woche in der Illustrierten las. Du kennst doch diese Seite, wo ein Psychiater gute Ratschläge gibt, wie man seine Eheprobleme lösen kann. Ich nahm alle unsere Schlaftabletten und gab sie in seinen Kartoffelbrei. Das Pulver und der Whisky haben ihn erledigt.«
»Beklagte er sich nicht über den Geschmack?«
»Ein Ruf als schlechte Köchin hat eben manchmal auch Vorteile.«
Danby seufzte. »Es steht mir ja nicht zu, dir Vorwürfe zu machen, aber ich wünschte nur, du hättest vorher mit mir gesprochen.«
»Habe ich doch. Ich sagte dir, ich würde es tun.«
»Das nahm ich nicht ernst. Schließlich tut man solche Dinge nicht aus einer Eingebung heraus. Wenn man nicht geschnappt werden will, erfordert es sorgfältige Planung und Vorbereitung. Du hast das Wichtigste übersehen.« »Ich dachte, ich hätte es ziemlich gut geplant.«
»Und wie wolltest du dann die Leiche verschwinden lassen?«
»Ehe ist eine Partnerschaft«, erklärte sie. »Ich habe meinen Teil getan, jetzt bist du dran. Vergrab ihn im Keller oder so was Ähnliches.«
»Unmöglich. Der Kellerboden besteht aus fünfzehn Zentimeter Beton; ich habe keine Werkzeuge dafür, und im Garten können wir ihn ebenfalls nicht verscharren. Ich weigere mich kategorisch, wegen Onkel Walter mein Rosenbeet umzugraben.«
»Dann setzen wir ihn in den Wagen und laden ihn irgendwo ab.«
»Und wo willst du ihn abladen?«
»Die Polizei findet doch anscheinend dauernd Leichen im Fluß oder auf diesen verwahrlosten Äckern in der Nähe vom Flughafen. Wenn die Profis das machen, warum können wir das nicht auch?«
Danby überlegte sich den Vorschlag. »Ich nehme an, diese Leute verste-

hen wirklich ihr Geschäft. Wir müssen ihn in den Wagen schaffen, das ist unser erstes Problem.« Er mühte sich mit Walter ab, ohne großen Erfolg. »Du mußt mir helfen.«

Gemeinsam gelang es ihnen, Walters Leiche vom Stuhl und auf den Boden zu zerren, und das war wirklich Schwerstarbeit.

Atemlos richtete Danby sich auf. »Ein echtes Problem. Ich glaube kaum, daß wir ihn hinaus zum Auto schleifen können. Wir müssen den Schubkarren nehmen.«

»Den habe ich gestern einem unserer Nachbarn geliehen, aber im Hof steht etwas anderes, das wir vielleicht genausogut nehmen können.«

Sie verschwand und tauchte mit einem Höllenlärm wieder auf. Hinter sich zog sie einen Einkaufswagen aus dem Supermarkt her.

Danby war entsetzt. »Es ist verboten, so ein Ding mit nach Hause zu nehmen. Du kannst dafür eingesperrt werden und einen Strafbefehl bis zu fünfundzwanzig Dollar bekommen.«

»Quatsch«, erwiderte sie. »Er ist nicht geklaut. Ich habe ihn nur ausgeborgt. Ich bringe ihn jedesmal in den Laden zurück, wenn ich einkaufen gehe.«

»Es ist trotzdem ungesetzlich«, protestierte Danby. »Laß ihn in Zukunft dort stehen.«

»Und wie bringe ich meine Einkäufe nach Hause?«

»Nimm ein Taxi.« Stirnrunzelnd betrachtete er den Einkaufswagen. »Onkel Walter paßt da nicht rein.«

»Vielleicht können wir ihn obendrauf legen.«

»Das wäre möglich. Hilf mir mal, ihn hochzuheben.«

Walter schien noch schwerer geworden zu sein. Außerdem waren seine Leiche und der Einkaufswagen nicht gerade hilfsbereit. Nach einem schweren Kampf, in dessen Verlauf Danby davon überzeugt war, sich einen Leistenbruch zugezogen zu haben, gelang es ihnen, Onkel Walter oben auf den Karren zu setzen, wo er wie ein übermäßig aufgeblähtes Baby thronte, die Beine über das Vorderteil baumelnd, den Kopf über die Griffstange drapiert, die Arme schlaff an den Seiten herunterhängend. Er machte den Einkaufswagen kopflastig, und mit den kleinen schwenkbaren vorderen Laufrädern ließ sich das Gefährt nur schwer steuern. Es wollte in jede Richtung fahren, nur nicht in die, wohin Danby es schieben wollte. In großen Schlangenlinien schaffte er es durch die Küche und die Garage hinaus zur Auffahrt.

Er blieb neben dem Sportwagen stehen und ließ seinen Blick zwischen der Leiche und dem Auto hin und her wandern. »Großer Gott«, murmelte er, »da paßt er nie rein.«

Man konnte auf den ersten Blick sehen, daß der Kofferraum des kleinen Sportwagens absolut nicht für den Transport solch einer großen Leiche konstruiert worden war.

»Ich habe dir ja davon abgeraten, dieses Auto zu kaufen«, betonte seine

Frau. »Ich wußte, daß es ein Fehler war, aber du mußtest unbedingt deinen sportlichen Ehrgeiz befriedigen.«
»Ich hatte ja keine Ahnung, daß wir irgendwann Onkel Walter im Kofferraum transportieren wollten«, argumentierte Danby. »Wir müssen ihn auf den Beifahrersitz schaffen, so ist er schließlich auch hierhergekommen.«
»Und wo soll ich sitzen?« jammerte sie. »Du wirst doch nicht allein mit ihm fertig.«
Hinter den Vordersitzen gab es keinen Platz, und doch mußte sie mitkommen, wenn Danby nicht nur die Tür öffnen und Onkel Walter einfach hinauskullern lassen wollte.
»Ich kann schließlich um diese Uhrzeit keinen Kombi mieten«, sagte Danby. Er deutete auf das Wagenheck. »Du setzt dich hier rein. Walter mag zu groß sein, aber du paßt auf jeden Fall in den Kofferraum!«
»Kofferraum?« wiederholte sie ungläubig. »Ich setze mich doch nicht in den Kofferraum!«
Danby ließ den Einkaufswagen los und packte sie an den Schultern. »Darf ich dich daran erinnern, daß es schließlich deine Idee war? Du mußt im Kofferraum mitfahren.«
»Aber da drinnen ist es dunkel und schmutzig«, erwiderte sie hitzig. »Wenn du es für so eine gute Idee hältst, dann fahre ich und du setzt dich in den Kofferraum.«
»Du weißt genau, daß du diesen Wagen nicht fahren kannst«, sagte er geduldig. »Du hast auf einem Automatikgetriebe gelernt und weißt noch nicht einmal, wo das Kupplungspedal sitzt.«
Als hätte er ein teuflisches Eigenleben, drehte der Einkaufswagen mit Onkel Walters Leiche sachte seine Schwenkräder und glitt langsam auf den Gummirollen die abschüssige Garagenzufahrt hinunter. Bis Danby es bemerkte, hatte er die Straße erreicht, beschrieb eine elegante Kurve und rauschte mit zunehmender Geschwindigkeit den Hügel hinab. Danby verschluckte sich vor Entsetzen, ließ seine Frau los und sprintete hinter dem Karren her.
Mit seinem erheblichen Vorsprung, dem schweren Körper, der noch für zusätzlichen Schwung sorgte, und der immer steiler abfallenden Straße, lief der Einkaufswagen Danby einfach davon, obwohl er mit seinen kurzen Beinen einen direkt olympiareifen Spurt einlegte, an den dunklen und schweigenden Nachbarhäusern vorbei und über eine Kreuzung hinweg.
Wäre die Gefällstrecke noch etwas länger gewesen, hätte Danby den Wagen nie eingeholt. Aber nach einigen hundert Metern erreichte die Straße ihren tiefsten Punkt und führte von dort aus wieder leicht bergan. Der Einkaufswagen, der wundersamerweise nicht umgekippt war, verlor langsam an Geschwindigkeit, und ein atemloser Danby holte ihn ein und dirigierte ihn an den Straßenrand. Die Bauarbeiten hatten diesen Abschnitt noch nicht erreicht, die hohen Bäume standen noch und machten die Nacht noch dunkler.

Danby stützte sich schwer auf den Karren, und mit zitternden Beinen und keuchenden Atemzügen fragte er sich, ob jemand die verrückte Verfolgungsjagd gesehen oder gehört hatte; aber in den Häusern hinter ihm zeigte sich kein Anzeichen von Aktivität.
Danby blickte sich um und stöhnte vor Verzweiflung. Sein Haus und sein Auto befanden sich jetzt zwei Querstraßen hinter ihm, auf halber Höhe des Hügels, und Danby konnte sich beim besten Willen nicht dazu aufraffen, Onkel Walter und den Karren den ganzen Weg zurückzuschieben; außerdem mochte ein Nachbar auf die Idee kommen, gerade in diesem Augenblick den Mond zu bewundern. Es gab nur eine Lösung.
Er blockierte die Räder des Karrens mit einigen Schieferstücken, die er in der Finsternis mit den Füßen entdeckt hatte. Er würde zurückgehen und den Wagen holen, in der Hoffnung, daß während seiner Abwesenheit kein vorbeikommender Autofahrer mit seinen Scheinwerfern den Karren und seine ungewöhnliche Ladung im Schatten der Bäume entdeckte.
Er hatte erst wenige Schritte zurückgelegt, als das unangenehme Knirschen eines protestierenden Getriebes die Nacht erfüllte. Danby zuckte zusammen. Mit einem Schaltgetriebe hatte seine Frau noch nie umgehen können. Trotzdem kam sie jetzt recht und schlecht die Straße entlang, mit ausgeschalteten Scheinwerfern und heulendem Motor. Es war ein Klang, an dem Danby immer seine Freude gehabt hatte. Nun wünschte er sich eine flüsternde Cadillacmaschine.
Seine Frau würgte neben ihm den Motor ab. »Ich habe mir gedacht, du könntest die Kiste vielleicht brauchen.«
»Hervorragend kombiniert«, erwiderte Danby. »Hilf mir, ihn in den Wagen zu heben, bevor jemand hier vorbeikommt.«
Sie schoben den Karren auf die Beifahrerseite und zerrten an Walters Leiche, ohne jeden Erfolg.
»Er hat sich festgeklemmt!« Galateas Stimme klang gequält.
Während der atemberaubenden Fahrt war Onkel Walter tiefer in den Korb gerutscht und hatte sich dort eingeklemmt. Danby stöhnte matt. Es war unmöglich, ihn aus dem Karren zu heben. »Entschuldigung, Walter«, murmelte er und stemmte sich seitlich gegen den Wagen. Klappernd fiel der Karren um, und Walters Leiche purzelte heraus.
»Okay«, sagte er zu seiner Frau, »du nimmst einen Arm, ich den anderen.«
Sie zerrten ihn zu der offenen Wagentür und schoben ihn mit übermenschlicher Anstrengung nach und nach auf den Vordersitz; Galatea zerrte von drinnen, Danby half gleichzeitig von außen. Nach einer Weile saß Onkel Walter in der gleichen Sitzposition, in der er vom Flughafen hergefahren war.
»Leg ihm den Sitz- und Schultergurt an«, keuchte Danby. »Sonst fällt er mir während der Fahrt auf den Schoß. Das würde mir gerade noch fehlen.«

Festgegurtet, den Kopf gesenkt, die Knie an der Brust, sah Walter aus, als wenn er schlafen würde.
»Wir lassen den Einkaufskorb hier stehen«, erklärte Danby. »Leg dich jetzt in den Kofferraum.«
»Ich will aber nicht.«
»Du bist schuld an der ganzen Sache. Du kannst mir jetzt also wenigstens helfen. Auf, in den Kofferraum mit dir!«
»Ich werde mein Kleid ruinieren.«
»Ich kaufe dir ein neues.«
Ihr Gesicht hellte sich auf. »Darf ich es mir aussuchen?«
»Wo immer du willst.«
»Ich habe da neulich dieses süße rosa Kleid in der -«
»Erzähl mir später davon«, unterbrach Danby. »Leg dich in den Kofferraum.«
Er half ihr hinein, und sie drehte sich hin und her, bis sie einigermaßen bequem lag. Vorsichtig klappte Danby den Kofferraumdeckel zu und setzte sich auf den Fahrersitz. Seine Arme zitterten, und seine Bauchmuskeln schmerzten. Jetzt wollte er nichts anderes mehr, als Walters Leiche so rasch wie möglich loswerden. Der Fluß und die verwilderten Äcker lagen ihm zu weit entfernt, aber ihm war eine andere Möglichkeit eingefallen - ein Müllabladeplatz kaum drei Meilen entfernt, der noch aus der Zeit vor dem Bau dieser Vorstadtsiedlung stammte. Es war offenes Gelände, in der Nähe des Gleiskörpers, das erst von den Baufirmen und dann auch von den Anwohnern benutzt worden war, um unerwünschten und überflüssigen Kram loszuwerden - und Walter war ganz gewiß unerwünscht und überflüssig. Das Gebiet erstreckte sich über mehrere Hektar, und man erreichte es über einen schmalen Feldweg, der am Bahndamm endete.
Danby fuhr langsam und vorsichtig durch die leeren Straßen. Die Polizei in dieser Gegend war verrufen dafür, daß sie während der frühen Morgenstunden irgendwo mit abgeschalteten Scheinwerfern lauerte und auf arglose Verkehrsteilnehmer wartete, die unvorsichtigerweise ein Stoppschild oder eine rote Ampel überfuhren. Danby wollte kein Risiko eingehen.
Er bog in einen gutbeleuchteten Boulevard ein, näherte sich einer Verkehrsampel, die auf Rot geschaltet hatte, und hielt an. Aus den Augenwinkeln sah er genau das, was er erwartet hatte: einen schwarz-weißen Streifenwagen mit abgeblendeten Lichtern, der in der Querstraße parkte. Danby grinste. Sie würden keinen Vorwand finden, ihn anzuhalten.
Die Ampel wechselte auf Grün, er fuhr los - und stellte fest, daß er sich geirrt hatte. Der Innenraum des kleinen Sportwagens wurde plötzlich von dem blinkenden Rotlicht auf dem Dach des Streifenwagens erhellt, und kurze, ungeduldige Hupsignale forderten ihn auf anzuhalten.
Einen panischen Augenblick lang wollte Danby aufs Gaspedal treten. Sein Sportwagen war dem Streifenwagen klar überlegen, aber dann sagte

er sich doch, daß seine Nerven für eine wilde Verfolgungsjagd überhaupt nicht geeignet waren. Er fuhr an den Straßenrand.
Der Streifenpolizist mußte sich bücken, um ins Fenster spähen zu können. Er war jung und hochaufgeschossen und überaus höflich.
»Was habe ich denn falsch gemacht?« fragte Danby.
»Nichts, Sir. Ich wollte Ihnen nur sagen, daß ihr linkes Rücklicht nicht brennt.«
Danby entspannte sich ein wenig. Offenbar hatte Galatea im Kofferraum ein Kabel losgerissen. »Vielen Dank. Ich werde mich morgen früh sofort darum kümmern.«
Der Streifenpolizist beugte sich vor, um einen besseren Blick auf Onkel Walter werfen zu können. »Was ist denn mit Ihrem Freund los?«
Danby hatte gehofft, daß er ihn nicht bemerken würde. »Betrunken«, erklärte er, was in Onkel Walters Fall nie gelogen war. »Ich bringe ihn nach Hause, damit er seinen Rausch ausschlafen kann.«
Der Polizist brummte. »Der sieht schlimmer als nur betrunken aus.«
»Es war eine ziemlich wilde Party«, sagte Danby, »aber sonst fehlt ihm nichts. Er ist nur besinnungslos.«
»Irgendein besonderer Grund?«
»Seine Frau hat ihn verlassen. Das feierte er.« Der Streifenpolizist grinste.
Eine piepsige Stimme, gedämpft, aber deutlich zu verstehen, drang aus dem Kofferraum. »Sind wir schon da?«
Das Grinsen des Polizisten verschwand wie weggewischt. »Was war denn das?«
»Nichts«, meinte Danby hoffnungsvoll.
Die Stimme war erneut zu hören: »Laß mich raus!«
»Okay, mein Lieber«, sagte der Polizist drohend, »erzählen Sie mir ja nicht, ich hätte Halluzinationen.«
»Ach so, das«, brummte Danby wegwerfend. »Das ist nur meine Frau. Sie sitzt im Kofferraum.«
»Im Kofferraum?«
»Natürlich«, erwiderte Danby ungeduldig. »Sie sehen doch selbst, daß hier vorn kein Platz für sie ist.«
»Machen Sie auf«, befahl der Polizist unsicher, die Hand auf dem Griff seines Revolvers.
Danby nahm die Schlüssel und klappte den Kofferraumdeckel auf. Seine Frau blinzelte in die plötzliche Helligkeit. Sie sah den Polizisten an. »Oh«, murmelte sie.
»Was soll das bedeuten?« forschte der Gesetzeshüter.
»Hab' ich Ihnen doch schon gesagt«, entgegnete Danby. »Sie wollte mitkommen, aber vorn war kein Platz für sie.«
»Stimmt das?« fragte der Polizist Galatea. Galatea nickte.
»Ich weiß nicht recht«, murmelte der Polizist. »Ich hab' noch nie davon gehört, daß jemand freiwillig im Kofferraum mitgefahren wäre.«

»Es ist ein Teil des Autos, oder?« argumentierte Danby. »Warum soll man nicht im Kofferraum mitfahren dürfen?«
»Genau«, unterstrich Galatea, »warum soll man nicht im Kofferraum mitfahren dürfen.«
»So etwas tut man einfach nicht«, sagte der Streifenpolizist.
»Ist es ungesetzlich oder was?« piepste Danby entrüstet. »Gibt es ein Gesetz gegen das Mitfahren im Kofferraum?«
»Eben«, nahm Galatea das Stichwort auf. »Ich habe nie von einem Gesetz gehört, das Mitfahren im Kofferraum verbietet. Wenn es mir dort gefällt, ist das mein Privatvergnügen. Vielleicht ist es mein neuestes Hobby.« Sie warf mißbilligend den Kopf zurück und kuschelte sich wieder in ihre alte Lage. »Mach die Klappe zu, Schatz. Fahren wir weiter.«
Danby hob die Arme und zuckte mit den Schultern. »Sehen Sie?«
Der Streifenpolizist schüttelte verwirrt den Kopf. »Bei diesem Job lerne ich jeden Tag neue Verrückte kennen. Irgendwann langt mir's. Na schön, zischen Sie ab.«
Danby stieg in den Wagen und zischte ab. Wenn dieser Polizist auf die Idee gekommen wäre, Onkel Walter näher zu untersuchen, würden er und seine Frau sich jetzt schon auf dem Weg zu dem hübschen neuen Gefängnis befinden, das man erst kürzlich errichtet hatte. Lebend war Onkel Walter schon ein Ärgernis und eine schwere Bürde gewesen. Als Toter machte er noch hundertmal mehr Schwierigkeiten.
Nach einer weiteren Meile verließ er den Boulevard und hielt an. Der Streifenwagen war nirgends zu sehen. Danby folgte der Nebenstraße und arbeitete sich langsam zu der Stelle vor, an der er Onkel Walter auskippen wollte.
Der Schuttabladeplatz war voll merkwürdiger Schatten, die gespenstig im Licht seiner Scheinwerfer auftauchten. Als er glaubte, weit genug hineingefahren zu sein, hielt Danby an, öffnete den Kofferraum und ließ seine Frau heraus. Sie blickte sich um und schüttelte sich. »Richtig gruselig, nicht wahr?«
»Das ist schließlich auch nicht das Einkaufscenter«, entgegnete Danby. »Komm, schaffen wir ihn weg und verschwinden wir von hier.«
Sie half ihm, Onkel Walter aus dem Wagen zu schieben.
»Es gefällt mir nicht«, erklärte sie, »ihn hier einfach so auf dem Erdboden liegen zu lassen. Schließlich ist er ein Verwandter von uns.«
»Eine höchst passende Gelegenheit, dir das plötzlich zu überlegen. Was sollen wir denn sonst mit ihm anstellen? Außerdem macht es ihm so oder so nichts mehr aus.«
»Können wir nicht irgend etwas tun?«
»Wir können von hier verschwinden, bevor uns jemand sieht.«
»Hör zu«, meinte sie, »wollen wir ihn nicht dort hineinlegen?«
Im Licht der Sterne sahen sie einige Meter entfernt eine alte Badewanne stehen.

»Beinahe wie ein Bett«, sagte sie. »Oder ein Sarg.«
Danby seufzte. »Du hast eine merkwürdige Phantasie.«
Sie schafften Walter in die Badewanne und falteten ihm die Hände auf der Brust.
»Er sieht richtig nett aus«, meinte sie. »So friedlich.«
»In fünfzehn Minuten«, erklärte Danby, »sehe ich genauso aus. Für eine Nacht reicht mir das. Machen wir, daß wir nach Hause und ins Bett kommen. Sobald er gefunden wird, kommen eine Menge Fragen auf uns zu, und wir müssen Antworten parat haben.«
»Das ist einfach«, erwiderte Galatea. »Wir erwarteten Onkel Walter, aber er kam nicht an. Man hat ihn auf dem Weg vom Flughafen überfallen.«

Danby hatte ein ungutes Gefühl, daß es nicht so einfach sein würde. Er schlief nicht besonders gut. Dafür aber seine Frau.
Der Morgen dämmerte bereits, als ihn das Trommeln von Regentropfen auf dem Dach aus einem unruhigen Schlaf weckte. Er dachte an Onkel Walter in der Badewanne und mußte grinsen. Walter würde wassergetränkt in die Grube fahren, etwas, wogegen er sich energisch zur Wehr gesetzt hätte.
Danby schlüpfte in einen Bademantel, ging in die Küche und setzte Kaffeewasser auf. Im kalten und grauen Licht des regnerischen Morgens schien Onkel Walter weit weg zu sein.
Danby hatte gerade seine erste Tasse geleert, als die Türglocke klingelte. Er zuckte zusammen.
Um diese Zeit sollte niemand, aber auch wirklich niemand an seiner Haustür sein.
Mißtrauisch öffnete er die Tür. Das erste, was er sah, war der breite Rücken eines Streifenpolizisten, der Kragen des schwarzen Regenmantels um einen dicken Hals hochgeschlagen, und darüber ein breitkrempiger Hut, von dem das Wasser tropfte. Danby warf beinahe die Tür wieder ins Schloß, bevor er den zweiten Mann sah, der neben dem Polizisten stand.
Es war Onkel Walter.

Es war Onkel Walter.
»Äh - äh - äh -«, stotterte Danby.
»Guten Morgen, Marius«, sagte Onkel Walter, das regennasse, schmutzige Gesicht zu einem breiten Grinsen verzogen.
Der Streifenpolizist wandte sich um. »Kennen Sie diesen Mann?«
»Äh - äh - äh -«, wiederholte Danby.
»Wir sollten ihn eigentlich wegen Trunkenheit und Störung der öffentlichen Ordnung einsperren, lassen ihn aber diesmal noch laufen. Behalten Sie ihn im Auge. Das nächstemal hat er nicht mehr soviel Glück.« Der Polizist tippte grüßend an seinen Hut und ging in den Regen.
Walter schob sich durch die Tür herein. »Dachte schon, du müßtest aufs

Revier kommen und mich herausholen, aber ich habe mich sehr nett mit ihm unterhalten.«
»Was?« sagte Danby betäubt.
Walter seufzte. »Scheint eine Reaktion auf mein fortgeschrittenes Alter zu sein. Passiert mir manchmal, wenn ich zuviel trinke. Ich stehe dann einfach auf und wandere herum und wache dann an den merkwürdigsten Orten auf. Hast du dir nicht schon Sorgen gemacht, was mit mir passiert sein könnte?«
Danby fand seine Stimme wieder, dünner und piepsiger als je zuvor. »Wir dachten, du hättest einen Spaziergang gemacht.«
»Weißt du, wo ich aufgewacht bin? In einer Badewanne mitten auf einem Schuttabladeplatz. Muß dort hineingekrochen sein, um ein Nickerchen zu machen. Der Regen weckte mich dann auf, und ich marschierte los. Dabei hat mich die Polizei aufgegabelt.« Er rieb sich die Hände. »Okay, jetzt ist alles vorbei - wo steht die Flasche?«
Danby starrte ihn nur an. Schritte auf der Treppe veranlaßten ihn sich umzudrehen.
Galatea schaffte es bis zum ersten Treppenabsatz, bevor sie Onkel Walter entdeckte. Sie blieb stehen. Sie schrie auf. Sie fuhr sich mit der Hand an die Kehle, brach zusammen und kollerte die restlichen Stufen hinab.
Danby beugte sich über sie. »Steh auf«, sagte er. »Es ist nur Onkel Walter.«
»Rechtzeitig zum Frühstück«, erklärte Onkel Walter vergnügt.
Danby betrachtete sie eingehender. Er fuhr ihr vorsichtig übers Gesicht. »Galatea!« Sie lag ungewöhnlich still.
Onkel Walter beugte sich über sie. »Sie sieht nicht gut aus«, meinte er. »Genau gesagt, sie sieht ziemlich tot aus. Wahrscheinlich ihr Herz. Vererbt sich in unserer Familie, weißt du.«
»Äh - äh - äh -«, fing Danby wieder an zu stottern.
»Weißt du was?« sinnierte Onkel Walter. »Wir sollten sie irgendwohin legen. An einen bequemen und gemütlichen Ort. Zum Beispiel in eine Badewanne. Badewannen sind sehr bequem und gemütlich.«
Danby blickte ihn an. Mehr denn je erinnerte er ihn an ein Walroß.

Geheime Ermittlung

Max Van Derveer

»Was bildet ihr Berufsfritzen euch eigentlich ein?« fragte D. J. Opulant verärgert. »Als ob wir eure Hilfe nötig hätten!« Er war ein unglaublich langer, grobknochiger Mensch, und seine ganze Haltung drückte Feindschaft aus.

Seine Worte blieben in der Stille hängen, die zwischen uns eingetreten war, während ich versuchte, mir über meine Gefühle klarzuwerden. Es war eine Mischung aus mühsam unterdrücktem Zorn, wachsender Neugier, totalem Überdruß und einer neu erwachenden bösen Vorahnung.

Ich wischte mir mit dem Taschentuch über die feuchte Stirn, durchquerte das Zimmer und blieb vor dem einzigen Fenster stehen. Draußen bewegte sich kein Lufthauch. Die glutheiße Nachmittagssonne war schon vor einer Stunde hinter den westlichen Horizont gesunken, aber die brütende Hitze lastete noch immer wie eine feuchtschwere Decke auf der Landschaft. In der Dorfstraße - zwei Häuserzeilen, die sich bis zum Seeufer erstreckten - waren einige Fenster schwach erleuchtet, und draußen auf dem Wasser erzeugten die winzigen Lichtpunkte vereinzelter Bootslampen die Illusion, als vollführten Glühwürmchen einen mystischen Tanz.

»Also?« bohrte D. J. Opulant.

Ich raffte den Rest meiner strapazierten Geduld zusammen, wandte mich von dem Ausblick ab und drehte mich zu ihm um. Er war der einzige Mensch in Timber, von dem ich erwartet hatte, er würde meine Ankunft begrüßen. Ich blickte ihm ins Gesicht und wiederholte langsam und ausführlich, warum Chester Barrow mich in dieses gottverlassene Kaff im Seengebiet geschickt hatte. Chester Barrow ist seit siebenundzwanzig Jahren Branddirektor der staatlichen Berufsfeuerwehr.

Aber ich hätte meine Erklärung auch diesmal für mich behalten können. Der Leiter der freiwilligen Feuerwehr, die für Timber und einen dreiundneunzig Quadratmeilen großen Uferstreifen um den Timber Lake zuständig war, blieb sauer. »Was wollen Sie damit sagen?« fragte er. »Daß was faul war an der Sache? Brandstiftung etwa? Behaupten Sie, jemand hätte Pepperstones Haus mutwillig und vorsätzlich angesteckt?«

»Pepperstones Versicherung hat einen ihrer Experten hergeschickt, um die Sache zu untersuchen.«

»Weiß ich«, sagte Opulant patzig. »Der war auch bei mir. Wollte allen möglichen Blödsinn wissen. Das war vor fünf - nein, sechs Tagen.«

»Der Mann ist überzeugt, daß es sich bei Pepperstones Haus um Brandstiftung handelt.«

»War es aber nicht. Glauben Sie vielleicht, ich kümmere mich nicht um die Brandursache? Die überpüfe ich jedesmal !«

»Das möchte ich annehmen.«
»Pepperstone und seine Frau waren an dem Abend zum Essen ausgegangen. Zu einem dieser Clubs am anderen Ufer. Es war keiner im Haus. Aber eins kann ich Ihnen versichern, Mr. Pane: Unsere Ermittlungen lassen nur den einen Schluß zu, daß einer der beiden eine brennende Zigarette oder ein glimmendes Streichholz oder sonstwas hinter ein Sofakissen fallen gelassen hat. Das Sofa schwelte 'ne ganze Weile, dann kam der Teppich dran, und schließlich fingen die Gardinen Feuer. Bis wir ankamen, hatte sich der Brand schon so weit ausgebreitet, daß nichts mehr zu retten war. Die ganze Bude stand in Flammen.«
»Die Pepperstones sind beide Nichtraucher, Chief.«
»Ja«, sagte er ungerührt. »Das haben sie mir auch erzählt, aber das heißt nicht, daß ich es ihnen unbedingt abnehmen muß.«
»Und warum nicht?«
Er ging gereizt in Verteidigungsstellung. »Hören Sie mir mal gut zu, Mr. Pane. Vielleicht rauchen die beiden tatsächlich nicht. Vielleicht war es also keine Zigarette und kein Streichholz. Es kann ebensogut ein schadhaftes Kabel in der Zimmerdecke gewesen sein. Kann sein, daß es in der Decke über dem Sofa zu schwelen anfing. Vielleicht fielen ein paar glühende Stücke Putz von der Dekke aufs Sofa. Alles möglich, Mr. Pane, aber nach allem, was wir herausgefunden haben, weiß ich, daß das Feuer in der Sofaecke des Wohnzimmers ausbrach.«
»Gibt es hier in der Gegend jemanden, der Pepperstone auf dem Kieker haben könnte? Oder seine Frau? Oder beide?«
»Was?«
Endlich kapierte er, worauf ich hinauswollte, und die Erkenntnis brachte ihn beinahe aus der Fassung. Während er dasaß und versuchte, den Gedanken zu verkraften, konnte ich mir eine gewisse Genugtuung nicht verkneifen.
Ich trieb ihn weiter in die Enge. »Wenn wir es nicht mit einem Pyromanen zu tun haben, muß es ein Motiv geben. Irgendeinen Grund, warum jemand das Haus der Pepperstones abbrennen wollte. Kann es ein Racheakt gewesen sein? Gab es jemanden, der wütend auf sie war? Jemanden, der sie vom See vertreiben wollte? Oder sogar aus der Gegend? Vielleicht …«
»Pepperstone ist hier aber gar nicht ansässig«, unterbrach D. J. Opulant störrisch. »Das Haus war nicht sein ständiger Wohnsitz.«
»Nein. Aber während der Sommermonate verbrachte er regelmäßig sechs bis acht Wochen hier, und das schon seit sechs Jahren.«
»Ja, aber …«
»Er oder seine Frau, vielleicht auch beide, könnten sich doch mit irgend jemandem angelegt und verfeindet haben. Vielleicht sogar mit mehreren Ortsbewohnern. Darum bin ich hier, Mr. Opulant. Um dieser Frage auf den Grund zu gehen. Darum habe ich Sie heute abend hierher ins Hotel gebeten. Fürs erste bleibe ich am besten anonym. Ich möchte meine

Ermittlungen in aller Stille vornehmen. Andererseits brauche ich jemanden, der um den See herum Bescheid weiß, der den Ort und die Bewohner kennt.«

»Dieses Feuer ist nicht gelegt worden, junger Mann«, beharrte er. »Glauben Sie vielleicht, ich würde einen Fall von Brandstiftung übersehen? Bin nicht umsonst seit achtzehn Jahren Bezirksbrandmeister. Aber wenn ...«

Ein tiefes Heulen draußen vor dem Hotel schnitt ihm das Wort ab, ein Heulen, das rasch lauter wurde und den ganzen Ort durchdrang. Ich wirbelte herum und spähte durch das rostige Fliegenfenster, während das Geräusch zu einem hohen Gellen anschwoll, das gegen meine Trommelfelle hämmerte und das Zimmer zum Bersten anzufüllen schien.

»Feuer!« explodierte D. J. Opulant.

Das Heulen war der Ruf der Dorfsirene. Er stürzte hinaus, und ich rannte hinter ihm her.

Es war ein abgelegenes kleines Haus in einer Lichtung am Südufer des Timber Lake, und bis der Löschzug der freiwilligen Feuerwehr eintraf, brannte es bereits lichterloh. D. J. Opulant bewies Umsicht und Erfahrung und befahl seinen Leuten, ihre Spritzen nur auf die niedrigen Zweige der umstehenden Bäume zu richten.

Ich bezog Posten am Rand der Lichtung und nahm das Feuer kritisch in Augenschein. Schon die Farbe der Flammen konnte wichtige Hinweise geben. Ich suchte in den wirbelnden Rauchschwaden nach verräterischen Zeichen, nach der dichten, rußigen Schwärze, die auf brennendes Öl hätte schließen lassen. Aber nein, davon war nichts zu entdecken. Ich hob den Kopf und schnupperte.

Hing nicht ein schwacher Benzingeruch in der Luft? Meine Phantasie mußte mit mir durchgegangen sein. Ich wandte mich den Menschen zu, die von den Flammen angestrahlt die Szene umringten. Es war die gleiche bunt zusammengewürfelte Menge, die sich überall in Stadt und Land um ein Feuer versammelt, und wie überall las ich leichte Neugier, Besorgnis, Erregung oder auch stumpfe Gleichgültigkeit in den Mienen. Bei Großstadtbränden entdeckt man als erfahrener Ermittlungsbeamter manchmal ein bekanntes Gesicht in der Menge, einen Wiederholer, jemanden, der es sich nicht nehmen läßt, bei jedem Brand dabeizusein. Es sind Menschen, denen der Anblick eines rasenden Feuers makabres Vergnügen bereitet, und manche dieser Wiederholer wurden eines Tages zu Brandstiftern, nur um ihre Schaulust zu befriedigen. Aber hier um den See herum, wo jeder jeden kannte, würden es bei allen Ereignissen - bei Bränden und Verkehrsunfällen, oder wenn jemand ertrank - immer dieselben Gesichter sein. Dieselben Menschen, die sich auch auf den Hochzeiten trafen. Sie waren alle Wiederholer, aber was sie hergebracht hatte, war nicht so sehr Sensationslust als ihr Zusammengehörigkeitsgefühl.

»Da ist alles dran, was?«

Ich quittierte die Bemerkung des Fremden mit einem Kopfnicken. Der

Mann hatte sich nach vorn geschoben und neben mich gestellt. Er war sicher Mitte Fünfzig und trug ein kariertes Sporthemd, eine zerknitterte Hose, schwere Stiefel und eine Baseballmütze - die Uniform der Einheimischen. Er grinste und streckte mir die Hand hin. »Harry Ramer, mein Name.« Seine Stimme war auffallend tief. »Ich hab' draußen am Ortsausgang eine Anglerkolonie. Sind Sie bei jemandem hier in Timber auf Besuch?«

»Auf Besuch?«

Harry Ramer lachte behäbig. »Na ja, wo Sie so'ne feine Kluft spazierenführen, Mister. Die Leute im Dorf und die Fremden, die zum Angeln hier sind, tragen gewöhnlich keinen Straßenanzug. Anzüge und all das, nee - davon wollen die ja gerade weg, wenn sie zu uns rauskommen.«

Ein guter Beobachter, dieser Harry Ramer, stellte ich bei mir fest. Ein Mann, der sich auf sein Touristengeschäft verstand. Ich nickte ihm zu und stellte mich vor.

»Macdonald Pane. Ich wohne hier im Hotel. Bin erst heute nachmittag angekommen. So ironisch es im Augenblick vielleicht auch klingt: Ich verkaufe Feuerlöschgeräte an Städte und Bezirksverwaltungen. Wollte bei Ihrem Gemeinderat anklopfen, es könnte ja sein, daß ich Interessenten finde.«

Eine Lüge, aber als Tarnung unumgänglich.

Harry Ramer wechselte das Standbein und wiegte seinen großen, schweren Körper bedächtig hin und her, aber sein Lächeln blieb unverändert freundlich. »Sehen Sie den Langen da drüben?« fragte er und machte eine Kopfbewegung zu den Feuerwehrmännern. »Den Großen, der das Sagen hat? Das ist Oppie, unser Brandmeister. Wenn Sie in Timber was verkaufen wollen, müssen Sie sich an den halten, Mr. Pane. Was Oppie beantragt, wird grundsätzlich bewilligt. Muß ich schließlich wissen, sitze ja selbst im Gemeinderat.«

Ich steckte mir eine Zigarette an und fragte beiläufig: »Wem gehört dieses Haus?«

»Einem Bankier aus dem Süden. Einem Junggesellen. Jamison heißt er. Verbringt jedes Jahr ein paar Wochen hier, mal im Winter, mal im Sommer. Ist leidenschaftlicher Angler, der Mann. Ganz verrückt danach in jeder Jahreszeit, Sommer wie Winter.«

War es bloßer Zufall, daß innerhalb von zehn Tagen zwei Häuser in Timber abgebrannt waren, Ferienhäuser, deren Besitzer ihren ständigen Wohnsitz in anderen Teilen des Staates hatten?

Ich zog an meiner Zigarette und studierte die Gesichter der Umstehenden. »Welcher ist es denn?«

»Jamison? Der ist erst gestern wieder abgefahren. War die letzten drei Wochen hier, aber gestern vormittag schob er ab nach Süden. Ich hatte im Dorf zu tun und sah ihn in seinem Wagen. Na ja, dann gehe ich wohl wieder. Muß zurück ins Camp. Sieht so aus, als ob Oppie hier alles unter

Kontrolle hat. Ich bin nur schnell mal rübergekommen, um zu sehen, ob die Jungens Hilfe brauchen.« Er brach ab und lachte. »Bin schon von klein auf jedem Löschwagen nachgelaufen, Mr. Pane. Sie vielleicht nicht?«
»Ein wenig steckt diese Neugier wohl in uns allen, Mr. Ramer.«
»He, Oppie!« Die Stimme des Feuerwehrmannes klang unnatürlich laut. Er kam an der Ecke des Hauses hinter den langsam in sich zusammensinkenden Flammen zum Vorschein. »Oppie, komm her! Da drinnen liegt 'ne Leiche! Ich kann sie ganz deutlich erkennen.«
»'ne Leiche!« stieß Harry Ramer aus. »Nee, Mann, will ich nicht sehen!«
Aber Harry Ramer kümmerte mich nicht mehr. Ich sprintete auf die Lichtung hinaus und um das brennende Gebäude herum auf Opulant zu. Er stand vor einer Gruppe seiner Leute, hatte die Hände schützend vor das Gesicht gehoben und spähte durch die gespreizten Finger in die Flammen.
»Ja«, sagte er langsam. »Da ist wahrhaftig jemand drin. Aber wir können ihn jetzt nicht herausfischen. Hätte sowieso keinen Zweck mehr.«
Es würde noch Stunden dauern, bis das Feuer so weit heruntergebrannt war, daß man die verkohlte Leiche herausschaffen und anfangen konnte, die Trümmer zu untersuchen. Vermutlich würde die Feuerwehr die ganze Nacht spritzen müssen, um die letzte Glut zu löschen. Soweit es mich betraf, würde ich mit meiner Inspektion ohnehin sehr viel besser bei Tageslicht vorankommen, also kehrte ich der Brandstelle den Rücken und wechselte in die kleine Bar neben der Hotelhalle über. Es war zwanzig vor elf, als ich eintrat. Zeit genug für ein Bier.
Eine der Kojen links neben der Tür war von zwei Männern besetzt, und auf einem Hocker am Ende der kurzen Theke saß eine junge Frau. Sie war etwa fünfundzwanzig, attraktiv, dunkel gebräunt und sah in weißer Bluse, beigen Shorts und braunen Mokassins adrett und sportlich aus. Außer mir waren die drei die einzigen Gäste. Ich ignorierte die Männer, aber beim Anblick der Frau kletterte meine Stimmung ein paar Sprossen in die Höhe.
Sie saß mit geradem Rücken und straffen Schultern vornübergelehnt auf ihrem Hocker, hatte die Ellbogen auf die Theke gestützt und die Hände unter dem Kinn gefaltet. Die braunen Beine waren übergeschlagen, und ein Fuß hakte sich um die Fessel des anderen.
Sie schien in eine Unterhaltung mit dem Barmann vertieft, einem gesundheitsstrotzenden Jüngling, aber bei meinem Eintritt brachen sie ihr Gespräch abrupt ab. Der junge Mann wandte sich mit einem Grinsen zu mir um, um meine Bestellung entgegenzunehmen, und die Frau heftete ihre dunklen Augen auf mich und musterte mich ungeniert. Der Jüngling war gleich wieder da, stellte ein Glas und eine beschlagene Flasche Bier vor mich hin, und sein Grinsen wurde noch breiter.
»Waren Sie draußen bei dem Brand, Mister?« fragte er und zog die Nase kraus. »Ich kann Rauch an Ihnen riechen.«

»Ja«, sagte ich.
»Spannend bei uns, was? Das hätten Sie bestimmt nicht erwartet, oder? Ich hab Sie heute nachmittag schon gesehen. Draußen beim Empfang.«
Ich schüttelte meinen Ärger über seine ungehobelte Vertraulichkeit ab und wandte mich an die junge Frau. »Ich dachte immer, auf dem Land strömt alles hin, was gehen kann, wenn es irgendwo brennt. Das war wohl ein Irrtum, wie?«
Sie schob sich höher auf den Hocker hinauf und stellte die Beine gerade. »Nein, ich war da«, sagte sie und lächelte amüsiert. »Ich bin aber zufällig nicht scharf auf Brände. Jedenfalls nicht so scharf wie auf Bier. Bringst du mir noch eins, Billy?«
Ich nahm mein Glas und meine Flasche und setzte mich auf den Hocker neben ihrem. Sie sah mich an und gluckste verhalten. Am anderen Ende der Theke schnappte der Deckel des Bierkühlers mit einem scharfen Knall auf. Das Geräusch war so überraschend laut, daß ich mich zu dem Barmann umwandte, der eine weitere Flasche Bier aus dem Behälter holte. Sein Grinsen war wie weggewischt, und er vermied es uns anzusehen, während er die Flasche mit einer raschen Drehung des Handgelenks öffnete.
Die Frau lachte ihn an, als er das Bier vor sie hinstellte. Es war ein weiches Lachen. »Bist du so gut und schreibst es an, Billy?«
Er drehte sich weg, und ich stellte mich vor. »Ich heiße Macdonald Pane«, sagte ich. »Ich hatte aber nicht die Absicht, Ihre Unterhaltung hier zu unterbrechen.«
Die junge Frau schüttelte den Kopf und hielt Glas und Flasche schräg gegeneinander. Ihr schwarzes Haar war kurz geschnitten und zu einer glatt anliegenden Frisur gebürstet. Sie hatte ein vergnügtes Funkeln in den Augen, und um ihre Mundwinkel spielte ein Lächeln. »Das tun Sie auch nicht. Billy schnappt zu leicht ein, das ist alles. Er glaubt, er liebt mich. Übrigens: Ich heiße Dee Ramer.«
»Ramer?«
Sie blinzelte mich an. »Ist was?«
»Nein«, sagte ich hastig. »Ich bin nur überrascht. Es ist noch keine Viertelstunde her, da habe ich einen Mann kennengelernt, der auch Ramer heißt. Harry Ramer. Er war auf der Brandstelle mit dabei.«
»Ach so.« Die Frau nickte und starrte ausdruckslos in ihr Glas, das sie mit beiden Händen umspannte. »Harry Ramer ist mein Vater.«
Sie hob das Glas und nahm einen hastigen Schluck. Aber es war nicht so sehr die Frau als der junge Barmann an der Kasse, der meine Aufmerksamkeit auf sich zog. Aus dem Augenwinkel registrierte ich, wie er zusammenzuckte. Ich hatte das Gefühl, als ob er etwas sagen wollte. Er schien an einem Kloß im Hals herumzuwürgen und stierte böse auf die Theke. Aber dann beugte er sich mit verkrampftem Gesicht wieder über seinen Notizblock und kritzelte seine Eintragung zu Ende.

Ich wandte mich zu Dee Ramer um. »Ich fürchte, ich habe wirklich ein Tête-à-tête unterbrochen.«
Plötzlich war sie wieder wie umgewandelt. Ein blitzendes Lächeln erhellte ihr Gesicht, und sie legte mir die Finger auf das Handgelenk, warme, kräftige Finger, die sich mit leichtem Druck in meine Haut gruben. »Aber gar nicht«, sagte sie leise. Ihr Blick blieb an mir hängen, und ich sah, wie die schalkhafte Belustigung in ihre dunklen Augen zurückkehrte. »Ich habe einen Vorschlag«, sagte sie impulsiv. »Sie sind fremd hier, da könnte ich Ihnen eigentlich den See zeigen. Das heißt, wenn Sie Lust haben. Ich habe meinen Wagen hier. Am anderen Ufer gibt es ein paar nette Clubs.«
Sie rutschte vom Hocker und richtete sich zu ihrer ganzen schlanken Größe auf. »Nun kommen Sie schon«, drängte sie. »Ich hab keinen Appetit mehr auf das Bier hier. Suchen wir uns was anderes.«
Sie führte mich zu einem kleinen Sportwagen mit offenem Verdeck und winkte mich in den Sitz neben sich. Sie war am Steuer so sicher, daß ich, bis wir das Ende der Hauptstraße erreichten und in die geteerte Uferstraße einbogen, meinen eigenen Gedanken nachhing. Die Feindseligkeit des jungen Mannes, den wir hinter der Theke in der Bar zurückgelassen hatten, beschäftigte mich.
Dee Ramer streifte mich mit einem Seitenblick. »Wenn Sie an Billy denken, den können Sie vergessen. Billy zählt nicht.«
Ihre sprudelnde gute Laune tat mir wohl, und die Nachtluft, die mein Gesicht streifte, erfrischte mich. Diese Fahrt mit Dee Ramer war das einzig Erfrischende, das ich an diesem Tag seit dem Morgengrauen erlebt hatte, und ich entspannte mich dankbar. Der Gedanke an den Grund, warum ich in das Seengebiet gekommen war, an die nötige Vorsicht, holte mich erst wieder ein, als wir dabei waren, die dritte Station auf unserem Clubbummel zu verlassen. Durch die gellende Musik aus der Musikbox drang das Stimmengesumm der Gäste nur gedämpft zu uns an die Tür. Aber auch hier - wie in den beiden anderen Clubs, die wir besucht hatten - fielen mir die Blicke auf, die sich verstohlen auf uns richteten und uns aus den Augenwinkeln zu folgen schienen, und ich sah tuschelnd zusammengesteckte Köpfe.
Aber ich tat Blicke und Geflüster als unwichtig ab, schrieb beides Dee Ramers Schönheit und Munterkeit zu.
Ich trat zur Seite, um sie an mir vorbeizulassen, aber in der offenen Tür wippte sie plötzlich mit einem kleinen Überraschungsschrei auf die Zehenspitzen und stolperte zurück. Sie war mit einem eintretenden Gast zusammengeprallt.
Der Mann, der hereinschlurfte, war groß, schwer und betrunken. Er wankte einen Augenblick vor Dee Ramer hin und her, dann kam ihm die Erleuchtung: »Ach, du bist's, Schatz«, lallte er. »Wo hast du deinen Alten gelassen?«

Sie runzelte die Stirn, dann klopfte sie dem Koloß auf die Brust. »Harry ist zu Hause, Judson. Wo denn sonst?«
Ich hatte ein ungutes Vorgefühl.
Dee Ramer umrundete den Mann, ging durch die Tür hinaus, und ich wollte folgen, als das Vorgefühl sich bestätigte: Eine Hand legte sich auf meinen Arm.
Der riesige Kerl fixierte mich finster und blaffte: »Wer bist du, du Würstchen?«
Ich war auf alles gefaßt, aber dann stand Dee Ramer neben mir, hob seine Pranke von meinem Arm und sagte kühl: »Benimm dich wie ein erwachsener Mensch, Judson.«
Ich folgte ihr hinaus und erwartete, er würde uns nachlaufen, aber er blieb wie angewurzelt in der Tür stehen. Ich ließ mich in den Autositz fallen und holte tief Luft, als Dee Ramer den Zündschlüssel umgedreht hatte und der Motor ansprang.
»Mann! Es hätte schlimm kommen können mit dem.«
»Judson wird böse, wenn er getrunken hat«, entgegnete sie brüsk.
»Auch andere hier am Ort werden böse«, sagte ich unüberlegt. »Und auch ohne Alkohol.«
Dee musterte mich stirnrunzelnd, als wir den Parkplatz überquert hatten und an der Ausfahrt zur Uferstraße hielten.
Ich versuchte, meinen Ausrutscher zu überspielen. »Ich lernte Ihren Brandmeister heute abend kennen«, sagte ich nonchalant. »Den fand ich auch nicht besonders angenehm. Aber er hatte ein Problem am Hals. Hatte gerade eine Leiche in Jamisons Haus entdeckt.«
»Ja«, sagte sie ernst. »Davon habe ich gehört. Aber es kann nicht Oscar ... Mr. Jamison gewesen sein. Der ist schon heute vormittag abgereist.«
»Das hat man mir erzählt.«
»Ich frage mich bloß, wer ...« Sie brach ab und starrte ein paar Augenblicke lang grübelnd vor sich hin. Dann schüttelte sie abrupt den Kopf und lächelte mich an. »So, und wohin jetzt?«
»Zurück zum Hotel«, sagte ich widerstrebend. »Ich habe einen anstrengenden Tag vor mir.«
»Ach«, machte sie, und es klang enttäuscht, aber sie schlug das Steuer in Richtung Timber ein. »Ja, dann ... Aber wir könnten uns morgen doch wieder treffen, oder? Sagen wir um vier. Morgen nachmittag um vier in der Hotelbar. Abgemacht?«
Ihr Elan war ansteckend. »Also gut«, lachte ich. »Morgen um vier.«
Der Nachtportier des Hotels, ein knorriger Mann in vorgeschrittenem Alter, saß mit hochgezogenen Schultern auf der obersten Stufe der Vordertreppe, als Dee Ramer mich in der Einfahrt absetzte.
»Ihr Kopf ist wohl nicht allergisch gegen Blei, Mr. Pane, oder?« fragte der Alte mit hoher Stimme: »Harry Ramer hat nicht viel übrig für Leute, die mit seiner Dee ausgehen.«

»Ein tyrannischer Vater, dieser Harry Ramer, wie?« fragte ich und ging an ihm vorbei zur Tür.
»Was sagten Sie da?« fistelte er. »Vater, Mr. Pane? - Nee, mein Lieber, von wegen Vater. Harry Ramer ist ein verdammt eifersüchtiger Ehemann!«
Ich feuerte hastig ein paar Fragen auf ihn ab und würgte seine Antworten in mich hinein. Zehn Minuten später saß ich in der stickigen Hitze meines Zimmers auf dem Bett, schwitzte aus allen Poren und versuchte zu verdauen, was er mir erzählt hatte. Dee Ramer war in Timber aufgewachsen und nur halb so alt wie ihr Mann. Sie waren seit fast zwei Jahren verheiratet, aber es war kein Geheimnis, daß die beiden sehr bald nicht mehr miteinander harmonierten. Ebenso allgemein bekannt war Dees Wunsch, sich scheiden zu lassen, ein Wunsch, den Harry ihr hartnäckig verweigerte, niemand wußte, warum. Der Alte hatte Dee als eine eigenwillige Abenteurerin geschildert, eine Circe, die sich den Männern an den Hals warf, aber nicht hielt, was ihre Reize versprachen. Unter den Einheimischen seien ihr auch nur ein paar Narren an die Angel gegangen, Dummköpfe wie Billy, der Barmann des Hotels, der zu jung sei, um es besser zu wissen, und ein Mann namens Judson Smith, ein Bootsführer, aber der sei so versoffen und beschränkt, daß er sich ohnehin keine Gedanken mache. Dee Ramers eigentliche Werkzeuge, um ihrem Mann die Hölle heiß zu machen, seien die Touristen, die das ganze Jahr über in die Campingplätze und Ferienkolonien um den Timber Lake strömten. Menschen, die für ein paar Tage aus der Monotonie ihres täglichen Trotts ausbrechen wollten. Diese Eindringlinge - wie mich? - suche Dee sich aus, um ihrem Mann den Stachel immer tiefer ins Fleisch zu treiben. Nur habe keiner ihrer Stiche den erwünschten Erfolg gebracht: Sie sei immer noch Harrys rechtmäßige Ehefrau.
Trotz der Hitze lief es mir kalt den Rücken hinunter. Daß man ahnungslos in ein solches Wespennest hineintappen konnte! Ich trat ans Fenster, um die Jalousie herunterzulassen, als es passierte. Die Explosion war so ohrenbetäubend, daß ich mich instinktiv zu Boden warf, aber es dauerte ein paar Sekunden, bis mir aufging, worauf ich gelandet war. Ich lag lang ausgestreckt auf einer Matratze von Glassplittern. Ein Heckenschütze hatte mich als Zielscheibe benutzt! Was hatte der alte Mann doch gesagt? Etwas über die Möglichkeit, daß jemand sich ein Loch in den Kopf holen könnte.
Verwirrung, Erregung, verständnisloses Kopfschütteln füllten die nächste Stunde aus. Für die Verwirrung sorgte ein Trupp Neugieriger - vermutlich andere Hotelgäste - die der Lärm des Schusses in mein Zimmer gelockt hatte. Der diensthabende Polizeioffizier steuerte abwechselnd das begriffsstutzige Kopfschütteln und die bestürzte Erregung bei. »Das hat es in unserer kleinen Gemeinde noch nie gegeben«, beteuerte er immer wieder.

»Die einzige Schießerei, an die ich mich erinnern kann.« Er mußte die Siebzig längst überschritten haben und war, wie ich später erfuhr, der jüngere Bruder des Nachtportiers.
»Wieso sollte jemand auf Sie schießen wollen, junger Mann?« wiederholte er bestimmt schon zum zwanzigsten Mal, und zum ebenfalls zwanzigsten Mal antwortete ich: »Das weiß ich auch nicht.« Der Nachtportier musterte mich halb verschlagen, halb vorwurfsvoll, aber ich hielt seinem Blick stand.
Schließlich breitete ich die Arme aus, bugsierte die beiden Brüder sachte zur Tür und sagte zu dem Polizisten gewandt: »Ich bin unverletzt. Mir ist nichts passiert, gar nichts. Ich bin nur müde, und das einzige, was ich jetzt brauche, ist Schlaf.«
Die Brüder hatten es nicht eilig zu gehen. Das Ereignis war zu aufregend, als daß man die Diskussion darüber so einfach vertagen konnte, aber endlich hatte der Polizist ein Einsehen. »Also gut, junger Mann. Dann will ich Sie aber spätestens morgen vormittag wiedersehen. Kann sein, daß sogar der Bezirkssheriff mit Ihnen reden will, auch wenn er dazu extra aus der Nachbarstadt rüberkommen muß. Lassen Sie sich also nicht einfallen, in aller Herrgottsfrühe über die Staatsgrenze zu verschwinden. Wir haben keine Lust, Sie wer weiß wo aufzuspüren.«
»Ich muß sowieso noch ein paar Tage hierbleiben«, versicherte ich. »Leider Gottes.«
Am nächsten Morgen erwachte ich mit klarem Kopf. Es war blendend hell draußen, und die Hitze filterte bereits in mein Zimmer. Mein ganzer Körper war mit einer Schweißschicht überzogen. Es war zehn Uhr fünfundzwanzig - ich hatte sehr viel länger geschlafen als beabsichtigt - aber ich blieb trotzdem noch eine Weile liegen, starrte auf mein Fenster und spürte Übelkeit beim Gedanken an die Bedeutung der oberen vernagelten Hälfte. Am liebsten hätte ich mich in meinen Wagen gesetzt und Timber für immer den Rücken gekehrt. Andererseits wurde ich auch das Bild der Leiche nicht los, die schwarz und steif auf dem Fußboden des brennenden Hauses gelegen hatte. Wer war der Tote? Was hatte er in diesem angeblich leerstehenden Haus zu suchen gehabt? War hier ein Brandstifter sich selbst in die Falle gegangen? Und bestand irgendeine Verbindung zwischen den beiden Vorfällen? Irgendeine gemeinsame Ursache, warum Pepperstones und Jamisons Häuser so kurz nacheinander abgebrannt waren?
Zum Frühstück ging ich in ein Café neben dem Hotel. Die Hitze in dem kleinen Lokal war zum Ersticken. Eine blasse Kellnerin hinter der Theke notierte sich umständlich meine Bestellung und sagte dann: »Augenblick mal, Sie sind doch der Mann vom Feuerwehramt, oder?« Ich kippte beinahe hintenüber. Die Kellnerin nickte und fügte entschieden hinzu: »Ja, sind Sie. Rotes Haar, Leberfleck neben der Nase. Der alte Heller sagte, Sie …«

»Heller?« unterbrach ich sie scharf.
»Ja, der alte Christie Heller. Der Nachtportier vom Hotel. War heute früh um fünf hier, wie jeden Morgen, und sagte, Oppie hätte ihm erzählt, Sie wären ...«
»Vergessen Sie mein Frühstück, Miss.«
Ich stampfte wütend hinaus. Ich hatte mich D. J. Opulant anvertraut und nicht übersehen, daß ihm meine Anwesenheit in Timber ein Dorn im Auge war. Aber daß er meinen Wunsch nach Anonymität respektieren würde, hatte ich immerhin erwartet.
Der Laden des Brandmeisters - er verkaufte Anglerbedarfsartikel - war in eine enge Lücke zwischen den ersten Geschäftshäuserblocks oberhalb des Sees eingezwängt, und ich traf D. J. Opulant allein an.
»Hab die ganze Nacht kein Auge zugemacht«, lamentierte er, bevor ich auch nur ein Wort herausbringen konnte. »Bin erst seit knapp einer Stunde von Jamisons Bude zurück und mußte sofort ins Geschäft, meine Frau ablösen. Schlimm, wie man sich krummlegen muß für das liebe Brot. Also, junger Mann, wo drückt's? Wollten Sie mich wegen der Leiche sprechen, die wir bei Jamison drinnen gefunden haben? Wenn ja, dann regen Sie sich mal wieder ab: Es war nicht Jamison. Aber dem wird der Kragen platzen, kann ich Ihnen sagen. Setzt sich ein Häuschen zum Entspannen hin, steckt gutes Geld rein, und dann bricht irgendein nachlässiger Idiot ein, macht Feuer, und die ganze Geschichte geht in Rauch auf. Traurig, wie unachtsam die Leute sind.«
»Mr. Opulant, ich sagte gestern abend, ich wollte meine Ermittlungen in aller Stille führen«, stieß ich aus.
Er hob die buschigen Augenbrauen und schien überrascht. »Ja, mag sein, daß Sie so was erwähnt haben. Irgendeinen Blödsinn über geheime Nachforschungen, aber ...«
»Mit dem Ergebnis, daß eine kleine Kellnerin hinter der ersten Tür, die ich heute vormittag öffne, über mich und meine Tätigkeit beim Feuerwehramt Bescheid weiß!«
»Tatsächlich? Hm ...« Er nahm seine Unterlippe zwischen Daumen und Zeigefinger und schüttelte den Kopf. »Mir scheint, Sie haben 'ne Menge über unsere Gegend zu lernen, Mr. Pane. Bei uns bleibt nichts geheim. Hier ist jeder genau das, was er ist. Nehmen wir Sie, zum Beispiel: Heute früh wußte schon das ganze Dorf, daß Sie 'ne Liebschaft haben.«
»Was Sie nicht sagen!«
»Nun regen Sie sich nicht gleich so auf, Junge. Hat gar keinen Zweck. Es ist ja auch nicht, als ob Sie was verbergen wollten, sonst hätten Sie sie nicht in diese Clubs ausgeführt. Hätten sich nicht in aller Öffentlichkeit mit ihr gezeigt, meine ich. War natürlich reichlich dämlich von Ihnen, das finden Sie heute vielleicht schon selber, wo der olle Harry Ihnen 'ne Kugel durchs Fenster gejagt hat. Mit Frauen wie Dee geht man in den Wald, wenn man ...«

»Ich wußte nicht, daß sie verheiratet ist! Ob mit Harry Ramer oder sonstwem!«
»Tja. Hm. Komisch, daß sie Ihnen das nicht erzählt hat, was?«
»Das genügt, Opulant! Vielleicht konzentrieren Sie sich zur Abwechslung auf Ihre eigenen Probleme. Sie haben immerhin einen Mord am Hals.«
»Meinen Sie den Stromer, der bei Jamison drin war? Wenn Sie das Mord nennen, Mr. Pane, dann sehen Sie Gespenster. Das und Mord! Das war irgendein Landstreicher auf der Suche nach etwas zu essen. Hat sich vielleicht auch bloß nach einem Dach überm Kopf für die Nacht umgesehen und ist bei Jamison eingebrochen, weil das Haus leerstand. Er muß unvorsichtig mit 'ner Zigarette umgegangen sein oder so was, und ...«
»Haben Sie ihn identifizieren lassen?«
»Nein doch! Wie wollen Sie 'ne derart verkohlte Leiche identifizieren?«
Opulant saß ungerührt vor mir, als ob nichts passiert wäre. Ich hätte ihn durchschütteln mögen, um ihn zur Besinnung zu bringen. Und doch konnte ich seiner Theorie eine gewisse Logik nicht absprechen. Genau besehen schien sie sogar einleuchtend.
»Also gut«, sagte ich und zwang mir größere Ruhe ab als ich empfand. »Nehmen wir an, der Mann war ein Stromer. Gab es irgendwelche Anzeichen für einen vorsätzlich gelegten Brand?«
»Nein, rein gar nichts. Das Haus ging hoch wie 'ne Fackel. War zundertrocken.«
»Sie hätten wohl nichts dagegen, wenn ich mich auf der Brandstelle umsehe, oder?«
»Nicht das mindeste, Junge.«
»Waren Jamison und die Pepperstones befreundet?«
Opulant legte die Stirn in Falten. »Na ja, gekannt haben sie sich natürlich.«
»Mehr nicht? Zwei leerstehende Ferienhäuser mit Besitzern, die im Süden leben, und beide Häuser brennen innerhalb von zehn Tagen bis auf die Grundmauern ab. Nein, Mr. Opulant, das sieht mir nach etwas mehr als bloßem Zufall aus.«
»Mag sein, Junge«, meinte er nachdenklich. »Wenn ich es auch nicht glauben kann. Sie sind ganz einfach ein argwöhnischer Charakter.«
»Darum bin ich hier«, erinnerte ich ihn.
»Nur darum.«
Er wiegte den Kopf noch immer grübelnd hin und her, als ich seinen Laden verließ und einen Augenblick in der kochenden Vormittagssonne stehenblieb. Beinahe sofort brach mir der Schweiß aus. Ich holte tief Luft und machte mich zum anderen Ende des Ortes auf, wo ich eine geschlagene Stunde im Dienstzimmer des Polizeichefs vertrödelte. Er war ein Fettwanst mit Spatzenhirn und zeigte wenig Interesse für die Attacke des Heckenschützen.
Es war bereits halb eins, als ich zur Brandstelle hinausfuhr. Eine Weile

blieb ich vor der noch immer schwelenden Ruine stehen, die von Jamisons Ferienhaus übriggeblieben war, und fragte mich verstimmt, warum ich mich je für den Beruf eines Brandinspektors entschieden hatte.
Dann ging ich an die Arbeit. Ich wühlte die Trümmer sorgfältig durch, entdeckte aber nichts, das meinen Verdacht erregte. Der einzige Gegenstand, der meine Aufmerksamkeit länger als dreißig Sekunden beanspruchte, war ein Armleuchter, der geschwärzt und noch heiß in den Mauerresten lag. Aber seine Position auf dem Fußboden nicht weit von einem nur teilweise verbrannten Bücherregal überzeugte mich nach einiger Überlegung, daß auch einer von Opulants tapsigen Feuerwehrmännern ihn von seinem üblichen Platz gestoßen haben könnte.
Ich ging zurück zu meinem Wagen und fuhr ein Stück weiter am See entlang zu dem Schutthaufen, der einst das Ferienhaus der Pepperstones gewesen war. Eine rußige Mauer war alles, was davon noch stand. Darum herum, auf dem Boden der Lichtung, schoß bereits frisches Unkraut in die Höhe. Ich schlenderte zum Ufer auf den Bootssteg hinaus. Der Steg vor Jamisons Anwesen lag rechts von mir, eine Meile weiter den See hinauf, und jenseits flimmerte in der Ferne die Silhouette des Dorfes. Ich stieß einen Seufzer aus und fuhr nach Timber zurück, aber es wurde vier Uhr an jenem mörderisch heißen Nachmittag, bis meine Stimmung auf dem Nullpunkt anlangte. Unterdessen hatte ich acht Personen nach einer möglichen engeren Beziehung zwischen Jamison und den Pepperstones ausgehorcht und nicht das geringste erfahren, das auf etwas anderes als eine gutnachbarliche Ferienbekanntschaft hingedeutet hätte. Noch war ich bei den Ortsbewohnern selbst auf die blasseste Spur der Ablehnung gegenüber den beiden auswärtigen Hausbesitzern gestoßen. Außerdem hatte ich mir D. J. Opulants Brandberichte vorgenommen und mich über ihre geradezu unglaubliche Flüchtigkeit geärgert.
Ich verließ das Dorf noch einmal und fuhr langsam zum gegenüberliegenden Ende des Sees. Es war vier Uhr, die Zeit, die ich mit Dee Ramer für unser Stelldichein vereinbart hatte. Ob sie in der Hotelbar saß und auf mich wartete? Ich hielt an einer kleinen Landzunge, einer Sandbank, die wie ein bleicher Finger in die Mitte des Sees deutete. Es schien der geeignete Ort, um mit meinen verhedderten Gedanken allein zu sein. Ich streifte mir das Hemd ab und streckte mich in der Sonne aus. Wenn es schon kein Entrinnen vor ihrer sengenden Hitze gab, wollte ich wenigstens ein bißchen gesunde Bräune tanken.
Irgendwo tief im Wald hinter mir knallte ein Gewehrschuß, und beinahe gleichzeitig spritzte dicht neben meinem Kopf eine Sandfontäne hoch. Ich rollte mit einem heiseren Schrei zur Seite, sprang am Rand des Wassers auf die Füße und rannte in geducktem Zickzacklauf zum Ufer zurück, wo ich mich mit einem Sprung in die Büsche warf. Eine Zeitlang blieb ich keuchend liegen und horchte auf das Hämmern meines Herzens. Wirklich klar war mir in diesem Augenblick nur eins: Irgend jemand wollte mich

aus dem Seengebiet verjagen. Aber wer? War dieser Jemand ein rasend eifersüchtiger Ehemann oder ein unverbesserlicher Brandstifter?
Beides war möglich, und ich hatte Angst. Sei kein Narr, sagte ich mir. Verschwinde von hier, so schnell du kannst. Aber schließlich siegte meine Wut über meinen Selbsterhaltungstrieb, wenn auch nur knapp. Ich setzte mich entschlossen ans Steuer, raste zurück ins Dorf und stampfte mit krachenden Absätzen in die Hotelbar.
Ich hatte draußen keinen Sportwagen bemerkt, aber Dee Ramer saß in einer frischen weißen Bluse, den beigen Shorts und den braunen Mokassins auf dem letzten Hocker am Ende der Theke.
Sie war der einzige Gast. Die magere junge Frau, die hinter der Theke bediente, musterte mich kurz und zog sich diskret in die andere Ecke der Bar zurück.
Dee Ramer warf einen Blick auf die Wanduhr, nahm einen Schluck aus ihrem Bierglas und bemerkte nonchalant: »Sie haben Verspätung.«
»Und Sie haben mich angeschwindelt, Schätzchen«, gab ich zurück.
»Sind Sie mir deswegen böse?« fragte sie verdutzt. Sie leerte ihr Glas, schwang sich von ihrem Hocker und blieb hochaufgerichtet vor mir stehen. »Ich glaube, Mr. Pane, Sie und ich sollten uns woanders unterhalten.« Damit hakte sie ihre Hand in meinen Arm und zog mich zur Vordertür hinaus.
Wir fuhren wortlos die gewundene Uferstraße entlang, bis ich in einen unbesetzten Picknickplatz einbog und meinen Wagen parkte. Ich setzte mich neben sie auf einen der Tische, zündete uns Zigaretten an und wartete auf ihre Erklärung.
»Sie wären gestern abend nicht mitgekommen, wenn ich Ihnen erzählt hätte, daß ich Harrys Frau bin«, sagte sie.
»Schlicht und ergreifend, wie?«
»Ja. Sie waren eben unwiderstehlich.«
»Das hat mir noch keine Frau gesagt. Aber ich war auch noch nie die Zielscheibe eines eifersüchtigen Ehemannes - zumindest bis heute nicht.«
Sie zog an ihrer Zigarette. »Davon habe ich gehört. Aber es war nicht Harry.«
»Heute nachmittag hat er mich noch einmal aufs Korn genommen«, fuhr ich fort und berichtete über den Vorfall. Sie hörte mit betroffenem Gesicht zu. »Ihr Mann scheint ein entschlossener Bursche zu sein«, sagte ich abschließend.
»Es kann nicht Harry gewesen sein«, wiederholte sie bestimmt. »Harry besitzt kein Gewehr. Sicher, er will mich nicht verlieren, will nichts von einer Scheidung wissen. Aber er würde nicht morden, um mich zu behalten. Das heißt, mich würde er vielleicht umbringen, aber nur mich. Glauben Sie, er würde sich der Gefahr aussetzen, für einen Mord verurteilt zu werden, während ich meine Freiheit genieße?«
»Warum haben Sie ihn geheiratet, Dee?«

»Sicherheit«, sagte sie. »Harry konnte mir Sicherheit bieten und tut es immer noch. Früher mal war das alles, was ich wollte.«
»Und jetzt nicht mehr?«
»Nein. Allmählich hängt mir das alles zum Hals heraus. Ich will mich scheiden lassen. Ich habe ihn im guten gebeten, hab gebettelt, und jede vernünftige Art gesucht, ihm klarzumachen, daß zwischen uns nichts mehr läuft. Aber er hört überhaupt nicht zu. Es ist zum Verzweifeln. Er lacht mich höchstens aus und meint, das sei bloß so eine vorübergehende Phase bei mir. Ich hätte mir die Hörner noch nicht abgestoßen. Jetzt bleibt mir nichts anderes mehr übrig, als ihn so lange zu bearbeiten und zu ärgern, bis er in die Trennung einwilligt.«
»Und deshalb gehen Sie mit anderen Männern aus?«
Sie zuckte die Achseln und bat um eine weitere Zigarette. »Fahren Sie mich nach Timber zurück, Macdonald. Mir ist gerade eingefallen, wer der Schütze sein könnte.«
Während der Fahrt saß sie in sich gekehrt neben mir. Ich versuchte, sie über ihre Vermutung auszufragen, aber sie schüttelte alle meine Fragen ab, hüllte sich in Schweigen und rauchte. Sie dirigierte mich zu einem Bungalow am nördlichen Ende des Dorfes und redete erst wieder, als sie an die Tür geklopft hatte.
»Billy, der Barmann, wohnt hier bei seiner Mutter. Sie ist Witwe. Schon so lange wie die meisten in Timber zurückdenken können.«
Ich runzelte begriffsstutzig die Stirn.
»Ich bin nicht ein einziges Mal mit Billy ausgegangen, aber er liebt mich«, erläuterte Dee schlicht. »Schon eine ganze Weile. Und er ist entsetzlich eifersüchtig.«
Billy öffnete, zuckte zurück und versuchte, uns die Tür vor der Nase zuzuschlagen, aber ich stemmte meine Hände dagegen, und im nächsten Augenblick waren wir drinnen.
»M ... Mutter ist nicht da«, stotterte Billy. »Sie ist ...«
Die Flinte lag auseinandergenommen zwischen Putzlappen und Reinigungskette auf dem Küchentisch. Billy versuchte nicht erst, sich herauszureden. »Ich hätte Sie nicht umgebracht, Mister! Das hätte ich gar nicht gekonnt. Ich bin kein Mörder! Ich wollte Ihnen bloß einen Schrecken einjagen.«
»Zweck der Übung erreicht«, bemerkte ich knapp. »Wiederholung überflüssig.«
»Du bist vielleicht ein Idiot, Billy!« sagte Dee Ramer. »Du hättest nicht mit ihm ausgehen dürfen, Dee!«
»Und du hättest dich nicht in mich verlieben dürfen.«
Der Junge starrte mir ins Gesicht. »Was haben Sie mit mir vor, Mister?«
»Das weiß ich noch nicht«, sagte ich wahrheitsgemäß, und wir gingen.
Unterwegs zur Anglerkolonie - ich hatte beschlossen, Dee Ramer zunächst zu Hause abzusetzen - überschlugen sich meine Gedanken. Soll-

te ich Anzeige gegen den Jungen erstatten? Ihn verhaften lassen? Aber was würde mir das nützen?
Ich schüttelte den Kopf. Daß dieser Billy sich aus unerwiderter Liebe zu so etwas hatte hinreißen lassen! Und das auf die Gefahr hin, verhaftet zu werden. Es schien unfaßlich.
Dann kam mir ein anderer Gedanke, ein Gedanke, der mich so blitzartig durchfuhr, daß sich meine Finger unwillkürlich fester um das Steuer spannten.
»Was ist, Macdonald?« fragte Dee Ramer neben mir.
»Kennen Sie diesen Jamison? Den Mann, dessen Ferienhaus ...«
»Ja.«
Sie hatte so leise geantwortet, daß ich sie mit einem raschen Seitenblick streifte. Ihre Beine waren krampfhaft zusammengepreßt, ihre Hände ineinandergekrallt.
»Er ist Junggeselle, oder?«
»Ja.«
»Sind Sie je mit ihm ausgewesen? Zu einem Clubbummel? Haben Sie sich irgendwo mit ihm gezeigt?«
»Ja.«
»Mit Pepperstone auch?«
»Nein«, sagte sie. »Ich kenne Marvin Pepperstone, aber ich bin nicht mit ihm ausgegangen. Das heißt ... Ich war nie mit ihm in den Clubs. Er ist verheiratet, und ...«
»Aber sind Sie irgendwann irgendwo mit ihm zusammengewesen? Ich meine allein.«
»Ja ... Manchmal fuhr er in seinem Boot raus. Ohne seine Frau. Zuerst angelte er eine Weile, und danach trafen wir uns am anderen Ende des Sees.«
»Hat Billy die beiden oder auch nur einen von ihnen je vor die Flinte genommen?«
Sie musterte mich erschrocken. »Nein, nicht daß ich wüßte.«
»Aber hat er vielleicht ihre Ferienhäuser angezündet, um sie vom See zu vertreiben - und von Ihnen?« fragte ich. »Das wäre doch denkbar, oder?«
Wir näherten uns der Anglerkolonie, und ich schaltete herunter.
Das Camp war im rustikalen Stil gehalten und blitzsauber. Es bestand aus einem verschachtelten Gemeinschaftsgebäude und einer beachtlichen Anzahl von Blockhäuschen, die sich scheinbar planlos darumherum gruppierten. Ich lenkte den Wagen die Einfahrt hinunter und bekam rechts einen freien Ausblick über den Uferstreifen der Kolonie. Das Wasser glitzerte in der Spätnachmittagssonne und leckte sanft an den Bordwänden der Boote hinauf, die in langer Reihe am Schwimmdock vertäut lagen. Fünfzig Meter weiter draußen dümpelte eine regelmäßige Kette von Tonnenbojen, die den zurückkehrenden Anglern als Wegweiser diente.
Ich schlug das Steuer ein, bog um die Ecke des Hauptgebäudes und hielt

vor einem Haus, dessen Baustil und frischer Anstrich nicht in diese Umgebung paßten. Vor uns war ein Lieferwagen einer chemischen Reinigung geparkt, und ein Mann wandte sich von der offenen Hecktür ab und marschierte mit einer Ladung Kleider in Plastikhüllen über dem ausgestreckten Arm auf das Haus zu.

Dee Ramer machte keine Anstalten, auszusteigen.

»Ich kann es nicht glauben, Macdonald«, sagte sie. »Ich meine, was Sie über Billy denken.« »Er hat immerhin zwei Schüsse in meine Richtung gefeuert, mein Engel.«

»Ja, aber mutwillig Häuser in Brand zu ...« Sie ließ den Satz unbeendet und stieg abrupt aus, als ihr Mann an den Wagen trat. Ich hatte ihn nicht kommen gehört, spürte aber den Ruck, mit dem er sich gegen die Seite lehnte. Ich fuhr herum und sah seine großen Hände, die sich um den Rand meines offenen Fensters legten.

»Ach, Sie sind's«, sagte er mit seiner tiefen Stimme. »Hallo.«

Er ignorierte die Anwesenheit seiner Frau, und ich fühlte brennendes Unbehagen in mir aufsteigen. »Ich hab im Dorf eine in Bedrängnis geratene Dame aufgesammelt«, log ich. Es war ein Versuch, die nötige Erklärung ins Scherzhafte zu ziehen. »Sie war ohne Wagen hierher unterwegs. Ich hoffe, Sie haben nichts dagegen, daß ich mich als Taxifahrer angeboten habe.«

»Aber gar nichts«, sagte er mit unverändertem Grinsen. »Wie geht's mit Ihrer Ermittlung? Kommen Sie voran?«

Ich wand mich innerlich. Der wahre Grund meines Besuches hatte sich also in ganz Timber herumgesprochen. Aber warum forderte der Mann mich dann nicht offen heraus? Nach der Geschichte, die ich ihm am vergangenen Abend aufgebunden hatte, wäre zumindest eine Bemerkung über meine Tätigkeit als Verkäufer nicht vorhandener Löschgeräte fällig gewesen.

»Ziemlich langsam«, antwortete ich. »Schlimme Sache gestern abend, der Mann in Jamisons Haus.«

Ramer nickte. »Ja, schlimm. Hat jemand den Burschen identifizieren lassen?«

»Allem Anschein nach handelte es sich um einen Landstreicher.«

»Ja, davon gibt's hier gelegentlich welche. Trippelbrüder auf der Suche nach einem Nachtlager. Mit so etwas muß man rechnen, wenn man ein Haus am See besitzt, das nicht das ganze Jahr über bewohnt ist. Einbrüche von Landstreichern sind ein bekanntes Risiko. »Haben Sie Zeit für ein Bier?«

»Im Augenblick leider nicht, Mr. Ramer. Ein anderes Mal gern.«

»Okay, Mr. Pane. Und danke, daß Sie meine Frau nach Hause gebracht haben - schon zum zweitenmal.«

Ich lenkte meinen Wagen auf die Straße zurück, aber die Ohrfeige, die

Ramer mir zum Abschied verpaßt hatte, schmerzte noch eine ganze Weile. Wie D. J. Opulant mir so weise erklärt hatte, schien es hier im Seegebiet so gut wie unmöglich, irgend etwas geheimzuhalten.
In der darauffolgenden heißen Nacht konnte ich lange nicht einschlafen. Ich lag im Dunkeln in meinem Hotelbett, rauchte Kette und schwitzte. Mein Fenster stand offen, aber kein Laut drang von draußen herein. Es war, als hätte sich das Dorf in ominöses, undurchdringliches Schweigen gehüllt. War in dieser Nacht wieder jemand unterwegs, um einen Brand zu legen? Und wer war dieser Jemand? Ein potentieller Mörder? Ich grübelte über Billy nach, versuchte, ihn mir als Brandstifter vorzustellen. Als Einheimischer kannte er sich genau in der Gegend aus, kannte die Menschen, wußte, wann sie kamen und gingen. Und er hatte die Unverfrorenheit besessen, seine Flinte auf mich abzufeuern. Jemand, der so etwas fertigbrachte, würde wohl mindestens ebenso ungehemmt leerstehende Ferienhäuser anzünden, schätzte ich.
Um drei Uhr fünfundvierzig riß mich das unheimliche Heulen der Dorfsirene aus dem Schlaf. Ich raste zur Anglerkolonie, brachte meinen Wagen vor dem Hauptgebäude schlitternd zum Stehen und sah die Flammen, die an Harry Ramers Wohnhaus hinaufzüngelten. Aber das Feuer hatte nur die linke vordere Ecke erfaßt.
D. J. Opulant und seine Freiwilligenmannschaft hatten in dieser Nacht Glück: Der Brand blieb auf das Vorderzimmer beschränkt, weil Ramer ihn rechtzeitig entdeckt hatte. Er sagte, er habe noch in seinem Büro im Haupthaus über den Büchern gesessen, als er Rauch gerochen und ein verdächtiges Knistern gehört habe.
Ramer und D. J. Opulant hockten auf dem Rasen neben der Vordertür des Hauptgebäudes und tranken frisch aufgebrühten dampfenden Kaffee aus großen Bechern. Inzwischen war das Morgengrauen am östlichen Horizont in ein sanftes Glühen übergegangen, und in der Anglerkolonie war wieder Ruhe eingekehrt.
»Warum bloß?« sinnierte Ramer trübe und schüttelte den Kopf. »Ich begreife nicht, wie sie auf so was verfallen ist. Ist sie nicht ganz beisammen, oder was?«
Dee Ramer, ein großer Teil ihrer Garderobe und ihrer übrigen persönlichen Habe, drei Koffer und ihr Sportwagen waren verschwunden.
Ich blieb schweigend neben den beiden stehen und überließ es Opulant, eine Erklärung zu finden. »Tja, Harry«, meinte er. »Wenn Sie nicht selbst darauf kommen, muß ich es wohl offen aussprechen: Es war kein großes Geheimnis, daß Sie und Ihre Frau letzthin gar nicht so glücklich miteinander ausgekommen sind.«
»Ich weiß«, gab Ramer zu. »Aber mußte sie mir deswegen das Haus überm Kopf anstecken? Hätte sie ihren Kram nicht packen und einfach abhauen können?«
»Mr. Ramer«, warf ich ein. »Sie stellen Behauptungen auf, für die wir bis

jetzt keinerlei Beweise haben. Wir wissen nicht einmal, ob es sich überhaupt um Brandstiftung handelt. Bevor wir den Fall untersucht haben, läßt sich noch gar nichts darüber sagen.« Warum ich Dee Ramer in Schutz nahm, war mir selbst nicht klar.
»Für mich gibt's da gar nichts zu untersuchen«, entgegnete Ramer spitz. »Der Brand wurde gelegt. Hätte gar nicht anders anfangen können. Das Haus ist einwandfrei in Schuß. Steht erst seit drei Jahren. Die Kabel sind in Ordnung, und …«
D. J. Opulant fiel ihm ins Wort: »Die Geschichte sieht ziemlich verdächtig aus, junger Mann. Das müssen Sie zugeben.«
»Verdammt noch mal!« explodierte ich. »Als Brandstifter kämen wohl auch noch andere …«
Die beiden Männer musterten mich durchdringend. »Wissen Sie mehr, als Sie uns erzählt haben, Junge?« wollte D. J. Opulant wissen.
»Nein!« bellte ich.
Sie starrten unentwegt weiter, aber ich hatte beschlossen, meine Vermutungen über Billy für mich zu behalten, zumindest, bis ich die Gelegenheit gehabt hätte, mich über seinen Verbleib während der vergangenen Nacht zu vergewissern. Aus einem mir selbst unerfindlichen Grund traute ich den beiden Männern, die vor mir im Gras hockten, nicht über den Weg, und ich hatte nicht die Absicht, ihnen den Jungen ans Messer zu liefern, bis ich meiner Sache sicher war.
»Sie war's, Oppie«, beharrte Harry Ramer nach einer Pause. »Ich weiß, daß sie es war. Sie hat mich schon monatelang verrückt gemacht mit ihrem …« Er brach ab und blickte zu Boden. »Das Mädel ist nicht mehr ganz richtig im Kopf. Schon lange nicht mehr.«
Ich ließ die beiden mit ihrem Gespräch allein und schlenderte zum Wohnhaus hinüber. War es denkbar, daß Dee sich tatsächlich als Brandstifterin betätigt hatte? Ich blieb vor dem Haus stehen und zündete mir eine Zigarette an. Hatte sie auch Jamison und die Pepperstones auf dem Kieker gehabt? Ob sie mich zu Billy gelotst und mir von seiner eifersüchtigen Liebe erzählt hatte, um mir Sand in die Augen zu streuen? Falls sie ihrem Groll gegen ihren Mann heute nacht Luft gemacht und versucht hatte, sein Haus in Asche zu legen, dann gingen die beiden Ferienhäuser wahrscheinlich auch auf ihr Konto.
Aber war die Geschichte mit Billy wirklich nur ein Ablenkungsmanöver gewesen? Immerhin hatte er zweimal auf mich geschossen, wie er selbst zugegeben hatte.
Harry Ramer und D. J. Opulant traten auf mich zu. Ich mußte mich in den Griff bekommen, die Angelegenheit mit der kalten Logik angehen, die mir als staatlichem Brandermittler zukam.
»Sehen wir uns die Sache noch einmal an«, sagte D. J. Opulant und nickte zum Haus hinüber. »Inzwischen muß es so weit abgekühlt sein, daß wir rein können.«

Wir betraten das Haus zu einem zweiten Rundgang. Beim erstenmal hatten wir lediglich festgestellt, daß Dee Ramer mitsamt ihrer Habe verschwunden war, aber die Hitze aus dem ausgebrannten und noch immer schwelenden Vorderzimmer hatte eine gründliche Untersuchung unmöglich gemacht. Wir blieben im Türrahmen stehen und nahmen die verkohlte Verwüstung in Augenschein.

Ein kleiner Klumpen geschmolzenen und wieder erstarrten Metalls zog meinen Blick an. Er lag auf dem Fußboden vor einem riesigen Fenster, unterhalb einer Stelle, wo vorher Gardinen gehangen haben mußten. Ich sah mich an dem Klumpen fest und erinnerte mich an den geschwärzten Leuchter in Jamisons ehemaligem Wohnzimmer. »Mr. Ramer«, sagte ich abrupt. »Als ich gestern abend hier war, lieferte jemand Sachen von der Reinigung bei Ihnen ab.«

Er schien für einen Augenblick aus dem Gleichgewicht zu geraten, fing sich aber rasch wieder und runzelte befremdet die Stirn. »Ja, das stimmt«, bestätigte er. Dann reckte er die Schultern, die Falten auf seiner Stirn vertieften sich, und er fragte: »Aber was hat das mit ...«

»Würden Sie mir die gereinigten Sachen zeigen?«

»Sind Sie total übergeschnappt, junger Mann?« fragte D. J. Opulant.

»Bitte, Mr. Ramer, darf ich sie sehen?«

In einem Schrank im oberen Stock hingen drei Anzüge. »Es waren auch zwei Kleider dabei«, sagte Ramer griesgrämig. »Aber die hat sie natürlich mitgenommen.«

Wo waren die Plastikhüllen geblieben? Die Gedanken jagten sich in meinem Kopf.

»Da komme ich nicht mehr mit«, sagte D. J. Opulant, als wir uns von der offenen Schranktür zur Treppe umwandten. »Wieso interessieren Sie sich plötzlich für gereinigte Klamotten? Wir untersuchen einen Brand, Mr. Pane. Warum ...«

»Ich habe zu tun«, entgegnete ich kurz angebunden und ließ ihn stehen.

Die einzige chemische Reinigung in Timber machte um acht Uhr auf, und als der Besitzer um zehn nach acht erschien, stand ich bereits wartend vor der Tür. Ich fragte ihn nach den Rechnungen, die er Ramer während der letzten Wochen ausgestellt hatte, und bat um Einsicht in die Belege. Zuerst sperrte er sich, aber als ich mit der Drohung auffuhr - »Wenn nicht anders, komme ich mit einer richterlichen Verfügung wieder« -, schleppte er seine Bücher an.

Ein paar Minuten später machte ich mich zur Feuerwache auf. Opulant war nicht da, aber ich ging seine Akten noch einmal durch, verglich vor allem ein paar Daten und stellte eindeutige Beziehungen fest. Ich hatte richtig getippt: Die Brände bei Pepperstone und Jamison und dieser letzte in der Anglerkolonie waren jeweils in Nächten ausgebrochen, die auf Lieferfahrten des Reinigungswagens zum Haus der Ramers folgten. Ich war überzeugt, daß ich des Rätsels Lösung hatte, zumindest wußte, wie die

drei Brände gelegt worden waren. Um jeden Zweifel auszuschließen, rief ich den Brandermittler der Versicherung an und ließ mir von ihm bestätigen, daß er im Haus der Pepperstones ebenfalls geschwärzte Überreste eines Leuchters gefunden hatte. Damit war die Methode klar. Es war ein uralter, bei Profis und cleveren Amateuren gleichermaßen beliebter Trick: Eine Kerze, die auf eine Unterlage hoch entflammbaren Materials herunterbrannte. Als Lunte eigneten sich ausgerollte Filmstreifen, benzingetränkte Lappen, Kombinationen verschiedenartigster Dinge. Die Brenndauer der Kerze gab dem Brandstifter Gelegenheit, sich über alle Berge zu verdrücken, bevor das brennbare Material Feuer fing und der Brand sich über Gardinen oder strategisch plazierte Zeitungen im ganzen Zimmer ausbreitete.
Bei den Bränden am Timber Lake hatte in Streifen geschnittene Plastikfolie als Lunte gedient, hochbrennbares Material, das in Form von Schutzhüllen um gereinigte Kleidungsstücke bei den Ramers abgeliefert worden war.
Ich fuhr zurück zur Anglerkolonie, aber Ramer und D. J. Opulant hatten das Grundstück verlassen. Ich überlegte einen Augenblick, beschloß zu warten und machte durch die Wagenfenster eine Bestandsaufnahme meiner Umgebung: Die Häuschen um das Hauptgebäude, die Boote auf dem Wasser, das ruhige Kommen und Gehen der Angler, alles atmete die gelöste Atmosphäre eines Ferienparadieses. Vor Ramers Haus waren drei Neugierige stehengeblieben und versuchten durch ein Fenster ins Innere des ausgebrannten Teils zu spähen. Mein Blick glitt von ihnen ab, zurück zu der glitzernden Wasserfläche, den Booten, dem Schwimmdock, den Bojen.
Ich schlug mit der flachen Hand auf das Steuer. Wo blieben Opulant und Ramer so lange? Ich hatte ihnen etwas zu berichten, hatte ihren Brandstifter für sie ausfindig gemacht. Wo mochten sie sein? Ich starrte auf den See hinaus und wartete. Aber brauchte ich die beiden eigentlich? Ich konnte zur nächsten Stadt fahren, beim Sheriff Meldung machen und einen Haftbefehl gegen Dee Ramer veranlassen.
Aber konnte ich irgend etwas beweisen?
Ich ließ den Motor an, konnte den Blick aber plötzlich nicht vom See lösen. Irgend etwas stimmte da draußen nicht, das spürte ich.
Die Bojen!
Ich war bereits halb ausgestiegen, aber dann zügelte ich meinen Impuls. Ich schwang mein Bein wieder in den Wagen zurück und zog den Schlag zu. Aber mein Blick blieb starr an der regelmäßigen Reihe der Tonnenbojen haften. Nur war die Regelmäßigkeit an einer Stelle unterbrochen. In der langen Kette fehlte ein Glied.
Das tarnende Dunkel der folgenden Nacht ließ lange auf sich warten. Ich schlug den Tag in meinem Hotelzimmer tot, rauchte, schwitzte, wälzte mein Problem. Logischerweise hätte ich mich um Hilfe bemühen müssen.

Ich hätte anderen meinen Verdacht ruhig und überzeugend vortragen und dann mit ihnen zusammen zur Markierungslinie der Bojen hinausrudern sollen.
Aber welche Anhaltspunkte hatte ich schon? Eine gesunkene - oder fehlende - Tonne. Das war alles, worauf sich meine Ahnung stützte. Etwas, das ich am Vortag gesehen hatte und heute nicht mehr sah.
Wie würde ich dastehen, wenn ich eine Suchmannschaft zusammentrommelte, nur um eine leck gewordene Tonne zu heben, die mit Wasser vollgelaufen und abgesoffen war?
Als es endlich dunkel genug war, fuhr ich zu einem einsamen Uferstreifen jenseits Ramers Camp, streifte die Oberkleidung ab und watete in Shorts ins Wasser. Es war eine mondlose Nacht, aber die Sterne breiteten einen sanften Schimmer über den Himmel und den glatten See. Ich schwamm langsam, vorsichtig, so geräuschlos ich konnte, zur ersten Tonne der Kette. Einen Augenblick lang hielt ich mich an ihr fest und spürte sie unter meinem Arm auf und ab wippen. Ich behielt die Lichter der Anglerkolonie scharf im Auge, vergewisserte mich, daß keine Boote von draußen auf das Dock zuhielten, und arbeitete mich behutsam die Kette entlang auf die Lücke zu.
Bis ich an meinem Ziel anlangte, kam ich mir wie ein Idiot vor und war überzeugt, ich würde nichts weiter vorfinden als eine frisch gespleißte Bruchstelle im Kabel.
Als meine suchenden Hände gegen die gesunkene Tonne stießen, überlief mich ein so heftiger Schauder, daß das Wasser um mich herum bestimmt winzige Wellen schlug. Es war ein Gefühl, als hätte ich eine Leiche berührt.
Ich versuchte, die Tonne ein Stück zu rollen, und sie gab träge nach. Dann schwamm ich zur nächsten Tonne, um ihre Tragkraft zu testen. Sie stemmte sich hart gegen den Druck meiner Hände und schnellte, als ich losließ, leicht wie ein Korken zurück. Ich wandte mich wieder zu der gesunkenen Tonne um und erstarrte. Ein Schrei blieb mir in der Kehle stecken, während ich zu dem Ruderboot hinüberstarrte, das sich aus der Dunkelheit rasch auf mich zubewegte. Die einsam sitzende Gestalt zog die Riemen noch einmal durch, hob die Blätter aus dem Wasser über die Seiten, und das Boot glitt lautlos wie eine Geistererscheinung auf mich zu.
Ich packte den Bootsrand und wurde ein Stück im Wasser entlanggezogen. Im nächsten Augenblick neigte sich die Seite mit einer Bewegung des Sitzenden über mich, und D. J. Opulants Stimme fragte schroff: »Was zum Teufel haben Sie hier draußen verloren, junger Mann?«
Zehn Minuten lang redete ich auf ihn ein, erklärte meine Anwesenheit, versuchte, meine Theorie zu erläutern, aber er schnaubte nur. »Ich glaube tatsächlich, bei Ihnen piept's, Mr. Pane. Ich beobachte Sie schon den ganzen Tag. Heute früh bei Ramer geht's los mit dem Quatsch über ge-

reinigte Klamotten, die was mit den Bränden zu tun haben sollen, dann brausen Sie ab zur Reinigung und von da zu meinen Akten. Dann hängen Sie sich an die Strippe, und vom Telefon geht's retour zum Camp, wo Sie 'ne ganze Weile sitzen bleiben, bloß, um wieder abzuhauen wie vom Teufel gejagt. Aber Sie fahren nur zum Hotel und lassen sich den ganzen Tag nicht wieder blicken. Bis heute abend nicht. Und diesmal verkriechen Sie sich unter die Bäume, und ich sehe, wie Sie einen Teil Ihrer Kleider ablegen und hier rausschwimmen und …«

»Warum ist die Tonne abgesoffen, Mr. Opulant?« unterbrach ich ihn.

»Weiß ich auch nicht, Mr. Pane.«

»Und der Grund würde Sie nicht im geringsten interessieren, oder?«

Er zögerte einen Augenblick. »Na ja, da wir schon mal hier sind, nachsehen könnte man …«

»Dann mal los.«

Unsere Entdeckung gab mir mein Vertrauen auf meine Eingebung wieder und nahm D. J. etwas von seinem Glauben an seine Landsleute im Seegebiet.

Wir zogen Dee Ramers zusammengekrümmte Leiche vorsichtig aus der Tonne und streckten sie auf dem Boden des Bootes aus.

»Ich könnte schwören«, murmelte D. J. Opulant, »daß irgendwo in diesem See auch ein Sportwagen dabei ist, im Schlick zu versacken.«

»Ja, irgendwo«, echote ich grimmig.

»Harry?« fragte er.

»Wer sonst? Er hatte schon zwei Liebhabern seiner Frau die Häuser angezündet.«

»Und das Feuer bei ihm heute früh?«

»Sollte einen Mord verschleiern.«

»Aber warum hätte er sie umbringen wollen, Mr. Pane? Wo er ihr die Scheidung verweigert und zwei ihrer Liebhaber verjagt hatte, wozu dann …«

»Sollten wir ihn das nicht selber fragen, Mr. Opulant?«

Während D. J. Opulant das Boot rasch und geschickt zum Ufer zurückruderte, zog ich mich an. Er hatte meine Sachen aus dem Wagen genommen und mit auf den See gebracht.

Ramer öffnete auf Opulants Klopfen. Er schob die Brauen in die Stirn und musterte uns fragend, aber im nächsten Augenblick, Opulant hatte kaum ein unverblümtes »Wir haben Dee gefunden, Harry«, ausgesprochen, erbleichte er und stolperte einen Schritt zurück.

»Ich … es war ein Unfall«, stammelte er. »Sie … sie wollte mir weglaufen. War oben und packte ihre Sachen, als ich reinkam. Da hab ich sie … ich hab sie geschlagen, und sie fiel mit dem Kopf gegen die Bettkante. Ich wollte sie nicht umbringen, Oppie! Das müssen Sie mir glauben! Als ob ich das gewollt hätte! Ich habe sie geliebt …«

D. J. Opulant mag seine Zweifel gehabt haben, aber mich hatte Ramer überzeugt. Ich glaubte ihm, daß er seine Frau geliebt hatte. Sehr sogar. Zu sehr, um sie einfach nur gehen zu lassen.

Ein Vorhängeschloß für Charlie Draper

James Holding

Viele hier in der Stadt hielten Charlie Draper für verrückt, als sie erfuhren, wie er sich verhielt, als sein Laden im vergangenen Herbst überfallen worden war. Ich machte da keine Ausnahme. Von einer Art Tribünenplatz aus bekam ich den gesamten Vorgang mit. Im Grunde hätte ich anders denken müssen, denn ich kenne Charlie Draper ziemlich gut. Jede Woche spielen wir zusammen Poker, und seit zwölf Jahren sind wir Geschäftsnachbarn. Meine Eisenwarenhandlung liegt direkt neben Charlies Kolonialwarenladen, in dem alten Stackpole-Gebäude, dessen rückwärtige Wand buchstäblich gegen den Nordfelsen von Cedar Gulch geklatscht ist.

Cedar Gulch ist eher eine kleine Stadt - bei uns gibt es noch keine Supermärkte -, aber nicht arm. Freitags geht über Charlies Ladentheke eine Menge Geld, denn die Männer, die in der Schmelzhütte arbeiten, werden jeden Donnerstag ausbezahlt. Ich mache nicht den gleichen großen Umsatz wie Charlie - an Eisenwaren herrscht hier nicht so viel Bedarf wie an Lebensmitteln -, aber ich kann mich nicht beklagen. Wie dem auch sei, der Überfall auf Charlies Geschäft fand an einem Freitag statt, ziemlich genau um vier Uhr nachmittags.

Der Witz an der Sache war, daß Charlie eine Theorie vertritt, die er auch jetzt noch verkündet.

Und jeder, der hörte, wie Charlie sich bei dem Überfall benahm, lachte ihn aus, weil er sich überhaupt nicht an seine eigene Überzeugung hielt. Er tat das genaue Gegenteil von dem, was er in der Öffentlichkeit immer verlauten ließ.

Ich weiß nicht, wie oft ich Charlie über seine Theorie habe reden hören - beim Mittagessen in Grogans Restaurant, manchmal sonntags nach der Kirche, meistens jedoch bei unseren Pokerrunden. Wenn er ein paar Bier getrunken hat, schlechte Karten erwischt und passen muß, bleibt ihm bis zum nächsten Spiel nichts anderes, als zu reden.

Und dann legt er los.

Charlie behauptet, man könne alles auf zweierlei Weise tun, auf die leichte Art und auf die schwere. Und ein Mann, der den komplizierten Weg wählt, sei ein Dummkopf. So lautet, kurz und bündig zusammengefaßt, Charlies Theorie.

Natürlich ziehen wir Charlie oft damit auf. Wenigstens taten wir es früher. Eines Abends fragte Mort Johnson ihn:

»Wie ist es, wenn man heiratet? Gibt es da auch einen einfachen und einen schweren Weg?«

Ohne mit der Wimper zu zucken, antwortete Charlie: »Natürlich. Man entscheidet sich für den schweren Weg, wenn man aus Liebe ein armes

Mädchen heiratet. Der leichte Weg sieht so aus, daß man sich von einem reichen Mädchen heiraten läßt, das einen liebt.«
Mort hielt ihm entgegen, daß Lizbeth, Charlies Frau, arm wie eine Kirchenmaus war, als er sie heiratete. Charlie gab zurück, damals hätte er seine Theorie noch nicht entwickelt, das sei alles.
Dann fragte Deke Sawyer: »Wie spielt man beim Ziehpoker einen unvollständigen *Flush,* Charlie? Erkläre mir mal den leichten Weg.«
Charlie antwortete: »Wenn du beim Austeilen eine Viererserie bekommst, sähe der schwere Weg so aus, daß du eine Karte ziehst und hoffst, es sei die richtige. Der leichte Weg ist, gar nichts zu tun und zu bluffen.« Grinsend fuhr er fort: »Besonders, wenn man mit ein paar Burschen spielt, die alles so todernst nehmen wie ihr.«
Verstehen Sie, was ich meine? Immer wenn Charlie dabei war, wurde so geredet, und wir bekamen nie eine Chance, ihn mundtot zu machen, bis sein Kolonialwarenladen überfallen wurde.
Das Komische daran war, Charlie hielt sich nicht einmal in seinem Laden auf, als der Ganove hineinspazierte, eine Achtunddreißiger aus der Jacke zog und allen im Geschäft Anwesenden verkündete, es handele sich um einen Überfall. Er befahl den Leuten, sich ruhig zu verhalten und ihr gesamtes Bargeld in seinen Hut zu werfen.
In dem Laden befand sich eine Menge Frauen. Wie ich schon sagte, es handelte sich um die Ehefrauen der Schmelzhüttenarbeiter, die das Moos ausgeben wollten, das man ihren Männern tags zuvor ausgezahlt hatte.
Wie ich später erfuhr, kehrte Charlie zu diesem Zeitpunkt von der Post zurück, die er aufgesucht hatte, um seiner verwitweten Schwester in Clutchers Falls Geld zu überweisen.
Jedenfalls merkte ich erst, daß sich etwas Ungewöhnliches abspielte, als Charlie meinen Laden betrat und grüßte: »Hallo, Herbie, wie geht's denn unserem Jungen?«
»Nicht schlecht«, entgegnete ich. »Wie kommt es, daß du nicht drüben bist und dich um deine Kunden kümmerst, Charlie? Freitags ist bei dir doch immer etwas los. Während der letzten zehn Minuten sah ich mindestens ein Dutzend Frauen in deinen Laden gehen.«
»Casper bedient sie«, erwiderte Charlie. »Für seine siebzehn Jahre ist er ganz schön tüchtig. Der beste Gehilfe, den ich je hatte. Ich war noch mal eben auf dem Postamt, ehe es schließt. Deshalb komme ich auf einen Sprung zu dir rein.«
»Ach so«, sagte ich. »Was kann ich für dich tun, Charlie? Soll ich dir einen elektrischen Rasenmäher verkaufen, damit du das Gras vor deinem Haus auf die leichte Art schneiden kannst?«
In diesem Stil hänseln wir ihn oft. Seine Theorie bietet sich auch an, daß man ihn damit aufzieht.
Er schüttelte den Kopf. »Du weißt genau, daß es vor meinem Haus kein Gras gibt, Herbie. Und selbst wenn ich einen Rasen hätte, würde ich kei-

nen Mäher kaufen, weil das die schwere Art ist, eine Wiese kurz zu halten.«
Aus dem Augenwinkel sah er mich an. Ich wußte, er lauerte darauf, daß ich ihn nach der leichten Art fragte.
Ich tat ihm den Gefallen.
»Wenn man einen Rasen hat«, belehrte er mich, »muß man das Gras wachsen lassen, bis es richtig hoch und reif ist, und sich dann ein paar Ziegen kaufen. Sie fressen das Gras sauberer ab, als du es je schneiden könntest. Und billiger als ein Rasenmäher sind sie auch. Das ist der leichte Weg, Herbie.«
»Du hast recht. Tut mir schon leid, daß ich fragte. Was brauchst du?«
»Ich dachte mir, ich schaue mir mal deine Vorhängeschlösser an.«
»Okay. Ich habe eine gute Auswahl da. Soll es groß sein oder klein?«
»Ach, eine mittlere Größe genügt, glaube ich. In der Preislage von zweieinviertel Dollar, meinetwegen auch zweieinhalb. Es muß aber ziemlich robust sein.«
»Wozu brauchst du es, Charlie? Wenn ich weiß, wofür du es benötigst, kann ich dir besser beim Aussuchen helfen.« Aus einer Schublade hinter der Verkaufstheke holte ich vier Schlösser unterschiedlicher Größe. Das billigste bestand aus gewalztem Stahl. »Ich brauche es, um mein Ladengitter damit zu verschließen«, erwiderte Charlie.
»Dann ist dieses hier das richtige.« Ich tippte auf das Stahlschloß. »Für den Zweck ist es stark genug, und es kostet nur einen Dollar fünfundneunzig. Das gleiche benutze ich auch.«
Charlies Geschäft und meines sind durch diese aufrollbaren Stahlrolläden gesichert, die man abends, nach Ladenschluß, vor die gesamte Fenster- und Türfront herunterzieht und mit einem Schloß an einer speziellen Vorrichtung im Bürgersteig befestigt. Vermutlich haben Sie so etwas schon einmal gesehen.
»Okay«, antwortete Charlie. »Ich nehm's.« Er warf mir zwei Scheine auf die Theke, und ich gab ihm einen Fünfziger Wechselgeld zurück.
»Soll ich es einpacken?«
»Danke, das ist nicht nötig, Herbie.« Er nahm das Schloß mit den dazugehörigen Schlüsseln und rüstete sich zum Gehen.
»He!« rief ich. »Gerade fällt mir ein, du besitzt doch schon ein Vorhängeschloß für deinen Rolladen, Charlie. Wieso brauchst du ein zweites? Hast du das alte verlegt?«
»Nee«, gab er zurück. Auf der Schwelle blieb er stehen. »Es liegt in meinem Laden, gleich neben der Registrierkasse.«
»Aber dann …«
»Jetzt, in diesem Augenblick, möchte ich nicht in mein Geschäft gehen.«
»Warum nicht?« fragte ich verblüfft.
»Weil dort ein bewaffneter Raubüberfall stattfindet.«
Ich glaubte, er hätte den Verstand verloren. »Bist du sicher, daß du vom

Postamt kommst und nicht aus Dannys Bar?« erkundigte ich mich mißtrauisch.
Er lachte. »Nein, es ist eine Tatsache, Herbie. Ich kam von der Post und wollte in meinen Laden zurückgehen. Zufällig blicke ich durch das Schaufenster und sehe, wie irgendein großer, magerer Kerl meine Kunden mit einem Revolver bedroht.
Sie müssen sich alle in einer Reihe aufstellen und nacheinander ihr Geld in seinen Hut werfen. Was sagst du dazu?«
Nach Luft schnappend, starrte ich ihn an. »Ist er immer noch da?« quiekte ich.
»Ich hoffe es«, erwiderte Charlie. »Eigentlich kann er noch gar nicht fort sein. Immerhin muß er an die fünfzehn, zwanzig Hausfrauen um ihr Geld erleichtern, ganz zu schweigen von meiner Registrierkasse und Casper, meinem Gehilfen. Du weißt ja selbst, wie lange es dauert, bis Frauen in ihren Handtaschen finden, was sie suchen.«
»Ich rufe die Polizei!« Ich schwenkte herum und wollte auf das Telefon zustürzen.
»Laß das sein !« rief Charlie. Er kam in meinen Laden zurückgelaufen und packte mich beim Arm. »Keine Polizei, Herbie, hast du mich verstanden? Es ist mein Geschäft, das ausgeraubt wird, und ich erledige die Angelegenheit auf meine Weise. Okay?« Er grinste mich an. »Auf die leichte Art, natürlich.«
Ich sagte zu allem ja und amen und fragte mich, was er wohl im Schilde führte. Ich folgte ihm bis zur Tür meines Geschäftes und blieb dort stehen, während er die paar Schritte nach nebenan zu seinem Kolonialwarenladen zurücklegte. Als er an der Schaufensterscheibe vorbeischritt, warf er nur einen flüchtigen Blick hinein. Er wandte kurz den Kopf, deutete ein Nicken an und zwinkerte mir zu. Daraus schloß ich, daß sich der Gangster immer noch in seinem Laden aufhielt.
In einer Hand hielt Charlie das geöffnete Vorhängeschloß, das ich ihm soeben verkauft hatte. Ohne Hast, mit der Miene eines arglosen Kunden, näherte er sich der Tür zu seinem Geschäft.
Er trat indessen nicht ein. Er hob bloß den Arm, hüpfte in die Höhe, schnappte sich den Ring des Stahlrolladens und zog ihn mit einem Ruck herunter. In der allerkürzesten Zeit war die gesamte Vorderfront seines Ladens versperrt.
Dann bückte er sich, schob den Riegel des Rolladens über den Haken im Bürgersteig und sicherte alles mit dem neuen Vorhängeschloß ab. Dabei gebärdete er sich so ruhig, als handele es sich um die übliche Routine bei Ladenschluß.
Drei Sekunden später erklang hinter Charlies Stahlrolladen ein ohrenbetäubendes Geschnatter. Ich nehme an, seine Kundinnen waren überrascht, mitten bei einem astreinen Raubüberfall plötzlich im Dunkeln zu stehen.

Lässig kam Charlie zu mir zurückgeschlendert. »Darf ich mal dein Telefon benutzen, Herbie?«
»Nur zu«, erwiderte ich. »Fühl dich wie zu Hause. Das hast du erstklassig hinbekommen, Charlie, das muß man dir lassen. Der Kerl sitzt in der Falle, und die Bullen brauchen ihn nur abzuholen. Na los, ruf sie schon an.«
»Danke. Gut, daß unsere Geschäfte so nahe an die Felswand herangebaut sind, daß es für Hintertüren keinen Platz mehr gab.« Er schmunzelte amüsiert. »Für den Burschen in meinem Laden gibt es nur eine Möglichkeit, herauszukommen, nämlich dann, wenn wir den Rolladen wieder hochziehen.«
Er nahm den Hörer von der Gabel und bat Maisie Jordan, die tagsüber die Gespräche vermittelt, ihn mit einer bestimmten Telefonnummer zu verbinden.
»Das ist aber nicht die Nummer der Polizei«, wunderte ich mich.
»Ich weiß. Mit der Polizei will ich auch nicht sprechen. Ich rufe Casper drüben in meinem Laden an.«
»Deinen Gehilfen?«
»Na klar. Casper steckt doch mit hinter dem Rolladen, wo sich der Überfall abspielt. Ich möchte wissen, was los ist.«
Es dauerte eine Weile, ehe drüben jemand abhob. »Hallo«, meldete sich Charlie, »Casper, bist du's?« Es muß Casper gewesen sein, denn vom anderen Ende der Leitung her ertönte ein aufgeregter Redeschwall. Casper schickte sich an, Charlie zu erzählen, daß im Laden soeben ein Raubüberfall stattfände, doch Charlie schnitt ihm das Wort ab.
»Ich weiß, was sich bei euch abspielt«, sagte er, »deshalb zog ich ja den Rolladen herunter, Casper, um den Halunken einzusperren. Was macht er in diesem Augenblick?«
Ich stellte mich ganz dicht neben Charlie, damit ich Caspers Antworten verstehen konnte. »Er fuchtelt mit seinem Revolver herum. Er droht, jeden von uns zu erschießen .«
»Hör mir gut zu, Casper«, sagte Charlie. »Erzähle ihm, daß er im Laden eingeschlossen ist, und erst dann wieder herauskommt, wenn ich von draußen den Stahlvorhang hochziehe. Sage ihm, daß ich von Herbie Purdoms Eisenwarenhandlung nebenan anrufe und daß außer Herbie und mir noch keine Menschenseele weiß, daß er drinnen bei mir ist. Nicht mal die Bullen.« Charlie zwinkerte mir zu. »Na los, Junge. Wiederhole dem Kerl, was ich dir gerade gesagt habe, Casper.« Mit den Fingern trommelte Charlie einen Marsch auf die Ladentheke, bis Casper sich wieder meldete.
»Ich hab's ihm gesagt«, berichtete Casper. »Und was meinte er dazu?« fragte Charlie. »Er droht immer noch, sämtliche Frauen und mich dazu zu erschießen, wenn Sie nicht augenblicklich den Rolladen hochziehen, Mr. Draper.«
Ich gewann den Eindruck, daß Casper sich auf die Seite des Gangsters

stellte. Er wollte auch, daß der Stahlrolladen wieder hochgekurbelt würde. Das Warten zermürbte ihn.
»Frage ihn, welchen Nutzen ihm das brächte«, forderte Charlie seinen Gehilfen auf. »Welchen Sinn hat es, wenn er alle erschießt? In diesem Fall rufe ich tatsächlich die Bullen. Egal, wie viele Frauen er umbringt, die Polizei schnappt ihn ohnehin. Er sitzt in der Falle. Und dann wird er nicht wegen eines geringfügigen Vergehens angeklagt, sondern er muß sich für einen Massenmord verantworten. Welche Strafe auf Mord steht, weiß er sicher. Gleichgültig, was er unternimmt, ich habe ihn am Haken, bis ich den Rolladen öffne. Das sagst du ihm jetzt, Casper, ja?«
Wir hörten, wie Casper mit der Stimme eines Siebzigjährigen dem Kerl erzählte, was Charlie ihm gesagt hatte. Bald schon war er wieder am Telefon, dieses Mal klang er zuversichtlicher.
»Er will wissen, welche Bedingungen Sie bei der Abmachung stellen.«
»Abmachung?« Charlie blickte gekränkt drein. »Der Hundesohn glaubt doch wohl nicht, daß ich ihm einen Handel anbiete! Aber sage ihm, daß ich ihn herauslasse, wenn er meine Kundinnen nicht behelligt, ihnen ihr Geld zurückgibt und dir seinen Revolver überläßt.«
»Den Revolver?« Caspers Stimme hob sich zu einem piepsigen Tenor. »Ich will seine Knarre nicht, Mr. Draper! Hören Sie, können Sie denn nicht ...«
»Du hörst mir zu«, betonte Charlie. »Wenn ich den Rolladen hochziehe und ihn herauslasse, muß ich sicher sein, daß er nicht zu schießen beginnt, sobald er Morgenluft wittert. Hast du kapiert? Und die Gewähr dafür, daß er mich nicht umnietet, habe ich nur, wenn er dir seinen Revolver gibt. Das siehst du doch ein, oder? Von mir aus versenke ihn im Zuckerfaß, wenn du dich davor fürchtest, Casper.«
»Okay, Mr. Draper. Ich werd's ihm sagen.«
Casper wiederholte alles. Eine Minute später hörten wir ihn von neuem in der Leitung. »Der Bursche will wissen, ob Sie ihn laufenlassen, nachdem Sie den Rolladen geöffnet haben.«
»Nee«, entgegnete Charlie gedehnt. »Immerhin ist er ein Verbrecher, nicht wahr?«
Er schaltete eine Pause ein.
Dann fuhr er eilig fort: »Halt! Moment mal, Casper.« Zwei Minuten lang bedeckte er die Sprechmuschel mit der Hand, dann sagte er, indem er sehr aufgeregt tat:
»Hör zu, Casper, gerade habe ich zur Tür hinausgeschaut. Weißt du, was passiert? Ein Trupp Arbeiter von der Schmelzhütte marschiert auf uns zu. Sie machen keinen freundlich gesinnten Eindruck. Sie kommen mir eher vor wie ein Lynchkommando. Augenblick mal, sie rufen etwas! Mir scheint, sie wollen den Gangster lehren, was es heißt, ehrbare Hausfrauen bei ihrem Familieneinkauf auszurauben.«
Casper brauchte eine gewisse Zeit, um diese Nachricht zu verdauen. Man

merkte es an seinem Schweigen und seinem schweren Atmen. Doch dann legte er den Finger auf die schwache Stelle in Charlies Lüge.
»Sagen Sie, Mr. Draper«, sinnierte er, »wenn nur Sie und Mr. Purdom von diesem Überfall wissen, wenn nicht einmal die Polizei eingeweiht ist, wie kommt es dann, daß die Hüttenarbeiter ...«
Charlie blickte mir fest in die Augen und erwiderte:
»Herbie Purdom muß die Neuigkeit in der Schmelzhütte verbreitet haben, Casper. Sobald ich anfing, mit dir zu sprechen, rannte er wie ein aufgescheuchtes Huhn zur Tür hinaus. Er klatscht so gern wie ein altes Waschweib, Casper. Du kennst ihn ja.«
Ich ballte die Faust. Am liebsten hätte ich Charlie für diese Beleidigung einen Kinnhaken verpaßt. Ich bin größer und kräftiger als er, doch ich wollte wissen, wie es weiterging, deshalb hielt ich mich zurück.
Und ohne zu zögern, fuhr Charlie fort: »Erzähle also dem Gangster, Casper, daß ich bereit bin, eines für ihn zu tun, wenn er meine Anweisungen befolgt und dir den Revolver gibt. Ich verspreche ihm, daß ich ihn unter meinen persönlichen Schutz stelle und die Arbeiter daran hindern werde, sich auf ihn zu stürzen, wenn er den Laden verläßt. Ich liefere ihn heil und wohlbehalten im Gefängnis ab. Er kann sich fest darauf verlassen, Casper. Es wird eine heikle Angelegenheit, aber er hat mein Wort. Sage ihm das, Casper.«
Eine Minute später meldete sich Casper wieder in der Leitung. »Er sagt, er sei einverstanden, Mr. Draper. Sie sollen den Rolladen aufschließen.«
»Ist unseren Kundinnen nichts passiert?« wollte Charlie wissen. »Bist du sicher, daß er keiner von ihnen ein Leid angetan hat?«
»Niemand ist verletzt«, antwortete Casper.
»Hat er ihnen das Geld zurückgegeben, das er ihnen bereits fortgenommen hatte?«
»Jawohl. Die Frauen haben ihr Geld wieder.«
»Hast du seinen Revolver?«
»Ich hab' ihn im Zuckerfaß versenkt, Mr. Draper. Ungefähr dreißig Zentimeter tief.«
»Ausgezeichnet«, lobte Charlie. »Dann komme ich gleich herüber, öffne das Schloß und ziehe den Rolladen hoch. Sage ihm, er soll langsam und ohne irgendwelche Mätzchen nach draußen treten.«
Charlie hängte ein.
»Los, ruf die Bullen an!« drängte ich.
Charlie schüttelte den Kopf. »Besorgst du mir für ein paar Minuten ein Gewehr, Herbie?« Er deutete auf eine doppelläufige zwölfkalibrige Flinte in meinem Gewehrschrank. »Dieses genügt«, meinte er. »Es ist genau richtig. Die Flinte bekommt nicht mal ein Staubkörnchen ab, Herbie. Patronen brauche ich nicht. Was ist? In höchstens zehn Minuten bringe ich dir die Waffe zurück.«
Ich schwieg und streifte ihn lediglich mit einem haßerfüllten Blick. Er

hätte Casper nicht zu sagen brauchen, ich sei schwatzhaft wie ein altes Waschweib.
Er schlug eine andere Tonart an. Offenbar las er meine Gedanken. »Vorhin habe ich mir nur einen Witz erlaubt, Herbie. Du bist keine Klatschtante. Ich meinte es wirklich nicht so.«
Mit dieser Entschuldigung mußte ich mich wohl zufriedengeben, also reichte ich Charlie die Flinte. Er nahm sie und ging damit zu seinem eigenen Geschäft. Das Gewehr legte er auf dem Bürgersteig ab, während er das Vorhängeschloß aufsperrte. Dann schob er den Rolladen hoch.
Heraus trat ein großgewachsener, magerer Kerl. Charlie ließ ihn vor der Gewehrmündung die Straße entlang zur Polizeistation marschieren. Mit wild rollenden Augen blickte der Kerl um sich, auf der Suche nach dem Lynchkommando, von dem Casper ihm erzählt hatte. Natürlich entdeckte er niemanden.
Ich weiß, was Sie jetzt denken. Sie glauben, Charlie müsse verrückt sein, wenn dies seine Vorstellung davon war, wie man auf die leichte Art einem Raubüberfall begegnet. Meines Wissens hielten die meisten Einwohner von Cedar Gulch ihn für einen Trottel, als sie diese Geschichte hörten. Ich selbst dachte ja, Charlie hätte plötzlich den Verstand verloren.
Die meisten von uns freuten sich schon darauf, Charlies Theorie ein für allemal zu widerlegen, ihm endlich sein Maul zu stopfen, wenn Sie wissen, was ich meine.

Am Mittwoch abend nach dem Überfall trafen wir uns zu unserer üblichen Pokerrunde. Charlie war auch da. Nach ein paar Partien und ein paar Bier begann Mort Johnson mit der Behandlung.
»Nun, Charlie, von jetzt an brauchen wir uns dein Gewäsch über deine Theorie wohl nicht mehr anzuhören.« Mort ist zur Hälfte Engländer und hat eine etwas ulkige Aussprache.
»Warum nicht?« wollte Charlie wissen, der gerade mal wieder eine Runde aussetzte.
»Nach dem, was du dir am letzten Freitag geleistet hast, als dein Laden überfallen wurde? Einen komplizierteren Weg, mit einem Ganoven fertig zu werden, kann ich mir gar nicht vorstellen. Und du erzählst uns jahrein, jahraus, jeder, der den schwierigeren Weg wählt, sei ein Esel.«
»Das stimmt ja auch«, erwiderte Charlie, indem er sein Kinn ein wenig vorreckte. »Zu dieser Theorie stehe ich nach wie vor.«
»Warum hast du den Überfall auf dein Geschäft dann nicht auf die leichte Art erledigt?« Mort deutete mit dem Daumen auf mich und sprach weiter: »Herbie hat uns alles erzählt, wie du ein Vorhängeschloß gekauft und dir ein Gewehr geborgt hast. Indem du per Telefon mit dem Ganoven verhandeltest, gingst du das Risiko ein, daß er eine Menge Frauen umbrachte, und zum Schluß dich und Casper dazu. Nennst du das einen simplen Überfall auf die leichte Weise erledigen? Von Herbies Laden aus hättest

du doch nur die Bullen anzurufen brauchen. Während sie den Rest für dich erledigten, hättest du ganz locker danebenstehen und zuschauen können.«
»Augenblick, Mort, das hast du nicht richtig verstanden«, erwiderte Charlie ohne einen erkennbaren Anflug von Nervosität. Er wartete, bis Deke Sawyer mit zwei Königen den Einsatz von vier Dollar gewann, dann fuhr er fort: »Was der leichte und was der schwierige Weg ist, hängt ganz davon ab, was man erreichen will. Stimmt's?«
»Stimmt«, pflichtete ich ihm bei. »Und du wolltest verhindern, daß der Gangster deinen Laden und deine Kundinnen ausraubt. Oder etwa nicht?«
»Nur zum Teil«, räumte er ein. »Aber das war nicht alles, was ich wollte.«
»Hör schon auf, Charlie«, spottete Mort. »Gib's zu, du hast den schweren Weg gewählt. Etwas anderes kannst du uns nicht weismachen.«
Charlie faltete die Hände über dem Bauch und lehnte sich zurück. »Ihr glaubt also, ich hätte meine eigene Theorie verraten, nicht wahr?«
»Natürlich, was denn sonst!« antworteten wir einstimmig.
Charlie blickte feierlich drein.
Einen nach dem anderen sah er uns an.
»Nun«, nahm er das Thema wieder auf, »als ich zu Herbie ging, um das Vorhängeschloß zu kaufen, erzählte ich ihm, ich sei auf dem Postamt gewesen. Stimmt's, Herbie?«
Ich bestätigte,.daß es stimmt.
»Okay. Während ich mich also auf dem Postamt aufhalte, nehme ich mir ein paar Minuten Zeit, mir die Steckbriefe anzuschauen. Dabei erfahre ich, daß ein großer hagerer Kerl namens Slim Cotter wegen eines Eisenbahnüberfalls gesucht wird. Der Bursche hat im Nacken eine auffallende, weiße Narbe. Auf dem Steckbrief ist ein Foto von ihm. Seid ihr mir bis jetzt gefolgt, Jungs?«
Wir starrten ihn an wie eine Klapperschlange, die man plötzlich in einen Kindersandkasten entdeckt.
»Danach gehe ich zu meinem Laden zurück«, fuhr Charlie fort, während er mit den Fingerspitzen auf den Pokertisch trommelte. »Als ich an meinem Schaufenster vorbeikomme, sehe ich, wie drinnen ein Mann steht und meine Kundschaft mit einem Revolver in Schach hält. Der Kerl ist groß und mager. Da er mir seinen Rücken zukehrt, bemerke ich die helle Narbe in seinem Nacken. Kapiert ihr den Zusammenhang?«
Mort war der erste, dem ein Licht aufging. »Soll das heißen, daß du den Kerl von dem Steckbrief erkanntest?«
»Na klar. Das konnte doch nur Slim Cotter sein, oder nicht? Jedenfalls dachte ich es mir.«
»Trotzdem«, wandte Deke ein, »wo liegt da denn der Unterschied? Du wählst immer noch den komplizierten Weg, um ihn zu fangen, oder nicht?«
»Keineswegs. Um mein Ziel zu erreichen, ging ich den einfachsten Weg.

Das bedeutete, daß ich diesen Burschen ganz allein festnehmen und ihn persönlich dem Gesetz ausliefern mußte.«
»Und welchen Sinn hatte das Ganze?« fragte ich.
»Vergaß ich etwa, es zu erwähnen?« gab Charlie grinsend zurück. »Auf dem Steckbrief im Postamt stand, daß derjenige, der bei der Ergreifung Slim Cotters hilft, eine Belohnung von fünftausend Dollar bekommt.«
Um den Pokertisch herrschte betroffenes Schweigen.
Munter fuhr Charlie fort: »Ich wählte den leichten Weg, versteht ihr mich jetzt? Es war die einfachste Möglichkeit, die Belohnung zu kassieren, ohne sie mit fünf oder sechs geldgierigen Polizisten teilen zu müssen!«

Blutsverwandtschaft

Donald Olson

»Sie vergeuden nur Ihre Zeit, Sir. Sie wird nicht kommen.«
»Glauben Sie das wirklich, Peters?«
»Es heißt, sie habe das Haus seit der Gerichtsverhandlung nicht ein einziges Mal verlassen.«
Treviss klebte den Umschlag zu und reichte ihn dem jüngeren Mann. »Wenn sie liest, was ich in diesem Brief geschrieben habe, Peters, wird sie kommen. Vergessen Sie nicht, ihn Miss Frayle persönlich auszuhändigen, und warten Sie auf die Antwort.«

Treviss verriet seinem jungen Freund und Assistenten nicht den Wortlaut der Einladung, und als Peters sichtlich überrascht zurückkehrte, um auszurichten, Miss Frayle freue sich, am Donnerstag zum Lunch zu kommen, weigerte sich Treviss weiterhin beharrlich, die Neugierde des Freundes zu befriedigen. Er ließ sich lediglich zu der Auskunft bewegen: »Sie kennen doch meine Arbeitsweise, Peters. Handeln Sie entsprechend.« Und wie sein großes Vorbild aus der einschlägigen Literatur beschäftigte er sich damit, eine Pfeife mit der von ihm bevorzugten Tabakmischung anzuzünden, worauf er sich, nachdem diese zu seiner Zufriedenheit brannte, zurücklehnte, um sich in Gedanken mit den Aspekten des nicht gerade sensationellen, aber dafür desto rätselhafteren Mordfalles Cheverton zu beschäftigen.
Es war Treviss' leidenschaftlich gerittenes Steckenpferd, angeblich nicht aufklärbare Verbrechen zu lösen, und er hatte in diesem Zusammenhang eine einmalig abgrundtiefe Aversion gegen das stumpfsinnig rotierende Räderwerk der Strafgerichtsbarkeit entwickelt. Lieber las er die Verhandlungsprotokolle oder Berichte in den Zeitungen, statt persönlich an den Verhandlungen teilzunehmen, weil die endlosen Fragen an die Zeugen und die Kreuzverhöre seine Ungeduld provozierten und ihn die von Verteidigern und Anklägern geäußerten Belanglosigkeiten langweilten, die, mit Beharrlichkeit vorgetragen, dennoch zu nichts führten. Folglich sah er Lizzie Frayle auch zum erstenmal, als Peters sie am Donnerstag zum vereinbarten Lunch abholte.
Als sie aus dem Wagen stieg, entdeckte er an ihrer äußeren Erscheinung nur sehr wenig, was dem Bild der Zerknirschung entsprochen hätte, das die Frau auf den Fotos in der Presse während der Verhandlung zur Schau getragen hatte.
Zwar trug sie ein ähnlich schmuck- und farbloses Sommerkleid wie im Gerichtssaal, es mochte sehr wohl dasselbe sein, jedoch hatte es ein Zugeständnis an ihre neuerworbene Freiheit und den Sieg gemacht in Gestalt

eines reichlich albernen kleinen Hutes aus rosa Tüll, mit einer Garnierung aus weißen Maßliebchen.
Treviss erwartete sie im Garten, und als sie, von Peters geleitet, etwa die Hälfte des Gartenweges zurückgelegt hatte, blieb sie unvermittelt stehen und stieß einen kleinen Ruf der Freude aus. »Welch himmlischer Duft. Ich liebe Rosen.«
Treviss ging auf sie zu, um sie zu begrüßen, und führte sie, nachdem er sich vorgestellt hatte, zu einer steinernen Bank neben dichten Ranken von Klematis und einem Spalier von Rosenbäumchen.
»Als sehr junges Mädchen pflegte ich einst Stöße von Papier mit schauderhafter Poesie zu beschreiben«, gestand sie ihm, während sie das Gesicht der Sonne zuwandte. »Zu meinem Glück erinnere ich mich nur noch an eine Zeile. Es ging dabei um Lilien, die ich so sehr liebe. ›Schenkt Himmelsduft der irdischen Luft.‹ Damals war ich sehr stolz darauf. Habe es wahrscheinlich von Christina Rossetti, finden Sie nicht auch?«
»›Und bin ich dereinst tot, mein Lieber, singe keine traurig' Lieder.‹ Das ist das einzige von Christina Rossetti, das mir im Gedächtnis haftengeblieben ist«, gab Treviss zu.
»An mehr braucht man sich auch nicht zu erinnern.«
Peters hatte sich ins Haus zurückgezogen, um die letzten Vorbereitungen für den Lunch zu treffen, während Treviss mit Lizzie Frayle plauderte, unverfänglich wie mit irgendeiner fremden Person, und allmählich, aber mit der nüchternen Einsicht, den impulsiven Entschluß, sie zum Lunch einzuladen, zu bereuen begann. Jetzt sah er darin nichts anderes als ein aus schamlosem Egoismus entstandenes Verlangen, ihr Pein zuzufügen, die seine Anschuldigungen unweigerlich begleiten würde, sollte er diese überhaupt aussprechen. Vorübergehend trug er sich sogar mit dem Gedanken, den ganzen Plan zu vergessen, mit ihr zu essen, ihr einen Strauß Rosen zu überreichen und sie zurückzuschicken in die große Villa, wo sie bis zu ihrer Verhaftung gelebt hatte und in die sie nach dem Freispruch zurückgekehrt war. Er vermied es daher auch, den Grund seiner Einladung zu erwähnen, um es allein ihr zu überlassen, über den Lauf der Dinge zu entscheiden. Sollte es ihr Wunsch sein, so zu tun, als gebe es keinen versteckten Grund zu dieser Einladung, dann würde er sich diesem beugen.
Dennoch war es eine Erleichterung für ihn, als sie sich schließlich ihm zuwandte und sagte: »Sie haben Ihre Einladung so seltsam formuliert, Mr. Treviss, daß ich einfach nicht ablehnen konnte. Es ist heute das erste Mal, daß ich mich aus der Villa fortbegeben habe.«
»Ich muß gestehen, ich habe eine Schwäche für rätselhafte Formulierungen, obwohl ich wahrscheinlich kein Recht habe, anderen Rätsel aufzugeben.«
Hinter den dunkelgetönten Gläsern ihrer Brille verriet ihr Gesicht nichts

als Ruhe und Ausgeglichenheit. Treviss schätzte sie nahe Fünfzig, obwohl sie wesentlich jünger aussah. »›Bitte lesen Sie nach im Ersten Buch Mose, 4. Kapitel, 15. Vers‹«, zitierte sie aus seiner Einladung, »›und kommen Sie am 17. zum Lunch zu mir.‹ In der Tat ungemein rätselhaft.«
»Ich nehme an, Sie haben in der Bibel nachgeschlagen.«
»Natürlich.«
»Und die Stelle sagte Ihnen nichts?«
»Nichts weiter, als sie gemeinhin bedeutet. Mrs. Potts hat sie mir vorgelesen. Aber auch sie konnte da keinen Zusammenhang erkennen.«
»Mrs. Potts ist die Haushälterin?«
»Und meine Freundin. Sie sagte, ich müsse damit rechnen, solche Hinweise zu erhalten. Ein Freispruch durch die Geschworenen bedeute noch lange nicht, daß ich auch in den Augen der Öffentlichkeit unschuldig sei. Sie meinte, diese Anspielung könne ich ruhig ignorieren.«
»Und warum haben Sie es nicht getan?«
»Das sagte ich doch schon. Es hat mich neugierig gemacht. Und ich hatte natürlich auch von Ihnen gehört.«
»Von meinem Ruf als solchem, eine Vorliebe für Rätsel zu haben?«
»Rätsel in Zusammenhang mit einem Mord«, sagte sie mit Offenheit. »Und ich riskiere ja nichts, indem ich hierherkomme. Ich weiß, was es heißt, eines Mordes angeklagt zu sein und den Ausgang der Verhandlung abwarten zu müssen, ohne etwas dagegen tun zu können.«
Treviss akzeptierte das Unvermeidliche seines Vorgehens und die Notwendigkeit, die Sache durchzustehen. »Berichten Sie mir über Mrs. Cheverton.«
»Muß ich das? Sie war doch so etwas wie eine öffentliche Einrichtung.«
»Ich meine nicht die Mrs. Cheverton, wie sie die Öffentlichkeit kannte.«
Lizzie Frayles Lachen war angenehm mädchenhaft und musikalisch. »Also *meine* Mrs. Cheverton? Ich bitte Sie, die Einstellung einer armen Verwandten zu ihrer Wohltäterin mußte zwangsläufig voller Vorurteile sein.«
»Nach allem, was bei der Verhandlung zur Sprache kam, kann sie schwerlich eine Wohltäterin gewesen sein. Sagen Sie mir: haßten Sie Mrs. Cheverton?«
»Zuerst nicht. Anfangs war sie mir lediglich unsympathisch. Ich mochte sie nicht wegen ihrer Charaktereigenschaften, weil sie so eitel und oberflächlich war, dumm und herzlos. Solche Menschen kann man nicht hassen. Man verachtet sie.«
»War ihr Mann, Mr. Cheverton, auch so?«
»O nein. Onkel Charles war zwar gedankenlos, aber nur weil er zu sehr beschäftigt war, um auch an andere Menschen zu denken. Er war Geschäftsmann durch und durch. Sein Reichtum bedeutete ihm wenig. Ihn zu erwerben und zu mehren, das war sein Lebensinhalt. Dennoch besaß er einen wenn auch wenig entwickelten Sinn für Familienzusam-

mengehörigkeit. Er nahm mich als Kind in die Familie auf, nicht weil er etwas für mich empfunden hätte, sondern weil ich ganz einfach dazugehörte. Seine Frau hatte noch weit weniger für mich übrig. Sie konnte sehr grausam und nachtragend sein. Ja, vor Gericht hätte ich einige sehr unappetitliche Dinge aussagen können, aber mein Verteidiger riet mir davon ab. Er wollte die Geschworenen nicht auf den Gedanken bringen, meine Gefühle der alten Dame gegenüber könnten von mörderischem Haß beseelt gewesen sein.«

»Warum mochte sie Sie nicht?«

»Sie sagte nie, daß sie mich nicht mochte. Meine Gegenwart störte sie, und auf gewisse Weise war sie eifersüchtig auf mich. Sie war eine naive, unbedeutende Person, und sie wußte es. Trotz ihres Wohlstandes und aller materiellen Vorteile führte sie ein nutzloses Dasein. Ohne das viele Geld wäre sie vollkommen hilflos gewesen. Ich dagegen nicht. Den Gedanken, daß ich sie nicht brauchte, konnte sie nicht ertragen. Nach Onkel Charles' Tod wollte ich das Haus verlassen. Sie war dagegen. Sie bat mich, ich solle bleiben, weinte ständig aus lauter Mitleid mit sich selbst - und dann hatte sie ihren ersten Herzanfall. Dies alles kam bei der Verhandlung zur Sprache. Langweilt es Sie denn nicht, das jetzt noch einmal zu hören?«

»Diesmal höre ich es von Ihnen. Das ist ein großer Unterschied.«

Er bat sie nicht, die Jahre zu schildern, die sie in dieser wohlhabenden, aber unerfreulichen Umgebung verbracht hatte; er konnte es sich lebhaft vorstellen: die alte Frau, die immer älter wurde, gereizter und nachtragender, deren Ansprüche wuchsen und die, von Selbstsucht getrieben, die Rolle einer eingebildeten Kranken zu spielen begann.

»Soweit mir bekannt ist, hat sie in ihrem Testament alles Ihnen vermacht und auch die beiden Dienstboten berücksichtigt.«

»Ja. Natürlich hat die Anklagevertretung besonders an diesem Punkt eingehakt. Sie versuchte die Sache so darzustellen, daß ich die alte Frau mit Drohungen, sie verlassen zu wollen, geradezu erpreßt hätte, ein Testament zu meinen Gunsten zu verfassen. Das Gegenteil war der Fall. Sie hat das Testament nur deshalb so gemacht, um mich zum Bleiben zu bewegen. Als ich trotzdem darauf bestand, fortzugehen, sagte sie, ich solle Potts und Bensen mitnehmen, sie würde den Hausstand auflösen und in ein Alterspflegeheim ziehen. Mrs. Potts und Bensen sind so liebe Menschen und nicht mehr jung, so daß ich mich entschloß zu bleiben.«

»Und wann hat Mrs. Cheverton die Dienste von Gerald Hopkins in Anspruch genommen?«

»Kurz nach ihrem zweiten Anfall. Sie wußte, daß sie nicht mehr lange leben würde. Ihre Gemütsverfassung wurde ausgesprochen bösartig. Zu jener Zeit fing sie auch damit an, von Blutsverwandten zu sprechen. Sie war geradezu besessen von dieser Vorstellung. Immer wieder erklärte sie, es sei nicht recht, all ihr Vermögen jemandem zu hinterlassen, der kein Blutsverwandter sei.«

»Aber sie hatte doch gar keine direkten Verwandten.«
»Sie wußte von keinem. Das gefiel ihr nicht. Deshalb beauftragte sie ihren Anwalt, Mr. Hopkins, einen Genealogen aus Boston, zu veranlassen, am Stammbaum zu rütteln, in der Hoffnung, es könne ein Blutsverwandter herunterfallen .«
Diese Art der Beschreibung amüsierte Treviss. Die kleine Miss Lizzie gefiel ihm, und er hoffte, eine Möglichkeit zu finden, die sich letztlich ergebende Konfrontation zu umgehen. Zum Teufel mit seiner Eitelkeit und Neugierde. Sollte die nette Person ihre Geheimnisse für sich behalten, wenn das ihr Wunsch war.
»Und einer fiel herunter?« vermutete er.
»Ein ganz übles Exemplar, und das ist noch sehr rücksichtsvoll ausgedrückt. Mr. Hopkins behauptete, ein schwarzes Schaf auf der Familienweide entdeckt zu haben, einen Deserteur aus dem amerikanischen Expeditionscorps während des Ersten Weltkriegs in Europa. Zwar habe er seinen Namen geändert, aber seine Nachkommen seien entfernte Blutsverwandte von Tante Thelma. Mr. Hopkins hatte diesen Sherwood in New Orleans aufgetrieben und behauptete, er sei eben einer dieser bewußten Nachkommen.«
Treviss fand das hochinteressant. »Während der Verhandlung haben Sie aber die Rechtmäßigkeit dieser Ansprüche nicht in Zweifel gezogen. Oder ist es mir entgangen?«
»Nein, ich habe sie nicht angezweifelt. Für eine Anfechtung hätte ich keine Begründung gehabt. Allein mein Instinkt sagte mir, daß sie nicht echt waren. Menschen wie ich verlassen sich sehr stark auf ihren Instinkt, Mr. Treviss. Von Anfang an verdächtigte ich Mr. Hopkins, mit diesem Sherwood unter einer Decke zu stecken. Dies ist jetzt belanglos. Er kehrte dorthin zurück, woher er gekommen war.«
»Mrs. Cheverton teilte Ihre Bedenken offensichtlich nicht.«
»Mit Gewißheit vermag ich das nicht zu sagen. Ich glaube auch nicht, daß es irgend etwas ausgemacht hätte, wenn ihr Bedenken gekommen wären. Es bereitete ihr eine teuflische Freude, uns die Tatsache des Vorhandenseins eines Blutsverwandten unter die Nase zu halten.«
»Aber bevor sie ihr Testament zu seinen Gunsten ändern konnte, wurde sie ermordet.«
Treviss war inzwischen zu der Ansicht gelangt, in Lizzie Frayle eine außerordentlich bemerkenswerte Frau vor sich zu haben. Er hatte erwartet, daß sie auf der Hut und gerissen sein würde. Nichts davon hatte er an ihr bemerkt. Er hatte damit gerechnet, daß sie versuchen würde, sein Mitleid zu erregen - was ihr allerdings nur seine Verachtung eingebracht hätte. Dafür, daß sie es nicht getan hatte, bewunderte er sie. Sie schien alle Vorteile auf ihrer Seite zu haben. Das ging sogar so weit, daß die augenblickliche Umgebung ihr mehr zu bieten vermochte, als Treviss davon hatte; für sie schienen die Blumen im Garten süßer zu duften, schien das

Sonnenlicht auf ihren blassen Wangen wohliger zu wärmen, als Treviss dies empfinden oder sich auch nur vorstellen konnte.
»Ja«, antwortete sie. »Und sehen Sie, das war auch die schreiende Ironie bei der Sache.«
»Sie meinen die ungewöhnlichen Sicherheitsvorkehrungen?«
Miss Frayle nickte. »Sie war schlimmer als ein kleines Kind. Vor ihrem eigenen Schatten fürchtete sie sich. Und als Onkel Charles starb, nahmen ihre Angstzustände paranoide Formen an. An allen Türen gab es zwei Schlösser, innen und außen. Wer sich in einem Raum befand, behielt einen Schlüssel. Bensen hatte den anderen. Wenn Feuer ausgebrochen wäre, hätten wir in unseren Betten verbrennen müssen. Die installierte elektrische Rufanlage war allerdings auf dem neuesten Stand technischer Entwicklung. Sollte nachts etwas geschehen, konnte man zu jeder Zeit Bensen erreichen. Jeden Abend um elf Uhr spielte sich das gleiche Ritual ab. Sie schloß sich von innen in ihre Zimmerflucht ein. Bensen schloß von außen ab. Es waren zwei verschiedene Schlösser.«
»Und Sie wohnten in derselben Suite wie Mrs. Cheverton .«
»Seit einem Jahr, ja. Wenn sie in der Nacht etwas brauchte, konnte sie mich in dem Zimmer neben ihrem jederzeit wecken. Und glauben Sie nicht, sie hätte es nur selten getan!«
»Nach meinem Verständnis der Sachlage bewohnte Mrs. Cheverton das große Schlafzimmer mit anschließendem Bad und dem kleinen Ankleidezimmer. Durch dieses wiederum gelangte man in den von Ihnen benützten Raum. Aus dieser Zimmerflucht führte nur eine Tür hinaus, und die war in der Nacht, als sie starb, von Mrs. Cheverton von innen und von Benson von außen abgeschlossen.«
»So ist es. Ich war die einzige Person, die in dieser Nacht nach elf Uhr Zutritt zu ihren Räumen hatte.« Sie gab diese sie selbst belastende Auskunft nicht etwa im Ton einer Herausforderung, sondern mehr als gutgemeinte Anregung für sein deduktives Talent.
»Hatten Sie bei diesen vielen Schlössern nicht das Gefühl, in einem Gefängnis zu wohnen?«
Sie seufzte und nickte. »Ja, durchaus. Deshalb war es für mich auch kein so erschütterndes Erlebnis, als ich mich in Untersuchungshaft befand. Es war zwar schlimm, aber nicht unerträglich.«
Treviss konnte sich vorstellen, wie Lizzie Frayle auf jede Krise in ihrem Leben reagieren würde; mit denselben Worten: schlimm, aber nicht unerträglich.
»Jetzt berichten Sie mir bitte von jenem Morgen - von dem Morgen, als sie tot aufgefunden wurde.«
Sie lehnte sich zurück. Die Sonne beschien immer noch ihr Gesicht. »Ich wachte morgens zur üblichen Stunde auf, das heißt, es war etwas später, weil ich normalerweise von Tante Thelma geweckt werde. Sie haßte die Nacht und war glücklich, wenn schließlich die Sonne aufging. An diesem

Morgen weckte sie mich nicht. Ich lag im Bett und machte mir Gedanken, was wohl geschehen sein könnte. Jede Sekunde erwartete ich ihre vorwurfsvolle Stimme zu hören. Die Stille war unheimlich und nach einer Weile beängstigend. Ich rief ihren Namen, als ahnte ich, daß etwas nicht in Ordnung sei. Ich erhielt keine Antwort. Ich ging in ihr Schlafzimmer. Ich lauschte, versuchte mir einzubilden, sie atmen zu hören. Ich hörte nichts. Ich ging bis zum Rand ihres Bettes. Ich hörte immer noch nichts. Nicht das leiseste Geräusch. Ich berührte sie mit der Hand. Ihr Herz schlug nicht mehr.«

Dies war fast wortwörtlich eine Wiederholung ihrer Aussage vor Gericht, der die Anwesenden mit atemlosem Schweigen zugehört hatten.

»Dann ging ich zur Rufanlage und rief Bensen. Ich sagte ihm, ich fürchtete, Tante Thelma sei etwas zugestoßen. Er und Mrs. Potts kamen sofort herauf. Die arme Mrs. Potts schrie auf, als sie die Spuren an Tante Thelmas Hals sah. Bensen rief die Polizei.«

Treviss hielt es für überflüssig, sie zu bitten, die Geschichte zu Ende zu erzählen. Er kannte sie nur zu gut. Die Polizei hatte aus den drei Striemen um Mrs. Chevertons Hals geschlossen, daß das Opfer erwürgt worden war - genauer gesagt, garrottiert, mit einer Schnur oder einem Stück Draht, mindestens neunzig Zentimeter lang und drei Millimeter breit. Das Mordwerkzeug - Schnur oder Draht - blieb spurlos verschwunden. Bensen hatte geschworen, die Tür zur Suite an diesem Abend zur üblichen Zeit von außen verschlossen und erst wieder geöffnet zu haben, nachdem Miss Frayle am Morgen darauf um zehn Uhr ihn über die Rufanlage gerufen hatte. Die Fenster waren von innen verriegelt, und es war völlig ausgeschlossen, daß jemand an der Außenwand des Hauses zum ersten Stock hinaufgeklettert war.

Der Prozeß gegen Lizzie Frayle hatte großes Aufsehen erregt, aber das wichtigste Beweisstück, das Mordwerkzeug, war nicht gefunden worden. Selbst eine peinlichst genaue Durchsuchung der in Frage kommenden Räume hatte nichts zutage gefördert, was auch nur im entferntesten als Garrotte hätte benützt worden sein können. Auch bei Miss Frayle hatte man eine Leibesvisitation vorgenommen, und da die Möglichkeit bestand, daß sie ein Fenster geöffnet und das Mordinstrument hinausgeworfen haben könnte, war auch das Gelände um das Haus sorgfältig abgesucht worden. Man hatte sogar die Abflußrohre im Badezimmer untersucht und die Klärgrube des Hauses geleert, in der Annahme, die Mordwaffe könnte in der Toilette hinabgespült worden sein. Nichts hatte man gefunden.

Diese Tatsache und das Unvermögen der Anklagevertretung, zweifelsfrei nachzuweisen, daß es unter gar keinen Umständen möglich gewesen sein könnte, daß jemand an der Hauswand hinaufgeklettert und durch ein Fenster eingedrungen war, ließen bei den Geschworenen jenes Maß an Zweifel zurück, das letztlich dafür verantwortlich war, daß Lizzie Frayle mangels Beweisen freigesprochen wurde.

Als Treviss den Blick hob, sah er Peters an der Tür zum Haus ein Zeichen geben, und er bot Miss Frayle seinen Arm an und führte sie zum Lunch. In Fortsetzung ihrer Unterhaltung bei Tisch berichtete er seinem Gast, daß er sehr viel Zeit dafür aufgewendet habe, über die Aufstellung der sich in der Suite von Mrs. Cheverton befindlichen Gegenstände nachzudenken.
»Einige davon haben meine besondere Aufmerksamkeit erregt. Eine Wäscheklammer zum Beispiel. Eine Flasche mit Glyzerin. Und eine Stricknadel.«
Miss Frayle lachte leise. »Warum um alles in der Welt finden Sie diese Gegenstände so interessant?«
»Nun, jeder für sich ist es vermutlich nicht. Das Interessante liegt in der Kombination. Das Glyzerin kann natürlich auch für kosmetische Zwecke gebraucht worden sein.«
»So war es auch, Mr. Treviss. Ich nehme für Gesicht und Hände immer Glyzerin und Rosenwasser.«
»Und die Wäscheklammer?«
»Das liegt doch auf der Hand, oder? Selbst Sie als Junggeselle wissen sicherlich, daß Frauen häufig kleine Wäschestücke waschen und im Badezimmer zum Trocknen aufhängen.«
»Die Stricknadel?«
»Du meine Güte. Sie wollen doch nicht vermuten, daß Tante Thelma gar nicht erdrosselt wurde, sondern mit einer Stricknadel erstochen?«
»Beileibe nicht! Aber ich fand es seltsam, daß man nur *eine* Stricknadel gefunden hat.«
»Das ist leicht zu erklären. Es gibt keine Handarbeit, die ich nicht auszuführen verstünde, Mr. Treviss. Ich habe immer sehr viel gestrickt. In letzter Zeit allerdings nicht mehr. Schon seit Jahren nicht mehr, um es genau zu sagen. Vermutlich ist die andere Nadel einfach verlorengegangen.«
Treviss verfolgte dieses Thema nicht weiter und kam auch während des Essens auf die Angelegenheit nicht mehr zu sprechen. Erst nach dem Essen sagte er zu Miss Frayle, daß er auf einige Dinge zu sprechen kommen wolle, die sie vielleicht interessieren könnten. »Wissen Sie, ich ging zur Auktion. Die Versteigerung des Cheverton-Nachlasses war ein vielbeachtetes Ereignis.«
Sie gab zu, daß es ein großer Erfolg gewesen sei. »Alle behaupteten, Tante Thelma habe einen schauderhaften Geschmack gehabt. Aber dank des großen Aufsehens in der Öffentlichkeit stieg der Wert selbst des schlimmsten Trödels.«
»Kommen Sie bitte mit ins Wohnzimmer. Ich will Ihnen zeigen, was ich ersteigert habe.«
Sie legte ihre Hand leicht auf seinen Arm. »Hoffentlich hat man Sie nicht übervorteilt.«
»O nein, überhaupt nicht. Hier ist einer der Gegenstände. Ein sehr alter Brieföffner aus Bronze.« Er legte ihn in ihre Hand.

Sie hielt ihn ein paar Augenblicke fest, dann gab sie ihn zurück. »Ja, eine Antiquität. Er stammt aus Onkel Charles' Arbeitszimmer.«
»Und hier habe ich ein hübsches kleines Möbel. Frühvictorianischer Stil, würde ich sagen.«
Sie strich mit der Hand über den einfachen Stuhl aus Ahornholz. Ihr Gesichtsausdruck blieb unverändert.
»Ich beglückwünsche Sie zu beiden Erwerbungen«, sagte sie. »Es gab einst sechs von diesen Stühlen. Aber Tante Thelma verwechselte Schlichtheit mit Stillosigkeit.
Sie war blind für die unaufdringliche Eleganz dieser Stühle. Nach und nach warf sie sie alle hinaus bis auf diesen einen, den sie in mein Zimmer verbannte.«
»Ich werde die Augen offenhalten. Vielleicht gelingt es mir, die Gruppe wieder zusammenzubekommen. Das Rohrgeflecht des Sitzes ist zwar erneuert worden, aber wenn man dem Auktionator glauben darf, ist dieser Stuhl mindestens hundertfünfunddreißig Jahre alt.« Miss Frayle nickte leicht. »Ja, das dürfte stimmen.«
Treviss wartete, hoffte, sie würde freiwillig enthüllen, worauf er mit seiner Anspielung, die ihr bestimmt nicht entgangen war, hinauswollte. Aber sie schwieg.
Er griff nach ihrer Hand. »Miss Frayle, ich muß gestehen, Sie sind mit Abstand die ungewöhnlichste Frau, die ich jemals kennengelernt habe.«
Sie akzeptierte das Kompliment, ohne mit der Wimper zu zucken. »Und Sie sind ein ungewöhnlicher Mann, Mr. Treviss. Alles hatte ich von Ihnen erwartet, nur keine Komplimente.«
»Falls es nicht unhöflich ist, darf ich Ihnen eine persönliche Frage stellen?«
»Aber bitte.«
»Sind Sie immer blind gewesen?«
»Ja, von Geburt an.«
»Dann sind Sie noch viel ungewöhnlicher, als ich dachte.«
»Ich danke Ihnen, mein lieber Mr. Treviss. Aber Sie dürfen in Ihrer Bewunderung nicht so weit gehen, daß Sie darüber Ihren Mut verlieren. Ich habe das Gefühl, daß Sie drauf und dran sind, das zu tun.«
»Sie haben recht. So ist es.«
»Das wäre aber sehr unfreundlich von Ihnen. Sie haben mich mit einem provozierenden Rätsel hierhergelockt. Sie dürfen mich nicht wegschicken, ohne die Lösung zu verraten.«
Er wußte, daß sie mit ihm spielte, ihn reizte, genau das zu tun, was er hatte umgehen wollen. Nun, er würde ihr das Vergnügen nicht vorenthalten. Sie hatte es verdient.
»Sitzflächen von Stühlen zu flechten ist doch eine Handarbeit, die häufig auch von Blinden ausgeführt wird. Habe ich recht?«
»Ja, das stimmt.« Ihre Stimme klang völlig ruhig.

»Da Sie in allen Handarbeiten so sehr geübt sind, kann ich nicht glauben, daß Sie das Rohrflechten nicht beherrschen.«
»Ich bestreite nicht, das zu können.«
»Und den Sitz dieses kleinen Stuhls haben Sie selbst geflochten?«
»Ja.«
»Wann?«
Sie zuckte mit den Schultern. »Etwa einen Monat vor Tante Thelmas Tod.«
»Vollständig?«
»Ich verstehe nicht.«
»Ich bin sicher, Sie haben meine Frage verstanden«, sagte er. »Gestatten Sie mir eine rein hypothetische Annahme. Sagen wir einmal, um den Faden weiter zu spinnen, daß es Ihr Wunsch gewesen sei, Mrs. Cheverton zu ermorden, aber nicht wußten, wie Sie das anstellen sollten. Eines Tages bekommen Sie von ihr einen kleinen Stuhl, und Sie entschließen sich, die Sitzfläche neu zu flechten. Sie sorgen dafür, daß sich in Ihrem Zimmer ganz genauso viele Streifen des Flechtrohres befinden, wie Sie brauchen werden, um den Sitz zu flechten. Aus Erfahrung wissen Sie, wie viele Streifen dafür erforderlich sind. Nehmen wir an, Sie beginnen also den Sitz zu flechten, wobei auf die übliche Art jeweils sieben Streifen miteinander verkreuzt werden. Einen lassen Sie jedoch aus, den sechsten, der die zweite Diagonale bildet und für die Einfassung des Randes gebraucht wird. Sie sehen, ich habe mich informiert. An dem fertiggestellten Sitzgeflecht wäre von hundert Leuten keiner einzigen Person aufgefallen, daß das Flechtwerk nicht vollständig war. Nehmen wir weiter an, Sie verstecken den übriggebliebenen Streifen etwa einen Monat lang in Ihrem Zimmer, bis zu jener Nacht, in der Sie Mrs. Cheverton ermorden wollen. Nachdem die Tür zur Suite verschlossen worden und die alte Dame eingeschlafen war, könnten Sie den Streifen Flechtrohr auf die Größe zusammengerollt haben, daß er in die Waschschüssel paßte, wobei Sie die Enden mit der Wäscheklammer zusammenklemmten. In der Schüssel befand sich warmes Wasser, mit Glyzerin vermischt, um den steifen Rohrstreifen biegsam zu machen. So wird das doch gemacht, nicht wahr? Mit warmem Wasser und Glyzerin. Nachdem der Streifen also schön geschmeidig und biegsam geworden war, könnten Sie sich in Mrs. Chevertons Schlafzimmer geschlichen, ihr den Streifen dreimal um den Hals gewunden und sie damit erdrosselt haben. Nehmen wir an, Sie haben anschließend den Streifen entfernt und ihn in aller Ruhe in den Stuhlsitz geflochten, genau dorthin, wo er bisher gefehlt hatte und wo er hingehörte, wobei Sie natürlich das normalerweise dafür verwendete Werkzeug benützten, eine Stricknadel. Ich bin davon überzeugt, daß niemandem, nicht einmal Mrs. Potts, ein Unterschied im Aussehen des Stuhles am Abend zuvor und am Morgen des Mordes aufgefallen wäre. Und selbst dem phantasiebegabteren Kriminalbeamten würde es nicht einfallen, daß

die Garrotte, die er suchte, aus dem geflochtenen Sitz eines Stuhles stammte, der für alle sichtbar im Zimmer stand.«

Nicht die Spur eines Lächelns, kein Anzeichen von Angst zeigte sich auf Lizzie Frayles Gesicht, während er sprach, und als er geendet hatte, reagierte sie lediglich mit einem kleinen, nachdenklichen Seufzer.

Dann sagte sie: »Wenn das stimmen würde, dann hätten Sie natürlich völlig recht mit Ihrer Ansicht, daß niemandem ein Unterschied im Flechtmuster aufgefallen wäre. Die meisten Menschen, deren Augenlicht nicht beeinträchtigt ist, geben sich überhaupt nicht die Mühe, genau hinzusehen. Ist das nicht traurig? Sie wissen gar nicht, was alles ihnen auf diese Weise entgeht.«

Von diesem Augenblick an wußte er, daß sie nichts zugeben würde, und er war froh darüber.

Draußen im Garten überreichte er ihr einen großen Rosenstrauß, bevor Peters sie zum Wagen führte.

»Ich danke Ihnen, Mr. Treviss. Sie hätten mir gar kein schöneres Geschenk machen können. Und Dank auch für den ausgezeichneten Lunch - und eine sehr interessante Theorie.«

Er konnte es sich nicht verkneifen zu fragen: »Ist es wirklich nur das? Eine Theorie, meine Liebe?«

Sie lachte fröhlich.

»Sofern nichts bewiesen werden kann, wird es leider eine Theorie bleiben. Habe ich nicht recht?«

Er ging auf das Thema nicht mehr ein. »Sie werden bald verreisen, nehme ich an?«

»Ja. Die Villa habe ich einer Stiftung geschenkt, die sich erblindeter Menschen annimmt. Man wird darin eine Blindenschule einrichten und Handwerks- und Handarbeitsunterricht erteilen.«

»Und was soll aus Mrs. Potts und Bensen werden?«

»Oh, ich habe veranlaßt, daß für sie gesorgt sein wird.«

»Das ist sehr großzügig von Ihnen.«

»Nein, gar nicht. Potts, Bensen und ich, wir haben über ein Vierteljahrhundert zusammengehört. Wir haben gemeinsam sehr viel erlebt und mitgemacht. Man könnte sagen, wir stünden uns näher als Blutsverwandte.«

Treviss sah dem Wagen nach, als er wegfuhr. Dann kehrte er auf die Gartenbank zurück und dachte über seinen Besuch nach. Dort fand ihn Peters bei seiner Rückkehr.

»Sie hat also nichts zugegeben«, bemerkte der junge Mann .

»Gar nichts.«

»Daß Sie Ihre Theorie beweisen könnten, haben Sie ihr nicht gesagt?«

»Ich hatte es ursprünglich vor, entschied mich dann jedoch dagegen.«

Der Beweis, von dem Peters gesprochen hatte, war ein winziger Fleck menschlichen Bluts, den Treviss an der Unterseite des Rohrstreifens der zweiten Diagonale entdeckt hatte. Wäre er der Polizei aufgefallen, hätte die Verhandlung gegen Lizzie Frayle eine ganz andere Wendung genommen. Allerdings war die Polizei in diesem Fall ebenso blind gewesen wie die Mörderin.

Oder war sie gar keine Mörderin?

Ihre Bemerkung, Potts, Bensen und sie stünden sich näher als Blutsverwandte - könnte die eine verborgene Bedeutung gehabt haben?

Peters blickte ihn mit einem fast grimmigen Lächeln an. »Würden Sie mir jetzt wenigstens sagen, was Sie auf die Einladung geschrieben haben, von der Sie so überzeugt waren, daß sie sie annehmen würde?«

»Ich schrieb ihr, sie solle nachlesen im Ersten Buch Mose, Kapitel vier, Vers fünfzehn. ›Aber der Herr sprach zu ihm: Nein; sondern wer Kain totschlägt, das soll siebenfältig gerächt werden. Und der Herr machte ein Zeichen an Kain, daß ihn niemand erschlüge, wer in fände.‹«

Treviss lächelte, während er sanft mit der Hand über die rosa Blüte eines Rosenbäumchens strich. »Nun sagen Sie mir mal, Peters, wenn Sie jemanden erdrosselt hätten, so wie meiner Überzeugung nach Mrs. Cheverton erdrosselt worden ist, würde es Sie nicht zumindest ein klein wenig aus der Ruhe bringen, wenn jemand Ihnen gegenüber das Kainszeichen anspielte?«

Die Erleuchtung

Clark Howard

Eine Stunde nachdem der langsam fahrende Güterzug die Staatsgrenze von Arkansas überquert hatte, sprang Coy aus dem leeren Waggon. Er rutschte die schlackenbedeckte Böschung hinunter in den Graben, der längs des Schienenstrangs verlief. Im Gestrüpp versteckt wartete er, bis der Rest des Zuges vorbeirumpelte und der Bremswagen sich ein gutes Stück auf den Schienen entfernt hatte. Dann kletterte er den Bahndamm hinauf und schaute sich um.

In drei Richtungen entdeckte Coy nichts weiter als sich endlos dahinziehendes, sauber gepflügtes Ackerland, das nur hin und wieder durch einen Zaun, ein Haus oder eine Baumgruppe unterbrochen wurde. Als er in die vierte Richtung blickte, erspähte er jedoch eine asphaltierte Landstraße, die die Schienen kreuzte. Ungefähr eine halbe Meile weit entfernt lag eine kleine Tankstelle. In der Hoffnung, sich dort etwas zum Essen kaufen zu können, steuerte Coy auf das Gebäude zu. Beim Marschieren spürte er, wie sein Magen vernehmlich knurrte.

Am Abend zuvor hatte Coy zum letzten Mal etwas gegessen, das war noch in Mississippi gewesen. Fünf Stunden später buddelte er sich unter dem Zaun, der das Camp umgab, hindurch und machte sich auf den Weg zu der Eisenbahnstrecke, die nach Arkansas führte.

Aus dem Schatten, den sein Körper warf, schloß er, daß es nun gegen ein Uhr mittags sein mußte. Also hatte er seit beinahe zwanzig Stunden nichts mehr gegessen. In seiner Tasche befanden sich zwei Dollar und sechzig Cent, von denen er so wenig wie möglich ausgeben wollte. In Arkansas brauchte man mindestens einen Dollar, um nicht als Landstreicher zu gelten, doch wenn er nicht bald etwas in den Magen bekäme, würde er vor Schwäche zusammenbrechen.

Die Tankstelle enthielt auch ein kleines Lebensmittelgeschäft. Nachdem Coy sich ein wenig umgesehen hatte, gab er achtundfünfzig Cent für eine Büchse Wiener Würstchen, ein Paket Cracker und eine Flasche Orangenlimonade aus. Die Büchse ließ er sich von dem Ladenbesitzer öffnen. Zum Essen ging er nach draußen, wo er eine leere Kiste fand, auf die er sich setzte. Während er seine Würstchen und Cracker kaute, hielt ein Bus, offensichtlich eine christliche Vereinigung, um zu tanken. Und da sah er das Mädchen zum erstenmal.

Vielleicht lag es an ihrem dunkelroten Haar, das lang und seidig glänzend auf ihren Schultern lag; vielleicht an den breiten Schultern, die ihre Taille unwahrscheinlich schmal erscheinen ließen - vielleicht reizte ihn auch nur die Art und Weise, in der sie ihre ungeschminkten Lippen öffnete, während sie für kurze Zeit noch auf den hochgeklappten Stufen des Busses stand. Vielleicht, sagte er sich in Gedanken, lag es einfach nur daran, daß sie die erste Frau war, die er nach siebenmonatiger Enthaltsamkeit im Gefängnis drüben in Mississippi aus der Nähe betrachten konnte. Was immer es sein mochte, das geschah, als ihre Blicke sich für den Bruchteil einer Sekunde begegneten, es erfaßte beide und erzeugte Spannung. Es glich einem Funken, der übersprang. Coy war fest davon überzeugt, daß sie es genauso spürte wie er.

Rasch stieg sie aus dem Bus und ging zu den Toiletten. Als Coy sie aus dem Blickfeld verlor, wandte er seine Aufmerksamkeit dem Bus zu. Das Vehikel hatte schon bessere Tage gesehen. Coy mutmaßte, daß es sich um einen umgebauten Schulbus handeln mußte. Durch die Fenster war zu erkennen, wie der rückwärtige Teil des Mobils wohnlich eingerichtet war. Auf der Seite, unter der Reihe der Fenster, stand in fetten Lettern: ERWECKUNGSBEWEGUNG - JESUS BRAUCHT DICH.

Zwei Männer verließen den Bus. Der eine hatte kalte Augen, ein verbittertes Gesicht, und seine hochaufgeschossene, hagere Gestalt erinnerte an eine Bohnenstange. Trotz der warmen Witterung trug er einen schwarzen Anzug mit Krawatte. Wenn er ging, hielt er sich krampfhaft aufrecht, ohne einen Blick nach rechts oder links zu werfen.

Der andere Mann war kleiner und verkrüppelt. Er hatte einen Klumpfuß und trug einen hohen Maßschnürschuh mit klobigem Absatz. Unbeholfen hinkte er hinter dem großen, hageren Mann her.

Nachdem die Männer in dem Lebensmittelgeschäft verschwanden, beendete Coy seine Mahlzeit und schlenderte in die Richtung des Gebäudes, wo die Toiletten lagen. Aus der Brusttasche seines Hemdes nahm er eine der zwei Zigaretten, die in einem zerknitterten Päckchen steckten. Mit einem Streichholz zündete er sie an. Er hatte gerade das Zündholz fortgeworfen und sich gegen eine leere Öltonne gelehnt, als das Mädchen aus dem Toilettenraum zurückkam. Ihr Gesicht war gerötet, als hätte sie es mit sehr kaltem Wasser gewaschen. Sie streifte Coy mit einem flüchtigen Blick und steuerte gleichfalls auf den Lebensmittelladen zu.

»Hallo«, grüßte Coy, als sie an ihm vorbeischritt.

»Hallo«, grüßte sie zurück. Einen Moment lang schien es, als wolle sie stehenbleiben, doch dann besann sie sich wohl anders. Nach kaum merklichem Zögern setzte sie ihren Weg fort.

»Hast du eine Minute Zeit für mich?« fragte Coy, indem er sie beim Arm festhielt. »Du kamst mit diesem Evangelistenbus, nicht wahr?«

»Du hast mich doch beim Aussteigen beobachtet«, entgegnete sie. Sie schien nichts dagegen zu haben, daß er ihren Arm berührte.

»Wäre es möglich, daß ihr mich bis zur nächsten Stadt mitnehmt?«

»Auf gar keinen Fall«, versetzte sie mit Nachdruck. »Bruder Monroe, das ist der Prediger, hat nichts für Anhalter übrig.« Sie blickte hinunter auf seine Hand. »Bist du bald fertig mit meinem Arm?«

Coy ließ sie los, und sie ging weiter. Doch bereits nach zwei Schritten drehte sie sich wieder um.
»Wenn du mich einmal an deiner Zigarette ziehen läßt, verrate ich dir, wie du vielleicht mit uns fahren kannst.«
Coy nickte und hielt ihr die Zigarette hin. Prüfend schaute das Mädchen zum Lebensmittelladen, dann nahm sie ihm rasch die Zigarette aus der Hand und inhalierte ein paarmal ausgiebig und tief. Sie stand jetzt sehr dicht bei ihm, und ihre Fingerspitzen streiften seine Hand. Von ihr ging ein feiner Duft aus, den er äußerst angenehm fand. Als er ihr in den Kleiderausschnitt blickte, entdeckte er ein paar Sommersprossen auf ihrer Haut.
»Das tut wirklich gut«, seufzte sie. Sie schwankte leicht. »Meine Güte! Wenn man eine Woche lang nicht geraucht hat, haut es einen richtig um.«
Coy nahm ihren Arm, um sie zu stützen. Sie schmiegte sich an ihn, wobei sie lächelte, als hätte sie einen Schwips.
»Was ist mit der Mitfahrgelegenheit?« fragte er.
»Paß auf. Du gehst zu Bruder Monroe und bietest ihm an, den Bus zu fahren. Du besitzt doch einen Führerschein, oder?«
»Na klar.«
»Schön. Bruder Monroe fährt nicht gern, er sagt, er bekäme davon Kreuzschmerzen. Der andere, Aaron Timm, der mit dem Klumpfuß, chauffierte bis vor kurzem, doch gestern brummte die Verkehrspolizei Bruder Monroe deshalb eine Geldbuße auf. Sie sagten, Aaron dürfe mit seiner Behinderung keinen Bus fahren. Wenn du dich also als Chauffeur anbietest, kann es sein, daß Bruder Monroe dich mitnimmt.«
Beide hörten, wie die Ladentür zuschlug, und hastig rückte das Mädchen von Coy ab.
»Ich muß gehen.« Sie eilte zur Vorderseite des Gebäudes.
Coy zog noch einmal an der Zigarette. Er dachte daran, daß sie sie zwischen den Lippen gehalten hatte, er versuchte sich an ihren Duft zu erinnern und stellte sich die Sommersprossen auf ihrem Dekolleté vor. In sich hineinlächelnd, warf er den Zigarettenstummel fort und schlenderte zum Bus.
Das Mädchen war bereits eingestiegen, sie saß an einem der geöffneten Fenster. Aaron Timm stand wartend neben der Tür, während Bruder Monroe eine Handvoll Münzen zählte, um das Benzin zu bezahlen.
»'tschuldigung, Hochwürden«, wandte sich Coy an den Prediger, nachdem dieser bezahlt hatte. »Ich überlege gerade, ob es wohl möglich wäre, daß Sie mich in die nächste Stadt mitnehmen.«
»Ich nehme keine Anhalter mit«, erwiderte Bruder Monroe schroff.
»Wenn ich Geld hätte, würde ich mich ja an den Benzinkosten beteiligen«, entgegnete Coy höflich. »Aber vielleicht könnte ich meinen Anteil sozusagen abarbeiten. Ich übernehme gern das Fahren oder helfe, wo es gerade nötig ist, mit.«

»Die Idee ist nicht schlecht, Bruder Monroe«, mischte sich Aaron Timm ein. »Die Polizei könnte andere Streifenwagen verständigt haben, ein Auge auf uns zu halten.«
»Das nächstemal stecken sie uns womöglich noch ins Gefängnis, Bruder Monroe«, stärkte das Mädchen vom Fenster aus Aaron Timm den Rücken.
»Seid still, ihr zwei«, herrschte der Prediger sie an. »Euch beide brauche ich nicht, um eine Entscheidung zu treffen.« Er musterte Coy von Kopf bis Fuß. »Sind Sie ein guter Fahrer? Fahren Sie vorsichtig?«
»Ja, Sir«, erwiderte Coy feierlich.
»Na schön, setzen Sie sich hinter das Steuer«, befahl Monroe. »Die ersten Meilen fahren Sie auf Probe.«
»Vielen herzlichen Dank, Hochwürden«, versetzte Coy in unterwürfigem Ton. Als Bruder Monroe sich umwandte, um den Bus zu besteigen, lächelte er dem Mädchen zu. Sie lächelte zurück und zwinkerte.

Die endlosen flachen Felder huschten vorbei, während Coy den Bus in gleichmäßigem Tempo fuhr. Im Rückspiegel sah er, daß Aaron Timm sich auf einer Sitzbank zusammengerollt hatte und schlief. Zu Anfang hatte Bruder Monroe neben Coy gesessen und ihn beim Fahren beobachtet, dann jedoch zog er sich in sein privates Quartier, das im Heck des Busses lag und durch einen schweren Vorhang vom vorderen Teil getrennt war, zurück.
Das Mädchen hatte sich auf einen Platz neben dem Gang gesetzt, die Knie hochgezogen und sich in ein abgegriffenes Filmjournal vertieft. Ihre Haltung ließ viel von ihren Beinen sehen. Eine Zeitlang beobachtete Coy abwechselnd die Straße und das Mädchen. Nach einer Weile fielen ihr jedoch die Augen zu, sie lehnte sich zurück, um ein bißchen vor sich hin zu dösen, und Coy konnte sie nicht mehr sehen.
Da er nichts mehr hatte, womit er seinen Geist beschäftigen konnte, fischte er seine letzte Zigarette aus der Brusttasche und rauchte sie. Er dachte an Gaston, so hieß die Stadt, die sie erreichen wollten.
Und in Gaston hielt sich Roscoe auf - jedenfalls war er vor einer Woche noch dort gewesen. Coy wußte es von einem Neuzugang, der seiner Straßenbaukolonne zugeteilt wurde. Der Mann hatte ein paar Tage lang im Billardsaal in Gaston gearbeitet und war von dort aus über die Grenze nach Mississippi marschiert, wo man ihn wegen eines kleinen Diebstahls verhaftete. Nachdem er zu neunzig Tagen Haft verurteilt war, brachte man ihn noch am selben Tag ins Gefängniscamp. Zwei Tage später hörte Coy, wie er einen Mann namens Roscoe erwähnte, der in einem Hinterzimmer des Billardsaales Karten zu spielen pflegte.
Coy fragte sich, wen Roscoe wohl jetzt als »ehrlichen Mann« benutzte. Wahrscheinlich einen anderen armen Schlucker, so wie ihn ein Jahr zuvor. Er erinnerte sich an den Tag, als Roscoe ihn in einem billigen Café

in Alabama aufgelesen hatte, wo er für vier Dollar pro Tag und freie Mahlzeiten Teller abwusch.
Roscoe gefiel sein Aussehen, und er holte ihn aus der Kaschemme heraus. Er brachte ihm bei, wie man beim Poker den »ehrlichen Mann« spielt. Es sei kein richtiger Betrug, hatte Roscoe ihm erklärt. Ein »ehrlicher Mann« half lediglich, den Einsatz zu vergrößern, sobald sein Partner ihm durch Zeichen zu verstehen gab, daß er weniger als drei neue Karten brauchte. Es ging nur darum, die eingesetzte Summe in die Höhe zu treiben, das war alles. Es wäre auch halb so schlimm gewesen, wenn Roscoe nicht versucht hätte, das Glück zu beeinflussen, indem er gezinkte Karten benutzte. Und eines Nachts hatte er Coy in der Patsche sitzenlassen, um seine eigene Haut zu retten.
Coy schnippte die Asche von seiner Zigarette und rieb sich die halbkreisförmige Narbe an seinem Unterkiefer. Sie stammte von einer Bierflasche, die einer der Spieler an seinem Gesicht zersplittert hatte, ehe man ihn ins Gefängnis brachte. Der Besitzer der Kneipe, in der das Spiel stattfand, war ein Vetter des Richters. Und um den Männern Genüge zu tun, die beim Poker einen Teil des Erlöses aus ihren Baumwollernten verloren hatten, kam man überein, Coy zu einem Jahr Gefängnis zu verurteilen.
Coy wurde einer Straßenbaukolonne zugeteilt. Zwölf Stunden am Tag hoben die Männer Bewässerungsgräben aus. Nach ein paar Wochen gewöhnte sich Coy an die harte Arbeit, nachdem die Blasen an seinen Händen angeschwollen und geplatzt waren, nachdem sie geblutet und sich dann zu Schwielen verdickt hatten. Zu Anfang schmerzten seine Schultern wie verrückt, doch die Schufterei kräftigte seine Muskeln und machte sie elastisch. Es dauerte eine Weile, bis sein Magen sich an die miserable Kost gewöhnt hatte und nicht mehr gegen die wäßrige und klumpende Haferschrotsuppe revoltierte, mit der der Staat die Sträflinge ernährte. Mit der Zeit gewöhnte sich Coy an alles, und er war entschlossen, dieses eine Jahr durchzuhalten. Ein Jahr, hatte der Richter verkündet, und ein Jahr lang wollte Coy auf die Zähne beißen.
Er hätte es auch geschafft, wenn er nicht zufällig Roscoes Aufenthaltsort erfahren hätte. Der Gedanke an Roscoe war zuviel für ihn gewesen. Roscoe, der seidene Hemden trug, während er, Coy, in gestreiftem Sackleinen einherging. Roscoe verputzte Steaks und Spiegeleier, er würgte diese Pampe hinunter. Roscoe schlief auf einer Federmatratze in einem vollklimatisierten Motelzimmer, er, Coy, verbrachte die Nächte auf einer hölzernen Pritsche in einer muffigen Gefängnisbaracke.
Diese Vorstellungen quälten ihn, bis er mürbe wurde. Auf einmal fand er die Arbeit unerträglich, sein Magen vertrug den Fraß nicht mehr. Die Nächte entwickelten sich zu Stunden schwärzester Finsternis, in denen ihn Visionen von Roscoes lächelndem Gesicht heimsuchten.
Als es für ihn immer schlimmer und unerträglicher wurde, riß er aus. Eines Nachts, um zehn Uhr, schlüpfte er durch ein Loch, das sich unter

einem losen Dielenbrett verbarg, und buddelte sich unter dem Stacheldrahtzaun hindurch. Er marschierte in westlicher Richtung, wo sich die nächste Staatsgrenze befand. Neun Stunden lang war er auf den Beinen.
Am nächsten Morgen um sieben stahl er einem Bauern einen Overall und ein Arbeitshemd von der Wäscheleine. Nachdem er sich umgezogen hatte, strebte er der nächsten Schnellstraße zu und ließ sich von einem Gemüsewagen mitnehmen. Drei Ortschaften weiter verdiente er sich drei Dollar, weil er half, den Wagen bei der Konservenfabrik abzuladen. Er kaufte sich ein Päckchen Zigaretten und sprang auf einen Güterzug, der stadtauswärts fuhr. Eine Stunde nachdem er die Grenze von Arkansas passiert hatte, sprang er wieder ab. Dann lief er zu der Tankstelle, wo kurz darauf der Bus der Erweckungsbewegung hielt.
Während Coy chauffierte, sinnierte er darüber nach, daß er zwei Dinge zu erledigen hatte: Er mußte die Rechnung mit Roscoe begleichen - und sofort danach das Weite suchen. Wenn sie ihn schnappten und nach Mississippi zurückbrachten, käme ihn seine Flucht teuer zu stehen. Er mußte die doppelte Zeit absitzen, die ihm von seiner Haftstrafe noch blieb, und zusätzlich ein Jahr. Das ergab zweiundzwanzig Monate anstatt der fünf, die er noch hätte ableisten müssen.
Coy lächelte bitter. Das Risiko nahm er auf sich. Die Sache war es ihm wert. Um mit Roscoe abzurechnen, war ihm kein Preis zu hoch.
Er beugte sich über das Lenkrad und lockerte seine Rückenmuskeln. Er sehnte sich nach einer Zigarette, doch lange brauchte er nicht mehr zu warten. Auf einem Straßenschild las er: GASTON 12.

Auf einem großen freien Feld außerhalb der Stadt zog Coy sein Hemd aus und half Aaron Timm, den Bus abzuladen. Das Versammlungszelt der Erweckungsbewegung, das auf einem Dachgepäckträger transportiert wurde, kam zuerst dran. Danach holten sie die Stapel von Klappstühlen und eine zusammenlegbare Kanzel herunter, die unter dem Zelt gelegen hatte. Zuletzt banden sie die kleine Pedalorgel los, die mit Stricken am Heckträger befestigt war.
»Wann wollt ihr die Sachen aufstellen?« erkundigte sich Coy, nachdem sie alles abgeladen und ordentlich neben dem Bus aufgereiht hatten.
»Morgen früh«, erwiderte Aaron, während er auf einem Zahnstocher kaute. »Gleich nach dem Frühstück stelle ich das Zelt auf und räume die Stühle ein. Nachmittags gehe ich in die Stadt und verteile diese Handzettel dort.«
Er deutete auf einen Karton, in dem sich die bedruckten Blätter befanden. »Morgen abend findet die Versammlung statt. Bruder Monroe hält eine Predigt und spielt die Orgel. Das Mädchen singt Hymnen. Und später gehe ich mit dem Sammelteller herum.«
Coy nickte. Er schaute zum Bus hinüber und sah, wie das Mädchen eine Kiste mit Geschirr öffnete, die neben einem Campingherd stand. Der Pre-

diger saß auf einem Klappstuhl unter einem Baum und hielt die Augen geschlossen.
»Der scheint sich nicht zu überarbeiten, wie?«
»Warum sollte er auch?« versetzte Aaron in einem Anflug von Groll. »Wie käme er dazu, einen Finger zu krümmen, solange er Dumme wie mich und das Mädchen hat, die die Arbeit für ihn erledigen?«
»Wenn es Ihnen nicht paßt, warum hauen Sie dann nicht ab?« wollte Coy wissen.
»Und was wird dann aus mir?« grunzte Aaron. »Es ist schwer, eine Arbeit zu finden, wenn man so einen Fuß hat, aber keinen Beruf. Und ich habe doch nichts gelernt.« Seine Wut verflüchtigte sich. Liebevoll streichelte er das glänzend polierte Holz der Pedalorgel. »Das einzige, was ich kann, ist Orgelspielen. Darin bin ich wirklich ganz groß.«
»Sagten Sie nicht eben, der Prediger spielte die Orgel?«
»Richtig. Aber ich könnte es auch, wenn er mich nur ließe. Und obendrein viel besser als er.«
»Warum läßt er Sie dann nicht Orgel spielen?« bohrte Coy weiter.
Verlegen senkte Aaron Timm den Blick. »Er glaubt, wir bekämen mehr Geld, wenn ich den Sammelteller herumreiche. Er meint, die Leute empfänden Mitleid, wenn sie mich hinken sähen.«
Coy nickte und verfolgte das Thema nicht weiter. »Kann ich Ihnen sonst noch irgendwie behilflich sein?«
»Ich muß jetzt das Zelt auseinanderfalten und ausbreiten, damit ich es morgen früh gleich aufstellen kann«, erwiderte Aaron. »Wenn Sie möchten, können Sie mir dabei helfen.«
»Na klar.«
Während sie sich mit dem großen, schweren Zelt abplagten, beobachtete Coy das Mädchen. Sie gab eine Dose Gulasch in einen Topf und stellte ihn auf die Herdflamme. Sie kehrte ihm den Rücken zu, und er sah ganz deutlich das Spiel ihrer Beinmuskeln. Frauen mit strammen, runden Waden hatte er schon immer bewundert.
»Wie heißt sie eigentlich?« erkundigte er sich bei Aaron, indem er mit dem Kinn auf das Mädchen deutete.
»Willow. Ihren Nachnamen kenne ich nicht.«
»Woher kommt sie?«
»Vor ein paar Wochen gabelte Monroe sie irgendwo in Indiana auf. Ich glaube, sie ist von zu Hause ausgerissen.« Aaron schmunzelte. »Der alte Monroe hatte gehofft, sie würde hinten im Bus mit ihm schlafen. Aber bis jetzt ist er bei ihr abgeblitzt. Sie übernachtet immer draußen - allein.«
Coys Blick wanderte zu Bruder Monroe, der sich in seinem Klappstuhl zurücklehnte und alle viere von sich streckte. »Einen Prediger hatte ich mir immer anders vorgestellt.«
»Er ist ja auch keiner«, knurrte Aaron. »Der ist genauso wenig ein Prediger wie Sie und ich. Er kann nur gut reden, weiter nichts. Sicher, wenn er

von der Kanzel aus mit Hölle und ewiger Verdammnis droht, wirkt er sehr überzeugend, aber dann will er ja auch den Sammelteller herumgehen lassen. Später, wenn die Farmer mit ihren Familien wieder heimgefahren sind, widmet er sich seiner Flasche und denkt an dieses Mädchen, Willow - «

»Er trinkt wohl gern, wie?« fragte Coy.

»Darauf können Sie Ihre Stiefel verwetten«, versetzte Aaron mit Nachdruck. »Morgen läßt er mich durch die ganze Stadt rennen und nach einem Alkoholschieber suchen. Sie wissen ja, daß dieser Staat hier trocken ist - in Arkansas dürfen keine hochprozentigen Getränke über die Ladentheke verkauft werden.«

»Ja, das weiß ich.« Der Dürre ist also ein Betrüger, sinnierte Coy. Nur gut reden kann er …

Als das Zelt ausgebreitet auf dem Boden lag, schritten sie zum Bus zurück, wo Coy sein Hemd hingehängt hatte.

»Ich glaube, ich mache mich auf den Weg«, sagte Coy. Er bemerkte, wie Aarons Gesicht sich schmerzlich verzog. Offenbar sah er es nicht gern, daß er ging.

»Wenn Sie noch ein Weilchen hierbleiben«, sagte er, »kann ich Ihnen vielleicht einen Teller von dem Gulasch besorgen, das Willow gerade kocht.«

»Sehr nett von Ihnen, aber das ist wirklich nicht nötig«, erwiderte Coy. »Mag sein, daß ich später noch einmal vorbeischaue. Aber zuerst möchte ich in die Stadt gehen.«

»Sicher«, entgegnete Aaron ein bißchen enttäuscht. »Und vielen Dank für Ihre Hilfe.«

Coy schritt um den Bus herum. Als Aaron ihn nicht mehr sehen konnte, blieb er kurz stehen und stahl ein paar von Bruder Monroes Handzetteln aus dem Karton. Dann überquerte er das Feld in Richtung der Straße und marschierte auf Gaston zu.

Die Luft im Hinterzimmer des Billardsaals war zum Schneiden dick. In die dichten Tabakschwaden mischten sich die Ausdünstungen von Schweiß. Ein Dutzend Männer in Overalls und klobigen Arbeitsschuhen umstanden einen mit Wachstuch bedeckten Tisch, über dem eine niedrige Lampe hing. Gespannt beobachteten sie das Pokerspiel. An der Partie nahmen fünf Männer teil, zwei Farmer, zwei, die aussahen wie Typen, die ständig in Billardsälen herumlungern - und Roscoe.

Coy mischte sich in die Gruppe der Zuschauer. Er hielt sich im Schatten, damit Roscoe ihn nicht gleich entdeckte. Im Gegensatz zu den anderen Männern beobachtete er nicht das Spiel. Die Karten, die Einlagen und das Höhertreiben der Einsätze interessierte ihn nicht. Er fixierte ausschließlich Roscoe. Er betrachtete sein Gesicht, seine Augen, dachte daran, wie viele gute Mahlzeiten er in den vergangenen sieben Monaten verzehrt

haben mochte, wie oft er in sauberen Betten geschlafen und wie viele heiße Bäder er genommen hatte. Unwillkürlich hob Coy eine Hand und betastete die Narbe, die die ausgezackten Ränder der zerberstenden Bierflasche auf seiner Wange hinterlassen hatte.
Amüsiere dich gut, Spieler, dachte er. Dieses Spiel wird für dich vorläufig das letzte sein.
Durch die Hintertür verließ Coy leise das Zimmer. Er gelangte in eine ruhige Seitenstraße. Er nahm Bruder Monroes Handzettel aus seinem Hemd und versteckte sie unter einer Mülltonne, wo er sie leicht wiederfinden konnte. Dann schlenderte er zur Hauptstraße zurück.
Mittlerweile war es dunkel geworden, und um sein Geld zu zählen, mußte er sich unter eine Laterne stellen. Er besaß eine Dollarnote, einen Dollar in Münzen und zwei Cent. Die zwei Cent steckte er in seine Tasche, das übrige Geld wickelte er in die leere Zigarettenpackung, die er immer noch bei sich trug. Leise pfeifend überquerte er den Marktplatz. Er entdeckte ein Café, das die ganze Nacht über geöffnet hatte, davor parkte ein Taxi. Der Fahrer saß zurückgelehnt in seinem Sitz und rauchte.
»'n Abend«, grüßte Coy, wobei er seine Hand auf das Wagendach stützte.
»'n Abend«, erwiderte der Fahrer. Nachdenklich sah er Coy an.
»Ziemlich warm heute«, bemerkte Coy.
»Zu warm für diese Jahreszeit«, pflichtete der Fahrer ihm bei.
Coys Blick wanderte über den Platz. »Hübsche kleine Stadt, in der Sie wohnen.«
»Sie sind fremd hier?«
Coy nickte. »Auf der Durchreise.« Er lächelte. »Nicht einfach für einen Mann, sich in einer fremden Stadt zurechtzufinden, wenn man niemanden kennt. Man weiß nicht mal, wo man sich eine Flasche kaufen kann.«
»Alkohol können Sie hier nirgendwo kaufen«, versetzte der Fahrer. »Dieser Staat ist trocken.«
»Sicher. Ich kenne die Prohibitionsgesetze. Aber ich kenne mich auch ein wenig im Taxigeschäft aus.«
»Tatsächlich?« Es klang betont gleichgültig.
»Und ob. Früher fuhr ich selbst mal Taxi, in Kansas, Junction City. Der Staat ist ebenfalls trocken. Aber wissen Sie, was wir einem durstigen Mann rieten? Wir sagten ihm, er solle einfach irgendwo zwei Dollar liegenlassen ...«
Coy blickte sich um, dann deutete er mit dem Kinn auf einen Stapel leerer Coca-Cola-Kästen neben dem Café. »Zum Beispiel in der obersten Kiste dort drüben. Dann sollte er einmal um den Platz herumlaufen. Und wenn er zurückkam, waren die zwei Dollar fort, dafür fand er eine Flasche mit selbstgebranntem Whisky.«
»Interessant«, äußerte der Fahrer.
»Diese Abmachung hatte eines für sich«, meinte Coy. »Derjenige, der den Stoff verkaufte, konnte niemals erwischt werden.« Er nahm die Hand

vom Wagendach und streckte sich. »Es wird spät. Ich glaube, ich gehe noch ein bißchen spazieren und lege mich dann aufs Ohr. Ich kampiere ungefähr eine Meile von hier, gleich an der Straße. Guten Abend noch.«
Der Taxifahrer nickte. Coy trat auf den Bürgersteig zurück und näherte sich dem Stapel Cola-Kisten. Während er einen Fuß auf eine leere Kiste aufstützte und sich umständlich den Schuh neu schnürte, ließ er die Zigarettenpackung mit dem Geld darin in den obersten Kasten hineingleiten. Danach schlenderte er, leise pfeifend, einmal um den Platz herum.
Als Coy zum Café zurückkehrte, stand das Taxi nicht mehr an seinem Platz. Auch sein Geld war fort. Im obersten Kasten lag eine neutrale, verkorkte Flasche, die selbstgebrannten Whisky enthielt.
Mit der Flasche unter dem Hemd stromerte Coy zu der Seitengasse, die hinter dem Billardsaal lag.
Die Flasche versteckte er hinter der Mülltonne, unter der bereits Bruder Monroes Handzettel lagen. Auf der anderen Straßenseite bezog er Posten, indem er sich gegen einen Zaun lehnte und sich auf eine längere Wartezeit einrichtete.
Während Coy in der Dunkelheit ausharrte, kreisten seine Gedanken um das Mädchen Willow. Er erinnerte sich daran, wie sie seine Hand berührt hatte, als er sie an der Tankstelle an seiner Zigarette ziehen ließ. Noch einmal sah er, wie das Sonnenlicht auf ihren Ausschnitt fiel und die Sommersprossen beschien, die unter dem Kleiderstoff verschwanden …
Er schloß die Augen und lächelte. Er versuchte sich vorzustellen, ob sie wohl am ganzen Körper Sommersprossen hätte.

Um Mitternacht verließ Roscoe den Billardsaal. Er wirkte so kühl und blasiert wie immer.
Beim ersten Geräusch der sich öffnenden Tür riß Coy die Augen auf. Er blieb jedoch an seinem Platz sitzen, von dem aus er Roscoe voll in seinem Blickfeld hatte. Roscoe stand in dem erleuchteten Rechteck und rückte seine Krawatte über seinem Seidenhemd gerade. Nachdem er sich sein Jackett übergestreift hatte, ließ er ein paarmal die Fingerknöchel knacken, starrte einen Moment lang empor in den nächtlichen Himmel und trat dann erst hinaus auf die Straße. Die Tür zog er hinter sich ins Schloß. Coy wartete, bis Roscoe an ihm vorbeigeschritten war, dann stand er auf.
»Hallo, Spieler«, rief er leise.
Roscoe wirbelte herum und begegnete Coys geballter Faust, die ihm mit der Kraft eines Mannes, der sieben Monate lang Schwerstarbeit geleistet hatte, entgegensauste. Der Hieb traf ihn mitten auf den Mund, spaltete beide Lippen und trieb ihm die vorderen Zähne nach innen. Ehe er auch nur stöhnen konnte, erhielt er den zweiten Schlag, der sein Nasenbein zertrümmerte.
Ein Hagel von Schlägen prasselte auf ihn ein; sie zerfetzten seine Wange, rissen ihm fast ein Ohr ab, zerschmetterten den Kiefer. Eisenharte Fäuste

trommelten einen Marsch, so methodisch und gnadenlos, daß der Schmerz ihm bald das Bewußtsein trübte.
Er sackte gegen eine Hauswand, während in seinem Gehirn ein Feuerwerk aus roten Blitzen explodierte. Instinktiv hob er die Arme, um sein Gesicht zu schützen, doch nur, um seinen Brustkorb dem unbarmherzigen, nicht endenden Trommelfeuer preiszugeben. Die Fäuste droschen auf ihn ein, bearbeiteten seine Rippen, trieben ihm die Luft aus den Lungen, bis er verzweifelt nach Atem rang. Ein letzter, bösartiger Schlag traf seine Magengrube.
Roscoe kippte vornüber und stürzte, mit dem Gesicht zuerst, in den Schmutz der Straße.
Über ihm stand Coy, seine Brust bebte, die Fäuste schmerzten. Seine Oberarme zitterten vor Anstrengung. Das war für die sieben Monate, Spieler, dachte er mitleidlos. Und für die Narbe in meinem Gesicht.
Er rollte Roscoe auf den Rücken und zog ihm die Brieftasche aus dem Jackett. Auch das halbvolle Päckchen Zigaretten nahm er an sich. Dann holte er die Handzettel der Erweckungsbewegung unter der in der Nähe stehenden Mülltonne hervor und streute sie lose unter Roscoes schlaffem Arm aus.
Mit der Flasche Whisky bewaffnet, entfernte sich Coy aus der Seitengasse und marschierte stadtauswärts. Eine halbe Meile hinter dem Ort bog er von der Straße ab und eilte auf einen Bach zu. Auf dem Bauch liegend, tauchte er beide Hände in das wohltuend kalte Wasser. Als er sicher war, daß die Hände nicht mehr anschwellen würden, trocknete er sie an seinem Hemd ab und spazierte zur Straße zurück.

Bruder Monroe schlief noch nicht, als Coy das Camp betrat. Er hockte auf seinem Feldbett im Heck des Busses. Um den bläulichen Schein einer Petroleumlampe drängten sich dichte Schatten.
»Hochwürden«, grüßte Coy leise.
Erschrocken fuhr Monroe hoch. »Was - wer ist da?« Dann erkannte er seinen Gast. »Was schleichen Sie hier herum, junger Mann?« schnauzte er. »Was wollen Sie von mir?«
»Entschuldigen Sie, wenn ich Sie gestört habe, Sir«, erwiderte Coy ehrerbietig. »Aber ich brauche Ihren Rat.«
»Sie sind wohl verrückt«, schimpfte Monroe. »Mitten in der Nacht zu mir zu kommen. Verschwinden Sie -«
»Ich wollte nur wissen, was ich hiermit tun soll«, fiel Coy ihm ins Wort, die Flasche Whisky unter seinem Hemd hervorholend. Er hielt sie so gegen das Licht, daß Monroe den Inhalt gut erkennen konnte.
Der grämliche Mann mit den harten Augen beugte sich vor und musterte die Flasche. Er leckte sich die Lippen.
»Der Besitzer des Billardsaales gab sie mir, weil ich half, die Räume auszufegen«, erzählte Coy scheinheilig. »Das ist hochprozentiger Alkohol,

und jetzt bin ich mir nicht schlüssig, was ich damit anfangen soll. Trinken ist doch eine Sünde, nicht wahr, Hochwürden?«

»Wie bitte?« äußerte Monroe zerstreut, wobei sein Blick keine Sekunde lang von der Flasche wich. »Eine Sünde? O ja! Ja, gewiß, Trinken gilt als schwere Sünde!«

»Ich wollte die Flasche nicht fortwerfen, aus Angst, jemand könnte sie finden und den Inhalt austrinken«, erklärte Coy. »Und ich wagte es nicht, den Alkohol einfach wegzuschütten, weil es nicht recht ist, guten Boden mit diesem Teufelszeug zu verderben. Ich dachte mir, ich frage Sie um Rat, Hochwürden.«

»Sie haben richtig gehandelt. Es war das Beste, was Sie tun konnten, mein Junge«, erwiderte Bruder Monroe mit einem Anflug von Herzlichkeit.

»Ich dachte mir, vielleicht könnten Sie den Whisky morgen abend bei der Versammlung brauchen. Als Beispiel, wie man sich vor der Sünde schützt. Sie könnten die Flasche vor aller Augen zerschlagen, um den Leuten zu zeigen, wie leicht es ist, dem Teufel zu widerstehen.«

»Das ist eine glänzende Idee, mein guter Junge!« Monroe strahlte auf. »Diese Vorstellung mag manch armer Seele helfen, das Licht des Heils zu erblicken. Genau das werde ich tun. Geben Sie mir die Flasche.«

Coy reichte sie ihm. Vorsichtig legte Monroe sie auf das Feldbett, dann stand er auf und faßte Coy in einer Art väterlicher Geste bei der Schulter. Er bugsierte ihn durch den Bus zur Tür.

»Sie haben gehandelt wie ein guter Christ, mein Junge, und der Herrgott wird es Ihnen reichlich danken. Bitte verlassen Sie mich jetzt, ich möchte beten. Gehen Sie hin in Frieden und in dem Bewußtsein, daß Sie einem Verbreiter des einzig wahren Glaubens geholfen haben.«

»Ich danke Ihnen, Hochwürden«, entgegnete Coy demutsvoll.

Er stieg aus dem Bus. Noch ehe er die drei Stufen hinuntergeschritten war, hörte er den Korken leicht knallen. Lächelnd machte er sich auf die Suche nach Willow und Aaron Timm.

Früh am nächsten Morgen traf der Sheriff ein, dienstbeflissen und begleitet von zwei Deputies. Coy, der Bruder Monroes besten schwarzen Anzug und ein sauberes weißes Hemd trug, verließ den Bus, um ihnen entgegenzugehen.

»Guten Morgen«, grüßte der Sheriff. »Sie sind der Prediger?«

»Ja, ich bin Bruder Coy.« Lächelnd wandte er sich an Aaron, der nahebei Pflöcke für das Zelt in den Boden schlug. Willow hielt sich ebenfalls draußen auf, sie bereitete das Frühstück zu. »Das ist Schwester Willow«, stellte Coy das Mädchen vor. »Auf unseren Versammlungen singt sie Hymnen. Und dort drüben sehen Sie Bruder Aaron Timm, unseren Organisten.« Er faltete die Hände. »Womit können wir Ihnen dienen, Sheriff?«

»Entschuldigen Sie, daß ich Sie belästigen muß, Hochwürden«, antwortete der Sheriff, »aber gestern nacht gab's in der Stadt ein bißchen Ärger. Ein Berufsspieler namens Roscoe wurde zusammengeschlagen und beraubt. Am Tatort fanden wir dies hier -« Er hielt eine Handvoll Zettel der Erweckungsbewegung hoch.

Coy betrachtete sie und stieß einen schweren Seufzer aus. »Etwas Ähnliches hatte ich befürchtet«, bekannte er traurig. »Die Schuld liegt bei mir, Sheriff. Wollen Sie bitte mit mir kommen?«

Coy führte den Sheriff und die Deputies zur anderen Seite des Busses. Auf einer Decke, neben einem der wuchtigen Reifen, lag Bruder Monroe und schlief laut schnarchend seinen Rausch aus. Er war unrasiert, das Haar zerzaust, und er trug die verblichene Arbeitskleidung, die Coy von der Wäscheleine eines Farmers gestohlen hatte. Neben ihm befand sich die entkorkte Whiskyflasche - leer.

»Gestern lasen wir diesen Mann auf«, erzählte Coy dem Sheriff. »Er behauptete, vor Jahren selbst ein Prediger der Heiligen Schrift gewesen zu sein, doch dann ereilten ihn schlimme Zeiten. Ich bot ihm an, unsere kleine Gruppe als Faktotum zu begleiten, bis er wieder auf eigenen Füßen stehen könne. Gestern abend, nach dem Essen, schickte ich ihn in die Stadt, um jene Handzettel zu verteilen. Erst heute früh sah ich ihn wieder.« Betrübt wiegte Coy den Kopf. »Ich hatte keine Ahnung, daß er in Schwierigkeiten geraten war.«

Der Sheriff kniete neben Monroe nieder und durchsuchte dessen Taschen. Er fand Roscoes Brieftasche.

»Sieht ganz danach aus, als sei dies unser Mann. Hebt ihn auf, und bringt ihn in den Wagen, Jungs.«

»Ich weiß wirklich nicht, was ich dazu sagen soll, Sheriff«, versetzte Coy. »Ich habe ein schlechtes Gewissen. In gewisser Hinsicht fühle ich mich mitschuldig.«

»Sie brauchen sich nicht mit Selbstvorwürfen zu quälen, Hochwürden«, entgegnete der Sheriff. »Schließlich wollten Sie ihm doch helfen.«

»Gewiß, das stimmt, aber diese arme Seele ist für ihre Taten nicht voll verantwortlich.

Gestern plapperte er uns den ganzen Tag lang vor, unsere Erweckungstruppe sei genau wie die, mit der er früher zu reisen pflegte. Und manchmal redete er davon, dieser Bus sei *sein* Bus. Er gebärdete sich, als hielte er sich für den Prediger und uns für seine Handlanger.«

»Hört sich an, als sei er ein bißchen wirr im Kopf«, meinte der Sheriff. Nachdenklich rieb er sich das Kinn. »Wenn er nach dem Aufwachen genauso redet, lasse ich ihn wohl am besten zur Beobachtung in die Klinik einweisen.«

»Unternehmen Sie alles, was diesem armen Menschen helfen könnte, Sheriff. Sie werden schon das Richtige tun. Übrigens, wie geht es dem Mann, den er zusammengeschlagen hat?«

»Er hat sein Opfer ganz hübsch zugerichtet - als hätte er mit einer Keule

auf ihn eingeschlagen. Der Mann liegt im Krankenhaus. Ich nehme an, daß er sich im Laufe der Zeit von seinen Verletzungen erholen wird.«
»Dafür können wir Gott danken«, erklärte Coy feierlich.
»Sicher«, entgegnete der Sheriff obenhin.
Sie schritten zur anderen Seite des Busses zurück, wo Aaron Timm und Willow immer noch ihren Beschäftigungen nachgingen. Als der Sheriff das Mädchen sah, tippte er grüßend an seine Hutkrempe. »Nun denn - ich wünsche Ihnen allen noch einen guten Tag, Leute.«
»Guten Tag, Sheriff.«
Nachdem der Sheriff und die beiden Deputies mit Monroe fortgefahren waren, blickten Coy, Willow und Aaron einander an. Sie lächelten, und in ihren Augen lag ein Ausdruck des Triumphs.

Aufgrund der Sensation, die der Überfall auf Roscoe und Monroes Verhaftung erregten, pilgerte am Abend die Hälfte der Einwohnerschaft Gastons auf den freien Platz, um den neuen Wanderprediger zu hören. Hochwürden Coy hielt eine flammende Predigt über das Übel der Trunksucht. Später sang Schwester Willow die Hymne *Gib mir zurück den Alten Glauben,* wobei Bruder Aaron Timm sie virtuos auf der Orgel begleitete.
Während Bruder Timm ein Potpourri von Kirchenliedern spielte, ging der junge Prediger selbst mit dem Sammelteller herum.
Als Coy zur Kanzel zurückkehrte und Willow das reichgefüllte Tablett gab, bemerkte er, daß die Sommersprossen auf ihrem Brustansatz unter der Zeltbeleuchtung besonders deutlich hervortraten. Sie schienen zu funkeln und zu blitzen und erinnerten ihn an den sternenübersäten Himmel, zu dem er während seines Wartens auf Roscoe emporgeschaut hatte.
Indem Willow ihm den Teller abnahm, drückte sie kurz seine Hand. Aus dem Blick, den sie ihm dabei zuwarf, sprach nacktes Verlangen. Coy lächelte und nickte ihr zu.
Er fand, als Prediger lebte es sich nicht schlecht.

Nehmen und nehmen lassen

Dan J. Marlowe

Seit einer Woche hielt ich mich in Reno auf, doch außer der Gunst einer Bardame hatte ich noch nichts gewonnen. Natürlich hatte ich bis jetzt nicht ernsthaft gespielt, nur ein Anfänger stürzt sich in Orten wie Reno mitten ins Gewühl.

Ich hatte mich damit begnügt, an den Spielcasinos vorbeizubummeln, hin und wieder versuchte ich auch mein Glück in bescheidenem Maße an irgendwelchen scheinbar ungefährlichen Automaten. Ich hielt Ausschau nach einer Chance, die es mir erlaubte, mein Budget aufzufrischen. Auf diese Weise verdiene ich mir meinen Lebensunterhalt.

Nach einem ausgedehnten Dinner und einer erstklassigen Varieté-Show kehrte ich eines Abends in mein Hotelzimmer zurück. Ich sperrte die Tür auf und schloß sie hinter mir. Meine Hand ertastete den Lichtschalter, drückte ihn indessen nicht herunter. In der Luft hing der intensive Geruch von Tabaksqualm, so als paffe jemand in diesem Augenblick eine Zigarre. Ich rauche aber keine Zigarren. Ich schluckte krampfhaft, und meine Knie wurden weich.

»Du kommst spät, Junge«, sagte eine unvertraute Stimme aus der Dunkelheit. »Knips das Licht an.«

Ich drückte den Schalter nieder. Dann sah ich sie. Ein Mann hockte auf der Bettkante und zog an einer dicken Zigarre, ein anderer saß im Sessel am Fenster, von wo aus er einen freien Blick auf den Parkplatz hatte. Sie hatten mich kommen sehen.

»Hallo, Kumpels«, grüßte ich naßforsch, obwohl mir nicht nach Scherzen zumute war. Die beiden Typen kannte ich nicht, doch vertrauenerweckend sahen sie nicht aus. Das einzig Beruhigende war, daß keiner seine Zimmerflak ausgepackt hatte. Der Mann, der im Sessel saß, hatte ein richtiges Schießbudengesicht. Obwohl er sich rasiert hatte, schimmerte bläulich der Bart durch die Haut. »Ihr hättet euch vorher anmelden sollen, dann hätte ich euch nicht so lange warten lassen«, setzte ich hinzu.

»Wir kommen gern unverhofft zu Besuch, Junge«, erwiderte Blaubart. »Stimmt's, Hank?«

Seit ich zurückdenken kann, nennen die Leute mich »Junge«. Ich bin zweiunddreißig, sehe jedoch viel jünger aus. Für einen Mann bin ich eher zierlich, und ich wiege nur einhundertundvierzig Pfund. Mein rundes, sommersprossiges Gesicht trägt wohl mit dazu bei, daß man mich sehr viel jünger einschätzt.

Meine ungeladenen Gäste sahen aus, als ob sie jeder mindestens einhundert Kilo auf die Waage brächten.

Keiner der beiden Männer schien es eilig zu haben. Beide benahmen sich,

als ob sie sämtliche Trümpfe in der Hand hielten, dabei hatten sie schon gegen das Gesetz verstoßen, als sie nur in mein Zimmer einbrachen.
Lässig faßte ich in meine Jackettasche und holte meine Zigaretten heraus. Es störte die Männer nicht, daß ich eine Weile in der Tasche herumkramte. Sie schienen sich ja sehr sicher zu fühlen.
Bullen, schoß es mir durch den Kopf. Nur Polizisten in Zivil konnten es sich leisten, sich am Rande der Legalität zu bewegen und dabei so selbstsicher aufzutreten.
Mir fiel ein Stein vom Herzen. Polizisten sind wie die Fliegen. Man ärgert sich über sie, und sie können verdammt lästig werden, doch im Grunde tun sie einem nichts zuleide. Nichts, woran man sterben könnte, meine ich.
Ich zündete mir eine Zigarette an und setzte mich auf den Stuhl unter der Leselampe. »Was habt ihr auf dem Herzen?« fragte ich Hank, den Zigarrenraucher.
»Eine ganze Menge«, erwiderte er. Beide Männer besaßen Stimmen, die höchstens zum Brikettzählen taugten. »Wir haben sehr viel über dich nachgedacht, Junge. Du hältst dich jetzt seit einer Woche in Reno auf, stimmt's?«
»So ungefähr.«
»Und emsig warst du wie eine Ameise. Nacht für Nacht bist du durch die Casinos getrabt. Hast dich überall umgeschaut. Aber nirgendwo gespielt. Wir beginnen uns zu fragen, was du hier überhaupt suchst.«
»Wir ließen dich von einem Mädchen fotografieren«, setzte sein Partner die Litanei fort. Mit einem Wurstfinger deutete er auf mich. Selbst auf die Entfernung hin erkannte ich, daß er dringend eine Maniküre nötig hatte. »Dein Bild funkten wir ein bißchen in die Runde. Du bist ein Falschspieler, stimmt's?«
»Hin und wieder spiele ich Karten«, gab ich zu.
»Wir möchten nicht, daß du irgendwelche Kunden in den Casinos ausnimmst«, drohte Blaubart.
»Ich gebe mich ausschließlich mit Berufsspielern ab«, versetzte ich gekränkt.
Hank hob eine zottige Augenbraue. »Ach! Mit jemandem wie George Mellon zum Beispiel?«
»George Mellon?« echote ich.
»Ein Oliver-Hardy-Typ, der zusammen mit einem Gorilla und einem Kartenmischer durch die Gegend reist. Als du dich gestern im ›Roten Salon‹ aufhieltest, waren sie auch dort. Auf dieses Trio halten wir ebenfalls ein wachsames Auge.«
»Ehrlich, Kumpels, ich verbringe hier lediglich meinen Urlaub«, beteuerte ich.
Die beiden standen auf und näherten sich meinem Platz. Als die beiden Muskelprotze sich vor mir aufbauten, kam ich mir vor wie ein Zwerg.

»Halt dich sauber, Knirps«, brummte Hank in warnendem Ton. »Und laß dich von uns ja nicht bei irgendeiner krummen Tour erwischen. Wir passen auf!«
Sie wandten sich um und verließen den Raum. Vom Fenster aus beobachtete ich sie, wie sie zu ihrem Auto schritten und davonfuhren. Die Burschen gingen ganz diskret vor, sie waren in einem Privatwagen gekommen.
Eines mußte ich ihnen lassen, die Polizei von Reno war schwer auf Draht. Ich durfte meine Zeit nicht länger vertrödeln, denn ewig konnte ich mich nicht mehr in der Stadt aufhalten.
Aus dem Minikühlschrank in der winzigen Kochnische holte ich mir eine Dose Tomatensaft und schenkte mir ein Glas ein. Während ich trank, dachte ich nach. War es möglich, daß ausgerechnet die Hüter des Gesetzes mir ein Opfer zuspielten? Einen Oliver-Hardy-Typ, der in Begleitung eines Gorillas und eines Kartenmischers auftrat ...
Ich stellte meinen Wecker auf ein Uhr früh und legte mich für ein Nickerchen aufs Ohr. Als der Wecker klingelte, stand ich auf, duschte, rasierte mich und zog mir meinen dunklen Ausgehanzug an. Dann fuhr ich zum »Roten Casino«.
An den Tischen wurde hoch gespielt. Zwei Texaner mit weißen, breitkrempigen Stetsons würfelten auf Teufel komm raus. An den einundzwanzig Tischen war kein einziger Platz mehr frei, dahinter drängten sich die Leute in Zweier- und Dreierreihen und warteten darauf, daß irgendwann einmal jemand aufstünde und ginge.
Der riesige Saal war angefüllt mit dem Summen nervöser Stimmen, es herrschte eine Atmosphäre, wie sie nur in Spielcasinos vorkommt. Ich erspähte die mir wohlgesonnene Bardame. Zur Zeit eilte sie zwischen den Tischen hin und her und servierte Drinks. Sie lächelte mir zu und winkte.
Ich betrat den »Roten Salon«. An der Bar gab es jede Menge freier Plätze. Ich bestellte mir einen Whisky Soda, setzte mich so hin, daß ich die Fläche mit den Tischen beobachten konnte, und sah mir die Leute an.
Zwei keß aussehende Mädchen saßen allein an einem Tisch. Anerkennend betrachtete ich die beiden. Ich wunderte mich nicht, sie im Salon, anstatt im Casino anzutreffen. Damen ihres Schlages setzen kein Geld ein, um zum Zuge zu kommen.
Soeben hatte ich mein Glas geleert, als drei Männer vom Casino her zur Tür hereintraten. Voran ging ein fetter Kerl in einem auffallend karierten Jackett. Zwei unscheinbare Wichte in korrekten Anzügen folgten ihm. Oliver Hardy mit zwei Stan Laurels.
Der Dicke jonglierte mit einem Stapel Hundert-Dollar-Chips. Um sich anzupreisen, braucht man keine Werbefläche oder ein Zeitungsinserat.
An einem leeren Tisch unweit meines Barhockers nahmen sie Platz. Der Fette - es konnte sich nur um George Mellon handeln - spielte noch eine geraume Zeit mit den Chips, ehe er sie in einer Tasche seines schreiend

gemusterten Jacketts verschwinden ließ. Dann nahm er den Salon in Augenschein, wie ich es kurz zuvor getan hatte.

Ich bat den Barkeeper, mir nachzuschenken. Als es ans Bezahlen ging, zückte ich eine Rolle Hunderter und schälte umständlich den obersten Schein ab.

Als der Barmann mir das Wechselgeld neben das Glas legte, rührte ich es nicht an. Ich verstehe mich auch ein bißchen auf Reklame. Wenige Minuten später holte ich die Geldrolle noch einmal hervor und begann zu zählen. Ich richtete es so ein, daß die Gruppe am Tisch mich bequem sehen konnte. Ich hatte siebenunddreißig Hundertdollarscheine bei mir, außerdem ein paar Zwanziger und Zehner.

Ich nippte an meinem Whisky Soda und wartete. Wenn die Beamten mir das Trio richtig beschrieben hatten, dann mußte mich wohl oder übel bald jemand ansprechen. Oliver Hardy - George Mellon - gäbe das Zeichen, doch wer mochte mir den Ball zuwerfen?

Und wirklich - der korrekte Anzug, der mir am nächsten saß, stemmte sich vom Tisch hoch und näherte sich meinem Barhocker.

»Entschuldigen Sie«, begann er, mir seine Jacketkronen zeigend, »kennen wir uns nicht von irgendwoher?«

Na ja, nicht jeder besitzt die Gabe, originell zu sein. »Nicht, daß ich wüßte«, entgegnete ich höflich.

»Ich könnte schwören, wir hätten uns irgendwo schon einmal getroffen«, fuhr er glattzüngig fort. »Vielleicht auf einer Party? In Los Angeles? Oder New York?«

»Könnte es auch San Francisco gewesen sein?« half ich ihm aus der Klemme.

»Jawohl, jetzt weiß ich's wieder!« frohlockte er. Er streckte mir die Hand entgegen. »Ich bin Terry Sweeney.«

»Nick Sattler.« Ich nannte ihm den Namen, unter dem ich mich auch meiner Bardame vorgestellt hatte. Dann ergriff ich seine Hand und schüttelte sie.

»Ich mache in Öl«, erzählte er.

»Grundstücksmakler«, log ich munter drauflos. »Darf ich Sie zu einem Drink einladen?«

»Danke, aber hätten Sie nicht Lust, sich zu mir und meinen Freunden an den Tisch zu setzen? Oder sind Sie in Begleitung hier?«

»Ich war's. Meine Frau ist ins Hotel zurückgegangen.«

»Dann kommen Sie doch zu uns. Mir fällt bestimmt gleich ein, bei welcher Gelegenheit wir uns in San Francisco kennengelernt haben.«

Ich leerte mein Glas und räumte das Wechselgeld von der Theke ab. Terry Sweeney nahm meinen Arm und führte mich an den Tisch.

»Ich möchte euch meinen alten Freund Nick Sattler vorstellen«, sagte er zu dem Dicken und dem Unscheinbaren.

Sie lächelten und nickten. In echtem, altem Pioniergeist nahmen sie mich,

den Fremden, in ihrem Kreis auf. Sofort fühlte ich mich von Wohlwollen warm umhüllt. Es war rührend.
»George Mellon«, sagte Sweeney, indem er auf den Dicken zeigte. Wir schüttelten uns die Hände. Ich hatte den Eindruck, in einen warmen, noch rohen Brotteig zu fassen.
»Und Paul Rudzik«, fuhr Sweeney fort. »Seine Freunde nennen ihn ›Affe‹.«
Nicht zu unrecht, pflichtete ich diesen unbekannten Namensstiftern in Gedanken bei. Paul Rudzik war ein vierschrötiger Typ mit niedriger, fliehender Stirn und einer platten Nase. Die Dummheit schaute ihm aus den Augen. Doch in der Nähe der linken Achselhöhle verformte sich der Anzug zu einer Wölbung, die bestimmt nicht von einem Taschentuch stammte. Ein Schulterhalfter ist am praktischsten, wenn man sich gezwungen sieht, aus einer sitzenden Position zu ziehen - wie an einem Kartentisch, zum Beispiel.
Ich rückte mir den freien Stuhl zurecht und nahm Platz. Sweeney bestellte eine Runde, und dann zog das Trio seine Show ab. Ausdrücke wie Bohrlizenzen, Schürfrechte, Abschreibungsobjekte, kurzfristige Kapitalanlagen und steuerliche Vorteile prasselten auf mich ein. Ich bemühte mich, beeindruckt dreinzuschauen.
Zehn Minuten später gab Rudzik der Kellnerin einen Wink, sie möge die zweite Runde bringen. Mellon bot mir eine teure Zigarre an, die er aus der Brusttasche seines karierten Jacketts hervorfingerte. »Und in welcher Branche sind Sie tätig, Nick?« erkundigte er sich.
»Ich bin Grundstücksmakler«, antwortete ich gehorsam.
»Wie interessant.« Seine gespannte Miene ermunterte mich zum Weitersprechen.
»Ich kann nicht klagen«, bekannte ich mit einem Achselzucken. »Aber in dieser Branche gibt es keinen schnellen Profit, und die Steuern fressen einen auf.« Aus Erfahrung weiß ich, daß Untertreiben mehr wirkt als Angeberei.
»Vielleicht sollten Sie expandieren«, schlug Mellon vor. Offensichtlich war er kein Typ, der lange fackelte. Zehn Minuten genügten ihm, um zur Sache zu kommen. »Wenn Sie in Ölprojekte investieren, sparen Sie eine Menge Steuern.«
Ich schüttelte den Kopf. »Das ist nichts für mich. Ich bleibe bei dem Geschäft, von dem ich etwas verstehe.«
»Ich könnte Ihnen eine günstige Teilhaberschaft anbieten«, beharrte er.
»Das ist sehr großzügig von Ihnen, Mr. Mellon«, erwiderte ich ernst. »Und ich weiß Ihr Angebot zu schätzen, auch wenn ich es nicht annehmen werde.«
Während des Wortgeplänkels über das große Geld hatte Rudzik meist den Mund gehalten, doch nun beugte er sich vor und fragte:
»Weshalb sind Sie in Reno, Mr. Sattler?«

»Um zu spielen«, sagte ich arglos.
»Um zu spielen!« wiederholte das Trio im Chor. Ich sah Mellon förmlich an, wie er sich ärgerte, glatte fünfzehn Minuten mit Präliminarien verloren zu haben.
Ich mimte den Tölpel. »Manchmal lechze ich richtig danach, ein Risiko einzugehen«, gestand ich verschämt. »Ich liebe Glücksspiele. Aus diesem Grund fahren meine Frau und ich einmal im Jahr für zwei Wochen nach Reno, damit ich mich austoben kann. Auf diese Weise gerate ich nicht in Versuchung, daheim irgendwelchen Unfug anzustellen und womöglich sogar meine Existenz zu gefährden.«
»Sehr vernünftig«, lobte Mellon. »Welches Spiel ... äh ... bevorzugen Sie?«
»Ach, ich mag Glücksspiele jeglicher Art«, bekannte ich fröhlich. »Irgendwie sind alle aufregend - Roulette, Poker, Blackjack ... Obwohl ich Poker vielleicht doch am interessantesten finde.« Meine Augen strahlten.
»Es ist auch ein großartiges Spiel«, versetzte Mellon. »Vor allen Dingen für die Casinobesitzer.«
»Das stimmt«, stärkte Sweeney ihm den Rücken. »Letzten Endes ziehen sie einem nur das Geld aus der Tasche. Spiele im privaten Kreis sind am besten. Hört mal zu, mir kommt da eine Idee. Was haltet ihr davon, wenn wir hinaufgehen in meine Suite und dort ein Spielchen machen? In aller Ruhe und Gemütlichkeit, ohne die hektische Atmosphäre im Casino.«
»Ich bin dafür!« Vor Begeisterung hopste ich auf meinem Stuhl auf und ab. »Und ich dachte schon, es wäre ein verlorener Abend.«
Ich blickte in drei lächelnde Gesichter. Mir wurde warm ums Herz, denn ich mag es, anderen Menschen so viel Freude zu bringen. Ich blickte auf meine Uhr. »In fünf Minuten treffen wir uns beim Seiteneingang«, bestimmte ich. Ich sprang auf und flitzte davon, ehe einer meiner drei neuen Freunde eine Entgegnung machen konnte.
Im Casino suchte ich die freundliche Barfrau und zog sie auf die Seite. Ich steckte ihr eine Zwanzigdollarnote zu und sagte ihr, was sie für mich tun sollte.
»Bist du auch sicher, daß alles gutgeht?« wandte sie mit besorgter Miene ein. »Nicht, daß dir etwas passiert.«
Frauen neigen dazu, mich zu bemuttern. »Tue mir bitte diesen Gefallen«, bat ich sie, wobei ich ihr mein charmantestes Lächeln schenkte.
»Na ja, wenn du meinst, daß es nicht gefährlich ist ...«
Ich drückte ihr die Hand und sauste los.
Mellon und sein Gefolge warteten am Seiteneingang des Casinos auf mich. »Wohin waren Sie denn so schnell verschwunden?« fragte der Dicke mißtrauisch. Kein Berufsspieler verliert gern den Kontakt mit seinem auserwählten Opfer.
»Ich wollte meine Frau anrufen und ihr Bescheid sagen, daß ich heute

später als üblich ins Hotel zurückkomme, aber die Telefonzellen waren alle besetzt«, erklärte ich. Ich wandte mich an Sweeney. »Ich rufe sie dann von Ihrer Suite aus an.«

Das Trio tauschte Blicke aus. Es paßte ihnen nicht, daß ich überhaupt mit jemandem telefonieren wollte, doch wenn es schon unbedingt sein mußte, dann in ihrer Hörweite.

»Na, denn los«, forderte Sweeney uns auf.

Mit dem Lift fuhren wir in den fünften Stock. Sweeney zog einen Schlüssel aus seiner Tasche und öffnete die Tür zur Suite Nummer 515, eine Luxusherberge.

Ich ging sogleich ans Telefon, das in dem kleinen Salon stand. Während ich darauf wartete, daß die Verbindung zustande kam, räumte Sweeney einen Tisch ab und stellte ihn mitten ins Zimmer.

Rudzik besorgte vier Stühle. Mellon verschwand im Schlafzimmer. Als er wiederauftauchte, hielt er mehrere noch versiegelte Kartenspiele in den fleischigen Händen.

Er warf die Päckchen auf den Tisch.

Die Dame von der Vermittlung meldete sich, und ich gab ihr die Nummer des Apparates im Erdgeschoß, an dem meine Barfrau auf meine Bitte hin wartete. Im Zimmer wurde es ganz still. Keiner von dem Trio wollte ein Wort von dem verpassen, was ich sagte.

»Entschuldige, daß ich dich geweckt habe, Liebling«, sagte ich in zärtlichem Ton, »aber heute kann es ziemlich spät werden.« Ich nahm einen Pack Karten vom Tisch warf ihn in die Luft und fing ihn wieder auf. »Ich fachsimple mit ein paar Geschäftsfreunden, die ich getroffen habe.« Verschmitzt zwinkerte ich Mellon zu, der meine Ausrede pflichtschuldigst belächelte.

»Versprich mir, daß du gut auf dich achtgibst«, erwiderte die Barfrau ängstlich. »Ich mache mir schon Vorwürfe, weil ich dich nicht zurückgehalten habe.«

»Ich bin im ›Roten Casino‹, Suite Nummer 515«, fuhr ich fort. »Aber ich möchte nicht gestört werden, es sei denn, Jamieson schickt ein Telex.«

»Zimmer 515«, wiederholte sie.

»Ich liebe dich auch«, flüsterte ich und hängte ein.

Blitzartig rührten sich meine neuen Freunde. Rudzik und Sweeney ließen sich rechts und links von mir nieder, so daß Mellon mir gegenüber zu sitzen kam. Da Rudzik laut Aussage der beiden Bullen als Leibwächter fungierte und ich Mellons fetten Stummelfingern nicht viel Geschicklichkeit zutraute, mußte Sweeney der Kartengeber sein. Jener Herr zog eine Tischschublade auf, die sich als Tablett voller vielfarbiger Chips entpuppte.

Es war an alles gedacht. Mellon und Rudzik förderten mehrere Rollen grüner Riesen zutage.

Ich legte meine Banknotenrolle vor mich auf den Tisch. »Einsatz wie üblich?« fragte ich.

Mellon schürzte seine wulstigen Lippen. »Dies ist ein Spiel unter Freunden«, versetzte er.
Ich nickte. Wenn dies ein Spiel unter Freunden sein sollte, dann fragte ich mich, wie es aussähe, wenn aus der Sache Ernst würde.
Sweeney übernahm die Bank. Er tauschte Banknoten gegen weiße, rote und blaue Chips ein, die jeweils zehn, fünfzig und hundert Dollar wert sein sollten. Die goldenen Chips ließ er auf dem Tablett. Die Burschen betrieben dieses Spiel nicht als Nebenerwerb.
Sweeney brach das Siegel an einem Päckchen Karten, mischte sie und verteilte sie dann, Blatt nach oben, auf dem Tisch.
»Der Geber wählt«, verkündete er, »das erste As entscheidet.« Er gab mir ein As.
Er brauchte nur die Karten in die Hand zu nehmen, und ich wußte alles, was es über Terence Sweeney zu wissen gab. Ich richtete mich darauf ein, ihn für den Rest des Abends scharf im Auge zu behalten.
Ich stuckte die Karten zusammen, wobei ich mir Mühe gab, keinen übermäßig ungeschickten Eindruck zu machen, und mischte. Nachdem ich gewisse Karten ausfindig gemacht hatte, ordnete ich sie so an, daß ich Mellon drei Könige geben konnte. Üblicherweise geht man nach einer bestimmten Methode vor, doch ich wollte auf Nummer Sicher gehen. Ich bedeutete Sweeney, er möge abheben. Er tippte auf die oberste Karte. Das vereinfachte die Sache ungemein.
Ich teilte die Karten aus. Rudzik paßte. Mellon mit seinen drei Königen paßte auch, desgleichen Sweeney. Ich schob einen roten Chip in die Tischmitte, und alle zogen mit. Rudzik nahm sich eine Karte, warf einen Blick darauf und schob sein Blatt zusammen. Mellon zog drei Karten, nachdem er einen seiner Könige fortgeworfen hatte. Sweeney brauchte zwei neue. Ich behielt zwei Damen und einen Buben, zog einen weiteren Buben und hatte nun zwei Paare.
»Hundert«, sagte ich und warf einen blauen Chip in den Topf.
Rudzik hatte sein Blatt bereits beiseite gelegt. Mellon ging mit, und Sweeney erhöhte um zwei weitere blaue. Ich zog mit. Mellon und Sweeney brachen ab, und ich deckte mein Blatt auf. »Damen und Buben«, verkündete ich.
Beide warfen ihre Karten auf den Tisch zurück, und ich sammelte meine Chips ein. Mellon hatte natürlich das bessere Blatt gehabt, doch er ließ mich auf den Geschmack kommen.
»Mit Ihren zwei Paaren hatten Sie Glück«, kommentierte Rudzik, während er die Karten mischte.
»Das erste Spiel muß ich immer gewinnen«, erzählte ich. »Es ist ein alter Aberglaube von mir.« Ich lockerte meine Krawatte, zog das Jackett aus und hängte es über die Stuhllehne. Ich gebärdete mich, als richte ich mich auf einen langen Abend ein.
»Auf ein neues«, sagte Rudzik. Ich erhielt ein miserables Blatt. Mellon

eröffnete mit einem roten Chip. Ich ging mit und zog eine Karte. Dann warf ich mein Blatt hin.
Das Trio tat so, als wollten sie den Sieg untereinander ausfechten. Schließlich gewann Mellon mit drei Assen den beträchtlichen Einsatz.
Ich sah, wie Sweeney zu meinem abgelegten Blatt hinschielte. Er wollte wissen, warum ich ergänzt hatte. Ich ließ ihn mein Blatt sehen, und danach mußte er mich für den größten Idioten auf Gottes Erdboden halten.
Die nächsten zwei Spiele gewann ich, und jeder erhöhte großmütig den Einsatz. Beim zweiten Spiel teilte Sweeney aus. Er sorgte dafür, daß ich wieder zwei Paare bekam. Ich lächelte in mich hinein und betrachtete das Häuflein Chips auf der Tischmitte. Als ich den Topf gewann, gehörten mir über tausend Dollar.
Als ich an der Reihe war zu geben, mischte ich und bot die Karten Sweeney zum Abheben. Natürlich nicht, ohne sie vorher gut zu sortieren.
Dieses Mal teilte er das Päckchen. Mit der Linken warf ich einen blauen Chip auf den Tisch. »Für den Anfang«, rief ich. Während meine Stimme und meine ungestüme Geste das Trio ablenkten, mixte ich die Karten in die Position zurück, in der ich sie haben wollte.
Ich teilte geschwind aus, so daß die Burschen erst einmal damit beschäftigt waren, ihre Blätter einzusammeln. Sogar wenn sie mich argwöhnisch beobachtet hätten, anstatt sich im Glauben zu wiegen, sie hätten es mit einem ausgemachten Trottel zu tun, hätte es schon des Auges eines Experten bedurft, um zu merken, daß ein paar Karten vom Boden des Päckchens stammten anstatt von der Oberseite.
Ich gab Mellon viermal die Sieben, in der zuversichtlichen Annahme, er würde sie dieses Mal behalten. Mich selbst versorgte ich mit drei Neunen. Was Rudzik oder Sweeney bekamen, wußte ich nicht, doch von einem Wunder einmal abgesehen, spielte es auch keine Rolle.
Rudzik paßte, und Mellon eröffnete rasch mit zweihundert. Sweeney ging mit. Ich erhöhte auf vierhundert. Mellon hielt eine Unmenge blauer Chips in seiner Pranke, doch er bot lediglich vierhundert, offenbar aus Angst, mich zu verprellen.
Sweeney blieb, ich erhöhte nochmals. Mellon ging mit, nachdem Rudzik paßte.
Sweeney zögerte, doch dann setzte er seine Chips ein.
Ich kniff aus, denn ich befürchtete, Sweeney könne das Blatt auf den Tisch legen, wenn ich nochmals erhöhte. Und ich wollte, daß er sich auf seine Karten konzentrierte, anstatt mich zu beobachten.
Rudzik nahm sich zwei Karten. Mellon eine, wobei er vorgab, voller Spannung, was er wohl zöge, fast zu vergehen. Er hoffte, ich hätte drei von einer Sorte und nähme an, er besäße zwei Paare. Sweeney zog eine Karte. »Nicht mal die richtige Farbe«, murmelte er verärgert und schob sein Blatt zusammen. Als ich nach zwei Karten griff, entspannte Mellon

sich sichtlich. Er war davon überzeugt, die Situation nach Belieben deichseln zu können.
Dabei hatte ich die vierte Neun gezogen. Manchmal staune ich selbst über mein Glück. Mellon setzte zuerst vier blaue. Sweeney war bereits draußen, und ich erhöhte auf sechshundert. Rudzik zögerte, und Mellon schüttelte kaum merklich den Kopf. Widerstrebend warf Rudzik sein Blatt auf den Tisch.
Mellon schraubte mich auf tausend hoch. Ich schob sämtliche Chips, die ich noch hatte, zur Tischmitte. Mellon ließ mich aufdecken, nachdem er offenbar zu dem Schluß gelangt war, es sei noch zu früh, mich zum Scheckbuch greifen zu lassen.
Ich drehte mein Blatt um. »Vier Neunen«, erkärte ich gelassen.
Das teigige Gesicht knitterte zusammen wie nasse Pappe. Mit der Faust hieb er auf den Tisch, als ich den Topf einsammelte.
»Spannendes Spiel«, bemerkte ich.
Keiner antwortete. Mellon kaufte sich neue Chips. Rudzik mischte. Verstohlen blickte ich auf meine Uhr. Mir blieb noch eine Frist von genau zwölf Minuten. Was ich wollte, hatte ich bekommen. Jetzt galt es, die Beute zu behalten.
Zwei Spiele vergingen in rascher Folge, und dann mußte Sweeney geben. Unwillkürlich beugten Rudzik und Mellon sich vor. Sweeney mischte die Karten zehn Sekunden länger als nötig. Ich machte mich auf den ersten Axthieb gefaßt. Mellon tat so, als wollte er abheben, und Sweeney richtete das Blatt wieder nach seinen Vorstellungen aus.
Er war kein Künstler, aber schlecht war er auch nicht. Meine ersten vier Karten hatten die Farbe Pik, dann bekam ich eine Karo.
Rudzik eröffnete mit seligem Lächeln. Mellon erhöhte, Sweeney und ich gingen mit. Worauf Rudzik den Einsatz noch höher trieb. Dann paßten alle.
»Karten«, sagte Sweeney und griff nach dem Päckchen, das vor ihm lag.
Meine rechte Hand steckte im Topf, da ich vorgab, zwei blaue Chips wechseln zu wollen. Indem ich die Hand zurückzog, streifte ich den Packen Karten und verteilte sie über dem Tisch.
»Entschuldigung«, bat ich, als ich sah, wie Sweeneys Lippen schmal wurden. »Ich nehme eine.«
Langsam stapelte Sweeney die Karten aufeinander. Ich hatte sein Arrangement durcheinandergebracht, und die Karten lagen nun in wahlloser Folge.
Ich ergatterte eine Pik Zehn. Das war wirklich Glück. Ehe ich den Stapel umstieß, hätte Sweeney mir ohnehin ein Pik gegeben, doch gleichzeitig Rudzik oder Mellon so versorgt, daß sie ein höheres Blatt gehabt hätten als ich.
Rudzik nahm zwei Karten, Mellon eine und Sweeney eine. Rudzik setzte zweihundert, und Mellon legte das Blatt nieder. Auch Sweeney gab auf.

Ich reizte auf fünfhundert. In seinem Eifer, nachzuziehen, stieß Rudzik seinen Stapel Chips um. Sweeney räusperte sich unentwegt, damit Rudzik ihn ansähe, doch der »Affe« hatte außer mir und seinem Spiel nichts anderes mehr im Sinn.
Einer erhöhte, der andere ging mit, einer erhöhte, der andere ging mit... Plötzlich gingen Rudzik die Chips aus, und widerstrebend mußte er aufgeben.
»Alles Pik«, sagte ich und zeigte ihm die Karten.
Seine Miene war sehenswert. »Besser als meine drei Könige«, murmelte er. Er blickte Sweeney an, dessen Gesicht einer starren Maske glich. Mellon schob Rudzik eine Rolle Banknoten zu, die er von irgendwoher unter dem Tisch hervorzauberte, und verbissen kaufte Rudzik mir Chips ab.
Sweeney starrte mich an, als hätte er mich nie zuvor gesehen. Unter seinen argwöhnischen Blicken teilte ich aus, wobei ich die Karten gab, wie sie kamen. Mellon gewann den Topf. Als Sweeney die Karten in die Hand nahm, um zu mischen, schrieb ich im Geist bereits ein paar Tausender ab.
Mein Blatt war gut, doch Mellons war besser. »Und ich dachte schon, ich würde den ganzen Abend über gewinnen«, kommentierte ich gutmütig das Spiel. Alles lief wieder normal, und die Atmosphäre entspannte sich.
Ich wollte gerade nach dem Päckchen greifen, als das Telefon schrillte.
Ehe jemand reagieren konnte, lehnte ich mich zurück und griff nach dem Hörer. »Suite 515«, sang ich in die Muschel.
»Die halbe Stunde ist um«, antwortete die Barfrau.
»O mein Gott!« Ich sprang auf, wobei mein Stuhl nach hinten kippte. »Hast du schon einen Arzt angerufen?«
Ich hielt den Hörer so weit von meinem Ohr entfernt, daß man die weibliche Stimme hören konnte, ohne ein Wort zu verstehen.
»Ich hoffe, es ist alles in Ordnung, Nick«, sagte die Barfrau.
»Laß sofort einen Krankenwagen kommen«, schrie ich aufgeregt. »Keine Angst, Schatz, ich bin gleich bei dir!« Ich knallte den Hörer auf die Gabel zurück und schob meine Stapel von Chips Sweeney zu. »Geben Sie mir Bargeld«, bat ich. »Mein Sohn hat vierzig Fieber.« Mein Rock lag zusammen mit dem umgekippten Stuhl auf dem Fußboden. Ich bückte mich danach und streifte ihn hastig über.
Sweeney hypnotisierte Mellon. Es war ein kritischer Augenblick. Mellon starrte mich an. Sweeney wartete auf ein Zeichen von Mellon.
»Tut mir leid, daß ich ausgerechnet jetzt aufhören muß, wo ich eine Glückssträhne habe«, bedauerte ich. Ich rückte mir die Krawatte zurecht. »Wir könnten uns morgen abend wieder treffen, aber dann bitte etwas früher.«
Mellons Mund erinnerte an eine Dörrpflaume. Kein Falschspieler greift zu Gewalt, es sei denn, man zwingt ihn dazu. Allerdings hatte ich ihn regelrecht in die Enge getrieben.

Endlich nickte Mellon, und mir stockte der Atem. Inständig hoffte ich, das Zeichen möge Sweeney gelten und nicht Rudzik.
Ich hatte schon wieder Glück. Mit hölzerner Miene zählte Sweeney die Scheine. Der Packen war so dick, daß ich ihn dreiteilen mußte, um das Geld überhaupt in meinem Rock unterbringen zu können.
»Was halten Sie von morgen abend, neun Uhr?« fragte ich scheinheilig.
Mellon nickte, wobei es ihn offensichtlich Mühe kostete, die Beherrschung nicht zu verlieren. »Gern. Ihre Glückssträhne kann nicht ewig andauern. Wir treffen uns hier.«
»Bis morgen abend dann, Freunde.« Eilig rauschte ich aus der Suite. Ich konnte erst wieder frei durchatmen, als der Lift das Foyer im Erdgeschoß erreichte. Ich fürchtete, Mellon könne es sich doch noch anders überlegen. Verstört würden er und Sweeney über das Fiasko diskutieren. Rudzik würde überhaupt nicht begreifen, was sich abgespielt hatte.
Am Horizont kündete ein grauer Lichtstreif den jungen Tag an, als ich mich meinem Hotel näherte. Ich war mit mir zufrieden. An einem Spieltisch kann eine Glückssträhne von dreißig Minuten bedeuten, daß die Existenz eines Mannes gesichert ist. So hoch hatten wir zwar nicht gespielt, doch ich trug ungefähr zwanzigtausend Dollar mit mir herum.
Ich schloß die Tür zu meinem Hotelzimmer auf und trat ein. Meine Hand tastete nach dem Lichtschalter, ohne ihn jedoch niederzudrücken.
Mir war, als sähe ich einen schlechten Film zum zweitenmal.
Der Gestank von Zigarrenrauch hing in der Luft.
»Mach das Licht an, Junge«, sagte eine vertraute, rauhe Stimme.
Ich drückte den Schalter nieder.
Hank saß auf dem Bett. Dieses Mal hielt er eine häßlich aussehende Pistole in der Hand. Er stand auf und kam auf mich zu. »Wie geht's dir, Knirps?« fragte er beiläufig.
Ich gab keine Antwort.
Er packte mich beim Hemd und hob mich glatt vom Boden. »Möchtest du, daß dein Arzt dir eine kleine Stahlkugel aus dieser Waffe hier aus dem Ohr pult?« fragte er.
»Ich habe das Geld gewonnen«, verteidigte ich mich.
»Wirf es aufs Bett!« befahl er.
Ich legte den Inhalt meiner Taschen auf die Bettdecke. Hank hob eine struppige Augenbraue. »Du mußt verdammt gut sein, Junge«, meinte er anerkennend. »Von Mellon behauptet man, er sei ein regelrechter Kartenhai.« Er nahm das Geld und verteilte es in mehrere Taschen seines Anzugs. Dann grinste er mich an. »Für den Fall, daß du jemanden vermißt - mein Partner sammelt gerade das restliche Geld ein, das du den Kerlen in der Suite 515 übriggelassen hast.«
Ich war im Bilde - leider zu spät. Meine Gäste waren gar keine Bullen.
Es handelte sich um zwei Gauner, die einen Falschspieler auf den anderen ansetzten, damit beide ihr Bargeld auf den Tisch legten. Dann brauchten

sie nur noch zuzulangen und den schwer erarbeiteten Gewinn einzukassieren. Einer der beiden mußte mich von früher her kennen, und Mellon schien in Reno eine bekannte Größe zu sein.

Rückwärts gehend, bewegte sich Hank auf die Tür zu. Die Pistole lag locker in seiner Hand. »Ich an deiner Stelle würde mich ein paar Minuten lang hinsetzen«, schlug er mir vor. »Eine Kugel aus diesem Ding ist nämlich immer noch schneller als ein Mann, der zur Polizei rennt.« Abermals grinste er. »Obwohl ich mir vorstellen könnte, daß du bei einer Anzeige selbst kein gutes Bild abgäbst.«

Er hatte in beiderlei Hinsicht recht. Gute fünf Minuten lang blieb ich auf meinem Bett hocken. Plötzlich fiel mir etwas ein. Wie ein Wiesel flitzte ich in den Kleiderschrank und sah unter dem Stapel meiner sauberen Hemden nach. Zum Glück fand ich mein Reservegeld noch an seinem Platz. Hank war offenbar nicht auf die Idee gekommen, in meinem Zimmer herumzuschnüffeln.

Aber eines sage ich Ihnen: Bei der nächsten Gelegenheit werde ich meine Wut an jemandem auslassen. Sobald ich mich wieder an einen Spieltisch setze, werde ich meine Gegner abschmücken, aber ohne daß jemand auf mich wartet und den Rahm abschöpft.

Manche Leute haben Nerven!

Zeugen nach Wunsch

Henry Slesar

Gordon kannte den eiskalten kleinen Pfiff, der aus dem Flur zu ihm hereindrang, kannte das sachte Klopfen aus lockerem Handgelenk, das folgen würde. Er sah das Gesicht unter dem flachen Filzhut bereits vor sich, das fleischige Gesicht mit dem langen Unterkiefer, die zu einem Lächeln gebleckten gelben Zähne, die blaßblauen Altmänneraugen hinter der Hornbrille. Du bist häßlich, Kellerman, dachte Gordon. Du bist häßlich und niedrig und gemein, und ich hasse dich. Aber was nützte das? Es war immer noch am einfachsten, in die Tasche zu greifen, die vierzig Dollar abzublättern (das war alles, was er verlangte, dieser Menschenfreund), ihm die Scheine in die runzlige weiße Hand zu stopfen und ihn für einen weiteren Monat los zu sein.

Die Zahlungen an den Erpresser waren zu einem Dauerposten in Gordons Monatsbilanz geworden - wie die Miete und die Stromrechnung und Pamelas Buchclub-Beiträge. Gordon machte sich nicht einmal die Mühe, Kellermans Existenz vor seiner Frau zu verheimlichen. Soweit es Pamela betraf, war Kellerman ein ganz gewöhnlicher Vertreter irgendeines Dienstleistungsgewerbes, obgleich sie nicht wußte und auch gar nicht wissen wollte, für welche Dienste er sein Geld bekam. Geldangelegenheiten langweilten sie.

Pamela lebte in einer anderen Welt. Sie half, Kunstausstellungen zu arrangieren, trat Lesegemeinschaften bei, führte die beiden Kinder im Park spazieren, belegte Abendkurse über Politik und Geschichte. Gordon liebte sie sehr. Beim bloßen Gedanken, Kellerman könnte je so weit gehen, ihr jene schmutzige Geschichte zu erzählen, ihr die Fotos von ihm und dem Mädchen zu zeigen, begann es unter seinem rechten Auge zu zucken, und er bekam eine Gänsehaut.

Aber natürlich würde der Mann den Mund halten. Er war nicht darauf aus, glückliche Ehen zu zerstören. Wie jeder Profi in dieser Branche hatte auch Kellerman seine Grundsätze. Wer gab, was er forderte, konnte sich auf sein Schweigen verlassen. Gordon hätte ihm bis in alle Ewigkeit Monat für Monat seine vierzig Dollar gezahlt - wenn die Inflation nicht gewesen wäre.

»Es ist wegen der Inflation«, sagte Kellerman eines Tages und vergaß sein gewohntes gelbes Lächeln. Er hatte seinen flachen Hut mit dem speckigen Band abgenommen und drehte ihn in den teigigen Händen. »Es sind ja nur zehn Dollar mehr, Mr. Brinton. Und bloß, weil alles so teuer geworden ist.«

So bescheiden, wie er dastand, hätte er ein Angestellter sein können, der um Gehaltserhöhung bittet.

»Schon gut«, knurrte Gordon wütend und schnippte einen weiteren Zehner von seinem Notenbündel. »Sonst noch was gefällig?«
»Nicht doch, Mr. Brinton! Daß Sie mir das gleich so krummnehmen müssen«, maulte Kellerman, aber seine gute Laune schien wiederhergestellt. Als die Tür sich hinter ihm geschlossen hatte, hörte Gordon sein trockenes Pfeifen, das sich rasch die Treppe hinunter entfernte.
Ein paar Wochen später - Pamela war nach Washington Irving gefahren, um sich zu einem weiteren Abendkurs anzumelden - machte Gordon sich mit Lockjaw, dem Bullterrier der Familie, zu einem Abendspaziergang in den Park auf.
Nach einiger Zeit wurde er auf einen Mann aufmerksam, der ihn beobachtete, so auffällig beobachtete, daß Gordon das Interesse des Fremden bald nicht mehr für bloße Neugier hielt.
Und er hatte sich nicht getäuscht. Der Mann steuerte kurz entschlossen auf ihn zu und begann, erregt stotternd auf ihn einzureden.
»Immer sachte«, meinte Gordon beruhigend. »Ich verstehe kein Wort.«
Der Mann errötete und wiederholte langsam: »Ich hätte gern mit Ihnen gesprochen. Über Ed Kellerman.« Gordon hatte das Gefühl, als rutschte ihm ein Eiswürfel den Rücken hinunter, so unerwartet traf ihn Kellermans Name aus dem Mund eines völlig Unbekannten. Er musterte das blasse, noch recht junge Gesicht seines Gegenübers, registrierte, daß seine Augen verschwollen, die Lippen blutleer waren. Es war ein von Kummer gezeichnetes Gesicht.
»Ich kenne niemanden dieses Namens«, behauptete Gordon.
»Vielleicht können wir uns irgendwo hinsetzen«, schlug der Mann vor. »Im Sitzen redet es sich leichter.« Er brach ab und fügte hinzu: »Was für einen schönen Hund Sie haben.«
Sie fanden eine leere Bank, und der Mann stellte sich als Dave Bliss vor. Gordons Namen wußte er bereits, wußte, wo er wohnte, daß er Frau und Kinder hatte - und Kellerman dazu.
»Ich will nicht fragen, was er über Sie weiß«, sagte Dave Bliss. Er steckte sich eine Zigarette in den Mund und nahm sie nervös wieder heraus. »Sie werden ja auch von mir keine Beichte verlangen, hoffe ich. Aber würden Sie mir sagen, wieviel Sie ihm bezahlen? Mir nimmt er monatlich fünfzig Dollar ab.«
»Mir auch«, erwiderte Gordon heiser. »Bis vor kurzem waren es noch vierzig.«
»Eben«, sagte Bliss. »Und als er den Preis heraufsetzte, beschloß ich, ihm mal auf den Zahn zu fühlen. Irgend etwas mußte ja über ihn herauszufinden sein, also bin ich ihm nachgegangen. Ich weiß nicht, wie es bei Ihnen aussieht, aber ich arbeite bei der Post und kann die fünfzig Dollar verdammt schlecht entbehren.«
»Ich bin freiberuflich tätig«, erklärte Gordon. »Als Firmenvertreter. Kein Gehalt, nur Provision. In manchen Monaten reicht's knapp zum Leben.«

»Und was, falls Kellerman noch happiger wird? Wie soll es dann weitergehen?«
»Sie sind ihm also gefolgt«, nahm Gordon den Faden wieder auf. »Haben Sie etwas über ihn ausfindig gemacht?«
Lockjaw begann ohne ersichtlichen Grund zu bellen, und Gordon versetzte ihm einen kleinen Nasenstüber. »Das habe ich«, nickte Bliss und lächelte. »Ich bin ihm zu zehn, fünfzehn Häusern nachgeschlichen, kreuz und quer durch die Stadt. Der Mann hat nicht mal ein Notizbuch dabei, hat die ganze Liste in seinem verlausten Kopf, Namen, Adressen, alles.«
»Wir sind also nicht die einzigen«, bemerkte Gordon.
»Nein«, sagte Bliss. »Wir sind nicht allein mit unseren Sorgen, und darauf kommt es an. Ich habe mir da etwas einfallen lassen, großartig, sage ich Ihnen. Ein Stück Dreck wie dieser Kellerman verdient nicht zu leben. Ganz abgesehen von dem Geld: Überlegen Sie doch, was der Kerl aus uns macht! Aus uns und all diesen anderen Leuten. Nicht mehr lange, und ich bin fix und fertig mit den Nerven.«
»Und?« fragte Gordon. »Worauf wollen Sie hinaus?«
Der junge Mann warf seine Zigarette ins Gras, und Lockjaw machte sich über den glühenden Stummel her. Als er anfing, ihn zu beschnüffeln, zog Bliss ihn am Halsband zurück und tätschelte ihm den ergrauten Kopf.
»Wir werden ihn umbringen«, sagte er. »Darauf will ich hinaus.«
»Sind Sie wahnsinnig, Mann? Mord ist etwas sehr viel Schlimmeres als Erpressung.«
»Mord ist die falsche Bezeichnung«, korrigierte Bliss. »Wir werden ein menschliches Fehlexemplar aus dem Handel ziehen, mehr nicht.«
»Das können Sie vergessen«, meinte Gordon. »Schlagen Sie sich solche Ideen schleunigst aus dem Kopf. Ich will kein Wort davon gehört haben.«
Bliss zündete sich noch eine Zigarette an. Er schien sich allmählich zu entspannen.
»So zimperlich haben sie zuerst alle reagiert. Aber ich brauchte ihnen meinen Plan nur zu erklären, da bissen sie an.«
»Was heißt alle?«
»Die Leute auf Kellermans Liste. Ich habe schon mit einem guten Dutzend gesprochen. Sie sind einer der letzten. Als ich ihnen erzählte, wie leicht sich die Sache machen läßt, wie narrensicher und alles, hatten sie nichts mehr einzuwenden. Man muß sich mal vor Augen führen, was Kellerman ist und wovon er lebt, dann ist das Ganze keine Gewissensfrage mehr. Wichtig ist dann nur noch, daß man sich nicht erwischen läßt. Aber bei meinem Plan kann nichts schiefgehen.«
»Das glauben alle Verbrecher«, sagte Gordon.
»Was ich vorhabe, ist kein Verbrechen. Und geschnappt wird auch niemand, weil es gar keinen Mord geben wird. Wir werden einen Unfall arrangieren. Und wenn sich irgendeiner die Finger verbrennt, dann nur ich, sonst niemand. Ich werde Kellerman mit meinem Wagen erledigen,

an einem Abend, wenn er seine Runde macht. Zeit und Ort habe ich auch schon festgesetzt: kurz vor Mitternacht in der Carol Street.«
»Aha«, sagte Gordon. »Ein Unfall also.«
»Genau«, bestätigte Bliss. »Und Sie werden zugeben, daß ich Ihnen einen großen Gefallen damit tue.«
»Wofür halten Sie die Polizei?« fragte Gordon. »Glauben Sie, die Leute sind schwachsinnig? Sie haben die falschen Bücher gelesen, Bliss. Mörder werden gefaßt, auch wenn sie ihre Tat als Unfall tarnen.«
»Ja, aber bei mir liegt der Fall anders. Wegen der Zeugen.«
»Was heißt das?«
»Das heißt, daß ich Zeugen für meinen Unfall haben werde«, erklärte Bliss. »Eine Menge Zeugen. Leute, die sich nicht kennen und nichts miteinander zu tun haben. Und ihre Aussagen werden in allem übereinstimmen, vor allem darin, daß Kellerman nur durch eigene Schuld gegen meinen Kühler geknallt ist.«
Gordon stand auf. »Jetzt reicht's mir aber! Kein Wort mehr, Bliss. Ich habe schon viel zuviel gehört.«
»Nicht doch«, beharrte Bliss. »Sie gehören dazu wie alle anderen. Begreifen Sie das nicht? Einer für alle, alle für einen - das ist doch eine großartige Idee! Und je mehr wir sind, desto sicherer der Erfolg. Eine Menge solider Bürger, die alle dasselbe aussagen. Und wenn ich solide sage, dann meine ich solide. Sie sollten mal sehen, wer alles zu Kellermans Opfern gehört: ein College-Professor sogar und zwei Ärzte. Außerdem sind vier Hausfrauen dabei, ein Barmann, zwei Geschäftsleute, ein paar einfache Arbeitssklaven wie ich. Diese Leute stehen hinter mir, Brinton. Jeder einzelne.«
»Was wollen Sie mit so vielen Zeugen?«
»Wir werden natürlich nicht alle brauchen. Die Polizei wird nicht jeden vernehmen, aber dasein werden sie alle. Nur zur Sicherheit. Und Sie wollen wir auch dabeihaben.«
»Sie sind tatsächlich verrückt«, stellte Gordon fest. »Sie und alle anderen. Ich denke nicht daran, mich zu so etwas herzugeben. Ich hasse Kellerman wie die Pest, aber ich habe nicht die Absicht, ihn umzubringen.«
»Ich sagte Ihnen doch …«
»Mord bleibt Mord«, unterbrach Gordon schroff. »Immerhin, an Ihrer Idee, gemeinsam etwas gegen ihn zu unternehmen, ist vielleicht wirklich etwas dran. Wenn wir geschlossen zur Polizei gingen, würde die Kellerman das Handwerk legen. Und zwar auf die richtige Art und Weise.«
»Damit er überall ausposaunt, was … was er weiß? Nein, danke. Meine Art ist mir lieber.«
»Ihre Art stinkt«, sagte Gordon. »Tun Sie es nicht, kann ich Ihnen nur raten.«
Er nahm Lockjaw an die Leine. »Komm, Junge, ab nach Hause.« Er ließ Bliss sitzen und ging den Parkweg hinunter.

»Und was, falls wir es tun, Brinton?« rief Bliss ihm nach. Aber Gordon ging wortlos weiter. Nur der Hund wandte den Kopf noch einmal zurück.

Am Donnerstag abend klingelte das Telefon. Pamela nahm ab und hatte Mühe, den Namen des Anrufers zu verstehen. Sie zuckte die Achseln und holte Gordon an den Apparat. »Für dich«, sagte sie. »Ein Mr. Debliss oder so ähnlich.«

»Schon gut, ich gehe an den Anschluß im Schlafzimmer.«

»Hallo, Brinton«, sagte Dave Bliss. »Erinnern Sie sich noch an mich?«

»Allerdings.«

»Sind Sie morgen abend beschäftigt?«

»Was meinen Sie mit beschäftigt?«

»Ein paar Mitglieder der Gruppe treffen sich morgen abend. Ecke Carol Street und Ninth Avenue, gegen elf Uhr dreißig. Kommen Sie doch auch. Wer weiß, vielleicht kriegen Sie was Interessantes zu sehen.«

Gordons Stimme klang gepreßt. »Das kann nicht Ihr Ernst sein, Bliss.«

»Wir ziehen die Sache gemeinsam durch«, entgegnete Bliss. »Kann sein, daß Sie überhaupt nicht gebraucht werden, aber je mehr dabei sind, um so besser. Sicher ist sicher.«

»Mit so etwas kommt niemand ungestraft durch, darauf können Sie sich verlassen.«

»Wenn wir zusammenhalten, kann uns keiner. Das heißt, wenn *alle* zusammenhalten.«

»Ohne mich!« fauchte Gordon. »Für so etwas bin ich mir zu schade!« Er knallte den Hörer wütend auf die Gabel.

Am folgenden Sonnabend war Kellermans Kollekte fällig, aber das nonchalante Pfeifen im Flur blieb aus. Gordon begann, auf dem Wohnzimmerteppich hin und her zu wandern. Warum kam der Mann nicht? Gordon überlegte beklommen, ob er die Antwort auf diese Frage nicht bereits wußte. Er hatte die fünfzig Dollar fertig abgezählt in der Tasche, und die Scheine wurden welk und feucht vom Schweiß seiner Hand. Gegen Abend hörte er Schritte auf der Treppe. Pamelas Schritte. Sie kam von der Eröffnung einer Gemäldegalerie zurück. Er hoffte - fürchtete halb -, sie hätte nicht vergessen, am U-Bahn-Ausgang eine Zeitung zu kaufen. Meist brachte sie eine mit, aber manchmal auch nicht.

»Hallo, Liebling«, sagte sie. »Waren die Kinder sehr ungezogen?«

»Nur die üblichen Kampfhandlungen. Hast du an die Zeitung gedacht?«

Sie hatte.

»Mami!« kam eine verzweifelte Stimme aus dem Schlafzimmer. »Susie ist auf meine Puppe getreten und hat sie verletzt!«

Gordon fand die Notiz auf einer Innenseite:

FUSSGÄNGER TÖDLICH VERUNGLÜCKT

Ein Mann, den die Polizei als den einundsechzigjährigen Edward Kellerman, wohnhaft Sudworth Street, identifizierte, wurde um Mitternacht an der Ecke Carol Street/Ninth Avenue von einem Wagen erfaßt und getötet. Der in Manhattan wohnende Fahrer des Unfallfahrzeugs, David Bliss, wurde nach polizeilicher Vernehmung freigelassen. Nach Aussage der vier befragten Unfallzeugen war Kellerman dem um die Ecke biegenden Wagen direkt vor den Kühler gelaufen.

Gordon empfand keine Freude, nur eine sonderbar lähmende Betroffenheit. Warum der Tod eines Mannes, den er verabscheut und verachtet hatte, ihm keinerlei Genugtuung verschaffte, konnte er sich selbst nicht erklären. Er schnitt die Zeitungsnotiz aus, verwahrte sie in einer Schublade und sah sie eine Woche lang nicht an. Aber er konnte an nichts anderes denken. Schließlich wurde ihm klar, daß er noch einmal mit Bliss würde sprechen müssen.
Er fand seine Nummer im Telefonbuch und rief ihn an, und nach anfänglichem Widerstreben erklärte Bliss sich zu einem Gespräch bereit. Er könne sich am übernächsten Tag freimachen, sagte er, und würde sich in Yank's Bar in der 12th Street mit Gordon treffen.

Yank's Bar erwies sich als ein gediegenes Lokal in der Nähe des Hafens. Über die Dächer der vorgelagerten Gebäude war der blau-rot gestreifte Schornstein eines Passagierdampfers zu sehen.
Bliss stand bei Gordons Ankunft wartend vor dem Eingang und fingerte am Reißverschluß seines Anoraks herum. Er sah viel wohler aus als bei ihrer ersten Begegnung und machte einen ruhigeren Eindruck.
Es war noch nicht ganz sieben, und es waren erst wenige Gäste in der Bar. Gordon und Bliss setzten sich auf Hocker am Ende der Theke, und der Barmann brachte ihnen Bier.
Als er sich entfernt hatte, sagte Bliss: »Sie haben es in der Zeitung gelesen, wie?«
»Ja, das habe ich«, bestätigte Gordon.
»Das war 'ne Erleichterung, oder? Keine Zahltage mehr. Ein Gefühl wie nach 'ner Gehaltserhöhung.« Er grinste. »Ich habe schon so lange für den Kerl geblutet, daß mir die fünfzig extra in der Tasche vorkommen, als hätte ich sie auf der Straße gefunden.«
»Die vier Zeugen, die in der Zeitung erwähnt wurden«, sagte Gordon. »Waren das alles …«
»Klar«, unterbrach Bliss. »Hab' ich Ihnen nicht gesagt, die Sache sei narrensicher? Die Polizei hat nur vier befragt, aber es waren sehr viel mehr dabei.«
»Schlau«, gab Gordon zu. »Sie sind ein schlauer Verein.«
»Sicher. Bei so vielen Zeugen gibt's gar keine Diskussion. Ich sagte ja, wie leicht wir das schaffen würden.«
»Und was, wenn einer den Mund aufmacht?«
»Das tut keiner. Hätte ja gar keinen Grund.«

»Vermutlich sind es Menschen, die so etwas wie ein Gewissen haben, oder?«
»Hatte Kellerman eins?«
»Kellerman war kein Mörder.«
»Nein. Der war was sehr viel Schlimmeres.«
»Sie haben geglaubt, je mehr, desto sicherer, nicht wahr?« sagte Gordon. »Aber je mehr könnte auch um so gefährlicher bedeuten. Je mehr Menschen von dieser Geschichte wissen ...«
»Wir haben der Welt einen Dienst erwiesen!« schnarrte Bliss. »Kapieren Sie das nicht?«
»Nein. Sie haben einen Menschen umgebracht! Das ist alles, was ich verstehe. Ich könnte keine Nacht mehr ruhig schlafen, wenn ich *das* auf dem Gewissen hätte.«
»Sagen Sie mal, Kumpel, Sie denken doch nicht etwa daran, uns ...«
»Und ob ich daran denke! Ich habe die ganze Woche an nichts anderes gedacht.«
»Sie müssen übergeschnappt sein. Wir haben Ihnen einen Gefallen getan. Wir haben Ihr Geld gerettet. Ihre Gesundheit. Und *dafür* würden Sie uns verpfeifen?«
»Ich habe Ihre Hilfe nie gewollt«, sagte Gordon, und seine Hände zitterten so heftig, daß er sie auf dem Schoß ineinanderkrallen mußte. »Ich habe Sie nie gebeten, für mich zu morden. Als ob ich das so einfach vergessen könnte!«
Bliss stöhnte auf. »Sie sind vielleicht ein Idiot! Nee, so was Dummes wie Sie ...«
Er schüttelte deprimiert den Kopf und rief den Barmann. »He, Yank! Bring uns noch zwei Bier.«
Der Barmann eilte mit einem Handtuch über dem behaarten Arm ans Ende der Theke, musterte Bliss und fragte: »Stunk?«
»Ja«, sagte Bliss. »Jede Menge.«
Gordon starrte auf die Fünfundvierziger, die wie durch einen Zaubertrick unter dem Handtuch zum Vorschein kam. Er warf einen raschen Blick in das Gesicht des Barmanns und las ihm die entsetzliche Absicht von den Augen ab. Im nächsten Augenblick preßte sich die Mündung gegen seine Brust. Gordon hob die Hände, um die Waffe fortzustoßen. Aus dem Augenwinkel sah er noch, wie Bliss von seinem Hocker sprang. Dann löste sich der Schuß, und in dem ohrenbetäubenden Knall ging Gordons letzter Gedanke unter.

»Wie ist das passiert, Yank?« fragte der Polizist. »Was ist hier vorgefallen?«
»Lieber Gott, Frank! Fragen Sie die anderen«, erwiderte der Barmann. »Haben Sie was dagegen, wenn ich mir einen genehmige? Ich bin noch ganz daneben.«

»Aber bitte«, sagte der Polizist und wandte sich an einen Gast. »Wie ist Ihr Name, Mister?«
»Walton. Ich bin Angestellter der Telefongesellschaft.«
»Und Sie sind Mrs …«
»Chester«, ergänzte die Hausfrau.
»Und ich bin Dr. Adams«, stellte der alte Herr sich vor. »Dr. Herbert Adams. Ich arbeite an der Poliklinik.«
»Er saß direkt neben mir«, berichtete Dave Bliss. »Ich bin vor Schreck beinahe vom Stuhl gefallen, als er plötzlich die Pistole zog.«
»Raubüberfall«, sagte der Barmann. »Das war es. Ein versuchter Raubüberfall. Es kam alles so plötzlich, daß ich überhaupt nicht überlegte, was ich tat. Ich habe nach der Pistole gegriffen und versucht, sie ihm abzunehmen, und da ging das Ding los.«
»So war es«, bestätigte Walton.
»Tja, so ist es passiert«, fügte Dr. Adams hinzu. Die anderen nickten.
Innerhalb einer Stunde hatte die Polizei die Leiche fortgeschafft, und kurz danach durften die Zeugen den Ort der Tragödie verlassen und ihrer Wege gehen.

Durch dick und dünn

Harold Q. Masur

Ich war der einzige Fahrgast, der aus dem Bus stieg. Clawson's Cove, so hieß die Haltestelle an einer der unzähligen schläfrigen kleinen Buchten, die Florida gegen den Golf von Mexiko abgrenzen. Es war schwül und brütend heiß, und der Ort wirkte wie ausgestorben.

Ich schleppte meinen Koffer über die Straße zu einer Imbißstube.

»Einen Hamburger«, sagte ich. »Halbgar.«

Die junge Frau hinter der Theke musterte mich, schüttelte mitleidig den Kopf und rief meine Bestellung nach hinten durch. »Sind Sie gerade mit dem Bus gekommen?« fragte sie.

»Mh.«

»Um diese Zeit ist nicht viel los bei uns«, fuhr sie fort. »Im Augenblick sind Sie bestimmt der einzige Tourist in der ganzen Stadt.«

»Ich bin nicht direkt als Tourist hier«, sagte ich. »Gibt's ein vernünftiges Hotel in der Nähe?«

»Nur das *Everglades*. Aber das ist drei Meilen weiter die Straße runter. Außerdem ist es auch jetzt in der Nachsaison noch blödsinnig teuer, und wo Sie schon keinen Wagen dabeihaben, wären Sie im alten *Mansion House* noch am besten aufgehoben, schätze ich.«

Eine Klingel rief sie in die Küche, und der Hamburger, den sie mir brachte, war überraschend schmackhaft. Die junge Frau sah ansprechend aus. Sie hatte ein warmes, freundliches Gesicht.

»Wohnen Sie in Clawson's Cove?« fragte ich.

»Ja. Hab noch nie woanders gewohnt. Bin hier geboren. Und dieses Nobeletablissement gehört meinem Onkel Dan. Er bewirtschaftet es selbst.«

Sie legte den Kopf etwas schief. »Sagen Sie mal, wie kommt es eigentlich, daß Sie so furchtbar mager sind?«

»Vom Gefängnis.«

Das erschreckte sie zuerst, aber dann lächelte sie, wenn auch ein wenig unsicher. »Sie wollen mich wohl auf den Arm nehmen! Ich meine, so braun wie Sie sind … das ist doch keine Gefängnisblässe. Den ganzen Winter über kommen die Touristen hier runter, richtige Zugvogelschwärme, und braten in der Sonne, bis sie schwarz sind. Aber so dunkel wie Sie hab ich noch keinen gesehen. Wenn Sie …« Sie brach ab, und ihr Gesicht verlor jeden Ausdruck.

Die Tür hatte sich geöffnet, und ein massiger Kerl schlurfte schwerfällig an die Theke. Er war eine rotnackige Lederhaut mit knallharten Zügen und einem Sheriffstern am Hemd über dem vorgewölbten Brustkorb. Ein großer Revolver steckte in einem locker um seine Hüften geschlungenen

Halfter. Seine fast farblosen Augen nahmen mich kurz aufs Korn und wandten sich desinteressiert ab. Die junge Frau füllte ihm eine Tasse an der Kaffeemaschine, dann kam sie zurück und blieb vor mir stehen.
»Das Gefängnis war in Nordvietnam«, erläuterte ich. »Vier Jahre habe ich gesessen, und fast die ganze Zeit hinter Stacheldraht. Sonne gab's genug, aber nicht viel zu essen. Hab mir dort irgendeine Tropenkrankheit aufgesammelt, deshalb steckten sie mich erst mal ins Krankenhaus, als ich zurückkam. Haben mich bis vor einer Woche dabehalten.«
Ihre Stimme klang aufrichtig besorgt. »Haben sie Sie denn nicht mal im Krankenhaus ordentlich verpflegt?«
Ich mußte lächeln. »Das schon. Aber dieses Tropenfieber muß meinen Stoffwechsel angeknackst haben.«
»Dann haben Sie jetzt aber wirklich Anspruch auf Urlaub«, erklärte sie resolut. »Wie lange bleiben Sie in Clawson's Cove?«
»Ein oder zwei Tage. Ich bin nach den Keys unterwegs, aber ich dachte, ich könnte ebensogut zuerst hier Station machen und bei Martha Crawley vorbeischauen. Kennen Sie sie?«
Mit einem Schlag wurde es still in der Imbißstube. Selbst die Geräusche aus der Küche verstummten. Der Sheriff schob sich neben mich, nahm mich bei der Schulter und drehte mich zu sich herum.
»Besitzen Sie so was wie einen Namen, Mister?«
»Harry Kane«, sagte ich.
»Was wollen Sie bei Martha Crawley?«
»Ich weiß nicht, ob ich das unbedingt mit Ihnen bereden will, Sheriff.«
»Sie haben wohl Lust auf zwei Wochen im Knast, wie?«
»Wieso? Weswegen denn?«
»Landstreicherei.«
»Sheriff, die Vereinigten Staaten schuldeten mir eine dicke Soldnachzahlung, als sie mich zurückholten, und ich habe eine ganze Menge davon in der Brieftasche. Mit Landstreicherei ist bei mir nichts zu machen.«
»Dann nehmen wir eben was anderes, Mister. Irgend etwas findet sich immer, was wir Ihnen ankleben könnten. Wir sind hier ziemlich wendig, wenn's drauf ankommt.« Das nahm ich ihm ab. »Ich bin nicht auf Streit mit Ihnen aus«, sagte ich. »Und was Martha Crawley angeht, die kenne ich überhaupt nicht. Habe die Dame noch nie gesehen. Aber ihren Enkel habe ich gekannt. In Übersee. Einen G.I. namens Pete Crawley. Wir waren viel zusammen. Pete war mein bester Kumpel und hat mir viel von seiner Familie erzählt. Er sagte, er hätte seine Großmutter das letztemal mit sechs Jahren gesehen, im Jahr bevor sein Vater starb. Dann heiratete seine Mutter einen Ingenieur, und die Familie siedelte nach Hawaii über. Pete wurde eingezogen und nach Saigon verfrachtet, da haben wir uns kennengelernt. Ich war bei ihm, als sie ihm die Nachricht brachten, daß seine Eltern bei einem Verkehrsunfall umgekommen waren. Sonst hatte er keine Verwandten mehr, nur noch Martha Crawley. Er schrieb ihr ein

paarmal und versprach, nach dem Krieg hierher zurückzukommen, aber das hat er nicht mehr geschafft.«

»Weiter, Mister.«

»Eines Nachts schob unsere Kompanie Spähdienst und lief direkt in einen Hinterhalt. Die Vietkong haben uns in Stücke gerissen, hatten ja viel mehr Ahnung vom Dschungelkrieg als wir. Ein paar von uns kamen zurück, aber Pete war nicht dabei. Er wurde als vermißt gemeldet. Mutmaßlich tot, sagten sie. Und dann, zwei Wochen später, erwischten mich die Vietkong bei einem Überfall, und ich durfte nach dem Norden tippeln und den Rest des Krieges in einem Gefangenenlager absitzen. Aber ich hatte Pete versprochen, ich würde versuchen, irgendwann mal bei seiner Großmutter hier in Clawson's Cove reinzuschauen, falls ihm was passieren sollte. Deshalb bin ich hier.«

»Da sind Sie zu spät dran, Mister«, sagte der Sheriff. »Martha Crawley ist tot.«

Ich muß ein ziemlich dummes Gesicht gemacht haben.

»Tja, dann ... Ich hätte wohl vorher anrufen sollen«, sagte ich schließlich und drehte mich zu der jungen Frau um. »Wann geht der nächste Bus?«

»Heute ist Sonnabend«, sagte sie. »Es fährt nur ein Bus täglich, und sonntags gar keiner.«

»Das heißt also, daß ich übers Wochenende hier festsitze, oder?«

Sie nickte. Der Sheriff drehte sich auf dem Absatz um und marschierte hinaus.

»Das war der Sheriff«, sagte sie verkniffen. »Luke Spence. Kein besonderer Freund von mir. Und auch sonst von niemandem.«

»Wieso?« fragte ich. »Zum Sheriff muß man gewählt werden. Warum haben Sie dann für ihn gestimmt?«

»Weil er Glen Barretts Vetter ist. Mr. Barrett hat ihn aufgestellt, und was Mr. Barrett hier in der Stadt will, das drückt er durch.«

»Und wie macht er das?«

»Mit seiner Bank. Er ist der Chef der Clawsoner Bank- und Treuhandgesellschaft. Die meisten Privatgrundstücke hier in der Gegend sind mit Hypotheken belastet. Anleihen von seiner Bank, verstehen Sie?« Sie lächelte schief und streckte mir die Hand über die Theke hin. »Sie haben sich großartig verhalten, Harry Kane«, sagte sie. »Ich bin Lucy Hume.«

Ich schüttelte ihr die Hand. »Hallo, Lucy. Übrigens: Warum hat Ihr Sheriff Stunk gemacht, als ich von Martha Crawley anfing?«

»Weil ihm der Klatsch über die Sache mit ihr nicht in den Kram paßt. Die Bank hat die Hypothek gestrichen, die Martha auf ihr Land aufgenommen hatte. Sie hatte einen Streifen am Wasser, drei Morgen groß, da, wo jetzt das neue Hotel steht, von dem ich Ihnen erzählte. Das *Everglades*. Ein paar Baufirmen hatten sich schon jahrelang für Marthas Grundstück interessiert, aber sie war nicht bereit zu verkaufen. Sagte, sie wollte es für ihren Enkel aufheben. Na ja, und dann brachte sie die Zinsen eines Tages nicht mehr zusammen, und Mr. Barrett erklärte ihre Hypothek für verfallen und kriegte ihr Grundstück.«

»Und brachte es später günstig an den Mann?« fragte ich. Das schien die zwangsläufige Schlußfolgerung.

»Das dürfen Sie noch mal sagen!«

»So ganz begreife ich das nicht, Lucy. Pete Crawley sagte immer, die alte Dame sei vermögend. Wo ist denn ihr Geld geblieben?«

»Alles zum Schornstein raus. Mr. Barrett verwaltete ihre Börsenpapiere schon seit Jahren in einem Anlagekonto in seiner Bank. Aber dann gab's einen großen Aktiensturz, und sie war blank. Nicht, daß sie das so einfach hinnahm. Sie hat furchtbar Krach geschlagen und jedem, der es hören wollte, damit in den Ohren gelegen. Sie war sogar bei meinem Chef und hat verlangt, er solle die Bank verklagen.«

»Bei Ihrem Chef?«

»Ja. Bei Rudy Menaker.« Sie sah meine Begriffsstutzigkeit und erläuterte: »Ach so, Sie denken, ich arbeite hier? Nein, ich helfe Onkel Dan nur übers Wochenende aus, weil seine Angestellte krank ist. Ich bin Sekretärin bei Mr. Menaker, dem führenden Anwalt der Stadt. Das heißt, dem einzigen.«

»Und hat Mr. Menaker die Bank vor Gericht gezerrt?«

»Nein. Er hat sich ihre Beschwerde angehört und ihr klargemacht, sie hätte nicht die geringste Chance, einen Prozeß zu gewinnen. Nicht einmal genug Beweise, um einen anzumelden.«

»Der Fall interessiert mich«, sagte ich. »Ob Mr. Menaker mir erklären würde, wie das mit Marthas Geld passiert ist?«

»Sonnabends ist die Kanzlei geschlossen, aber vielleicht hätte er bei sich zu Hause ein paar Minuten für Sie. Ich frage mal an, ob sich das machen läßt.«

Sie hängte sich an ein Telefon im Hintergrund und kam zurück. »Er sagt, es würde ihm in einer halben Stunde passen. Inzwischen könnten Sie sich im *Mansion House* ein Zimmer nehmen.« Sie beschrieb mir den Weg.

Ich nahm meinen Koffer auf. »Gibt's im *Everglades* ein gutes Restaurant?«

»O ja, ein fabelhaftes.«

»Würden Sie heute dort mit mir Abendbrot essen?«

»Aber Harry, Sie brauchen ...«

»Nimm an«, rief ihr Onkel Dan aus der Küche. »Ich komme hier auch ohne dich klar.«

Sie schenkte mir ein blitzendes Lächeln. »Also abgemacht. Ich hole Sie um sieben ab.«

Das *Mansion House* war ein altersgebleichter zweistöckiger Bau, und drinnen roch es muffig. Ich brachte meinen Koffer nach oben, rasierte mich und machte mich zu dem Anwalt auf. Er wohnte drei Straßen weiter in einem mittelgroßen schindelverkleideten Haus. Rudy Menaker öffnete mir persönlich auf mein Klingeln, trat auf die Veranda hinaus, deutete auf zwei Korbsessel und ließ sich mit arthritischen Bewegungen in einen hinunter.

Er war ein säuerlicher alter Herr und strömte den unverkennbaren Duft kräftigen unverzollten Whiskys aus.

»Wie ich von Lucy höre, waren Sie mit Martha Crawleys Enkel befreundet, dem Jungen, der in Vietnam fiel.«

»Er war mein bester Freund, Sir, und ich versprach ihm, die alte Dame zu besuchen, falls ihm dort etwas zustoßen sollte.«

»Da hätten Sie zwei Jahre früher kommen müssen. Was wollen Sie von mir?«

»Wenn ich Lucy richtig verstanden habe, hatte Martha Crawley Probleme mit der örtlichen Bank und bat Sie, einen Prozeß deswegen anzustrengen, oder?«

»Da war gar nichts zu machen, mein Junge. Sie wollte die Bank verklagen, ihre Anlagen verwirtschaftet zu haben. Natürlich sah ich mir die Papiere an, alles in einem Treuhandkonto mit unumschränkter Handlungsvollmacht der Bank. Mr. Barrett hatte es jahrelang sehr tüchtig verwaltet. Aber die Zeiten ändern sich nun einmal. Unsere Wirtschaft schwimmt den Bach hinunter. Nichts als Probleme, angefangen mit den Gewerkschaften und der Energieversorgung. Wir haben Inflation, Kürzungen, Arbeitslosigkeit ... es gibt nichts Schlimmes, das wir nicht haben. Was mit Martha Crawleys Geld passiert ist, kann ich Ihnen sagen, mein Junge: Das ist mit dem Rest der Börse durch den Fußboden in den Keller gerutscht. War der Ruin für viele, nicht nur für Martha Crawley. Ich mußte selbst auch Haare dabei lassen. Aber belangen konnte man niemanden deswegen. Ich habe ihr gesagt, sie würde mit einem Prozeß nur ihre Zeit und das bißchen Geld verschwenden, das sie noch hatte.«

»Waren Sie damals nicht auch Anwalt der Bank, Mr. Menaker?«

Seine Augen verengten sich. »Was wollen Sie damit sagen?«

»Mir scheint, Martha Crawleys Interessen lagen mit denen der Bank im Widerspruch. Hätten Sie Martha nicht raten müssen, sich an einen anderen Anwalt zu wenden?«

»Sie hat sich aber an mich gewandt. Sie bat mich um meine Einschätzung ihrer Chancen bei einer gerichtlichen Auseinandersetzung, und die habe ich ihr nicht vorenthalten. Im übrigen stand ihr frei, sich von jedem beliebigen anderen beraten zu lassen. Hatte es ja auch vor. Sie versuchte, jemanden zu finden, der sie nach Palm City fahren würde, und erzählte überall herum, sie würde den alten Willis Saunders nehmen.«

»Und was hat sie daran gehindert?«

»Eine Herzattacke. Und nicht ihre erste. Fragen Sie Doc Kramer, der hat Martha Crawley betreut.«

»Und wer hat ihren Nachlaß betreut?«

»Das Land fiel durch Zwangsvollstreckung an die Bank, und die Stadtverwaltung versteigerte ihren Hausrat.«
»Und was wurde aus dem Erlös?«
»Sie war mit ihren Steuern im Rückstand und hatte auch sonst noch einige Schulden. Was beim Verkauf ihrer Effekten herauskam, reichte knapp, um das alles zu decken. Und jetzt entschuldigen Sie mich wohl, ich ...«
Er stand auf und ging ins Haus.
Ich machte mich auf die Suche nach einer Telefonzelle und fand einen Dr. Edward Kramer im Buch. Ein Passant dirigierte mich zu seinem Haus.
Bei meinem Eintritt in das Wartezimmer des Arztes flutschte ein wütender kleiner Junge aus der Ordination an mir vorbei, und ein rundlicher Mann erschien mit einer Spritze in der Hand in der Tür.
»Allergie«, erklärte er. »Hab den Steppke schon seit Jahren in Behandlung, aber er glaubt mir immer noch nicht, daß sich keine lebenswichtigen Organe in meiner Schußlinie befinden. Kommen Sie rein und nehmen Sie Platz.« Er beäugte mich eingehend und schüttelte den Kopf. »Zu dünn. Zu viel Sonne. Verstehe euch Touristen nicht mit eurer ewigen Schlankheitsdiät und der blödsinnigen Sonnenbaderei. Verkohlte Skelette. Sie sollten sich ein bißchen Fleisch um die Knochen packen, Junge. Halten Sie sich ans Essen und Ihren Körper aus der Sonne. Die wird heute sehr überschätzt. Na, dann mal runter mit Ihrem Hemd, dann sehe ich Sie mir an.«
»Ich bin nicht als Patient hier, Doktor.«
Er runzelte die Stirn. »Das sollten Sie aber, so wie Sie ... Also, was haben Sie auf dem Herzen?«
Während er zuhörte, vertieften sich die Falten auf seiner Stirn, und das Wohlwollen bekam einen Stich ins Wachsame. Als ich fertig war, blieb er eine ganze Weile schweigend sitzen.
»Dieser Rudy Menaker«, sagte er schließlich. »Ruiniert seine Gesundheit. Malträtiert sein Gehirn. Leberdysfunktion. Läßt sich nichts sagen. Und Sie, Mr. Kane? Hören Sie auf gutgemeinten Rat?«
»Wenn er vernünftig ist ...«
»Das ist die einzige Sorte, die ich verschreibe. Vergessen Sie Martha Crawley. Gehen Sie Ihrer Wege.«
»Meinen Sie damit, ich solle mich aus der Stadt scheren?«
»Ja. Hier würden Sie sich nur in die Nesseln setzen.«
»Eins verstehe ich nicht, Sir. Ich brauche Martha Crawleys Namen nur zu erwähnen, schon wird alles nervös. Zuerst der Sheriff, dann Rudy Menaker und jetzt Sie. Was Mr. Barrett erst zu sagen hätte, wenn ich mit ein paar Fragen bei ihm in der Bank aufkreuzen würde, will ich mir lieber nicht vorstellen. Das alles sieht mir sehr nach Einschüchterung aus, Doktor.«
Er lief im Zimmer herum und schien äußerst erregt. Schließlich blieb er vor mir stehen, und seine Kiefermuskeln spannten sich unter der Haut. »Also gut, Junge«, sagte er. »Stellen Sie Ihre Fragen.«

»Ist Martha Crawley eines natürlichen Todes gestorben?«
»Ja und nein.«
»Das ist mir zu ungenau.«
»Sie kam vor Jahren mit Beschwerden zu mir. Schmerzen in der Brust. Alle Symptome einer Angina pectoris. Meine Untersuchung ergab Bluthochdruck und Arteriosklerose. Ich verschrieb Nitroglycerin, Digitalis, Heparin. Damit kam sie die nächsten zwei Jahre über die Runden. Ich riet ihr, sich nicht zu überanstrengen und ihre Nerven zu schonen. Aber sie hatte Geldsorgen. Probleme mit der Bank. War in ständiger Aufregung. Dann, eines Nachts, rief sie mich an. Konnte kaum sprechen. Ich stand auf und fuhr rüber.
Kam an, als es schon zu spät war. Sie war weg. Schluß. Aus. Eine alte Frau mit wackeligem Herzen. Menschen ihres Alters sterben nun mal. Aber da war etwas, das mir nicht zu stimmen schien. Etwas, das mir zu schaffen machte.«
»Und das war?«
»Sie hatte ihre Medikamente immer auf dem Nachttisch neben ihrem Bett stehen. Aber in der Nacht, als sie starb, fehlten sie. Ich suchte sie überall, auch im Badezimmerschränkchen, aber sie waren nirgends zu finden. Martha war nicht senil. Sie wußte, daß ihr Leben von diesen Drogen abhing. Wo waren sie also geblieben? Was war mit den Medikamenten passiert?«
»Haben Sie das dem Sheriff gegenüber erwähnt?«
»Der nahm es auf die leichte Schulter. Meinte, sie müsse die letzten Pillen am Abend geschluckt und die Flaschen weggeworfen haben. Sie hätte wohl vorgehabt, sich am nächsten Tag Nachschub zu holen.«
»Hätte sie ihren Vorrat denn je restlos aufgebraucht?«
»Darüber kann ich mich mit Luke Spence auf keine Diskussion einlassen. Habe seinetwegen schon zu viele Verletzungen flicken müssen. Der Mann übt sein Amt übertrieben eifrig aus. Grausam wäre vielleicht die bessere Bezeichnung. Bin früher oft mit ihm aneinandergeraten. Habe immer den kürzeren gezogen. Jetzt mache ich einen Bogen um ihn.« Der Arzt blickte an mir vorbei und bemerkte einen Patienten im Wartezimmer.
»Seien Sie auf der Hut, Junge, kann ich Ihnen nur raten.«
Als ich in meinem Zimmer im *Mansion House* ankam, fand ich einen Besucher vor. Sheriff Spence saß auf dem Bett und starrte mir gehässig entgegen. Er stand auf und trat dicht an mich heran.
»Sie waren gerade bei Doc Kramer«, sagte er. Seine Stimme war rauh, anklagend. »Sagen Sie bloß, Sie sind krank! «
»Sorgen Sie sich um meine Gesundheit, Sheriff?«
»Ich mache mir Sorgen um Ihre Nase. Sie können es wohl nicht lassen, sie überall hineinzustecken, wo sie nicht hingehört, wie?«
»Ich brauchte ärztlichen Rat.«

»Juristischen auch, was? War das der Grund, warum Sie Rudy Menaker belästigen mußten?«
»Habe ich mich damit strafbar gemacht, Sheriff?«
Der Stiernacken schob sich ein Stück weiter aus dem hohen Kragen heraus, und die Stimme wurde noch belegter. »Machen Sie ruhig so weiter, Mister! Aber lassen Sie sich eins gesagt sein: Wenn Sie es zu weit mit mir treiben, sorge ich dafür, daß Sie Montag in keiner Verfassung mehr sind, hier wegzufahren. Bleiben Sie Menaker vom Hals und lassen Sie sich nicht noch einmal bei Kramer blicken. Halten Sie sich aus unseren Angelegenheiten raus, das ist meine letzte Warnung. Ich hoffe, ich habe mich verständlich gemacht.«
»Laut und deutlich, Sheriff.«
Er schob seine massige Gestalt an mir vorbei und knallte die Tür hinter sich zu. Verglichen mit einem Aufenthalt in Luke Spences Knast würden mir meine vier Jahre bei den Vietkong wie ein Pfadfinderlager vorkommen, schätzte ich.
Ich warf einen Blick auf meine Uhr und stellte fest, daß ich gerade noch genug Zeit zum Duschen, Rasieren und Umziehen hatte, bevor Lucy Hume mich abholen würde.
Es dämmerte bereits, als sie in ihrem fünf Jahre alten Kompaktwagen ankam, und ihr Begrüßungslächeln wärmte mich augenblicklich durch. Als wir neben dem *Everglades* parkten, begriff ich, warum das Hotelunternehmen bereit gewesen war, eine Weile auf dieses Grundstück zu warten. Ein Flamingopaar schwebte gerade zur Landung in die natürliche Lagune ein, an der das Hotel lag, und ringsherum in der herrlichen Gartenanlage blühten Hibiskus und Bougainvillea zwischen wildem Wein.

»Etwa dort drüben, wo jetzt der Rasen ist, stand früher Marthas Haus«, berichtete Lucy.
Wir saßen bei Kerzenlicht, aßen und plauderten, aber als der Kaffee serviert war, fragte Lucy unvermittelt, ob Mr. Menaker mir Auskunft auf meine Fragen gegeben hätte.
»Von Juristen erwarte ich von vornherein keine große Offenheit«, sagte ich. »Aber etwas ist ihm immerhin herausgerutscht. Er erwähnte den Namen von Marthas Arzt.«
»Ach, Dr. Ed«, sagte Lucy und lachte »Der hat meiner Mutter schon geholfen, mich zur Welt zu bringen, und verarztete mich bei den üblichen Kinderkrankheiten. Haben Sie mit ihm gesprochen?«
»Ja.«
»Rauh aber liebenswert, finden Sie nicht auch? Und er macht sogar noch Hausbesuche.« Sie wurde ernst. »Ich weiß nicht, was Sie herausfinden wollen, Harry. Aber was es auch ist, ich möchte Ihnen dabei helfen.«
»Das würde der Sheriff aber gar nicht gerne sehen.«
»Das ist mir gleich. Mehr als gleich. Dann helfe ich Ihnen um so lieber.«

Ich überdachte ihr Angebot einen Augenblick lang. »Was ist aus den Papieren geworden, die Martha Mr. Menaker zeigte?«
»Die verlangte sie zurück. Wollte sie zu Willis Saunders nach Palm City mitnehmen.«
Ich bat sie, mir alles zu erzählen, was sie über Willis Saunders wußte.
»Der ist der bekannteste Anwalt der Gegend«, sagte sie. »War fünfmal unser Abgeordneter im Kongreß. Aber jetzt ist er wieder Privatmann und führt seine Kanzlei in Palm City. Ich habe ein paarmal mit ihm telefoniert. Über Fälle, die Mr. Menaker und ihn gemeinsam angingen.«
Irgendwie müßte es zu schaffen sein, daß Saunders Marthas Papiere doch noch zu sehen bekam. »Haben Sie Freunde bei der Bank, Lucy?« fragte ich.
»Ja, Tommy Hume zum Beispiel.«
»Das klingt nach einem Verwandten.«
»Tommy ist mein Vetter. Er ist der Rechnungsprüfer der Bank.«
»Würde er Ihnen einen Gefallen tun?«
»Müßte er dazu irgendwelche Vorschriften verletzen?«
»Verletzen nicht, nur ein bißchen beugen.«
»Vielleicht erzählen Sie mir zuerst, was Sie von ihm wollen, Harry.«
»Durchschläge der letzten Börsentransaktionen, die Mr. Barrett für Martha Crawley getätigt hat.«
»Sind diese Dinge nicht streng vertraulich?«
»Nein, nicht unbedingt. Man könnte sie sich ohne weiteres von der Maklerfirma beschaffen, die die Aufträge ausgeführt hat. Aber es würde einen Haufen Zeit und Mühe sparen, wenn wir sie direkt von der Bank bekämen.«
»Tommy macht dieses Wochenende Dienst. Ich rufe ihn sofort an, wenn ich nach Hause komme.«

Als ich am Sonntag zum Mittag in die Imbißstube ging, reichte sie mir einen Umschlag über die Theke. Es waren Fotokopien von Börsenbelegen - Belege der Aktienankäufe, um die es mir ging. Ich blätterte sie durch und fragte Lucy, ob sie mir nach dem Essen ihren Wagen leihen würde.
»Was steht denn auf dem Fahrplan?«
»Ein Ausflug nach Palm City. Ich möchte mich mit Mr. Willis Saunders unterhalten.«
»Darf ich Ihren Führerschein sehen?«
»Der ist längst abgelaufen.«
»Dann fahre ich Sie wohl am besten.«
Ich grinste ihr zu. »Wann können Sie sich hier freimachen?«
»Jederzeit«, rief ihr Onkel Dan aus der Küche. »So miserabel wie das Geschäft heute läuft.«
Palm City lag in nordöstlicher Richtung jenseits eines Sumpfgebietes. Zu beiden Seiten der Straße erstreckte sich das Ried ins Uferlose, und

schwarze Wolken, die vom Golf landeinwärts trieben, überzogen bald den ganzen Himmel. Es wurde beinahe dunkel, Regen lag in der Luft. Hin und wieder wand sich die Straße durch mangroven- und palmenbestandene Inseln im Sumpf, undurchdringliche Dickichte, die uns von der Außenwelt abzuschneiden schienen. Lucy konzentrierte ihre ganze Aufmerksamkeit auf die Straße. Sie fuhr sehr vorsichtig.

Eine Stunde später ging der Sumpf in trockenes Land über, und wir kamen an einem kleinen Zitrushain vorbei. Mit spanischem Moos behangene Zypressen erhoben sich aus der Ebene, und die Straße verwandelte sich in eine breite, palmengesäumte Allee - Palm City. Wir fuhren die Hauptstraße entlang, vorbei am alten Gerichtsgebäude und einer kleinen Missionskirche und hielten vor einem Haus am anderen Ende der Stadt.

Lucy hatte uns telefonisch angemeldet, und Willis Saunders erwartete uns. Er war ein schlanker Siebziger mit schneeweißer Haarmähne und einem schalkhaften Funkeln in den blaßblauen Augen. Er begrüßte Lucy mit einer galanten Verbeugung und ging uns in ein großes, kühles Wohnzimmer voran.

»Also, junger Mann«, sagte er und wandte mir das Gesicht zu.

»Was ist das für ein dringendes Anliegen, das nicht bis zu meiner Sprechstunde am Montag vormittag warten kann?«

Ich begann zu erzählen, und er hörte mir interessiert und aufmerksam zu. Ich packte mit allem aus, was ich seit meiner Ankunft vor der Imbißstube in Clawson's Cove erlebt hatte, und reichte ihm die Börsenbelege, als ich fertig war.

Er vertiefte sich in die Zettel, und die weißen Augenbrauen schoben sich immer höher in seine Stirn.

Endlich blickte er auf und fragte scharf: »Wollen Sie tatsächlich behaupten, daß Glen Barrett sich mit dem Treuhandkonto einer alten verwitweten Dame auf derart haarsträubende Eskapaden eingelassen hat?«

»Sie halten den Beweis in Händen, Mr. Saunders.«

»Und bis Sie auf der Bildfläche erschienen, hat niemand versucht, seine Karten aufzudecken?«

»Mrs. Crawley hatte die Absicht, aber dann starb sie, bevor sie etwas unternehmen konnte.«

Er preßte die Lippen aufeinander, und sein Gesicht verzog sich zu einem Ausdruck angewiderter Verachtung. »Das ist unerhört! Eine mutwillige Verschleuderung eines Vermögens. Es schlägt allen Vorsichtsmaßregeln ins Gesicht. Regeln, denen Treuhänder bei der Verwaltung ihnen anvertrauter Guthaben strikt unterworfen sind. In Fällen wie diesem beschränkt sich die Handlungsfreiheit des Investors auf den Erwerb sicherer und solider Börsenanteile. Diese hier sind etwas völlig anderes. Es sind Abenteuer. Wilde Spekulationen. Etwas, das sich nur als krasse Verantwortungslosigkeit bezeichnen läßt.«

»Ist das strafbar?«

»Mein bester junger Mann, Mrs. Crawley hätte die Bank haushoch verklagen können.«
»Mr. Menaker riet ihr davon ab.«
»Rudy Menaker ist ein Idiot. Außerdem war er als langjähriger Anwalt der Bank, der er bis heute geblieben ist, nicht befugt, sie in irgendeiner Weise zu beraten. Kein Anwalt darf widersprüchliche Interessen vertreten.« Saunders nahm seine Nase zwischen Daumen und Zeigefinger und musterte mich angelegentlich. »Vermuten Sie, Barrett hätte diesen Dreck in der Absicht gekauft, Mrs. Crawleys Vermögen so weit herunterzuwirtschaften, bis sie mit der Abzahlung ihrer Hypothek in Schwierigkeiten kam? Unterstellen Sie, er hätte es darauf angelegt, ihr Grundstück durch Zwangsvollstreckung in die Hand zu bekommen, um es dann mit hohem Profit verkaufen zu können?«
»Das ist keine Unterstellung. Das ist Tatsache.«
Er schüttelte den Kopf. »Sehr bedauerlich, daß die alte Dame keine Erben hatte.«
»Warum?«
»Wer käme denn als Kläger in Frage, wenn die Geschädigten alle tot sind?« Er rieb sich die Wange. »Ich würde mich gern etwas gründlicher mit der Materie befassen. Aber dazu brauche ich Zeit.«
»Wieviel Zeit?« fragte ich. »Der Sheriff in Clawson's Cove will mich spätestens mit dem Montagsbus loswerden.«
»Luke Spence?«
»Ja, Sir.«
»Über den ist mir schon einiges zu Ohren gekommen. Ein brutaler Kerl, wie ich höre. Leider habe ich in seinem Bezirk nichts zu sagen, also kann ich Ihnen nur vorschlagen, am Montag noch einmal zu mir zu kommen.« Er wandte sich an Lucy. »Weiß Rudy Menaker, daß Sie hier sind?«
»Nein, Sir«, sagte sie. »Außerdem will ich ihm sowieso kündigen. Ich habe keine Lust, nach dieser Geschichte noch bei ihm zu arbeiten.«
Saunders strahlte sie an. »Meine Sekretärin tritt nächsten Monat in den Ruhestand, Miss Hume. Wären Sie bereit, hierherzuziehen? Palm City hätte einer jungen Dame wohl mehr zu bieten als Clawson's Cove.«
Lucy lächelte zurück. »Darf ich mir das noch überlegen?«
Er begleitete uns hinaus vor die Tür. Da es noch nicht regnete, beschlossen wir, es zum Abendbrot mit einem der Restaurants in Palm City zu versuchen, und schlenderten eine Weile auf der Suche nach etwas Geeignetem durch die Straßen. Schließlich fanden wir ein kleines Fischrestaurant mit frischem Pompano auf der Speisekarte. Während wir aßen, wurde es draußen dunkel, und bis wir startbereit waren, hatte feiner Nieselregen eingesetzt. Lucy fuhr langsam über die Plaza, durch die Palmenallee und am Zitrushain vorbei, dann waren wir wieder von Sumpfland umgeben, wo dichte Nebelschwaden die Sicht behinderten. Wir schienen ganz allein unterwegs zu sein, kein Gefährt, das uns entgegenkam, keins, das uns

überholte, und die absolute Dunkelheit und Stille dieser ungewohnten Umgebung erschien uns unwirklich, beinahe gespenstisch.
Ich glaube, ich hörte das tiefe, kehlige Brummen des riesigen Dieselmotors schon, bevor die hohen Scheinwerfer aus dem Nebel hinter uns auftauchten. Eine Hupe heulte auf und zerfetzte die Stille. Es war ein anhaltender Trompetenstoß, der uns durch und durch ging. Ich drehte mich um und sah die geisterhaften Umrisse des Sattelschleppers, der auf der im Scheinwerferlicht schwarz glänzenden Straße in wildem Tempo näher rückte. Lucy blickte nervös in den Rückspiegel. »Warum fährt er so schnell?«
»Will sich wohl umbringen, der Kerl«, sagte ich. »Rasch, schalte deinen Blinker ein!«
Sie fummelte nach dem Knopf auf dem Armaturenbrett. »Was jetzt, Harry?« fragte sie gepreßt. »Er weicht nicht auf die Überholspur aus.«
»Häng ihn ab!« rief ich. »Los, drück auf die Tube!«
»Ich … ich kann nicht. Die Sicht ist zu schlecht!« Panik verzerrte ihre Stimme. »Er sitzt uns beinahe hinten drauf!«
Das Rasseln des Dieselmotors dröhnte in unseren Ohren, und im nächsten Augenblick rammte die große, schwere Stoßstange unser Heck. Unsere Köpfe schnellten zurück, und ich hörte, wie der Kofferraum aufplatzte. Der Wagen kippelte, rutschte, schlingerte, geriet beinahe außer Kontrolle, aber nur beinahe. Lucy kämpfte mit dem Steuer, und ich griff in die Speichen und half. Sie zitterte am ganzen Körper, aber sie krallte sich fest und hielt durch.
Wir hatten das Auto wieder gerade auf der Fahrbahn, als uns ein erneuter Hammerschlag traf. Ich sah den Druckmesser auf dem Schaltbrett rot aufblinken. Die Erschütterung hatte den Öltank geknackt. Wir verloren Öl, und ohne Öl würde der Motor sich festfressen. Dann würde der Kerl uns niederwalzen, das war klar. Ich spürte nichts als hilflose Ohnmacht - und die Last meiner Verantwortung für Lucy.
Der dritte Stoß schleuderte uns in eine Rutschpartie, die uns unaufhaltsam über den Straßenrand beförderte. Die Vorderräder des Wagens fetzten Gras und Erde hoch und blieben im zähen Morast stecken. Während wir ruckelnd und schütternd zum Stehen kamen, raste der Sattelschlepper an uns vorbei.
Lucys Stimme war nur noch ein halbersticktes Flüstern. »Ist er weg?«
»Ich glaube, ja.«
Aber ich hatte mich geirrt. Es dauerte nur ein paar Augenblicke, dann hörten wir ihn im Rückwärtsgang näher kommen - um uns endgültig fertigzumachen. Ich riß an der Klinke, fiel hinaus und zerrte Lucy hinter mir her, über die Straße. Auf der anderen Seite hockten wir uns in das hohe Schilfgras und warteten. Der Schlepper fuhr auf uns zu, an uns vorbei. Er brauchte einen Anlauf, um auf Touren zu kommen.
Ein ganzes Stück weiter bremste er, wechselte den Gang und ließ den

Motor aufheulen. Dann rollte er vorwärts, nahm Geschwindigkeit auf, preschte in knatternder Fahrt die Straße herauf. Ich sah, wie sich seine Scheinwerfer in einer grünblau schillernden Lache spiegelten - in dem Öl aus unserem Tank. Der Koloß schwenkte auf unser Gefährt zu, und der Aufprall erfaßte es mit solcher Wucht, daß es weit über den Straßenrand hinausschoß und in den Sumpf klatschte. Im selben Augenblick, während der Fahrer das Steuer wieder geradeausrichtete, verloren die Reifen den Griff auf der Ölspur. Der Schlepper verwandelte sich Masse mal Beschleunigung - in eine unbezwingbare Kraft, einen torkelnden Leviathan, der ein kurzes Stück hin und her schlingerte und seitlich über das Bankett gegen einen Mangrovenbaum knallte. Er bäumte sich auf und klappte mit einem Geräusch berstenden Metalls wie ein Taschenmesser zusammen. Funken stoben auf, und während sich der ganze riesige Klumpen schwerfällig überschlug, schoß eine orangefarbene breite Flamme tief grollend in den Nachthimmel.
Wir sahen, wie sich ein schwerer, großer Mann aus dem zertrümmerten Führerhaus hangelte. Seine Kleider brannten, und die Flammen beleuchteten flackernd sein Gesicht. Es war Sheriff Luke Spence. Seine Beine verfingen sich in den Mangrovenwurzeln, und er schien unfähig, sich zu befreien. Ich begann, auf ihn zuzulaufen, aber die brüllende Hitze trieb mich zurück. Im nächsten Augenblick stürzte er in das schwelende Riedgras.
Lucy klammerte sich an mich. »Ist er …«
»Ja«, sagte ich. »Solche Temperaturen überlebt kein Mensch.«
»Warum wollte er uns umbringen?«
»Nicht uns. Mich. Du warst nur zufällig mit von der Partie. Meine Schnüffeleien in Clawson's Cove paßten ihm nicht, erstens, weil die Transaktionen der Bank einer öffentlichen Prüfung nicht standgehalten hätten, und zweitens, weil er selbst etwas sehr viel Schlimmeres zu verheimlichen hatte als Barretts Schwindel. Er wußte, daß Martha sich bei Willis Saunders ihr Recht holen wollte, und das mußte verhindert werden. Irgendwie muß er es gedeichselt haben, ihre Medikamente an sich zu bringen. Er wußte, daß das ihren Tod bedeuten würde. Natürlich wollte er die Flaschen zurückstellen, bevor irgend jemand Marthas Leiche entdeckte, aber Dr. Kramer war eher da und konnte sich das Fehlen der Medikamente nicht erklären. Spence muß sich ausgerechnet haben, daß der Arzt mir davon erzählt hatte, und das setzte ihm so zu, daß er auch ein paar Nachforschungen über mich anstellte und meine wirkliche Identität herausbekam.«
Sie hob ihr Gesicht in den Nieselregen und starrte mich verblüfft an.
»Ich heiße Crawley«, sagte ich. »Pete Crawley. Ich schätze, daß Spence Briefe von mir bei meiner Großmutter fand. Er brauchte die Schrift nur mit meiner Eintragung im Register des *Mansion House* zu vergleichen, und die Katze war aus dem Sack. Verständlich, daß er es danach erst recht

mit der Angst bekam. Er sah voraus, daß ich Kleinholz aus ihm machen würde, und wo so viel auf dem Spiel stand, blieb ihm gar nichts anderes übrig, als mich abzuräumen. Er ist uns nach Palm City nachgefahren und hat dort irgendwo gewartet, um uns auf dem Rückweg zu erledigen.«

»Aber wo hat er den Sattelschlepper aufgetrieben?«

»Ganz einfach, Lucy. Ich gehe jede Wette ein, daß in diesem Augenblick ein wütender Fernfahrer wegen irgendeiner Kleinigkeit in Clawson's Cove im Gefängnis sitzt. Spence hätte ihn gleich nach seiner Rückkehr laufenlassen und konnte hoffen, daß der Fahrer samt Schlepper bis morgen früh über alle Berge sein würde.«

»Pete Crawley«, sagte sie kopfschüttelnd. »Wieso warst du dann damals als verschollen gemeldet?«

»Weil ich verwundet war und mich im Dschungel verkrochen hatte, als die Vietkong mich schnappten. Ich hatte mir diese Tropenkrankheit geholt, und mein Gedächtnis war weg. Zu allem anderen war in irgendeinem primitiven Feldlazarett auch noch meine Hundemarke verschüttgegangen. Als ich dann endlich nach Hause kam, brachten mich die Armeepsychiater wieder auf Vordermann, und ich bekam einen Brief, den meine Großmutter mir an meine letzte Feldpostadresse geschrieben hatte. Alles über ihre Probleme mit der Bank. Ich dachte, ein Fremder würde vielleicht eher herauskriegen, was bei der Bank gespielt wurde, darum fuhr ich unter falschem Namen hier runter.«

Sie musterte mich forschend. »Und wie weiter? Was machst du jetzt?«

»Jetzt beauftrage ich Mr. Willis Saunders, die Bank vor Gericht zu bringen. Die Zwangsvollstreckung kam nur durch einen Riesenbetrug zustande. Wer weiß, vielleicht sind die Unternehmer, die das *Everglades* an die Lagune gepflanzt haben, gar nicht die rechtmäßigen Besitzer. Dann landen wir eines Tages womöglich noch im Fremdenverkehrsgewerbe.«

»Wir?«

»Sicher doch. Du hilfst bei deinem Onkel in der Imbißstube aus, hast also eine Ahnung vom Kochen, und ich kann mir alles Nötige über das Hotelfach in einem Fernunterrichtskursus aneignen.«

Jetzt endlich setzte der Schock ein. Lucy fing an zu weinen und ein bißchen hysterisch zu lachen, alles in einem. Plötzlich brach sie mittendrin ab und jammerte: »Ich bin durch und durch naß. Wie sollen wir bloß nach Hause kommen?«

»Zu Fuß«, sagte ich. »Bei dieser irrsinnigen Fahrerei hier in der Gegend lassen wir den Wagen lieber stehen.«

Kein Verlust

Jonathan Craig

Die Leiche war durch die Wand gekommen. Jemand hatte draußen über dem Bürgersteig den Schieber geöffnet, den Toten auf die Kohlenrutsche geworfen und den Schieber wieder geschlossen. Die Leiche war die Rutsche heruntergeschlittert, hatte das dünne Sperrholz am anderen Ende durchschlagen und war auf den Kellerboden gefallen. Früher waren hier mal hinter einem Bretterverschlag Kohlen gelagert worden, aber jetzt hatte man eine Künstlerklause daraus gemacht. Die Wände waren mit bunten Plakaten tapeziert, die für Stierkämpfe in Spanien und Mexiko warben oder für Autorennen in Le Mans und auf dem Nürburgring. Ein rosarot eingefärbtes Fischernetz hing wie eine Affenschaukel quer über eine Ecke, und in einer anderen hing ein Mastkorb, der früher mal auf einem Schiff dem Ausguck als Sitzgelegenheit gedient hatte. Dazu kamen die üblichen ungerahmten abstrakten Gemälde und ein paar Tonreliefs. Und auf dem Tisch stand sogar eine bastumwickelte Chianti-Flasche mit einer Kerze im Hals und einem vielfarbigen Belag von heruntergetropftem Wachs darum herum.

Der Tote war ziemlich groß, hatte abfallende Schultern, ein schmales, sonnengebräuntes Gesicht. Er war noch jung gewesen, ein bißchen zu kantig, um als gutaussehend zu gelten, mit einer halbmondförmigen Narbe über der rechten Augenbraue.

»Hätte er sich die Kopfwunde erst beim Aufprall auf dem Kellerboden holen können?« fragte ich den Arzt, der neben der Leiche kniete.

Der Arzt schüttelte den Kopf. »Er landete mit der linken Schulter zuerst auf dem Boden, Pete«, erwiderte er. »Daran gibt's keinen Zweifel. Die Delle im Hinterkopf hatte er schon, als er die Kohlenrutsche herunterkam.«

»Hat er den Hals gebrochen?«

»Nein - die Delle reichte vollkommen. Ich habe noch nie einen so zertrümmerten Schädel gesehen, Pete. Keine Ahnung, was für ein Werkzeug damit in Berührung gekommen ist. Aber soviel kann ich schon sagen - es muß ein runder, schwerer Gegenstand gewesen sein. Man sieht es an der Art, wie der Schädel eingedrückt ist. Der Bursche kann höchstens seit zwei Stunden tot sein.«

Der Arzt ließ seine Tasche zuschnappen und richtete sich auf. »Du weißt, ich sage dir das nur hinter vorgehaltener Hand, damit du mit deinen Ermittlungen anfangen kannst. In meiner Eigenschaft als Polizeiarzt habe ich nicht einen Ton gesagt. Einen Bericht bekommst du erst nach der Autopsie - kapiert?«

»Natürlich.«

»Überläßt du mir gleich die Leiche? Ich könnte sie mit ins Bellevue nehmen und mich sofort an die Arbeit machen.«
Ich gab ihm ein Formular. Er bescheinigte die Übernahme der Leiche und rief die Sanitäter herein, die draußen vor der Tür mit der Tragbahre gewartet hatten.
»Wir sehen uns später, Pete«, verabschiedete sich der Arzt von mir und folgte den Männern mit derTragbahre. »Wenn ich fertig bin, rufe ich dich an!«
»Vielen Dank, Ed - ich höre von dir!« Ich blickte auf meine Armbanduhr. Es war kurz nach zehn Uhr, die Nacht so schwül und dunstig, wie ich sie selten in New York erlebt habe. Ich ging den Korridor hinunter, suchte das Apartment, wo mein Kollege, Stan Rayder, das junge Mädchen verhörte, das die Leiche gefunden und die Polizei verständigt hatte.
Stan und ich waren vor ungefähr einer Stunde hier eingetroffen, hatten den Kohlenstaub auf dem Anzug des Toten untersucht, das zersplitterte Sperrholz, mit dem man die Kohlenrutsche im Keller vernagelt hatte, und dann die Eisentür, die draußen auf der Gasse vor dem Schieber angebracht war. Wir hatten entdeckt, daß die Eisentür trotz der rostigen Angeln leicht aufging und daß der Tote eine kurze Zeit auf dem Pflaster der Gasse gelegen haben mußte, als der Schieber geöffnet wurde. Die Blutstropfen unter der Rutsche bewiesen es.
Aber das bedeutete nicht, daß er dort auch getötet worden war. Und der Schieber war so schmutzverkrustet, daß er keine Fingerabdrücke festgehalten hatte.
Die Untersuchung des ehemaligen Kohlenkellers hatte nichts ergeben, und an der Kleidung der Leiche konnten wir auch nichts Wichtiges entdecken. Jemand hatte dem Toten die Taschen geleert und das Futter nach außen gewendet. Doch der Unbekannte hatte offensichtlich vergessen, in der Brusttasche des Sporthemdes nachzusehen. Dort hatten wir eine fast unleserliche Telefonnummer gefunden, auf ein Stückchen Papier hastig hingekritzelt, das aus einem New Yorker Telefonbuch herausgerissen worden war.
Als ich das Apartment betrat, wo Stan Rayder sich gerade mit dem Mädchen unterhielt, stellte ich fest, daß das Mädchen inzwischen sein Gleichgewicht wiedergefunden hatte.
Sie hieß Cloris Ramey. Sie saß auf dem Diwan, die Hände im Schoß gefaltet, und preßte die Knie und Knöchel fest aneinander. Cloris Ramey war ein hageres, knochiges Geschöpf mit schmalem, blassem Gesicht, ungewöhnlich großer Oberlippe und feuchten, leicht hervorstehenden Augen.
»Geht es Ihnen jetzt schon wieder besser?« fragte ich.
Sie blickte mich kurz an, nickte stumm und sah dann wieder zu Boden.
Stan Rayder hatte es sich auf der Lehne eines Sessels bequem gemacht. Er stand auf, schob sein Notizbuch in die Tasche. Er deutete mit dem

Kopf zur Tür. Ich folgte ihm hinaus in den Korridor. Er zündete sich eine Zigarette an und lehnte sich gegen die Wand.
»Es muß ein ziemlicher Schock für sie gewesen sein«, sagte er. »Lassen wir sie mal ein paar Minuten zu sich kommen.« Er sah selbst ein bißchen erschrocken aus. Doch das täuschte - denn Stan ist ein Mann, der sich durch nichts aus der Ruhe bringen läßt. Überhaupt konnte man Stan nicht nach seiner Erscheinung beurteilen - er war ein hochaufgeschossener junger Mann, der schon graue Schläfen hatte, und sah aus, als würde er an der Oberschule Mathematik unterrichten und für das Doktorexamen büffeln. Aber er hatte Muskeln wie Stahl und in jeder Faust ein paar Pfund Dynamit. Ein paar hartgesottene Burschen aus der New Yorker Unterwelt, die damit Bekanntschaft gemacht hatten, wußten ein Lied davon zu singen.
»Hat die Vernehmung was eingebracht?« fragte ich.
Er schüttelte den Kopf. »Sie war gerade auf der Kellertreppe, als sie ein Geräusch hörte. Sie ging in den Keller zurück, sah die Leiche auf dem Boden und rief die Polizei an. Mehr weiß sie nicht, und das glaube ich ihr auch.«
»Hast du die anderen Mieter überprüft?«
»Außer ihr ist niemand im Haus, Pete. Das alte Ehepaar im ersten Stock ist verreist. Im ersten Stock wohnen noch zwei Junggesellen, die gerade Nachtschicht haben. Miss Rameys Vater liegt im Krankenhaus.«
»Also bleibt uns nur die Telefonnummer«, seufzte ich.
»Wir haben schon mit weniger angefangen.«
»Das ist nicht gerade ein Trost«, murmelte ich und holte das Stückchen Papier mit der Telefonnummer aus der Tasche. »Ich werde mal versuchen, herauszufinden, wem der Anschluß mit dieser Nummer gehört.«
Stan zog eine Grimasse. »Immer das gleiche Lied - ich darf die schmutzigen Teller abwaschen, während du ausgehst und dich in einer hübschen Wohnung mit Klimaanlage mit den Leuten unterhältst.«
»Nicht alle Wohnungen haben Klimaanlage, Stan.«
»Du triffst immer nur nette Leute in hübschen Wohnungen. Doch wenn ich eine Adresse aufsuche, ist es meistens ein dumpfes Kellerloch.«
Ich ging zurück in Miss Rameys Apartment und rief die Auskunft an, um mich nach dem Namen und der Adresse der Person zu erkundigen, deren Telefonnummer wir gefunden hatten. Es dauerte eine Minute, bis ich die gewünschte Auskunft bekam. Miss Ramey sah mich die ganze Zeit an. Ihre feuchten grauen Augen waren ausdruckslos. Der Inhaber des Telefonanschlusses war eine gewisse Leda Wallace. Sie wohnte in der West Houston Nummer 834. Ich notierte mir den Namen und die Adresse und schrieb Miss Rameys Telefonnummer ebenfalls in mein Notizbuch.
Draußen auf dem Korridor berichtete ich Stan, was ich inzwischen erfahren hatte, und gab ihm dann eine von den Polaroidaufnahmen, die der Polizeifotograf von dem Gesicht des Toten gemacht hatte.

»Ich frage mich nur, ob er im Leben auch so friedlich ausgesehen hat«, murmelte Stan.
»Das wage ich zu bezweifeln«, erwiderte ich.

Das Haus Nummer 834 in der West Houston war ein fünfstöckiger Neubau in einem Häuserblock. Ein Licht brannte über dem Eingang. Die Haustür war unverschlossen.
Als ich an der Tür von Apartment 4-B läutete, öffnete mir ein Mädchen. Sie war ungefähr zwanzig, hatte platinblondes Haar und dunkelgrüne Augen unter schwarzgetuschten Wimpern. Sie hatte ein rassiges Profil, und obwohl sie keine Schuhe trug, war sie fast so groß wie ich. Das heißt, für ein Mädchen war sie sehr groß, und die Formen ihres Körpers, die sich unter dem farbverschmierten, kurzärmeligen Hemd und der knappsitzenden Segeltuchhose deutlich abzeichneten, hatten die richtigen Maße. Sie schien ein sportlicher Typ zu sein, der seine freie Zeit meistens in der Badeanstalt verbringt.
»Miss Wallace?«
»Ja, bitte?«
Ich zeigte ihr meinen Ausweis.
»Ich bin Detektiv Selby vom Sechsten Revier. Könnte ich Sie einen Moment sprechen?«
Sie wollte etwas sagen, schien es sich dann anders zu überlegen und ließ mich eintreten. Ich nahm auf einer Couch Platz und zog mein Notizbuch heraus, in dem sich das Polaroidfoto des Toten befand.
Sie blieb einen Augenblick im Zimmer stehen und wischte sich zerstreut den Daumen an ihrem Hemd ab. Dann ließ sie sich am anderen Ende der Couch nieder und blickte mich mit halbgeschlossenen Augen an.
»Ich hoffe, es wird nicht lange dauern. Ich bin nämlich sehr beschäftigt, Mr. Selby.«
Ich lächelte freundlich. »Streichen Sie Ihre Wohnung?«
»Nein, ich male Weihnachtspostkarten.« Sie deutete mit dem Daumen in eine Zimmerecke, wo ein Zeichenbrett stand. »Ich mache die Entwürfe für ein Versandhaus in Kansas City.«
»Im August entwerfen Sie Weihnachtskarten?«
»Ja - und im Dezember male ich die Osterkarten.«
»Ich verstehe«, murmelte ich und reichte ihr die Fotografie des Toten hinüber. »Wir möchten gern diesen Mann identifizieren, Miss Wallace. Kennen Sie ihn vielleicht?«
Sie nahm das Foto, warf einen flüchtigen Blick darauf und gab es mir dann wieder zurück, dabei hielt sie es mit spitzen Fingern an einer Ecke, als packte sie eine tote Maus beim Schwanz. »Was hat er denn diesmal wieder angestellt?«
»Uns geht es nicht darum, was er angestellt hat - wir wollen wissen, wer er ist.«

»Cody Marden«, erwiderte sie. »Es gibt viele Leute, die auf ihn nicht gut zu sprechen sind.«
»Also kein großer Verlust, wie?«
»Ganz und gar nicht«, sagte sie und lächelte schwach. »Weshalb interessiert Sie das?«
»Er ist ermordet worden, Miss Wallace.« Das Lächeln verschwand, und die grünen Augen wurden um eine Schattierung dunkler. »Cody - ermordet?«
»Richtig - nur wissen wir nicht, von wem.«
Sie wandte ihren Blick von mir ab und nickte bedächtig.
»Das mußte ja passieren«, sagte sie leise. »Früher oder später mußte das passieren.«
»Was veranlaßt Sie zu dieser Bemerkung, Miss Wallace?«
»Ein Mann von seinem Charakter kann nur so enden.«
»Er hatte viele Feinde?«
»Viele.«
»Wann haben Sie ihn zum letztenmal gesehen?«
»Das liegt schon ein halbes Jahr zurück. Es muß im Februar gewesen sein.«
»Und davor?«
»Sie wollen wissen, wie wir zueinander standen?« Sie lachte kurz auf. »Ich dachte, es wäre der Richtige. Ende des Zitats. Ich weiß nicht, ob er mich verhext hat oder ob ich mir nur etwas vormachte. Das heißt, ich kam überhaupt nicht zum Nachdenken, sondern lief herum wie im Traum. Das dauerte drei Monate und dann kam - ich zitiere - das schlimme Erwachen.«
»Sprechen wir mal von den Feinden - war einer von ihnen ihm so spinnefeind, daß er ihm den Tod wünschte?«
Sie dachte eine Weile nach. »Nun - wünschen kann man sich viel - aber ein Mord ist eine schlimme Sache. Wenn ich es mir richtig überlege, gibt es nur zwei Menschen, die ihm so etwas wirklich antun würden, das sind Fred Bennett und seine Frau Joyce. Ich habe Cody zwar seit einem halben Jahr nicht mehr gesehen, aber trotzdem ...«
»Wollen Sie damit sagen, daß er New York verlassen hatte?«
»Höchstwahrscheinlich - denn keiner seiner Bekannten hatte inzwischen etwas von ihm gehört oder ihn gesehen. Sie sind der erste, der mir erzählt, daß er zurückgekommen ist.
Wirklich erstaunlich, daß er das gewagt hat.«
»Kommen wir auf diesen Fred Bennett und seine Frau zurück. Warum trauen Sie den beiden den Mord zu?«
»Sie hatten viele Gründe. Das gilt für beide. Während ich in Cody Marden verliebt war, machte er hinter meinem Rücken Joyce den Hof. Und eines Tages waren sowohl Cody Marden als auch Joyce Bennett von der Bildfläche verschwunden. Er war mit ihr durchgebrannt. Aber das war

noch nicht genug; denn Cody hatte Joyce dazu überredet, das ganze Geld von dem Konto abzuheben, das ihr und Fred gemeinsam gehörte.«

»Und Joyce? Was für einen Grund hätte sie?«

»Cody machte sie vor der ganzen Stadt lächerlich; denn Cody hatte es nur auf ihr Bankkonto abgesehen gehabt. Sobald er ihr Geld in der Tasche hatte, ließ er sie sitzen und verschwand, ohne eine Adresse zu hinterlassen. Das muß irgendwo in Jersey passiert sein, soweit ich unterrichtet bin, und Cody hatte ihr nicht mal so viel Geld übriggelassen, daß sie sich einen Busfahrschein zurück nach New York kaufen konnte. Sie mußte ein paar Tage als Kellnerin arbeiten, um sich das Fahrgeld zu verdienen.« Sie legte eine kurze Pause ein. »Joyce Bennett ist nicht der Typ, der so etwas schweigend hinnimmt. Ziemlich primitiv, verstehen Sie? Läßt sich von ihrem Gefühl treiben, ohne viel nachzudenken. Sie brauchen sie nur ein bißchen schräg anzusehen, und schon geht sie mit gesträubten Haaren auf Sie los.«

»Ist sie zu ihrem Mann zurückgekehrt?«

»Nein. Soviel ich weiß, wollte sie das; aber Fred zeigte ihr, wo der Zimmermann das Loch gelassen hatte.«

»Wissen Sie, wo Fred jetzt wohnt?«

»Im *Hotel Merrick* in der 14. Straße, wenn er nicht in der Zwischenzeit umgezogen ist.«

»Und Joyce?«

»Keine Ahnung. Jemand hat mir erzählt, sie arbeitet jetzt als Bedienung in dem neuen Restaurant, das neben Jodys Weinstuben aufgemacht hat. Wissen Sie, welches Lokal ich meine?«

Ich nickte zustimmend. »Wir brauchen jemand, der Mardens Leiche identifiziert«, sagte ich. »Hatte er in New York Verwandte?«

»Nein. Soviel ich weiß, hatte er überhaupt keine Verwandten mehr.« Sie schwieg eine Weile. »Ah, jetzt fällt mir noch etwas ein! Cody hat sich mal mit einem Mann geprügelt - einem älteren Mann. Wir schlenderten eines Abends die Straße hinunter, und da kam uns dieser Mann entgegen, packte Cody beim Jackett und nannte ihn einen Betrüger und undankbaren Schuft. Dann versuchte er, Cody mit der Faust ins Gesicht zu schlagen. Aber Cody wich dem Schlag aus und boxte zurück. Cody schlug ihn zusammen. Später hat Cody mir dann erzählt, daß er mal für den Alten gearbeitet habe.«

»Und Sie kennen den Mann nicht? Sie wissen vielleicht nicht zufällig seinen Namen?«

»Nein. Ich war so aufgeregt, daß ich ... ich weiß nur, daß er schon älter war, untersetzt, nicht sehr groß. An das Gesicht kann ich mich überhaupt nicht erinnern. Vielleicht weiß Ralph Tyner mehr über ihn.«

»Wer ist Ralph Tyner?«

»Er war Codys bester Freund. Sagen wir lieber, sein einziger Freund. Er und Cody waren eine Weile lang in der gleichen Firma angestellt.«

»Und wo kann ich diesen Mr. Tyner antreffen?«
»Er wohnt in der Court Street Nummer 611. Im Tiefparterre.«
»Mr. Tyner ist also auch ein Freund von Ihnen?«
»Ein gewesener Freund«, sagte sie eisig.
Ich erhob mich, steckte mein Notizbuch in die Tasche und ging zur Tür. »Übrigens - wir brauchen eine provisorische Identifizierung der Leiche, da wir niemand von der Verwandtschaft auftreiben können. Würden Sie das vielleicht übernehmen? Morgen vormittag, wenn Ihnen das paßt?«
»Wenn es nicht anders geht, übernehme ich das«, erwiderte sie.
»Gut - wir werden Ihnen einen Wagen schicken.«
»Sie werden ihn stellen, nicht wahr?« sagte sie. »Sie werden den Mörder zur Strecke bringen?«
»Wir werden es versuchen«, sagte ich mit zuversichtlicher Stimme.
»Hoffentlich glückt es Ihnen nicht«, murmelte sie. »Der Mörder hat der Welt nur einen Gefallen getan.«
Ich verließ das Apartment von Leda Wallace und trat hinaus in die feuchtschwüle Nachtluft. Die Wohnung von Miss Wallace hatte eine Klimaanlage. Ich kam mir vor wie ein Eskimo, der seinen Iglu mit einer Sauna vertauscht.
Ich wollte natürlich möglichst rasch mit Fred und Joyce Bennett Kontakt aufnehmen. Das neue Restaurant, wo Joyce als Bedienung angestellt sein sollte, war nur ein paar hundert Meter weit entfernt. Ich beschloß also, zuerst einmal mit ihr zu reden. Parkplätze sind im Village so gut wie nicht zu bekommen. Deshalb ließ ich meinen Dienstwagen stehen und ging zu Fuß.
Ich hatte Pech. Joyce war zur Arbeit nicht erschienen, und keiner vom Personal wußte, wo sie wohnte. Ich ließ meine Karte zurück mit der Bitte, sie möge mich anrufen. Vielleicht tauchte sie doch noch im Laufe der Nacht an ihrer Arbeitsstätte auf.
Dann wanderte ich zu meinem Wagen zurück und fuhr zum *Hotel Merrick* in der 14. Straße.
Wieder ein Weg umsonst - Fred Bennett hatte zwischen sechs und sieben das Hotel verlassen und war noch nicht zurückgekehrt. Aber er wohnte noch im Hotel. Ich ließ also noch eine Karte mit meiner Telefonnummer zurück, stieg in meinen Wagen und fuhr in die Court Street, um Ralph Tyner, dem besten Freund des Ermordeten und dessen ehemaligem Mitarbeiter, einen Besuch abzustatten.
Haus Nummer 611 hatte eine Backsteinfassade, die man im nüchternen Stil unserer Zeit renoviert hatte. Die Eingangshalle war winzig. Über einem Briefkasten entdeckte ich Tyners Namen. Ich drückte auf den Klingelknopf darunter und wartete.
»Wer ist da?« schepperte es metallisch aus dem Lautsprechergrill.
Ich teilte ihm durch die Sprechanlage mit, wer ich bin und was ich wollte. Einen Augenblick später gab ein Summer mir den Weg zu einem Korri-

dor frei. Ich stieg ins Tiefparterre hinunter und ging auf die letzte Tür rechts zu, wo ein Mann mich schon erwartete.
Er winkte mir zu, einzutreten, deutete auf zwei uralte verschlissene Lehnstühle, die vor einem altersschwachen Schreibtisch standen.
»Nehmen Sie lieber den da«, sagte er und deutete auf den linken Stuhl. »Bei dem anderen sind die Federn unberechenbar.« Er mußte so um die Dreißig sein und hatte seine schwarze Mähne so tüchtig mit Pomade bearbeitet, daß sein Kopf aussah, als wäre er frisch geteert. Unter den zusammengewachsenen Augenbrauen saß eine kleine, stumpfe Nase, deren Sattel ein bißchen verkantet war. Er setzte sich auf den Schreibtisch, streckte die Beine von sich und sah mich erwartungsvoll an.
»Sie kennen doch einen Mann namens Cody Marden«, fing ich an.
»Den kenne ich.«
»Ein guter Freund von Ihnen, nicht wahr?«
»Das ist zuviel gesagt. Ich kenne ihn. Gingen öfter zusammen aus.«
»Haben Sie ihn in letzter Zeit mal gesehen?«
»Schon lange nicht mehr. Das letztemal habe ich ihn - warten Sie - vor einem halben Jahr gesehen.« Er schob die Unterlippe vor. »Und jetzt möchte ich Sie mal was fragen - was soll das alles?«
»Marden ist tot«, antwortete ich, »er wurde ermordet.«
Die braunen Augen wurden abweisend. »Ich verstehe«, murmelte er. »Warum haben Sie mir das nicht gleich gesagt? Weshalb dieses Versteckspiel?«
»Regen Sie sich ab, Mr. Tyner«, erwiderte ich. »Wir untersuchen einen Mordfall. Wir müssen Fragen stellen - Ihnen und vielleicht hundert anderen Leuten. Wie wir das machen, ist unsere Sache. Nun haben Sie eben gesagt, Sie hätten Marden seit einem halben Jahr nicht mehr gesehen. Haben Sie in der Zwischenzeit vielleicht von ihm gehört?«
Er ließ sich mit der Antwort Zeit, um mir anzudeuten, daß er sich nicht einschüchtern ließ. »Ich hörte von ihm - erst heute. Er rief mich vom Flughafen aus an. Das Telefon klingelte, als ich ein Viertel vor sechs gerade von der Arbeit heimkam.«
»Und weshalb rief er Sie an?«
»Er sagte mir, er sei eben mit dem Flugzeug angekommen, und er müsse mich sofort sehen. Ich fragte ihn, weshalb, und er meinte, das könne er am Telefon nicht sagen. Er schien sehr aufgeregt zu sein. Vielleicht hatte er Angst. Ich weiß es nicht. Er sagte, er käme sofort in meine Wohnung, und legte dann auf, ohne sich mit einem Wort zu verabschieden.«
»Machte er keine Andeutung, wovor er Angst hatte?«
»Nein - nichts. Er sagte nicht mehr, als was ich Ihnen berichtet habe. Er schien aufgeregt - das ist alles.«
»Haben Sie und Marden nicht für die gleiche Firma gearbeitet?«
»Ja - das war vor einem Jahr. Er hielt es dort ein paar Monate aus. Aber dann haben sie ihn entlassen. Clary Brothers heißt die Firma. Parfüm-

großhandel - kanisterweise. Wenn Sie wollen, können Sie auch einen ganzen Tankwagen von diesem Zeug bekommen. Ich bin immer noch bei der Firma.«

»Ich hatte vorhin ein kurzes Gespräch mit Leda Wallace ...«

»Leda - soso. Sie ist es also gewesen, die mir Ihren Besuch verschafft hat.«

»Miss Wallace hat mir erzählt, daß Cody sich mit einem Mann geprügelt habe, bei dem er früher mal angestellt gewesen sein soll. Vielleicht gehörte dieser Mann zur Firma Clary Brothers.«

»Das glaube ich nicht. Falls ja, hätte ich bestimmt etwas davon erfahren. Wahrscheinlich meint sie Archer Hill. Cody hat eine Weile für Archer Hill gearbeitet. Die beiden hatten Meinungsverschiedenheiten soviel ich weiß. Aber daß es zu Handgreiflichkeiten gekommen sein sollte, ist mir neu.«

»Ist Archer Hill schon ein älterer Mann - klein und untersetzt?«

»Ja - aber das weiß ich nur vom Hörensagen.« Er beugte sich vor. »Sagen Sie mal, Selby - hat Leda Wallace Ihnen Flausen in den Kopf gesetzt, daß ich mit Codys Ableben etwas zu tun hätte?«

»Nein.«

»Das hat sie nicht getan? - Merkwürdig, daß sie sich diese Gelegenheit entgehen ließ. Und da wir schon mal bei Handgreiflichkeiten sind - hat sie Ihnen erzählt, daß sie sich mit einem anderen Mädchen um Cody geprügelt hat? Sie machte das Mädchen reif fürs Krankenhaus. «

»Sie vergaß, das zu erwähnen«, erwiderte ich. »Wie hieß denn diese Rivalin?«

»Keine Ahnung. Hatte sie noch nie zuvor gesehen. Cody kannte sie auch nicht. Leda ertappte sie dabei, wie sie mit den Augen mit Cody flirtete. Das genügte - Leda ging zu ihrem Tisch und haute ihr eine herunter. Sie hat eine fürchterliche Handschrift. Man mußte den Krankenwagen holen. Ein Temperament hat die, sage ich Ihnen. Ich muß es ja wissen - bin mal mit ihr gegangen.«

»Ehe Cody sich einmischte?«

»So könnte man es nennen. In Wirklichkeit hat er mir nur einen Gefallen getan. Ein Mädchen mit so einem hitzigen Temperament und solchen Muskeln ... Ich sage Ihnen, Mädchen machen einem sowieso schon das Leben schwer - auch ohne Muskeln. Aber Leda - das ist eine Bombe auf Stöckelschuhen. Ich sagte ja schon - er tat mir nur einen Gefallen, als er sie mir ausspannte.«

»Das ist sehr interessant.«

»Sie ist ein sehr interessantes Mädchen. Sie dürfen nur nicht vergessen, Ihren Schutzhelm mitzunehmen.«

»War Marden in Schwierigkeiten, als er New York verließ? Waren das Schwierigkeiten, die immer noch andauerten, als er zurückkam?«

»Diese Möglichkeit habe ich mir auch schon überlegt. Ich kann mich nur

an einen Vorfall erinnern, als er einen Anruf von einem Mann namens Eddie erhielt. Ich habe keine Ahnung, wie dieser Eddie mit Nachnamen heißt - jedenfalls rief er Cody an einem Abend hier an. Cody wohnte damals ein paar Tage bei mir, um sich in aller Ruhe nach einem neuen Apartment umsehen zu können. Nein - es war schon früh am Morgen, so gegen zwei, als das Telefon klingelte. Ich hob ab, und der Teilnehmer sagte, er habe gehört, Cody sei bei mir. Ich sollte ihm sagen, Eddie möchte mit ihm sprechen.
Schon die Stimme war so - so unangenehm, daß es einem kalt über den Rücken lief. Cody nahm also den Hörer und sagte hallo. Doch dann sagte er nichts mehr, saß nur da und wurde ganz fahl im Gesicht. An einer Stelle versuchte er, ein Wort anzubringen - aber es wurde nur ein heiseres Krächzen daraus. Ich möchte ja nicht übertreiben - aber seine Hand zitterte so stark, daß ich glaubte, er ließe jeden Moment den Hörer fallen. Kaum hatte er aufgelegt, raste er wie ein Verrückter in der Wohnung herum und suchte seine Sachen zusammen.
Ich fragte ihn, was denn los sei, aber er sagte nur, er müsse so rasch wie möglich hier verschwinden, und er würde mich am nächsten Tag anrufen. Er tat es nicht. Ich habe ihn nie mehr gesehen.«
Plötzlich erzitterte die Decke über uns unter dem Gewicht schwerer Schritte. Dann fing sie an zu vibrieren unter der Resonanz einer Baßgeige - Dam-di-dumda hallte es durch den Verputz.
»Immer nur die Baßtöne schlagen durch«, sagte Tyner mit galliger Stimme. »Der Kerl über mir hat eine Stereoanlage. Kann ohne sie nicht mehr leben. Er schaltet sie ein, sobald er nach Hause kommt. Ich wäre schon längst ausgezogen, wenn ich meine Scheibe nicht hätte.«
»Scheibe?«
»Meine Töpferscheibe«, sagte er. »Sie steht dort drüben unter der Plane. So ein Ding können Sie nur in Gang setzen, wenn Sie im Keller wohnen. In eine andere Wohnung läßt man Sie mit dem Apparat erst gar nicht einziehen.«
Ich drehte mich um. Die Töpferscheibe stand in einer Nische neben der Tür. Beim Eintreten hatte ich sie nicht bemerken können, weil sie im toten Winkel lag. Und als ich mich setzte, stand der Stuhl mit dem Rücken zur Nische. Neben der Töpferscheibe standen zwei Blechkanister - auf dem einen stand »Weißer Ton«, auf dem anderen »Plastilin«. Davor lagen noch zwei Platten aus Ton, so groß wie Reisekoffer. Sie schillerten in Grau- und Schwarztönen wie Marmor.
»Ein Hobby von mir«, sagte Tyner. »Manchmal braucht man so was für die Nerven.«
Ich nickte, stand auf und ging auf die Tür zu. »Ich glaube, das wäre alles für heute, Mr. Tyner. Vielen Dank für Ihre Hilfe.«
Ich öffnete die Tür, ging dann einen Schritt weiter nach rechts, um mir diesen Kunstmarmor näher zu betrachten. Als ich mich wieder zur Tür

umdrehte, stieß ich beinahe mit Tyner zusammen, der hinter mir stand. Seine Augen sprühten.

»Paßt Ihnen was nicht?« sagte er mit gepreßter Stimme.

»Was soll mir denn nicht passen?« erwiderte ich überrascht.

Einen Moment lang verharrte er in dieser drohenden Haltung, dann schlenderte er zu seinem Schreibtisch zurück. Er lachte dabei kurz auf. »Die Nerven«, sagte er, »überreizte Nerven. Ich war schon den ganzen Tag so nervös. Und dann die Geschichte mit Cody ...« Er zuckte entschuldigend die Achseln. »Bedienen Sie sich, Selby. Drehen Sie ein paar Vasen für Ihre Freunde, Verwandten oder Freundinnen!«

»Vielen Dank«, sagte ich, die Klinke in der Hand. »Ein andermal vielleicht.«

Auf der Kellertreppe überlegte ich mir, weshalb Tyner mir mein Interesse an seinem Ton so übelgenommen hatte. Aber ich kniete mich nicht so stark hinein.

Vielleicht war er wirklich überreizt, wie er behauptete. Vielleicht hatte er auch nur - wie jeder andere auch - eine empfindliche Stelle, an die man nicht rühren durfte.

Viele Leute machen aus ihrem Hobby einen Spleen.

Gegenüber von dem Haus, in dem Tyner wohnte, war eine Telefonzelle. Ich rief Stan Rayder an, der immer noch am Tatort beschäftigt sein mußte.

»Wie geht's?« fragte ich ihn. »Machst du Fortschritte?«

»Nein«, erwiderte Stan. »Das heißt, in gewisser Weise schon. Wir machen den Laden hier dicht. Ich wollte eben den Keller versiegeln, als es läutete. Hast du was Neues entdeckt?«

»Ich berichte dir im Revier.«

»Schön - ich breche gleich auf.«

Ich betrat den Wachraum vom Sechsten Revier, als der Minutenzeiger auf der elektrischen Uhr über dem Lautsprecher gerade geräuschvoll auf die Zwölf hinübersprang. Es war jetzt genau ein Uhr morgens. Stan Rayder saß bereits hinter seinem Schreibtisch, die Füße auf den Papierkorb gelegt, eine Flasche Limonade in der einen Hand und einen Riegel Schokolade in der anderen.

»Ich wollte dir die Hälfte von dem Riegel aufheben, Pete, aber dann habe ich aus Versehen deine Hälfte zuerst angefangen.«

Ich lockerte meinen Schlips und griff in die oberste Schublade von meinem Schreibtisch, um mir eine Zigarre herauszuangeln.

»Hat sich inzwischen hier etwas ereignet?« fragte ich.

Er schüttelte den Kopf, steckte den Rest der Schokolade in den Mund und kaute mit einem melancholischen Gesichtsausdruck darauf herum. »Was nicht ist, kann noch werden«, sagte er. »Inzwischen darfst du mir deine Neuigkeiten erzählen.«

Ich berichtete ihm von meinem Gespräch mit Leda Wallace und Ralph

Tyner, meinen vergeblichen Versuchen, Fred und Joyce Bennett zu erreichen.
Als ich zu Ende war, seufzte Stan tief auf. »Scheint ja ein reizender Bursche gewesen zu sein, dieser Cody. Ich frage mich nur, wie er es anstellte, nicht schon früher ermordet zu werden.«
»Er scheint in der Tat ein paar Charakterfehler gehabt zu haben«, pflichtete ich ihm bei. »Könntest du mir einen Gefallen tun, Stan? Lege eine Akte über Cody Marden an, während ich das Kriminalamt anrufe. Vielleicht haben sie dort schon was über ihn.«
Stan seufzte zum zweitenmal. »Immer bleiben mir die schmutzigen Teller«, murmelte er. »Ist doch immer das gleiche Lied.«
Ich rief das Kriminalamt an und bat sie, zurückzurufen, falls Marden in ihrer Kartei registriert sei. Während ich auf den Rückruf wartete, ging ich die Meldungen durch, die auf meinem Schreibtisch lagen. Es war nichts Wichtiges darunter. Dann überflog ich die Berichte über ungewöhnliche Vorkommnisse, Beschwerden und Festnahmen, die sich im Korb für einlaufende Post stapelten. Vielleicht fand sich hier etwas darunter, das mit unserem Mordfall zu tun hatte.
Die Ausbeute war gering - die üblichen Diebstähle und Körperverletzungen, ein paar beschlagnahmte Marihuana-Zigaretten, ein paar Familienzwistigkeiten, darunter auch eine, die ihre Ursache in einer gestohlenen Kegelkugel hatte. Zwei neunjährige Knirpse hatten die Kugel auf dem Bürgersteig, keine hundert Meter von unserem Tatort entfernt, gefunden. Anschließend stritten sich die Väter der beiden Knirpse, wem die Kugel gehören sollte. Bei einer anderen Auseinandersetzung, ebenfalls in der Nähe des Tatortes, hatten sich auch die Frauen und die Schwiegersöhne eingemischt. Die Sache endete damit, daß eine Frau und ein Schwiegersohn ins Krankenhaus eingeliefert werden mußten.
Alles in allem schien es in dieser Nacht sehr ruhig hergegangen zu sein. Wenigstens konnte ich keinen der Vorfälle mit unserem Mord in Verbindung bringen.
Das Telefon läutete. Ein Beamter vom Kriminalamt war am Apparat und teilte mir mit, daß über Cody Marden keine Unterlagen vorhanden seien.
»Unser Junge war nicht vorbestraft, Stan«, sagte ich, während ich den Hörer auf die Gabel legte.
»Dafür bekommt er jetzt eine Akte«, sagte Stan und ging zum Ablageschrank hinüber. »Holla, Pit, wir bekommen Besuch!«
Ich schwenkte auf meinem Drehstuhl herum, so daß ich den Tresen überblicken konnte, der unseren Wachraum von den Besuchern trennte. Eine junge Dame stand davor und blickte mich unschlüssig an.
»Wollen Sie zu mir, Ma'am?« fragte ich. »Kann ich Ihnen irgendwie behilflich sein?«
»Ich möchte Detektiv Selby sprechen«, sagte sie.
Ich ging zum Tresen, drückte auf den Knopf, der die Sperre der Schwing-

tür öffnete, und ließ sie in den Wachraum treten. »Ich bin Detektiv Selby«, sagte ich.
Sie muß früher einmal schön gewesen sein. Nun waren nur noch Ruinen davon übrig - Spuren und Erinnerungen. Das schmale Puppengesicht unter den blauschwarzen Haaren war viel zu früh gealtert, und die weit auseinanderliegenden braunen Augen hatten den Blick einer Vierzigjährigen, obwohl sie erst zwanzig Jahre alt sein mußte.
»Ich bin Joyce Bennett«, sagte sie mit müder, rauchiger Stimme, als sie auf meinen Schreibtisch zuging und ich ihr einen Stuhl zurechtschob. »Eine Kollegin im Restaurant sagte mir, daß Sie mich sprechen wollen.«
»Ach ja«, erwiderte ich, »Mrs. Bennett! Darf ich Ihnen meinen Partner, Detektiv Rayder, vorstellen?«
»Sehr erfreut«, murmelte Stan und setzte sich auf den Rand meines Schreibtisches, um ihr nicht den Rücken zukehren zu müssen.
Sie begrüßte ihn mit einem Nicken, schlug die Beine übereinander und spielte mit dem Riemen ihrer großen weißen Handtasche. Sie benahm sich wie eine Schülerin, die von ihrem Direktor einen mündlichen Verweis bekommen sollte.
»Sie wissen bereits, was Mr. Marden zugestoßen ist, nicht wahr?« fragte ich.
»Ja«, sagte sie mit tonloser Stimme. »Er ist tot.«
»Genauer gesprochen, er ist ermordet worden«, korrigierte ich. »Und da wir noch nicht wissen, wer der Täter ist, müssen wir leider eine Reihe von Leuten mit Fragen belästigen. Es sind bei jedem dieselben Fragen, Mrs. Bennett, deshalb dürfen Sie nicht auf die falsche Idee kommen, daß wir ...«
»Ich bin kein Kind mehr«, unterbrach sie mich scharf. Ein wütender Glanz lag plötzlich in ihren Augen. »Sie halten mich wohl für eine einfältige, dumme Gans, die man nicht ganz für voll nehmen kann, wie?«
Die Verwandlung war so plötzlich und vollkommen, daß Stan hörbar den Atem anhielt. Mrs. Bennetts Mund war jetzt verzerrt, ja beinahe brutal, und ich erinnerte mich wieder an Leda Wallaces Charakterschilderung, die sie mir von Mrs. Bennett gegeben hatte.
»Ich wollte doch nur ...«, begann ich wieder.
»In Zukunft verbitte ich es mir, daß Polypen zu meinem Arbeitgeber kommen und mir meinen Job vermasseln. Sie wollten mich sprechen? Also, reden Sie schon!«
»Schön, ich rede«, sagte ich. »Wann haben Sie Mr. Marden zum letztenmal gesehen?«
»Vor einem halben Jahr. Im Februar.«
»Das war also zu der Zeit, als Sie und Mr. Marden New York gemeinsam verlassen haben, wenn ich mich so ausdrücken darf.«
»Aha - ich sehe schon, Sie haben herumgehört. Ja, wir haben die Stadt gemeinsam verlassen, wenn ich mich so ausdrücken darf. Nur ließ er

mich dann allein in Garrensville in New Jersey zurück, während er mit unbekanntem Reiseziel weiterfuhr.«

»Mit dem Geld, das Sie von dem Bankkonto Ihres Mannes abgehoben haben, nicht wahr?«

»Wenn Sie schon alles wissen, warum fragen Sie mich denn dann?« sagte sie und deutete auf meine Zigarre. »Jetzt wird mir schlecht, wenn Sie dieses Kraut noch weiterrauchen.«

Ich legte die Zigarre in den Aschenbecher. »Haben Sie nach dieser Sache noch etwas von Marden gehört?«

»Nein. Und ich war auch gar nicht scharf darauf, noch etwas von ihm zu hören. Wollen Sie meine aufrichtige Meinung hören? Ich bin froh, daß er tot ist. Hoffentlich war es kein leichter Tod.«

»Und trotzdem haben Sie einmal ganz etwas anderes für ihn empfunden.«

»Das war einmal. Der Kerl hat mir den Kopf verdreht. Ich gebe es ja zu.«

»Kennen Sie vielleicht jemand, der ihn töten wollte?«

»Ja - mich, zum Beispiel. Nur habe ich es nicht getan.«

»Ich frage Sie jetzt nur der Ordnung halber - wo sind Sie heute zwischen neun Uhr und zehn Uhr gewesen?«

»Sie meinen zwischen neun und zehn Uhr abends? In meinem Zimmer in der 10. Straße. Ich trank ein paar Gläser Bier und hing meinen eigenen Gedanken nach.«

»Kennen Sie zufällig ein Mädchen namens Leda Wallace?«

»Flüchtig. Ein Mädchen mit falschen blonden Haaren. Sie hält sich für eine Künstlerin. Das Village ist voll von diesen Leuten, von Blondinen und angehenden Künstlern.« Sie machte eine Pause. »Das ist die richtige Adresse, an die Sie sich wenden sollten. So was, wie die in Cody verknallt war, habe ich noch nicht gesehen. Cody hat mir alles über sie erzählt, von ihren Tobsuchtsanfällen, wenn sie eifersüchtig war. Wir haben uns köstlich über sie amüsiert. Als sie erfuhr, daß Cody und ich ein Verhältnis miteinander hatten, muß sie ihre ganze Einrichtung zertöppert haben.«

»Glauben Sie, daß sie Cody umgebracht haben könnte?«

»Warum nicht? Jemand muß es ja getan haben. Warum nicht sie?«

»Haben Sie mal gehört, daß jemand Mr. Marden bedroht hat? Ihr Mann, zum Beispiel?«

»In den letzten sechs Monaten habe ich nur ein einziges Wort von Fred Bennett gehört: verschwinde! Ich kam auf allen vieren zu ihm zurück, aber er sah mich nicht einmal an.«

Sie schlug jetzt das rechte Bein über das linke und trommelte mit den Fingern auf ihre Handtasche.

»Wer kann ihm das schon übelnehmen. Man könnte einem Mann nichts Schlimmeres antun, als ich ihm zugemutet habe. Ich gebe das gern zu. Aber Cody Marden hat mich dazu gezwungen. Es war sein Fehler - er war an allem schuld.«

»Hatte Marden einen Bekannten namens Eddie? Ein Mann, vor dem er sich aus irgendeinem Grund in acht nehmen mußte?«
»Eddie? Ich kann mich nicht erinnern, daß er diesen Namen erwähnt hat.«
»Er soll sich auch bei einer Gelegenheit mit einem ehemaligen Arbeitgeber geprügelt haben«, sagte ich. »Wissen Sie vielleicht etwas darüber?«
»Ja, ich weiß, daß er mal jemand niedergeschlagen hat«, sagte sie. »Archer Hill hieß der Mann, glaube ich. Ein Kunsthändler, oder so etwas. Haben Sie diesen Vorfall gemeint?«
»Kann sein - wissen Sie, worum es bei diesem Streit ging?«
»Nun - Cody war ein Aufschneider. Er prahlte damit, daß er andere übers Ohr gehauen oder sie auf irgendeine Weise hereingelegt hatte. Meistens hörte ich gar nicht hin. Egal, Sie wollen wissen, wie sich das mit Archer Hill zutrug. Als Cody für ihn arbeitete, fand er irgendwie heraus, daß Archer Hill die Telefonleitungen von ein paar Kollegen angezapft hatte. Auf diese Weise erfuhr er immer, welche Preise die Konkurrenz erzielte und welche Kunden sie hatten. So gelang es ihm, den anderen Kunsthändlern immer um einen Schritt voraus zu sein und ihnen die Kunden abzuwerben. Cody ging nun zu den Geschädigten und verpetzte Hill. Das ließ er sich natürlich gut bezahlen. Als die Sache an die Öffentlichkeit drang, war Hill natürlich erledigt. Es war eine Affenschande.«
»Und Cody hat Ihnen das selbst erzählt, sagen Sie?«
»Natürlich; er gab auch damit an, wie er Hill mit einem Boxhieb schlafen legte. Ja, Cody Marden war der liebenswürdigste Mensch, den man sich vorstellen kann. Er war so liebenswürdig, daß ich ausspucken könnte, wenn ich nur an ihn denke.« Sie runzelte die Stirn und blickte zu Stan hinüber. »Warum machen Sie so ein verwundertes Gesicht?« sagte sie. »Schon die ganze Zeit stört mich das. Stört Sie irgend etwas an mir?«
Stan grinste. »Ich sehe immer so aus, Mrs. Bennett.«
»So? Nun, Sie sollten etwas dagegen tun! Dieser Blick macht die Leute nur nervös.«
»Ich werde mich gleich morgen früh operieren lassen«, erwiderte Stan grinsend.
»Haben Sie uns noch etwas zu berichten, Mrs. Bennett?« mischte ich mich wieder ein.
Sie sah mich einen Augenblick düster an, dann erhob sie sich von ihrem Stuhl.
»Nur noch eine Kleinigkeit«, sagte sie. »Lassen Sie sich von jetzt ab nicht mehr in dem Restaurant blicken, in dem ich arbeite. Ich will es nicht, und es würde mir nur schaden. Schreiben Sie sich das in Ihr Notizbuch, verstanden? Ich habe schon genug Scherereien, glauben Sie mir!«
»Wir werden versuchen, uns daran zu halten.«
»Ich habe Ihnen alles gesagt, was ich weiß. Lassen Sie mich in Zukunft in Ruhe«, sagte sie, reckte die Schultern, preßte die Lippen zusammen und verließ so den Wachraum, bereit, sich von nichts zurückhalten zu lassen.

Stan stieß die Luft aus. »Sie ist genau mein Typ«, sagte er. »Ich wünschte, ich hätte ihr deine Hälfte von der Schokolade aufgehoben.«
Ich zündete meine Zigarre wieder an, holte das Telefonbuch von Manhattan aus der Schublade und schlug die Seite auf, wo die Namen mit H beginnen.
»Ich habe ein brennendes Verlangen danach, mich mit diesem Archer Hill zu unterhalten, Stan«, sagte ich.
»Schließlich hat er sich ja schon einmal an Marden vergriffen. Hätte er es nicht ein zweites Mal probieren sollen?«
»Du hast recht«, sagte Stan. »Aber ich würde mein Geld auf Fred Bennett setzen.«
Ich fand Archer Hills Nummer und Adresse, notierte beides und griff nach dem Hörer. Ich mußte lange warten, bis eine Verbindung zustande kam. Endlich sagte eine verschlafene Männerstimme ärgerlich: »Wer ist dort?«
»Mr. Hill?« fragte ich.
»Ja, wer ist denn das? Gütiger Himmel, wissen Sie überhaupt, wieviel Uhr es ist?«
»Jawohl, Sir, und es tut mir sehr leid, daß ich Sie belästigen muß. Detektiv Selby ist mein Name. Ich würde gern jetzt noch bei Ihnen vorbeischauen, Mr. Hill.«
»Um halb zwei Uhr morgens? Wie stellen Sie sich das vor! Worum geht es überhaupt?«
»Um Cody Marden.«
»Marden! Was ist mit ihm?«
»Er wurde ermordet.«
Es dauerte zehn Sekunden, bis er sich wieder meldete, doch diesmal war seine Stimme hellwach. »Ich verstehe«, sagte er, »haben Sie meine Adresse?«
»Ja.«
»Sehr gut. Ich erwarte Sie.«

Archer Hill trug einen gestreiften Bademantel über dem Pyjama, hatte ein rundes, rosiges Gesicht wie ein Baby, wäßrige blaue Augen und eisengraue Haare, die er sorgfältig mit einem Kamm auf seinem Kopf verteilt hatte. Er mochte Ende Fünfzig sein.
»Ich habe die Kaffeemaschine aufgesetzt«, sagte er, während er Stan und mich durch das Wohnzimmer zu der Bar am anderen Ende führte. »Ich glaube, solche Jungs wie ihr können eine Tasse Kaffee gebrauchen. Ich brauche jetzt unbedingt eine Tasse.«
Stan und ich wählten uns einen Hocker an der Bar, während Hill hinter die Theke ging und uns drei Tassen Kaffee einschenkte. Während er Stan und mir eine Tasse hinschob, setzte er sich hinter die Theke und griff dann nach der Zuckerdose. »Also los - fangen Sie an!«

»Wir haben gehört, daß Cody Marden für Sie gearbeitet hat«, sagte ich.
»Ja. Ich bin Kunsthändler. Cody war sozusagen mein Faktotum.«
»Haben Sie ihn in letzter Zeit mal gesehen?«
»Nein. Ich habe ihn seit Anfang dieses Jahres nicht mehr gesehen.«
»Sie sahen ihn also nicht mehr seit dem Abend, als Sie sich gestritten hatten?«
Hill nickte und lächelte schwach. »Deshalb kommen Sie also zu mir, nicht wahr? Ich hatte mir die ganze Zeit darüber den Kopf zerbrochen, warum Sie ausgerechnet mit mir über Cody sprechen wollten.« Sein Lächeln wurde noch breiter, doch seine Augen blieben ernst. »Darf ich fragen, ob man sich deswegen verdächtig macht?«
»Nicht unbedingt«, erwiderte ich. »Wir wollten bloß ...«
»Ich verstehe«, unterbrach Hill. »Was Ihre Frage anbelangt - ja, dieser Abend war unsere letzte Begegnung. Leider war diese Begegnung ziemlich einseitig - Cody schickte mich mit einem Boxhieb auf das Pflaster.«
»Waren Sie heute abend in Ihrer Wohnung, Mr. Hill?« mischte sich Stan ein. »Genaugenommen - zwischen neun und zehn Uhr?«
»Ja, ich war zu Hause. Ich habe ein Buch gelesen.« Er schien einen Punkt zu fixieren, der in der Mitte zwischen Stan und mir lag. »Anscheinend bin ich aus dem Kreis der Verdächtigen noch nicht ganz ausgeschlossen«, murmelte er lächelnd.
»Reine Routinesache, Mr. Hill«, beruhigte ich ihn. »Hatte Cody Schwierigkeiten? Feinde? Gab es Leute, die ihm drohten?«
»Daß ihm jemand ausdrücklich gedroht hätte, das habe ich nie gehört. Aber ich weiß, daß zwei Männer dringend nach ihm suchten. Nicht gerade aus freundlichen Motiven.«
»Zwei Männer?«
»Ja. Ich will sagen, sie suchten ihn nicht gemeinsam. Die beiden dachten, Cody arbeite noch für mich.«
»Wer waren die beiden?«
»Der erste, der zu mir kam, war ein gewisser Mr. Bender. Nein, ich muß mich korrigieren - Bennett! Ja, das ist der Name - Bennett. Der andere war ein Mann, den Sie wahrscheinlich viel besser kennen als ich. Ein Pfandleiher namens Denver Eddie. Ich muß gestehen, daß ich kaum jemand getroffen habe, der mir unsympathischer war als dieser Gentleman.«
Unsympathisch war kaum das richtige Wort für Denver Eddie, überlegte ich. Wenn das der geheimnisvolle Eddie gewesen war, der Cody Marden um zwei Uhr morgens angerufen hatte und ihn veranlaßte, panikartig die Wohnung seines Freundes zu verlassen, konnte ich Codys Reaktion nur zu gut verstehen. Denver Eddie war selbst nach den Moralbegriffen der Pfandleiher und Wucherer ein gemeingefährliches Subjekt - ein Sadist und berüchtigter Schlägertyp. Sowohl bei der Polizei als auch bei den Ganoven war er bekannt dafür, daß er bei seinen Schuldnern, die im Zah-

lungsrückstand waren, die Zinsen gern mit dem Rasiermesser oder dem Totschläger eintrieb.
»Den kennen wir«, sagte ich. »Hatte sich Cody Geld von ihm geliehen?«
»Es schien so.« Er legte eine Pause ein. »Der andere Mann, den ich eben erwähnte - dieser Mr. Bennett -, machte einen vollkommen verstörten Eindruck. Ich drücke mich noch vorsichtig aus - es ist durchaus möglich, daß dieser Mann in eine Irrenanstalt gehört.«
»Wundern würde es mich nicht«, erwiderte Stan.
»Wie bitte?« meinte Hill.
»Ach nichts, ich habe nur laut gedacht«, murmelte Stan.
Ich trank meine Tasse aus und glitt vom Hocker herunter. »Wollen Sie Ihrer Aussage noch irgend etwas hinzufügen, Mr. Hill?«
»Nein, ich glaube nicht. Ich wünschte nur, ich könnte Ihnen wirklich helfen.«
Ich legte meine Visitenkarte auf die Theke. »Wenn Ihnen noch etwas Wichtiges einfällt, brauchen Sie uns nur anzurufen.«
»Wird gemacht, Mr. Selby«, antwortete Hill.
Als Stan und ich wieder auf der Straße waren, suchte ich eine Telefonzelle und rief von dort aus das Revier an, ob sich inzwischen etwas Neues ergeben hatte. Man sagte mir, vor ein paar Minuten habe ein Mann nach mir verlangt, der sich geweigert habe, seinen Namen anzugeben. Er hatte aber eine Telefonnummer für mich hinterlassen. Ich wählte die Nummer, und schon beim ersten Läuten meldete sich eine Männerstimme.
»Detektiv Selby hier«, sagte ich. »Jemand hat mich gebeten, diese Nummer anzurufen.«
»O ja, natürlich, Mr. Selby«, sagte die schrille Männerstimme. »Hier spricht Phil Joyner - ich bin der Nachtportier im *Hotel Merrick*. Sie haben doch vor ein paar Stunden bei mir nach einem unserer Gäste gefragt - nach einem gewissen Mr. Bennett!«
»Und?«
»Mr. Bennett ist vor ungefähr zehn Minuten heimgekommen. Ich habe ihm Ihre Visitenkarte gegeben, die Sie mir hinterlassen haben. Aber er sah sie nur flüchtig an, lachte und warf sie dann in den Papierkorb.« Die Stimme schwieg eine Sekunde. »Ich dachte mir nur, das würde Sie interessieren.«
»Vielen Dank, Mr. Joyner«, erwiderte ich. »Wir kommen sofort zu Ihnen.«
»Wissen Sie, ein Mann kann nie zu viele Freunde haben, Freunde von der Polizei, verstehen Sie? Deswegen tue ich der Polizei auch jeden Gefallen ...«
»Sie haben vollkommen recht«, unterbrach ich ihn, »es ist immer besser, sich nicht mit der Polizei zu verfeinden. Nochmals vielen Dank!«
»Gibt es etwas Neues?« fragte Stan, als ich die Telefonzelle verließ.
»Fred Bennett ist vor ein paar Minuten in sein Hotel zurückgekommen.«

»Sehr gut - dann wollen wir ihm gleich mal die Langeweile ein bißchen vertreiben.«
»Ich glaube, ich werde dir dieses Vergnügen allein überlassen«, sagte ich. »Ich möchte mir nämlich Denver Eddie genauer unter die Lupe nehmen. Und je eher das passiert, desto besser.«
»Dieser Shylock scheut das Licht, wie du weißt. Wir haben schon tagelang nach ihm gesucht, Pit, und ihn nicht angetroffen.«
»Heute nacht hat er zu tun, Stan. In Joe Marcys Spielsalon am Central Park ist heute Hochbetrieb. Und selbst wenn nur noch zwei Leute dort sind, ist Denver Eddie bestimmt darunter. Er spielt natürlich nicht, er hilft den Verlierern nur mit Geld aus.«
»Du hast recht«, sagte Stan. »Ich hatte ganz vergessen, was für ein Tag heute ist.«
»Du knöpfst dir also Fred Bennett vor, und ich nehme mir Eddie aufs Korn. Du nimmst den Wagen, und ich fahre mit der Untergrundbahn. Das geht sowieso schneller.«
»Wie lautet die Adresse von Bennetts Hotel doch gleich?«
»Hotel Merrick in der 14. Straße.«
»Ich bin schon unterwegs«, sagte Stan und wandte sich der Stelle zu, wo wir den Wagen abgestellt hatten. »Aber nimm dich bei Denver Eddie in acht, Pit. Du weißt, der Kerl ist unberechenbar!«
Wie sich herausstellen sollte, war Stans Warnung vor Denver Eddie überflüssig. Und das Fahrgeld für die U-Bahn bis zur Station am Central Park West hatte ich auch umsonst ausgegeben. Eddie war ausnahmsweise diesmal nicht zum Treffen der Pokerfreunde gekommen. Die Pokerrunde ging gerade auseinander, als ich dort eintraf, und keiner von den Spielern, zu denen auch ein paar zuverlässige Polizeispitzel gehörten, hatten Eddie den Abend über gesehen.
Als ich Joe Marcys Spielsalon, der sich in einem Mietshaus befand, wieder verließ, ging ich nach rechts, wo die Lichter der U-Bahn-Station in der 72. Straße im Dunst matt blinkten. Doch plötzlich fühlte ich mich wie zerschlagen, überquerte die Straße und setzte mich auf eine der Bänke, die am Rande der Straße vor der Mauer des Central Parks aufgestellt waren.
Ich hatte mir schließlich eine Verschnaufpause für eine Zigarrenlänge verdient.
Auf der Nachbarbank zu meiner Linken saß ein junges Paar eng umschlungen. Es schien die Welt um sich herum vergessen zu haben - auch die Tatsache, daß der Park in ihrem Rücken nachts ein gefährlicher Dschungel war, in den sich selbst Polizisten nur paarweise wagten.
Ich zündete mir eine Zigarre an, lehnte mich zurück und versuchte, meine Gedanken abzuschalten. Aus der Tiefe drang leiser Donner herauf - ein Zug der U-Bahn verließ gerade die Station der 72. Straße in Richtung Innenstadt.

»Hörst du das?« fragte der junge Mann auf der Nachbarbank sein Mädchen. Das Mädchen kicherte. »Als ich noch ein kleiner Junge war und in Brooklyn wohnte«, fuhr der junge Mann fort, »sagte mein Vater immer, die Zwerge würden diesen Lärm machen.«
»Was für Leute?« fragte das Mädchen.
»Die Zwerge, du weißt doch, daß im Märchen die Zwerge immer unter der Erde wohnen. Er meinte, sie hätten dort unten eine Kegelbahn, und daher stamme das Geräusch - rollende Kugeln auf der Kegelbahn.«
Das Mädchen kicherte wieder.
»Bring mich jetzt lieber nach Hause«, sagte sie, »oder mein Vater erzählt dir ganz was anderes ...«
Ich saß plötzlich ganz kerzengerade. Das Mädchen und ihr Freund auf der Nachbarbank wandten mir die Köpfe zu. Meine Reaktion hatte sie offensichtlich erschreckt.
Gütiger Himmel, dachte ich, eine Kegelkugel! Der Polizeiarzt hatte gesagt, daß Cody Mardens Schädel von einem schweren runden Gegenstand eingeschlagen worden war. Und war eine Kegelkugel nicht ein schwerer, runder Gegenstand? Und was war mit dem Bericht, den ich im Revier gelesen hatte? Keine hundert Meter vom Tatort entfernt, wo man den Ermordeten in einem ehemaligen Kohlenkeller gefunden hatte, war eine Kegelkugel gestohlen worden. Das heißt, Kinder hatten sie gefunden und nach Hause gebracht, und dann hatte es Familienstreitigkeiten gegeben, wer die Kugel nun behalten durfte. Und das alles war erst wenige Minuten nach der Tatzeit geschehen!
Eine herrenlose Kegelkugel in der Nähe des Tatortes konnte ein Zufall sein. Nein, das konnte kein Zufall sein. Die Kegelkugel war die Tatwaffe.
»Ein Verrückter«, murmelte der junge Mann auf der Nachbarbank, als ich aufsprang und in Richtung U-Bahn-Station davonraste.
»Diese verdammte Stadt ist voll von Verrückten!«

In meinem Revier hielt ich mich nur so lange auf, um den Bericht über die gestohlene Kegelkugel in die Tasche zu stecken, dann ließ ich mir einen Dienstwagen geben und fuhr ins Polizeipräsidium in der Centre Street.
In der Abteilung, wo die Fundgegenstände aufbewahrt wurden, ließ ich mir die Kugel gegen eine Quittung aushändigen und trug sie dann vorsichtig zu einem Tisch, um sie näher zu untersuchen. Die Kugel stak in einem altmodischen Segeltuchbehälter, mit Lederschlaufen und Ösen. Darin lag die sechzehn Pfund schwere Lochkugel. Sie war schwarz, stark abgenutzt, und man hatte die Löcher für Daumen, Zeige- und Mittelfinger mit Kautschukmasse ausgefüllt und an anderer Stelle neue Öffnungen gebohrt. An der Kugel konnte ich nichts Außergewöhnliches entdecken. Und auch die Segeltuchtasche sah harmlos aus - abgesehen von einem kleinen braunen Fleck.

Ich hatte beabsichtigt, den Eigentümer der Kugel mit Hilfe der Fabriknummer zu ermitteln. Es wäre ein leichtes gewesen, den Weg der Kugel von der Fabrik über den Händler bis zum Käufer zu verfolgen. Aber da die Kugel so abgenutzt und neue Grifflöcher in die Kugel gebohrt worden waren, mußte die Kugel mindestens einmal den Besitzer gewechselt haben. Doch dann entdeckte ich eine winzige Inschrift zwischen den Grifflöchern - *Francini & Co.* Das würde meine Ermittlungen außerordentlich erleichtern. Ich war früher selbst einmal ein begeisterter Kegelbruder gewesen, und ich wußte, daß die Firma Francini für die Kegelvereine Sportartikel lieferte oder reparierte. Die Firma besaß natürlich Unterlagen, aus denen hervorging, für welche Personen oder Vereine sie Reparaturen vorgenommen hatte.
Ich übergab die Kugel und den Segeltuchbehälter dem Spurenerkennungsdienst zur weiteren Untersuchung und fuhr anschließend ins Revier zurück. Ich lief gerade die Treppe hinauf, als mir Stan Rayder entgegenkam.
»Hoffentlich hast du mehr Glück gehabt als ich«, seufzte er. »Fred Bennett ist über jeden Verdacht erhaben. Zur Tatzeit saß er mit sechs Freunden in einer Bar und ließ sich vollaufen.
Der Barmixer und seine Freunde sind jederzeit bereit, das zu beschwören.« Er zuckte ergeben die Schultern. »Hast du nicht Lust, mit mir eine Tasse Kaffee zu trinken, Pete?«
»Und dazu Eier mit Speck«, sagte ich. »Wir müssen uns erst einmal tüchtig stärken.«
»So? Weshalb denn?«
»Wir haben dringende, unaufschiebbare Arbeit vor uns, Stan«, erwiderte ich. »Und ich glaube, daß wir bis zum Abend nichts mehr zu essen bekommen.«
Ich hatte nicht zuwenig versprochen, und es dauerte auch länger, als ich erwartet hatte. Doch sechs Stunden später standen wir dann vor der Wohnungstür von Ralph Tyner und hatten wenigstens die Genugtuung, daß wir alles getan hatten, was nur möglich war.
Tyner öffnete die Tür, blickte erst mich, dann Stan stirnrunzelnd an und wich dann schweigend zur Seite, um uns eintreten zu lassen. Seine Haare hatten immer noch den Glanz von frischem Teer, aber sie waren ungekämmt, und die braunen Augen unter den zusammengewachsenen Brauen waren blutunterlaufen und verschwollen. Stan und ich setzten uns auf den altersschwachen Schreibtisch, während Tyner sich, nach kurzem Zögern, einen der Lehnstühle heranzog.
»Nun«, murmelte Tyner, »haben Sie noch mehr Fragen an mich, Mr. Selby?«
»Ein paar«, erwiderte ich. »Übrigens - das ist mein Kollege Detektiv Rayder.«
Tyner begrüßte Stan mit einem Kopfnicken, während die Falten sich auf

seiner Stirn vertieften. »Haben Sie herausgefunden, wer Cody ermordet hat?« fragte er.
»Ich glaube, wir haben ihn«, sagte ich. »Wir haben die Mordwaffe gefunden. Eine Kegelkugel. Zufällig gehörte sie Ihnen!«
Tyner lachte, es klang ein wenig hohl. »Meine Kugel ist mir schon vor ein paar Wochen gestohlen worden.«
»Sie wurde gestern nacht gestohlen«, korrigierte ich ihn. »Ein paar Minuten, nachdem Sie damit Cody Marden den Schädel eingeschlagen haben.«
Er fuhr von seinem Stuhl hoch. »Haben Sie den Verstand verloren? Ich habe - was?«
»Sie wurde von zwei kleinen Jungen gestohlen«, fuhr ich fort, »Sie ließen die Kugel am Ende einer Gasse liegen - warum, wissen wir nicht -, und die Knirpse fanden sie dort und rannten mit dem kostbaren Stück davon.«
Tyner schüttelte mitleidig den Kopf. »Menschenskind, Sie müssen wirklich den Verstand verloren haben!«
»Eine Kegelkugel in einer Segeltuchtasche ist eine vorzügliche Mordwaffe, wenn man die Tasche bei der Tragschlaufe nimmt und sie schwingt wie eine Keule ...«
»Sie sind verrückt, ich sage es ja!« rief Tyner.
»Unsere Techniker im Laboratorium fanden ein paar Haare. Die Haare stammten von Cody Marden«, sagte Stan.
»Hören Sie mal ...«, fing Tyner wieder an.
»Sie haben gestern Pete erzählt, daß Sie Marden ein halbes Jahr nicht mehr gesehen hätten«, fuhr Stan fort. »Tatsächlich haben Sie ihn gestern abend gesehen. Wir wissen das, denn wir fanden seine Fingerabdrücke auf einem Blatt in Ihrem Telefonbuch. Wissen Sie, was das für eine Seite im Telefonbuch ist? Cody Marden hatte die untere Ecke abgerissen, um Leda Wallaces Telefonnummer darauf zu schreiben. Das abgerissene Stück paßt genau an die Stelle, wo in Ihrem Telefonbuch die Ecke abgerissen ist.«
Stan schwieg eine Weile. »Damit ist bewiesen, daß Marden hier in Ihrer Wohnung war, Tyner! Kurz darauf wurde er ermordet!«
»Sie sind ohne Durchsuchungsbefehl in meine Wohnung eingedrungen?« stotterte Tyner. »Wie sind Sie denn hier hereingekommen?«
»Wir hatten einen Durchsuchungsbefehl«, erwiderte Stan. »Und da Sie nicht zu Hause waren, haben wir eben mit einem Nachschlüssel aufgesperrt.«
Tyner bewegte die Lippen, brachte aber kein Wort heraus, sondern starrte nur vor sich hin.
»Noch etwas, Tyner«, fuhr Stan fort. »Wir haben die Mieter des Hauses verhört, wo Cody ermordet wurde. Dabei stellte sich heraus, daß dort eine ehemalige Freundin von Ihnen wohnte. Sie wußten also, wie der Keller eingerichtet war, wo die Kohlen lagen usw.
Aber die Affäre mit dem Mädchen liegt schon eine Weile zurück, und

inzwischen hat man den Kohlenkeller in einen Aufenthaltsraum verwandelt. Sie glaubten, Sie könnten Codys Leiche verschwinden lassen, indem Sie den Toten auf die Kohlenrutsche warfen, die in einen Vorratskeller mündete.

Früher lagerten dort die Kohlen hinter einem Verschlag. Es hätte sehr lange gedauert, bis man die Leiche entdeckt hätte, nicht wahr?«

Tyner schüttelte den Kopf. Sein Gesicht hatte den gequälten Ausdruck eines Mannes, der unter Gewissensbissen leidet, während man ihm außen die Haut stückweise herunterschälte. Es gibt Menschen, die bis zum letzten Atemzug ihre Schuld verleugnen können, aber Ralph Tyner gehörte nicht zu ihnen. Reue und Gewissensbisse mischten sich mit nackter Furcht.

Diesem Ansturm war er nicht gewachsen. Er stand dicht vor dem Zusammenbruch.

»Außerdem«, fuhr Stan fort, »haben wir noch einen Zeugen.«

»Einen Zeugen?« echote Tyner mit schwacher Stimme. »Einen Zeugen?«

»Abgesehen natürlich von den beiden Jungen, die beobachtet haben, wie Sie die Kugel am Ende der Gasse abgelegt haben«, sagte Stan. »Der Barmixer in dem Lokal gleich am Anfang der Gasse beobachtete, wie die Jungen mit der Kegelkugel davonrannten. Ein paar Sekunden später tauchten Sie am Ende der Gasse auf und sahen den Jungen nach, als überlegten Sie, ob Sie den Dieben nachlaufen sollten. Damit ist erwiesen, daß Sie und die Mordwaffe zur Tatzeit am Tatort waren, Tyner. Damit sind Sie geliefert, Tyner!«

Tyner starrte Stan einen Augenblick an, dann senkte er den Kopf, schien so leblos wie eine Statue.

»Sie sehen also, Mr. Tyner, daß die Beweiskette so gut wie lückenlos ist«, sagte ich sanft. »Wir wissen, wer, wo und wie. Nur das Motiv brauchen wir noch.« Irgendwo in der Stadt heulte eine Sirene. Tyner erschauerte und starrte auf seine Hände. Er atmete rasch - es klang wie das Hecheln eines Hundes.

»Weshalb haben Sie es getan, Mr. Tyner?«, fragte ich.

Er holte tief Luft und atmete langsam wieder aus. »Ich brauchte unbedingt Geld«, sagt er leise. »Als Cody gestern abend hierherkam, brachte er zwei Koffer voll Amber mit. Insgesamt waren es achtzig Pfund.«

»Amber?« murmelte Stan.

»Amber ist eine Substanz, die von Walen ausgeschieden wird«, sagte Tyner. »Es ist eine graue Masse, die auf dem Wasser schwimmt. Man findet sie auf dem Meer oder irgendwo an der Küste angeschwemmt. Der graue Amber ist sehr wertvoll.«

Er schien einem plötzlichen Zwang zu folgen, sich auszusprechen, als könne er damit sein Gewissen erleichtern. Seine Worte überstürzten sich geradezu, und sein Gesicht bekam einen lebhaften Ausdruck. »Man verwendet es in der Parfümindustrie. Dadurch halten sich die Duftstoffe län-

ger und werden besser verteilt. Die achtzig Pfund, die Cody bei sich trug, haben einen Wert von fast 30.000 Dollar.«
Stan pfiff leise durch die Zähne.
»Es sieht aus wie frischer Ton«, fuhr Tyner fort. »Dort liegt es - dort in der Nische neben der Töpferscheibe.«
Er blickte mich an. »Sie hatten geglaubt, es wäre Ton, nicht wahr, Mr. Selby?«
Ich nickte. »Und das war Ihr Mordmotiv - der graue Amber?«
»Ja. Ich habe Ihnen ja schon gestern erzählt, daß ich in einer Parfümfabrik arbeite. Ich wußte, wie wertvoll dieses Zeug ist. Und Cody sagte mir, er hätte auf einem Fischdampfer gearbeitet. Der Kapitän des Schiffes hatte den Amber irgendwo an der Küste von Yucatan gefunden. Als der Fischdampfer in Tampa anlegte, wartete Cody, bis der Kapitän an Land gegangen war, stahl dann den Amber aus der Kajüte des Kapitäns und versteckte das Zeug in seinen Koffern. Dann fuhr er mit der Taxe zum Flughafen und nahm das nächstbeste Flugzeug nach New York. Sobald er hier landete, rief er mich an.«
»Warum ausgerechnet Sie?« fragte Stan. »Brauchte er denn ein Versteck, wo er untertauchen konnte?«
»Das auch, aber er wollte vor allem, daß ich für ihn den Amber verkaufen sollte. Er wußte, daß die Polizei in Tampa bereits ihre Kollegen in New York verständigt hatte. Er konnte sich also nicht sicher fühlen. Außerdem gab es eine Reihe von Leuten, vor denen er sich in acht nehmen mußte - vor Fred Bennett und Eddie. Da ich alle maßgebenden Leute im Parfümgeschäft kenne, konnte ich in aller Ruhe nach einem Käufer suchen. Cody hätte mir dann eine Provision gezahlt und trotzdem noch mehr daran verdient, als wenn er das Zeug selbst verkauft hätte.«
»Sie sagten, Sie brauchten dringend Geld?«
»Ich verlor eine Menge beim Pferderennen. Ich stehe mit über 8000 Dollar bei Pfandleihern in der Kreide. Es hätte nicht mehr lange gedauert, und man hätte mich unter Druck gesetzt, wenn ich nicht bezahlt hätte. Mit einem Totschläger - oder einem Rasiermesser.«
»Cody schlug also vor, Sie sollten das Zeug für ihn verkaufen. Was geschah dann?« fragte ich.
»Ich stimmte seinem Vorschlag zu, nachdem er mich davon überzeugt hatte, ich sei der einzige, der wußte, daß er nach New York zurückgekehrt war. Mir wurde es anfangs nicht bewußt, daß ich einen Mord plante, doch dann ertappte ich mich plötzlich bei dem Gedanken, wie ich das am besten anstellen konnte.
Nicht ob ich es tun sollte, sondern wie. Mir war nur nicht klar, wie ich die Leiche verschwinden lassen konnte.
Und dann entschloß sich Cody plötzlich dazu, Leda Wallace zu besuchen. Seit er mit den Koffern meine Wohnung betreten hatte, hatte er ununterbrochen getrunken. Er meinte, er könnte ihre Wohnung erreichen, ohne

entdeckt zu werden - durch die Hinterhöfe und ein paar verschwiegene Gassen. Er wollte sie zuerst anrufen, aber das Fräulein von der Vermittlung sagte ihm, Leda habe inzwischen eine neue Nummer bekommen. Er schrieb sie auf eine Seite in meinem Telefonbuch und riß dann das Stück von der Seite ab. Doch dann änderte er seine Meinung. Er rief Leda nicht mehr an. Er wollte sie überraschen, sagte er.«

»Und sie sind ihm gefolgt?«

»Ja. Ich kannte den Weg, den er sich ausgesucht hatte. Ich wußte, ich konnte ihn an einer Stelle töten, wo es ein Versteck für die Leiche gab. Deshalb zog ich meine Turnschuhe an, holte meine Kegelkugel aus dem Schrank und folgte ihm. Als er an die richtige Stelle kam, schlich ich mich von hinten an und schlug ihm die Kugel mit aller Gewalt gegen den Hinterkopf.«

»Die richtige Stelle - aha, das war die Eisentür vor der Kohlenrutsche, nicht wahr?«

Tyner nickte. »Ich wollte ihm die Taschen leeren und ihn dann in den Keller werfen. Aber als ich gerade den Schieber öffnete, hörte ich am anderen Ende der Gasse Schritte. Ich dachte, jemand käme die Gasse herunter, lehnte den Toten gegen die Mauer, packte meine Kegelkugel und rannte in die andere Richtung. Aber es kam niemand. Also setzte ich die Segeltuchtasche mit der Kegelkugel ab und ging zurück, um die Sache zu Ende zu führen.

Als ich später zu der Stelle zurückkehrte, wo ich die Kegelkugel abgelegt hatte, war sie verschwunden. Ich blickte mich um und sah, wie zwei Jungens mit der Segeltuchtasche davonrannten. Aber sie waren schon fast fünfzig Meter entfernt. Deshalb entschloß ich mich, ihnen nicht nachzulaufen, um nicht die Aufmerksamkeit irgendwelcher Leute auf mich zu lenken.«

»Damit hätten Sie sich natürlich sofort verraten«, murmelte Stan. »Ein Mörder, der zur Tatzeit seiner Mordwaffe nachläuft.«

»Richtig«, erwiderte Tyner. »Ich kehrte also in meine Wohnung zurück und legte den Amber in die Nische neben die Töpferscheibe. Jeder, der mich besuchte, mußte das Zeug für gewöhnlichen Ton halten. Dann zerriß ich Codys Koffer in kleine Stücke, wickelte diese in Zeitungspapier ein und versteckte sie in einer Mülltonne ein paar Straßen von hier entfernt.«

Eine Weile lang herrschte Schweigen. Ralph Tyner saß ganz still da und starrte mit einem sonderbaren Lächeln auf seine Hände, als wunderte er sich jetzt noch darüber, daß sie sich so kaltblütig zu einem Mord hergegeben hatten.

Ich wechselte mit Stan einen Blick, und wir standen auf.

»Sind Sie bereit mitzukommen, Mr. Tyner?« fragte ich.

Er erhob sich aus seinem Sessel, so langsam wie ein Traumwandler. Auf seinem Gesicht lag immer noch das sonderbare Lächeln. »Es geschah alles so wie in einem Traum«, sagte er leise. »Mir scheint, als träume ich

immer noch. Selbst unser Gespräch kommt mir unwirklich vor. Alles. Alles ist wie im Traum.«
Das böse Erwachen würde bald kommen, dachte ich, während wir ihn in die Mitte nahmen. Und von diesem Moment an würde das Leben für Ralph Tyner nur noch ein böser Alptraum sein …

Beim Träumen kann man so einsam sein

Edward D. Hoch

»Dave?« fragte Helen versuchsweise.

Er rollte sich im Bett herum und öffnete die Augen. Er wunderte sich, daß sie so früh schon wach war. »Was ist?«

»Ich hatte einen Traum, Dave. Mir träumte, meine Mutter zöge zu uns, um bei uns zu wohnen.«

»Nein!« Er wälzte sich zurück, wobei er das Gesicht in ein Kissen vergrub. »Schlafe lieber wieder ein und träume, wie wir rasch zu Geld kommen. Nichts von Hunden, Katzen oder Müttern.«

»Meine Träume kann ich nicht beeinflussen, Dave.«

»Früher warst du so gut, Helen. Verdammt gut. Mir scheint, du verlierst deine Begabung.«

Gleich darauf bereute er seine Worte, denn er merkte, daß sie zu aufgeregt war, um sich wieder ins Bett zu legen. Er beobachtete sie, wie sie planlos durch das schäbige Schlafzimmer wanderte, nach ihren Zigaretten suchte und sich dann mit angezogenen Knien auf den Sessel beim Fenster hockte.

Mit leeren Augen starrte sie auf die fahle Morgendämmerung, die allmählich über die Hudson Street heraufkroch. Wie er sie so dasitzen sah, kam ihm flüchtig in den Sinn, mit ihr zu schlafen. Doch sein Begehren erlosch, und er verschloß die Augen vor dem heller werdenden Fenstviereck.

Seit zwei Jahren lebte er mit Helen zusammen, genauer gesagt seit dem Tag, als sie sich bei einem Pokerspiel in Kansas City, das die ganze Nacht hindurch dauerte, getroffen hatten.

Sie war keine Schönheit und auch nicht übermäßig intelligent, doch sie besaß ein Talent, das für einen Mann wie David Krown von unschätzbarem Wert war. Sie verfügte über eine blühende Fantasie, und sie konnte sich immer an ihre Träume erinnern.

Er entsann sich noch an ihre erste gemeinsame Nacht in Kansas City. Als sie am Morgen aufwachte, sagte sie: »Mir träumte, du hättest die Pokerrunde ausgeraubt. Ist das nicht verrückt?«

»Keineswegs«, erwiderte er nach einigem Nachdenken. Er hatte eine ansehnliche Summe verloren und wußte nicht mehr ein noch aus. Noch am selben Abend kaufte er eine gebrauchte Waffe, den Revolver aus Blaustahl, den er auch jetzt noch benutzte, und ging, getarnt mit einem von Helens Nylonstrümpfen, in den Spielsalon zurück. Am anderen Morgen verließen sie Kansas City mit siebenhundert Dollar in der Tasche.

Dave brauchte jemanden wie Helen, einen Menschen, der ihn mit Ideen versorgte, auch wenn sie Träumen entstammten. Dave kannte weder Moral noch Furcht. Brutale Gewalt und sein Revolver waren das einzige, woran er glaubte. Er paßte sich an an eine Welt, die Verbrechen mit fetten Schlagzeilen und dem zweifelhaften Ruhm, von Fernsehkameras aufgenommen zu werden, belohnte. Sie mit ihrem Ideenreichtum und er mit seiner kriminellen Aktivität gaben ein erfolgreiches Gespann ab.

Wie im Fluge waren die zwei Jahre vergangen. Manchmal schien es ihm, als seien es nur zwei Monate gewesen. Sie aalten sich in Miami Beach in der Sonne, jetteten quer über den Kontinent nach Kalifornien, besuchten New York, vertrieben sich die Zeit bei Hunde- und Pferderennen und spielten Poker. Wo etwas los war, waren sie zur Stelle, egal, ob es sich um einen Banküberfall oder eine kleine Gaunerei handelte.

Einmal, als Helen begonnen hatte, von Hunden und Katzen zu träumen, waren sie in einem kleinen Motel nahe der Grenze von Illinois abgestiegen. Er fuhr los, um eine Tankstelle auszunehmen. Die Sache gestaltete sich von Anfang bis Ende zu einem Fiasko. Für seine Bemühungen erntete er fünf Dollar, und obendrein sah er sich gezwungen, den recht wehrhaften Tankstellenpächter über den Haufen zu schießen.

Zum ersten Mal in seiner verbrecherischen Laufbahn wandte er Gewalt gegen einen Menschen an, und noch Wochen später, während sie aufs Geratewohl kreuz und quer durch das Land flüchteten, grübelte er über den Vorfall nach. Er erfuhr nie, ob der Mann an der Verletzung gestorben war oder sich wieder erholte.

Zuletzt machten sie Station in New York. Nachdem Helen mit Dave drei Tage lang durch Manhattan gebummelt war, träumte sie von einem Überfall auf ein Juweliergeschäft. Er hatte die Aktion gut in Szene gesetzt, und es war nicht ihre Schuld, daß die Beute aufgrund eines Planungsfehlers fast wertlos war.

Seit kurz vor Weihnachten wohnten sie nun in Seneca, einer Stadt mittlerer Größe am Hudson. Sie streckten ihr Geld, vertrödelten die Zeit und warteten darauf, daß die Träume sich wieder einstellten. An manchen Abenden arbeitete Helen als Kellnerin in einem Imbiß, und gelegentlich half Dave in einer Autoreparaturwerkstatt aus. Mit diesen Jobs wollten sie sich über Wasser halten, bis das Blatt sich wieder wendete.

Von ihrem Platz am Fenster fragte Helen: »Dave?«

»Hmm?«

»Verbringen wir diesen Winter in Miami?«

»Nur, wenn wir uns irgendwie Geld beschaffen können. Mit unserer alten Karre und den abgefahrenen Reifen kommen wir nicht mehr weit.«

»Ich glaube, in letzter Zeit waren meine Träume nicht besonders gut, Schatz.« Ihre Gedanken kreisten ständig um ihr Versagen, und sie wußte sehr wohl, daß er sie insgeheim für ihre mißliche Lage verantwortlich machte.

»Das macht nichts.« Er richtete sich auf dem zerwühlten Bett auf. »Ich habe nachgedacht. Vielleicht sollten wir uns ohnehin zur Ruhe setzen. Das Geschäft aufgeben und eine ehrliche Arbeit annehmen. Weißt du,

vielleicht läuft es, übers Jahr gesehen, auf dasselbe hinaus, und wir brauchen uns nicht halb so viele Sorgen zu machen.«
Sie kam zu ihm. »Es freut mich, daß du das sagst, Dave. Ich möchte auch lieber von Babys und einem Häuschen in einem Vorort träumen anstatt von Überfällen und ähnlichem Zeug.«
»Hast du eine Zigarette für mich?«
»Klar. Vor dem Frühstück?«
»Ich habe jetzt Appetit auf eine.« Sie zündete ihm eine Zigarette an. Tief inhalierte er den Rauch. »Aber ein Ding müssen wir noch drehen, Helen. Eine große Sache, damit wir das Geld haben, irgendwo im Süden ein neues Leben anzufangen.«
»In diesen Fernsehkrimis werden Verbrecher immer bei ihrem letzten Job geschnappt.«
»Ja, im Fernsehen! Aber ich weiß, wann es Zeit ist, aufzuhören. Denk mal darüber nach, ja? Wenn du dich innerlich damit beschäftigst, träumst du vielleicht etwas Brauchbares.«
»Na schön.«
An diesem Tag arbeiteten sie nicht. Statt dessen stromerten sie am Flußufer entlang, ohne sich von der beißenden Kälte stören zu lassen. Obwohl man den Hudson nicht mit dem Mississippi vergleichen konnte, weckte er Erinnerungen an die erste Zeit, die sie zusammen verbracht hatten.
In dem nahe gelegenen Feuerwehrhaus besorgten sie sich neue Nummernschilder für ihr Auto, und später, als die Dunkelheit sich über die Stadt senkte, führte Dave Helen zum Hummeressen in ein Restaurant, das für ihre Möglichkeiten eigentlich viel zu teuer war.
»Wir wollen uns nur entspannen«, sagte er später in ihrem Zimmer, »und abwarten, was der nächste Tag bringt.«
Ihr Geld wurde knapp, und mit gelindem Erschrecken hatten sie festgestellt, daß sie für den in New York gekauften Gebrauchtwagen neue Nummernschilder benötigten.
Dennoch schlief Dave wie ein Murmeltier. Er erwachte erst früh am Morgen, als er hörte, wie Helen barfüßig durchs Zimmer tappte.
»Ich hatte einen Traum«, erzählte sie, sobald sie sah, daß er die Augen öffnete. »Mir träumte, ich sei wieder daheim bei meiner Mutter. Ich saugte den Teppich, und plötzlich verwandelte sich der Schlauch des Staubsaugers in eine Schlange. Aus der Schlange wurde ein Hummer, der mich mit einer seiner Zangen ins Bein kniff.«
»Das war kein Traum«, brummte er in sein Kissen hinein. »Das war ein verdorbener Magen. Leg dich wieder ins Bett.«
Als er zum zweiten Mal die Augen aufschlug, stand die Sonne bereits hoch am Morgenhimmel. Er konnte sich ausrechnen, wie spät es war. Helen lag neben ihm auf dem Rücken und schlummerte noch. Die Zudecke war halb zu Boden gerutscht. Doch als er sich umdrehte, wachte sie auf. Sie rieb sich den Schlaf aus den Augen und fragte:

»Wie spät ist es, Dave?«
»Nach zehn.«
»Ich hatte einen Traum.«
»Ich weiß. Von einer Schlange, die sich in einen Hummer verwandelte.«
»Nein, den meine ich nicht. Ich träumte noch einmal. Als ich ein zweites Mal einschlief.«
In ihrer Stimme schwang ein Unterton mit, der ihn aufhorchen ließ. Augenblicklich war er hellwach. »Erzähle mir von dem Traum«, forderte er sie auf.
Im Schneidersitz hockte sie sich auf das Bett. »Erinnerst du dich noch, wie viele Leute gestern im Feuerwehrhaus auf ihre Nummernschilder warteten? Und wie sie fünfzehn bis zwanzig Dollar dafür an der Kasse ablieferten?«
»Na klar. Warum fragst du?«
»Dave, Ende dieser Woche läuft die Frist für die neuen Nummernschilder aus. In den nächsten Tagen häuft sich im Feuerwehrhaus eine Menge Geld an.« Sie unterbrach sich, um Atem zu schöpfen. »Davon handelte mein Traum. Ich träumte, du hättest einen falschen Feueralarm ausgelöst, und als sämtliche Feuerwehrmänner fort waren, spaziertest du einfach hinein und ließest dir von diesen beiden albernen Frauenzimmern, die die Schilder verkaufen, das ganze Geld geben.«
Er schwieg. Eine geraume Zeit ließ er sich das Gesagte durch den Kopf gehen. Dann erhellte sich seine Miene, und er begann zu grinsen. »Du hast wirklich Fantasie, Helen. Du bist das einzige Mädchen, das ich kenne, das im Schlaf Geld verdient.«
»Glaubst du, es könnte klappen, Dave?«
»Selbstverständlich, warum denn nicht? Und für dich springt dabei ein neues Kleid heraus. Oder noch besser, ein warmer Wintermantel.« Ihm war nicht entgangen, wie abgetragen ihr alter grüner Mantel aussah.
»Wann, Dave?« wollte sie wissen. Ihre Augen funkelten vor Aufregung, wie immer, wenn sich ein Abenteuer anbahnte. »Wann wirst du es versuchen?«
»Warum nicht gleich heute abend?« gab er zurück. Er sprang aus dem Bett, stöberte in dem Kleiderschrank und holte den Revolver aus seinem Versteck.

Um genau zehn Minuten vor neun rief Helen von einer Telefonzelle im nahe gelegenen Drugstore aus die Feuerwache an und meldete einen Brand. Gegenüber der Wache lauerte Dave im Schatten und beobachtete, wie die großen roten Einsatzwagen mit heulenden Sirenen davonjagten.
Als sie außer Sicht waren, nur das leiser werdende Echo wie eine verwehende Duftspur hinter sich lassend, überquerte er hurtigen Schrittes die Straße. Er hoffte, nicht auf einen Nachzügler zu treffen, der noch in allerletzter Minute seine Nummernschilder erwerben wollte.

Doch die beiden Frauen saßen allein in dem Raum. Sie zählten bereits das Geld und sortierten es zu säuberlich aufeinandergeschichteten Bündeln. Die jüngere der beiden, eine attraktive Brünette mit tiefliegenden, blassen Augen, blickte bei seinem Eintreten hoch.
»Unser letzter Kunde«, sagte sie.
Dave schob sich den Wollschal über Mund und Nase, mit der anderen Hand zog er den Revolver. »Geben Sie mir das Geld«, verlangte er kurz und bündig.
Die ältere Frau rüstete sich zum Aufstehen. »O nein!« keuchte sie. Dann sank sie auf ihren gepolsterten Drehstuhl zurück.
Aus der Manteltasche zog er eine Papiertüte. »Hier rein. Alles. Nur die Münzen nicht.«
Die Brünette hielt die Tüte auf und verstaute darin die Scheine. Sie hantierte mit der Geschicklichkeit eines Menschen, der den beruflichen Umgang mit Geld gewohnt ist. Als das letzte Päckchen Banknoten verschwunden war, sagte sie:
»Man wird Sie erwischen.«
»Das Risiko gehe ich ein.« Die Tüte quoll beinahe über, und er bereute es, daß er keine größere mitgebracht hatte. Rückwärts gehend, bewegte er sich langsam zum Ausgang, mit dem Revolver in die ungefähre Richtung der beiden Frauen zielend. »Bleiben Sie, wo Sie sind, meine Damen, und Ihnen wird kein Leid geschehen.«
Von irgendwoher, aus der Ferne, drang der leise Klang einer Glocke an seine Ohren, und er wußte, daß der erste Einsatzwagen von dem falschen Alarm zurückkam. Draußen schloß er hinter sich die Tür, um im Laufschritt davonzueilen. Es störte ihn nicht, daß dabei der Wollschal von seinem Gesicht rutschte.
Die Tüte mit dem Geld unter seinem Arm fühlte sich gut an.

»Fast neuntausend Dollar«, verkündete Helen, als sie mit dem Zählen fertig war. »Wer hätte das gedacht!«
»Es lag da und wartete nur darauf, von mir abgeholt zu werden«, erzählte er. »Die Sache lief wie am Schnürchen.«
»Fahren wir jetzt in den Süden, Dave? Um unser neues Leben anzufangen?«
»Na klar! Doch ungefähr eine Woche mußt du dich noch gedulden. Man könnte mißtrauisch werden, wenn wir Hals über Kopf die Stadt verlassen. Paß auf - wir warten acht Tage, bis die Geschichte sich abgekühlt hat, dann fahren wir nach New York. Dort verkaufen wir unser altes Auto und besorgen uns ein neues, mit dem wir es bis Florida schaffen. Danach kann uns nichts mehr passieren.«
Er nahm vier Zwanziger von dem Geldstapel. »Hier. Kauf dir davon einen neuen Mantel. Aber nichts zu Auffallendes, verstehst du? Keinen Pelz oder dergleichen.«

Mit dankbarem Lächeln nahm sie die Scheine entgegen. »Wir zwei sind wirklich ein gutes Team, Dave.«

In der Zeitung las er von dem Raubüberfall, als sie am nächsten Abend mit einem neuen Mantel heimkehrte.
Der flauschige rote Stoff besaß ein Muster aus schwarzen Punkten, die farblich genau zu Helens Haar paßten.
»Das nennst du unauffällig?« fragte er lachend.
»Er war nicht teuer, Liebling. Nur siebzig Dollar. Gefällt er dir?«
»Er gefällt mir.«
»Dave, warum habe ich mir eigentlich einen Wintermantel gekauft, wenn wir ja doch nach Florida fahren?«
»Du brauchtest einen, oder etwa nicht? Vielleicht bleiben wir nicht bis an unser Lebensende dort.«
»Du willst es nicht aufgeben, stimmt's?«
Er seufzte und griff nach einer Zigarette. »Der Job lief so wunderbar glatt, Puppe.«
»Nenn mich nicht so!«
»Wie du willst. Aber sei doch vernünftig, Helen. Man hört nicht auf, wenn man gerade ganz oben ist.«
»Nein! Du wartest, bis du mit der Schnauze im Dreck liegst und dir ein paar Kugeln aus einer Polizeipistole im Rücken stecken! Dann entscheidest du dich aufzuhören!«
»Schon gut, beruhige dich.«
Er schlüpfte in seine fellgefütterte Jacke.
»Ich gehe spazieren.«
»Damit sie dich um so leichter finden?«
»Es war abgemacht, daß wir eine Woche hierbleiben, nicht wahr? Wie sieht es denn aus, wenn ich kein einziges Mal in der Werkstatt auftauche? Ich lasse mich nur mal bei den Leuten blicken, um mich nicht verdächtig zu machen. In ungefähr einer Stunde bin ich zurück. Nimm!« Er reichte ihr einen weiteren Zwanziger. »Denk an etwas Schönes, während ich fort bin.«
»Natürlich. Ich spinne mir ein paar Träume über ein Schloß in Spanien zusammen.«
Draußen blies ein schneidender Wind. Wie ein Messer durchdrang die Januarkälte Daves Jacke und trieb ihn dazu, den Schutz und die Wärme der nächsten Bar aufzusuchen. Er bestellte sich ein Bier, obwohl er sich Whisky hätte leisten können. Das überschäumende Glas trug er an einen schmuddeligen, feuchten Tisch, denn er mochte es nicht, im Stehen zu trinken.
Er saß nur wenige Minuten, als eine dunkelhaarige Frau mit blassen Augen, die ihm vage bekannt vorkam, das Lokal betrat.
Zielstrebig steuerte sie auf seinen Tisch zu.

»Sind Sie nicht Dave Krown?« fragte sie so leise, daß er sie kaum verstehen konnte.
»Ja, der bin ich. Kennen wir uns von irgendwoher?«
»Darf ich mich zu Ihnen setzen?«
»Selbstverständlich.« Er lüftete sein Hinterteil, um ihr einen Stuhl zurechtzurücken. In seinem Magen machte sich ein unangenehmes Gefühl breit. Er verspürte einen leisen Anflug von Angst.
»Ich bin überrascht, daß Sie sich nicht mehr an mich erinnern. Erst gestern abend raubten Sie mir neuntausend Dollar.«
Seine Hand, die das Bierglas hielt, zitterte nicht. Er hoffte, daß sie ihm sein plötzliches Erschrecken nicht anmerkte. Er mimte den Ahnungslosen. »Mir scheint, Sie verwechseln mich mit jemandem. Ich weiß nicht, wovon Sie sprechen.«
Sie schaute sich um, um sich zu vergewissern, daß niemand in Hörweite saß. »Sie brauchen mir nichts vorzuspielen. Ich werde nicht nach der Polizei rufen, wenigstens vorläufig nicht. Ich erkannte Sie, sogar mit dem Schal über dem Mund. Für Menschen habe ich ein gutes Gedächtnis, ich merke mir Gesichter. Ich wußte sofort, wer Sie sind. Am Abend zuvor hatten Sie bei mir Nummernschilder gekauft, und ich entsann mich, daß Sie einen ungewöhnlichen Namen hatten. Ich suchte in den Formularen und fand Ihres, Dave Krown, die Adresse war auch angegeben. Vorhin stand ich draußen und überlegte, was ich tun sollte, als ich Sie in diese Bar gehen sah.«
Sie fixierte ihn mit ihren blassen, tiefliegenden Augen. Die Faszination, die von ihrem Blick ausging, genügte, um ihn am Fortlaufen zu hindern. Ihre Miene blieb ernst, und sie hatte nicht die Absicht, die Polizei zu rufen. Vielleicht handelte es sich bloß um ein Mädchen, das auf ein wenig Nervenkitzel aus war. Wenn das stimmte, dann wollte er sie gut bedienen.
»Wie heißen Sie?« fragte er unvermittelt.
»Susan Brogare.«
»Und was wollen Sie von mir?«
»Ich möchte Sie kennenlernen, wissen, was für ein Mann Sie sind.«
»Kommen Sie mit.« Spontan legte sich Dave einen Plan zurecht. Er führte das Mädchen durch den Perlenvorhang, der den Ausschank von einem Restaurant abtrennte. Der andere Raum war spärlich beleuchtet und mit separaten Sitznischen ausgestattet. In einer Nische küßte sich hingebungsvoll ein Paar, die Biergläser, die vor ihnen auf dem Tisch standen, hatten sie noch nicht angerührt.
»Warum bringen Sie mich hierher?« fragte Susan.
»Weil man sich hier besser unterhalten kann.« Er setzte sich ihr gegenüber. »Sie fürchten sich doch nicht vor mir, oder?«
Die hellen Augen blinzelten. »Ich glaube, Sie sollten wissen, daß ich einen sehr ausführlichen Brief bei meiner Freundin im Büro hinterlassen habe. Darin stehen Ihr Name, Ihre Adresse, Ihre Personenbeschreibung,

die Nummer Ihres Kfz-Schildes sowie eine Beschreibung Ihres Wagens. Ich behaupte, ich hätte in Ihnen den Mann erkannt, der uns ausraubte, und sei unterwegs, um Sie mit der Tatsache zu konfrontieren. Zum Schluß schrieb ich, Sie seien mein Mörder, falls man mich tot auffinden würde.« Sie holte tief Luft und fuhr dann hastig fort: »Wenn ich länger als einen Tag fortbleibe, geht der Brief an die Polizei.«

»Sind Sie vielleicht verrückt oder so ähnlich?« fragte er verdutzt. Diese seltsame Frau verblüffte ihn immer mehr.

»Hören Sie, meine Liebe, wenn ...«

»Ich heiße Susan.«

»Hören Sie, Susan, wenn Sie mich für einen Verbrecher halten, dann wenden Sie sich an die Polizei. Wenn nicht, dann lassen Sie mich bitte in Ruhe.« Er wußte nicht, ob die Sache mit dem Brief stimmte, doch die Sicherheit, die sie ausstrahlte, ließ ihn stark vermuten, daß sie die Wahrheit sprach.

»Entschuldigen Sie, ich wollte Sie nicht erschrecken. Bestellen Sie mir etwas zu trinken?« äußerte sie kühl.

»Selbstverständlich. Möchten Sie ein Bier?«

Sie deutete ein Kopfschütteln an. »Einen Wodka Martini.«

Während er die Getränke holte, überlegte er, welche Möglichkeiten ihm offenstanden. Er konnte sie einfach in dem Lokal sitzenlassen, und ehe sie merkte, was los war, hätte er mit Helen in seinem Wagen zehn Meilen zurückgelegt.

Doch das war nicht der springende Punkt. Zehn Meilen weiter, und sie hätte ihm die Polizei auf die Fersen gehetzt.

Er konnte sie in seine Wohnung locken und sie dort fesseln (oder töten?), doch damit wäre das Problem mit dem Brief nicht gelöst. Dave verspürte keine Lust, den Rest seines Lebens auf der Flucht zu verbringen. Er war kein Mann, der sich in Seitenstraßen versteckte.

Also trug er die beiden Gläser in die Sitznische, als sei dies die natürlichste Sache von der Welt.

Jeder, der sie sah, mußte annehmen, es handelte sich um die übliche Verabredung eines Mannes mit einer jungen Frau.

»Sind Sie verheiratet?« erkundigte er sich, weil ihm ein neuer Gedanke in den Sinn kam. Von Frauen dieses Typs hatte er gelesen.

»Ich war es. Aber die Ehe dauerte nur ein Jahr. Mein Mann kam bei einem Flugzeugabsturz ums Leben.« Sie spielte mit ihrem Glas. »Ich weiß, woran Sie denken - Sie glauben, ich fühlte mich einsam. Vielleicht bin ich es sogar. Sie sind das Aufregendste, was mir in den letzten zwei Jahren passiert ist.«

Bei der gedämpften Beleuchtung hätte sie ebensogut unter als auch über dreißig sein können. Er tippte jedoch auf Anfang bis Mitte Dreißig, sehr viel jünger als er war sie nicht. Von der Figur und Haarfarbe her glich sie Helen, doch zwischen den beiden Frauen bestand ein Riesenunterschied.

»Geht es in Ihrem Beruf denn normalerweise langweilig zu?« fragte er. Er wollte die Zeit mit einem Gespräch überbrücken, während er versuchte, sie einzuschätzen.
»Das fragen Sie noch? Sie machen wohl Witze. Was soll sich im Straßenverkehrsamt denn schon ereignen?«
»Und jetzt, wo ich Ihnen begegnet bin, erhoffen Sie sich ein bißchen Aufregung. Stimmt das?«
»Ich sagte Ihnen bereits, ich wollte mir ein Bild von Ihnen machen. Ich kenne viele Leute, aber von denen hat noch niemand einen bewaffneten Raubüberfall begangen. Und die Art und Weise, in der Sie vorgingen, war wirklich professionell. Die Polizei tappt völlig im dunkeln.«
»Vielen Dank. Trotzdem gebe ich nicht zu, daß ich es war.«
Irgendwo hatte er einmal etwas über Mini-Kassettenrecorder gelesen, die in eine Damenhandtasche paßten.
»Werden Sie sich jetzt aus dem Staub machen?«
»Schon möglich.«
»Allein oder mit einer Frau?«
»Da gibt es eine Frau«, bekannte er widerstrebend.
Ihm fiel ein, dieses Geständnis könnte sie in ihren Annäherungen ein wenig ermutigen.
»Lieben Sie sie?«
»Was soll ich darauf antworten? Ich lebe seit zwei Jahren mit ihr zusammen.«
»Wahrscheinlich wartet sie gegenüber auf der anderen Straßenseite auf Sie.«
»Stimmt.«
Sie bestellten Getränke nach, und wie von selbst begannen sie, aus ihrem Leben zu erzählen. Er ertappte sich dabei, wie er gebannt den Schilderungen aus ihrer Collegezeit lauschte, als sei er ein Grünschnabel bei seinem ersten Rendezvous. Nur mit Mühe vergegenwärtigte er sich das Bizarre der Situation.

Kurz vor Mitternacht kehrte Dave in seine Wohnung zurück. Er verschwieg Helen sein Erlebnis, obwohl die genauen Gründe dafür ihm selbst unklar waren.
Sie lag bereits im Bett, schlief aber noch nicht. Als er das Zimmer betrat, sagte sie:
»Ich rief in der Werkstatt an. Du warst nicht dort.«
»Unterwegs kehrte ich in eine Bar ein und kam mit einem Burschen ins Gespräch.«
Helen schien sich mit dieser Erklärung zufriedenzugeben. Sie rollte sich in dem zerwühlten Bett herum und meinte:
»Ich hatte schon Angst, die Polizei hätte dich aufgegriffen.«
»Ausgeschlossen.«

»Wir müssen damit aufhören, Dave. Die ständigen Sorgen halte ich nicht mehr lange aus. Ich glaube, deshalb träume ich nur noch so selten.«
»Der letzte Traum war eine Wucht, Schätzchen. Laß dir noch ein paar von dieser Sorte einfallen.«
»Und was wird aus Florida, Dave?«
»Ich hab's nicht vergessen.«
»Hoffentlich.«

Am nächsten Abend traf Dave sich wieder mit Susan Brogare in dem schummrigen Restaurant hinter der Bar. Dieses Mal gingen sie jedoch früh. In Susans Wagen fuhren sie am Fluß entlang, denn Dave befürchtete, Helen könnte sie in der Bar entdecken.
»Du bist eine eigenartige Frau«, sagte er zu Susan, während sie am Ufer parkten und beobachteten, wie vereinzelte große Schneeflocken vom bleigrauen Himmer herabtaumelten.
»Ich will nur mein Leben genießen, weiter nichts.«
»Indem du mich erpreßt, mit dir ins Bett zu gehen?«
»Ich erpresse dich nicht. Du kannst jederzeit abhauen.«
»Aber du weißt, daß ich bleibe«, erwiderte er ruhig. In diesem Augenblick fragte er sich, worauf er zusteuerte, wie wohl alles enden mochte.
Nach ihrer ersten gemeinsamen Nacht sprachen sie nie wieder von dem Überfall, jedenfalls nicht direkt, obwohl das Thema oft am Rande ihrer Gedanken und Gespräche lauerte.
Dave lernte das sonderbare Mädchen mit den farblosen Augen besser kennen, als er Helen je gekannt hatte. Gleichzeitig erzählte er ihr Dinge über sich, die er einem anderen Menschen gegenüber noch niemals erwähnt hatte.
Nachdem sie ihre dritte Nacht zusammen verbracht hatten und er sich von Susan verabschiedete, wußte er, daß er Helen verlassen würde.

»Weißt du, welcher Tag heute ist?« fragte Helen ihn am anderen Morgen. Sie lagen noch im Bett.
»Sonntag, hmm?«
»Ja, aber es ist auch der zweite Februar. Die Sonne scheint, und die Murmeltiere ziehen sich wieder in ihren Bau zurück. Weißt du, was das bedeutet?«
Er wälzte sich auf die andere Seite und versuchte, noch einmal einzuschlafen, doch Helen ließ ihn nicht.
»Na schön«, seufzte er schließlich. »Jetzt bin ich wach. Und die Sonne scheint auch.«
»Dave?«
»Was ist denn jetzt schon wieder?«
»Wann fahren wir nach Florida?«
Schweigend stand er auf und tappte eine Weile barfüßig im Zimmer

umher. Er nahm sich Zeit mit der Antwort. Nach einer geraumen Weile erwiderte er:
»Darüber wollte ich demnächst mit dir sprechen, Helen.«
»Worüber?«
»Über Florida und das alles. Ich habe nachgedacht. Vielleicht wäre es das beste, wenn wir uns trennen. Jeder von uns sollte mal eine Zeitlang seine eigenen Wege gehen.« Als er ihre Miene sah, fuhr er hastig fort: »Natürlich bekommst du deinen Anteil von dem letzten Coup. Ich lege dir noch einen Extratausender dazu, um dir den Start zu erleichtern.«
Ihre Züge gefroren zu einer weißen Maske. »Ist das alles, was du nach zwei Jahren für mich noch übrig hast, Dave?«
»Es muß ja nicht auf Dauer sein, nur vorübergehend. Vielleicht leben wir in einem halben Jahr wieder zusammen.«
»Und du bringst es fertig, mich so einfach zu verlassen?«
»Stell dich nicht an, als beginge ich eine Gemeinheit. Wir hatten zwei schöne Jahre miteinander.«
»Was glaubst du, wo du jetzt ohne mich stündest, Dave? Was wäre ohne meine Träume aus dir geworden?«
»Vielleicht sollte ich das herausfinden. Deine Träume behältst du jedenfalls. Sie bleiben immer bei dir.«
Plötzlich wandte sie den Blick ab. »Beim Träumen kann man sehr einsam sein, wenn man niemanden hat, dem man seine Träume erzählt.«
»Du findest schon jemand anders.«
»Nein, das glaube ich nicht.« Innerlich schien sie sich zu straffen. Sie machte einen sehr entschlossenen Eindruck. »Dave, ich lasse es nicht zu, daß du mich so sitzenläßt. Ich lasse es mir nicht gefallen.«
Fahrig suchte er nach Zigaretten und wunderte sich, warum ihm der Bruch auf einmal so schwierig vorkam. In den zwei Jahren, in denen sie gemeinsam umhergezogen waren, hatte sie ihm nichts weiter bedeutet, als daß sie eine Frau war, eine ausgehaltene Geliebte, die mit ihm schlief, mit ihm an einem Tisch aß und sich an ihre Träume erinnerte.
Stets hatte er sich als Herr der Lage gefühlt, in einem Hinterstübchen seines Gehirns stand für ihn immer fest, daß sie sich eines Tages trennen würden. Gewiß, er hatte sie gebraucht, doch mehr aus zweckmäßigen Gründen, nicht, weil er etwas Besonderes für sie empfand.
»Was gedenkst du denn zu tun?« erkundigte er sich. Ihre Halsstarrigkeit ärgerte ihn.
»Eher zeige ich dich bei der Polizei an, als daß ich es zulasse, daß du mich verläßt. Ich meine es ernst, Dave, das kannst du mir glauben.«
Er las es in ihren Augen, daß sie nicht spaßte.

In den nächsten beiden Nächten hatte Dave es nicht leicht. Er traf sich immer noch heimlich mit Susan, doch immer stärker beschlich ihn eine beunruhigende Vorahnung. Unwillkürlich drängte sich ihm der Vergleich

auf, er sei ein wasserdurchtränktes Stück Holz, das langsam in den offenen Schlund eines Strudels gezogen wird.
Mittlerweile wußte er, daß dieses Mädchen - diese Frau - ihn überallhin begleiten würde, ob nach Florida oder auf den Mond. Doch mit der gleichen Überzeugung war er sich darüber im klaren, daß Helen Reston ihn nicht so einfach ziehen ließe. Keinesfalls würde sie ohne zu rebellieren ihre Koffer packen und gehen. Er hatte sich mit zwei Frauen eingelassen, von denen jede an ihm hing wie eine Klette. Und das Schlimmste war - jede der Frauen besaß die Handhabe, ihn zu vernichten.
Doch gleich bei ihrer ersten Begegnung hatte er gespürt, daß er Susans eigenartigem Reiz verfallen würde. Er fand sie geheimnisvoll und faszinierend, sie besaß den gleichen Hunger nach Erleben und Abenteuer, der ihn vorantrieb. Auf ihre Art war sie genauso skrupellos wie er.
Es ergab sich wie von selbst, daß er in ihrer fünften gemeinsamen Nacht sein Problem mit Susan besprach.
»Unter Druck setzen kann ich sie nicht«, schloß er. »Sie droht, zur Polizei zu gehen.«
Aus halbgeschlossenen Augenlidern sah Susan ihn an. Sie blies den Zigarettenrauch durch die Nase, bis sie ihn an einen Drachen aus der Sagen- und Legendenwelt erinnerte.
»Dann wirst du dir etwas einfallen lassen müssen«, entgegnete sie ruhig.
Er fragte sich, worauf sie anspielen mochte. Keiner von ihnen wagte es, den Gedanken, der sich in ihren Köpfen einnistete, laut auszusprechen, aber in jener Nacht träumte Dave Krown von dem Tankstellenpächter in Illinois, den er niedergeschossen hatte.

Am anderen Tag schien Helen sich ein wenig beruhigt zu haben. Zum erstenmal meuterte sie nicht, weil sich ihre geplante Reise nach Florida immer länger hinauszog. Sie verließ früh das Haus, um ihren Dienst in der Imbißstube anzutreten, und wollte erst spät wiederkommen.
Daves Stimmung hob sich. Er fühlte sich so aufgekratzt, daß er es sogar wagte, an der Feuerwehrstation vorbeizuschlendern. Seit dem Überfall hatte er diese Gegend gemieden. Für Februar war es ungewöhnlich mild. Draußen, vor dem Gebäude, saßen ein paar Feuerwehrleute und schwatzten miteinander. Sie machten den Eindruck von Leuten, die viel Zeit und Muße haben.
Im Vorbeigehen nickte Dave ihnen grüßend zu.

Später am Abend, als sie in seinem Wagen saßen, erzählte er Susan: »Heute spinnt sie nicht mehr.«
»Glaubst du, sie gibt dich frei?«
»Tjaa … nein!«
»Dann mußt du etwas unternehmen.«
»Wir könnten einfach von hier verschwinden.«

»Damit sie zur Polizei rennt?«
»Wenn sie mich anzeigte, würde sie sich mit beschuldigen«, gab er zu bedenken, obwohl er im Grunde genau wußte, daß dies Helen nicht davon abhalten würde, ihn zu verpfeifen. In den zwei Jahren ihres Zusammenlebens hatte er erkannt, daß eine tiefsitzende Neigung zur Rachsucht in ihrer Persönlichkeit schlummerte. Sie war durchaus nicht nur das einfältige, dumme Mädchen, als das sie sich nach außen hin gab.
Susan drückte ihre Zigarette aus. »Ich will dich haben, Dave. Mein Leben lang wurden mir Dinge fortgenommen, an denen ich wirklich hing. Gleich als ich dich zum erstenmal auf der Feuerwache sah, wußte ich, daß ich dich haben wollte. Und ich bekomme dich auch - ich werde dich nicht verlieren.«
»Ich halte zu dir«, tröstete er sie. »Ich werde mir einen Plan ausdenken.«

An diesem Abend war Helen sehr einsilbig. Es schien, als ob etwas sie bedrückte. Am nächsten Tag wirkte sie immer noch besorgt. Planlos werkelte sie in der Wohnung herum, und einmal fragte sie ihn, ob er eine Entscheidung getroffen hätte. Er erwiderte, sie würden bald aufbrechen. Dabei ließ er es bewenden.
Doch wenn sie ihm den Rücken zukehrte, beobachtete er sie. Er belauerte sie und steigerte sich in einen regelrechten Haß auf sie hinein.
»Dave«, platzte sie heraus, »ich bin es leid, jeden Abend allein in der Wohnung zu hocken. Ich möchte, daß du mich zum Essen ausführst.«
»Zum Essen? Wann?«
»Gleich morgen abend. Wir suchen uns ein hübsches Restaurant, irgendwo draußen auf dem Land. Was hältst du vom *Willow Grove?«*
»Ich weiß nicht einmal, ob das Lokal im Winter geöffnet hat.«
»Bestimmt.«
»Na schön. Wir unterhalten uns morgen noch einmal darüber.«

In der Nacht erzählte er Susan von Helens Vorschlag. Er erklärte ihr, warum er am nächsten Abend keine Zeit für sie hätte. Sie saßen in einer kleinen Bar am anderen Ende der Stadt. Es handelte sich um eine gemütliche Kneipe, in der fast nur Stammkundschaft verkehrte. Susan hatte ihn ein paar Tage zuvor dort eingeführt.
Sie wirkte gereizt und ungeduldig. Nervös zündete sie sich eine Zigarette nach der anderen an, um sie dann doch nur zur Hälfte zu rauchen.
»Du mußt etwas tun, Dave. In dieser Stadt halte ich es nicht mehr lange aus.«
»Etwas Geduld mußt du schon aufbringen. Wir kennen uns doch erst seit knapp einer Woche.«
»Ich habe dich mein Leben lang gekannt«, gab sie zurück, indem sie sich eine neue Zigarette anzündete.
Nach einer Weile schoß ihm ein Gedanke durch den Kopf, und er sprach

ihn aus. »Was ist eigentlich aus dem Brief geworden, den du damals im Büro hinterließest? Hast du ihn mittlerweile vernichtet?«
Es war das erste Mal, daß er den Brief erwähnte.
»Ich bringe ihn mit, wenn wir diese Stadt verlassen«, versprach sie. »Mache dir keine Sorgen.«
»Wie käme ich dazu?«
Sie legte ihre Hand auf seine. »Dave - wenn es sein muß, dann tue es. Mir zuliebe.«
Er wußte, was sie meinte. Der kühle, berechnende Klang ihrer Stimme überraschte ihn nicht. Er steckte bereits so tief drin, daß ihn nichts mehr zu überraschen vermochte.

Als er in der Frühe erwachte, schmerzten seine Augen, als hafte Sand unter den Lidern. Blinzelnd sah er, daß Helen bereits auf war. Sie stand am Fenster und rauchte. Auf den ersten Blick merkte er ihr ihre Aufregung an.
»Was ist los?« fragte er.
»Ich hatte einen Traum, Dave. Einen schrecklichen Traum!«
Er stützte sich auf einen Ellbogen und suchte nach seinen Zigaretten, bis er beschloß, aufs Rauchen zu verzichten.
»Erzähle mir davon.«
»Ich weiß gar nicht, wie ich es aussprechen soll - es war so gräßlich! Wir beide - wir beide saßen irgendwo in einer Bar. Es muß droben in den Bergen gewesen sein. Wir zwei waren ganz allein. Nach einer Weile suchte ich die Damentoilette auf. Als ich wieder hinauskam, warst du fort- einfach fort! Du hattest mich im Stich gelassen! Wie wahnsinnig vor Angst lief ich nach draußen. Plötzlich kam von irgendwoher ein Auto herangebraust und überfuhr mich. Ich wachte in dem Augenblick auf, als der Wagen mit mir zusammenprallte.«
»Verrückter Traum«, murmelte er.
»Es war grauenhaft!«
»Am besten, du vergißt ihn.«
Sie legte die Zigarette fort und knetete nervös ihre Hände.
»Dave -«
»Was?«
»Dave, du warst der Fahrer des Wagens.«
»Helen, reiß dich zusammen! Es war doch nur ein Traum!«
Er duschte, rasierte sich und zog sich an. Alles in tiefem Schweigen. Seine Hände zitterten, während er sich bemühte, die schwarzen, konturlosen Gedanken zu verdrängen, die sein Gehirn heimsuchten und immer deutlicher Gestalt annahmen. Eine volle Stunde verging, ehe er sich ein Herz faßte, Helen nach ihren Plänen für den Abend zu fragen.
»Möchtest du immer noch zum Essen ausgehen?«
»Natürlich. Ich hatte mich fest darauf eingestellt.«

»Schön«, entgegnete er. »Vielleicht hilft es uns beiden.«
Keiner von ihnen kam noch einmal auf den Traum zu sprechen. Es wäre auch überflüssig gewesen.

Außerhalb der Saison war das *Willow Grove* ein düsteres, wie tot wirkendes Lokal. Es stand allein in der Nähe einer kaum befahrenen Landstraße. Von den Trauerweiden, die irgendwann einmal in ferner Vergangenheit dem Gasthof seinen Namen gaben, existierten kaum noch welche. Der Mehltau, das Alter und ein in ständiger Erweiterung begriffener Parkplatz hatten ihnen übel mitgespielt.
Dave mutmaßte, daß das Lokal an Sommerwochenenden vor Scharen von fröhlich lärmenden Gästen aus den Nähten platzte, doch nun, im Februar, wäre das Lokal praktisch leer.
Er hatte richtig getippt. Weit auseinandergestreut, saßen vereinzelte Gäste an den Tischen. Die spärliche Beleuchtung bewirkte, daß der Blick unwillkürlich von dem Zigarettenautomaten angezogen wurde, dem weitaus hellsten Fleck im gesamten Restaurant.
Dave hatte den Wagen weit hinten auf dem verlassenen Parkplatz geparkt. Drinnen führte er Helen an einen Tisch, der ein wenig abseits von den übrigen lag.
Beim Essen plauderten sie angeregt miteinander, so daß es beinahe anmutete wie in alten Zeiten. Trotzdem erahnte Dave hin und wieder die Spannung, die in der Luft zu hängen schien.
»Hier speist man immer vorzüglich«, meinte er, als das Gespräch einmal zu erlahmen drohte.
»Wir sind doch erst zum zweiten Mal hier.«
»Egal, das Essen war gut. Möchtest du noch etwas zu trinken?«
»Nein, ich glaube nicht. Wie spät ist es?«
»Kurz vor neun. Warum fragst du? Hast du heute abend noch ein Rendezvous?« Er schmunzelte, doch Helen ging auf seinen scherzenden Ton nicht ein. Sie machte einen seltsam kribbeligen, zappeligen Eindruck. Sie wirkte übernervös. Ihren Mantel hatte sie die ganze Zeit über nicht abgelegt. Sie trug ihn lose über den Schultern. Trotzdem bildete er sich ein, daß sie fröstelte. Dabei war es der neue warme Wintermantel, der aus rotem Flausch mit den schwarzen, zu ihrem Haar passenden Tupfen.
»Frierst du?« erkundigte er sich. »Vielleicht bekommst du eine Erkältung.«
»Ich glaube nicht, Schatz. Wenn ich zittere, dann liegt das wohl einfach an meiner Nervosität. Ich bin unruhig. Ich möchte fort von hier, in Richtung Süden.«
»Aber dann könntest du den neuen Mantel nicht mehr tragen.«
»Mach keine Witze, Dave. Wann brechen wir auf?«
»Keine Ahnung.«
»Hast du immer noch vor, mich zu verlassen?«

»Laß uns auf dem Heimweg darüber reden«, schlug er vor, das Unangenehme vor sich her schiebend.
Kaffee und Aperitifs wurden serviert. Als er um die Rechnung bat, entschuldigte sich Helen und stand auf. Er sah ihr hinterher, wie sie auf die Damentoiletten zusteuerte. Sekundenlang saß er wie erstarrt da und fragte sich, ob er es wirklich zustande bringen würde.
Doch dann erhob er sich von seinem Platz. Zögernd, widerstrebend. Langsam schritt er zur Tür. Die Wanduhr zeigte fünf Minuten nach neun an.
Draußen gefror sein Atem zu dampfenden weißen Wölkchen, die sich scharf gegen die dunkle Nachtluft abhoben. Er setzte sich in den Wagen und ließ den Motor an. Vorsichtig wendete er den Wagen, bis er in einer bestimmten Position stand. Wie ein Torpedo verharrte er in der Zufahrt.
Er wartete. Der Motor schnurrte, bereit, beim geringsten Druck auf das Gaspedal den Wagen davonschießen zu lassen. Dave wartete darauf, daß Helen das Restaurant verließ.
Genau wie im Traum.
Aber vielleicht war das ganze Leben nichts weiter als ein Traum, und er, Dave Krown, der in der Finsternis saß und auf sein Opfer lauerte, verkörperte lediglich die von einem morbiden Unterbewußtsein heraufbeschworene Vision eines Alptraums. Vielleicht verflüchtigte sich der böse Zauber, wie damals, als er den Tankstellenpächter niedergeschossen hatte. Das alles mutete ihn mittlerweile weit entfernt, fremd an, als hätte er es in einem anderen Dasein erlebt.
Ob der Mann an der Schußverletzung gestorben war? Irgendwann einmal müssen wir alle sterben …
Helen, Helen … vergib mir.
Da kam sie! Im Laufschritt rannte sie aus der Tür. Sie hielt sich den Mantel zu, um sich vor der beißenden Kälte zu schützen, über dem hochgeklappten roten Flauschkragen war das schwarze Haar kaum zu erkennen.
Dave trat auf das Pedal, und der Wagen brauste los.
Vergib mir, Helen.
Im letzten Moment schloß er die Augen. Er sah nichts mehr. Doch er spürte, fühlte den Zusammenprall von Blech mit einem menschlichen Körper.

»Es war ein Unfall«, wiederholte er unentwegt. »Ich habe sie nicht gesehen. Es war ein Unfall!«
Jemand hatte den Leichnam mit einem Tischtuch aus dem Restaurant zugedeckt. Aus der Feme hörte man den lauter werdenden Sirenenton eines Rettungsfahrzeugs. Aus dem spärlichen Kreis von Zuschauern löste sich einer der Barmänner. »Es stimmt, was er sagt. Durchs Fenster habe ich alles mit angesehen. Die Dame rannte aus dem Lokal, genau vor den Kühler. Er konnte gar nicht mehr bremsen.«

Zwei, drei Leute murmelten etwas Zustimmendes. Endlich merkte Dave, wie die Spannung allmählich von ihm wich. Er konnte wieder freier atmen.
Trotzdem vermied er es, zu dem geschundenen, zerschmetterten Körper hinzusehen; er blickte selbst dann noch starr in eine andere Richtung, als das erste Polizeiauto auf der Zufahrt vor dem Lokal hielt.
»Ist sie tot?« fragte der Beamte, indem er nach einem Notizblock griff, der auf dem Armaturenbrett lag.
»Sie ist tot.«
»Kann jemand der hier Anwesenden die Frau identifizieren?« wollte er danach wissen. Seine Stimme klang gelangweilt, der Tod barg für ihn keine Schrecknisse mehr.
»Ich kannte sie«, meldete sich Dave. »Sie hieß Helen ...«
Er verstummte. Die Worte blieben ihm in der Kehle stecken, wie ein Klumpen Schweiß, der plötzlich feste Substanz gewinnt. In der Eingangstür zum Lokal, keine zwanzig Schritte von ihm entfernt, stand Helen Reston. Um ihre Lippen huschte die Andeutung eines Lächelns.
Natürlich trug sie keinen Mantel.
»Ist das die Frau, die Sie kennen?« fragte der Beamte, indem er das Tischtuch anhob. Er drehte den Kopf der Toten so, daß die Züge in der trüben Parkplatzbeleuchtung besser zu erkennen waren.
Dave gab keine Antwort. Ohne hinzusehen wußte er, daß sich die tote Frau, die zu seinen Füßen lag, wie durch Magie von Helen in Susan verwandelt hatte.
»Der Führerschein in ihrer Handtasche weist sie als Susan Brogare aus. Es scheint, als hätte sie im Straßenverkehrsamt gearbeitet. Ist sie die Dame, die Sie kannten?« bohrte der Beamte weiter.
»Ja, ich kannte sie«, gab Dave mechanisch zurück.
»Kommen Sie bitte mit, ich muß Ihnen einige Fragen stellen. Eine reine Routineangelegenheit, Sie verstehen.«
Er nickte. Dann fiel ihm etwas ein. »Kann ich vorher bitte kurz mit meiner Freundin sprechen? Sie steht dort drüben.«
»Natürlich. Ich habe viel Zeit.«
Dave schlängelte sich durch die Zuschauergruppe hindurch und ging zu Helen, die ihren Platz im Eingang nicht verlassen hatte.
»Was hast du getan? Gott steh uns bei, was hast du getan?«
Das Lächeln, falls es eines war, umspielte immer noch ihre Lippen. »Ich rief sie an und sagte ihr, ich müsse sie unbedingt sehen. Ich erzählte ihr, ich wüßte über euch beide Bescheid und hätte eine Entscheidung getroffen. Um neun Uhr trafen wir uns hier in der Damentoilette. Ich sagte ihr, ich hätte dich freigegeben, sie könnte dich haben. Du wartetest draußen im Wagen auf sie, um sie gleich mit heimzunehmen. Ich schenkte ihr sogar den Mantel, weil du angeblich wolltest, sie solle ihn von nun an tragen. Dann lief sie hinaus - zu dir.«

»Aber - aber du wußtest, daß ich darauf wartete -«
»Selbstverständlich wußte ich es, Dave.«
»Du hattest es nicht geträumt, stimmt's? Du hast den Traum nur erfunden. Du ahntest, was ich plante.«
»Ich wußte immer bereits vorher, was du tun würdest, Dave. Und es hat nie echte Träume gegeben.«
»Keine echten Träume?« wiederholte er verständnislos. Er begriff nur, daß die Frau, die vor ihm stand, einem tiefen Wasser glich, das er niemals ausgelotet hatte. Nicht annähernd hatte er sie verstanden. Sie steckte voller Gefühle, deren Intensität ihn erschreckte. Er hatte einfach übersehen, wie klug sie war - und wie von Haß zerfressen.
»Dir passiert nichts«, meinte sie. »Es war ein Unfall.«
»Sicher.« Doch er dachte an den Brief, den verfluchten Brief, den Susan damals, vor langer Zeit, eine volle Woche war es her, geschrieben hatte. Dieser Brief brächte ihn auf den elektrischen Stuhl.
»Ich konnte dich nicht freigeben, Dave. Ich schaffte es einfach nicht.«
»Wie hast du erfahren, daß es sie gab?«
»Ich sagte dir, es habe keine echten Träume gegeben, Dave. Das stimmt, ich träume niemals, jedenfalls kann ich mich an meine Träume nicht erinnern. Aber du sprichst im Schlaf. Seit zwei Jahren höre ich dir zu, wie du mir schlafend etwas erzählst. Und das jede Nacht.«
Hinter ihm erklang, wie in einem Traum, die Stimme des Polizisten. »Kommen Sie bitte mit, Mister. Wir zwei haben noch etwas zu besprechen.«

Kein Fall für die Stillen

William Jeffrey

Ernst, streng und dennoch eigenartig majestätisch stand das *Kings Head Hotel* am Rande des menschenleeren, selten bereisten Ickley Moors in Yorkshire, Nordengland. Efeuumrankt, im elisabethanischen Stil gebaut, trug es einen ständigen Schleier aus Nebelfetzen wie eine kostbare, wenn auch leicht mottenzerfressene Pelzstola.

Drei Jahrhunderte hatten in den roten Ziegeln, aus denen der Bau errichtet war, ihre Spuren hinterlassen. Trotzdem blickte er in hoheitsvollem Stolz über die windgepeitschten, öden Moorflächen.

Drinnen, hinter der kleinen Empfangshalle, erstreckte sich ein weitläufiges, in dunklen Tönen gehaltenes Gesellschaftszimmer. Ein hoher, tiefer, offener Kamin beherrschte eine ganze Wand. In dem schmiedeeisernen Korb daneben befanden sich klobige Holzscheite, die das Feuer speisten, solange sich Gäste in dem Raum aufhielten.

An einem Ende verlief eine kleine, aber gemütliche Bar, die beiden anderen Wände wurden von bodenlangen weinroten Samtvorhängen bedeckt.

Die Möbel bestanden aus dunklem, wuchtigem Holz. Die Zimmereinrichtung beschränkte sich im wesentlichen auf gepolsterte Ohrensessel und Sofas mit kunstvoll geschnitzten Rahmen und Beinen. Von der hohen Decke hing ein Kristallüster, zusätzliche Leselampen und kleine Tische waren gleichmäßig im Raum verteilt.

Wie üblich, so hielten sich auch an jenem Abend ungefähr ein Dutzend Damen und Herren in dem Salon auf. Der jüngste der Anwesenden mochte sechzig Jahre zählen, darüber waren alle möglichen Altersstufen vertreten.

In dem Raum herrschte ein Schweigen, das einen Außenstehenden bedrückt hätte. Die Herren verschanzten sich hinter der *London Times* oder dem *Manchester Guardian.* Aufmerksam, ohne eine Zeile auszulassen, studierten sie die Blätter. Hin und wieder nippten sie an einem Kognak, Whisky Soda oder trockenen Ingwerlikör.

Die Damen häkelten Sesselschoner oder Deckchen, wobei sie vor keinem noch so komplizierten Muster zurückscheuten. Mit spitzen Lippen kosteten sie von einem süßen Sherry, wenn sie nicht reichlich mit Zucker und Sahne versehenen Tee bevorzugten.

Selten sprach man miteinander, und wenn, dann nur im Flüsterton. Ein älterer, auf unaufdringliche Art dienstbeflissener Kellner namens Peters schritt gelegentlich zwischen den Gästen hin und her, um schweigend Gläser nachzufüllen und überquellende Aschenbecher zu leeren.

Außer dem leisen Knistern der brennenden Holzscheite im Kamin war kein Laut zu hören, als um Viertel nach zehn der Fremde eintrat.

Der neue Gast entpuppte sich als kräftiger Mann mit frischer Gesichtsfarbe. Zu einem weiten Mantel aus grobem Tweed trug er ein Halstuch aus Seide. Die Hände steckten in teuer aussehenden, ledernen Autohandschuhen.
Raschen Schrittes betrat er die Empfangshalle, wobei er die schwere Eichentür achtlos hinter sich ins Schloß fallen ließ. Einen Augenblick lang stand er da, den Atem geräuschvoll durch den offenen Mund ausblasend.
Dann erspähte er durch den Torbogen hinter dem glänzend polierten Rezeptionspult die Bar. Hathaway, dem betagten Nachtportier flüchtig zunickend, steuerte er mit gewichtiger Miene quer durch den Salon auf die Theke zu.
»Einen Whisky auf Eis«, rief er Michaels, dem Barmann, zu, der gerade sorgfältig einen Kognak mit Soda mixte.
»Sir?«
Überrascht hob Michaels den Kopf. Er wirkte wie eine jüngere Ausgabe Peters'.
»Whisky auf Eis«, wiederholte der Fremde. »Aber ein bißchen flott, wenn ich bitten darf!«
»Sehr wohl, Sir.«
In aller Ruhe widmete sich Michaels dem Kognak mit Soda. Als die Mischung zu seiner Zufriedenheit ausgefallen war, stellte er das Glas auf ein Silbertablett, das Peters, geduldig wartend, ihm entgegenhielt.
Erst dann wandte er sich dem rückwärtigen Regal zu, auf dem Flaschen und Gläser ordentlich aufgereiht standen.
Der Fremde streifte sich die Handschuhe ab. »Wo befindet sich die nächste Autoreparaturwerkstatt?« wollte er wissen.
»Autoreparaturwerkstatt?« echote Michaels.
»Auf diesen verdammten Straßen hier habe ich mir die Lenkung meines Wagens versaut. Ehe ich weiterfahre, muß ein Mechaniker die Karre ansehen.«
»Der einzige Mechaniker in dieser Gegend ist Jerome Bosley, Sir«, erwiderte Michaels mit sanfter Stimme. »Allerdings versteht er sich in erster Linie auf Traktoren.«
»Traktoren?«
»Ja, Sir.« Bedächtig entfaltete Michaels auf der Theke eine Serviette, in deren Mitte er dann ein Kristallglas stellte. Er achtete darauf, daß das eingravierte Emblem des *Kings Head* für den Fremden gut sichtbar war. »Ab und zu repariert er auch einen Lastwagen. Doch heute ist er nach Bridlington gefahren, um seine alte Mutter zu besuchen, und wird erst morgen abend zurück sein. Ich fürchte, im Umkreis von vierzig Meilen findet sich kein anderer Mechaniker, Sir.«
»Das ist ja prächtig! Ausgezeichnet!« Die Stimme des Fremden troff vor Hohn. »Und was soll ich bis dahin tun?«

»Das weiß ich auch nicht, Sir«, antwortete Michaels. Er schenkte großzügig bemessen Whisky in das Glas, dann trat er einen Schritt zurück.
Der Fremde furchte die Stirn. »Eis«, verlangte er. »Sir?«
»Verdammt noch mal! Eis! Wo bleibt das Eis, Mann?!« Mit einem kräftigen Finger tippte der Fremde an das Glas. »Oder soll ich das Zeug etwa warm trinken?«
»Nein, Sir, natürlich nicht. Peters, wären Sie so freundlich ...?«
Peters deutete eine Verbeugung an und verließ den Salon. Er durchquerte den nun verdunkelten Speisesaal und begab sich in die dahinterliegende Küche. Eine Zeitlang sah der Fremde ihm nach, dann drehte er sich um und nahm den Salon in Augenschein.
Keiner der Anwesenden schenkte ihm Beachtung.
Der Fremde gab einen verächtlichen Laut von sich und wandte sich wieder Michaels zu. Während er mit den Handschuhen ungeduldig gegen das polierte Holz der Barverkleidung schlug, sagte er in einem Ton, der für seine übliche lärmende Sprechweise verhalten klang, jedoch bis in den letzten Winkel des Salons hinein zu hören war:
»Der Traum eines jeden Archäologen - ein ganzes Mausoleum voller Fossilien.«
Die Bemerkung ließ Michaels erstarren, ließ Oberst i. R. Gloucester-Smith den Atem anhalten und empörte die verwitwete Mrs. Pemblington dergestalt, daß sie eine Masche fallen ließ. Doch ansonsten glich der Salon einer stillen Waldlichtung an einem besonders ruhigen Tag.
Der Fremde fuhr fort:
»Ich muß ein wichtiges Telefongespräch führen. Wo finde ich einen Apparat?«
»Nirgendwo, Sir.«
»Was soll das heißen?«
»Wir sind nicht ans Telefonnetz angeschlossen, Sir.«
»Quatsch! Heutzutage hat jeder ein Telefon.«
»Offenbar doch nicht, Sir«, widersprach Michaels geduldig. »Unsere Gäste benötigen kein Telefon, und diese Geräte haben die störende Angewohnheit, zu später Stunde zu läuten. Wirklich sehr lästig.«
Verdutzt starrte der Fremde den ältlichen Barmann an. »Wahrscheinlich gibt es hier auch nirgendwo eine Möglichkeit, ein Telegramm aufzugeben.«
»Leider nein, Sir. Es tut mir leid, wenn ich Sie enttäuschen muß.«
»Verflucht noch mal!« brauste der Fremde auf. »Ich muß unbedingt meine Geschäftspartner in London erreichen und ihnen mitteilen, wo ich festsitze. Sie haben keine Ahnung, daß ich plante, heute nach Manchester zu fahren. Sie haben keinen blassen Schimmer, wo ich jetzt bin.«
»Es tut mir leid, Sir.«
»Das sollte es auch, Herrgott noch mal!« platzte der Fremde heraus. Er schwenkte herum und glotzte Peters entgegen, der sich ihm gemessenen

Schrittes näherte. In einer Hand balancierte er eine blaue Porzellanschale, die vier Eiswürfel enthielt.
»Das wurde aber auch Zeit«, wetterte der Fremde. »Ich dachte schon, Sie hätten sich da draußen irgendwo verlaufen und würden nicht mehr hierher zurückfinden.«
Unterdessen nahmen einige der im Salon weilenden Gäste Notiz von der lautstarken Szene. Manche *Times* und mancher *Guardian* senkte sich, vorwurfsvolle, verwunderte Blicke preisgebend.
Ungewohnt müßige Hände lagen im Schoß, Spitzendeckchen und kunstvolle Sesselschoner vernachlässigend.
Sir Pruitt, der neben dem ausgeschalteten Phonographen in einer Ecke saß, fühlte sich vom genossenen Kognak bereits so gelöst, daß er sich tatsächlich umdrehte und den Fremden wütend anfunkelte. Der Augenblick der Enthemmung währte indessen nicht lange. Nachdem Sir Pruitt seinen Zorn dergestalt entladen hatte, sank er wieder in die beruhigende Anonymität seines wuchtigen Ohrensessels zurück.
Falls der Fremde es merkte, daß man ihn von allen Seiten voller Unmut anstarrte, so gab er es durch nichts zu erkennen. Nervös wartete er darauf, daß Peters ihm mittels einer Zuckerzange zwei Eiswürfel ins Glas tauchte, dann steckte er ungeniert seinen Zeigefinger in den Whisky und rührte um. Das Glas hebend, verkündete er mit dröhnender Stimme:
»Das spült den Staub aus der Kehle!«
Er leerte das Glas in einem Zug, leckte sich schmatzend die Lippen und verlangte einen neuen Whisky.
Michaels schenkte nach.
»Gibt's in diesem Laden auch etwas zu essen?« fragte der Fremde.
»Der Speisesaal ist geschlossen, Sir.«
»Das sehe ich selbst«, entgegnete der Fremde in zänkischem Ton. »Kann ich ein Sandwich bekommen? Oder etwas Käse und Cracker?«
»Leider nein, Sir.«
»Haben Sie Erdnüsse? Salzstangen? Zwiebelringe?«
»Ich werde nachsehen, Sir«, erwiderte Michaels.
Nach einigem Suchen förderte er einen halbleeren Karton mit alt aussehenden Keksen zutage, den er höflich vor dem Fremden auf die Theke stellte.
Der Fremde nahm den Karton in die Hand, spähte mißtrauisch hinein und fragte:
»Was soll das sein?«
»Kekse, Sir. Gelegentlich reichen wir sie zum Tee.«
»Kekse?« wiederholte der Fremde, indem er einen Teil des Kartoninhalts auf die Theke kippte. Vorsichtig probierte er einen. »Die schmecken nach Pappe. Genauso fade.«
»Ich fürchte, etwas anderes haben wir zur Zeit nicht im Hause, Sir.«
Der Fremde murmelte ein paar unzusammenhängende Satzfetzen und

kaute lustlos auf dem Keks herum. Die knirschenden Geräusche, die seine Kinnladen dabei verursachten, störten die verwitwete Mrs. Pemblington derart, daß sie bereits wieder eine Masche fallen ließ. Miss Agatha Crenshaw, die Gesellschafterin der würdigen Dame, klappte ihr Handtäschchen auf, in dem sie Kopfschmerztabletten aufbewahrte.
Mit vollem Mund fragte der Fremde:
»Haben Sie ein freies Zimmer, oder muß ich die Nacht in meinem Wagen verbringen?«
»Wir können Sie gewiß zufriedenstellend unterbringen, Sir.«
»Bitte keine voreiligen Behauptungen.« Verächtlich winkte der Fremde ab. Sich auf seinem Barhocker umdrehend, brüllte er:
»Portier! Heda, Portier!«
Mehrere Gäste fuhren ob dieses stürmischen Ausbruchs erschrocken zusammen. Von der Rezeption her näherten sich schlurfende Schritte. Im Torbogen tauchte Hathaway auf.
»Sir?«
Der Fremde warf ihm ein ledernes Schlüsseletui zu. Hathaway vermochte es nicht zu fangen, und klirrend fiel es zu Boden. Mühsam bückte sich der Alte, mit einer Hand sein Kreuz stützend.
»Draußen steht mein Wagen, ein orangefarbener Sportflitzer. Tragen Sie mein Gepäck aufs Zimmer und tragen Sie mich in die Anmeldeliste ein. Mein Name ist Rasmussem. Harold J. Rasmussen.«
Schwerfällig rappelte sich Hathaway hoch. »Nur für eine Nacht, Mr. Rasmussen?« fragte er mit dünner Greisenstimme.
»Das will ich doch hoffen! Aber wer weiß, was mit meinem Wagen los ist! Wenn ich Pech habe, sitze ich eine ganze Woche hier fest, oder sogar noch länger, was der Himmel verhüten möge!« Er steckte sich noch einen Keks in den Mund und begann energisch zu kauen. »Hören Sie, ich brauche auf jeden Fall ein Zimmer mit Bad - und wehe, es gibt hier kein heißes Wasser!«
»Wie Sie wünschen, Sir«, erwiderte Hathaway ergeben. Langsam schlurfte er davon.
Der Fremde, Rasmussen, wandte seine Aufmerksamkeit erneut der Bar zu. »Hoffentlich bekommt er keinen Herzschlag, wenn er meine Koffer trägt.« Die Vorstellung schien ihn ungemein zu erheitern. Er stieß ein lang anhaltendes, wieherndes Lachen aus.
Nach einer geraumen Weile beruhigte er sich. Er wischte sich die Augen. schneuzte lautstark in sein Taschentuch und blickte Michaels an.
»Wie wär's mit ein wenig Musik?« schlug er vor.
»Sir?«
»Musik! Sind Sie schwerhörig? Etwas Flottes, Fetziges! Wenn ich schon hier festsitze, dann will ich mich wenigstens amüsieren. Los, Mann, wir wollen mal ein bißchen Leben in diese Gruft bringen!«
Mittlerweile hatte er es geschafft, die ungeteilte Aufmerksamkeit eines

jeden Anwesenden im Salon auf sich zu ziehen. Seine Worte glichen einem eisigen, rauhen Wind, der die milde Atmosphäre einer Waldlichtung stört. Ein sanftes, kaum wahrnehmbares Wispern durcheilte den Raum, es war das Raunen von Laub, das sich gegen die heimtückische Bö wehrt.
Oberst i. R. Gloucester-Smith seufzte leise und erhob sich aus seinem Sessel. Bedächtig schaute er in die Runde, seufzte ein zweites Mal und straffte den Rücken. In aufrechter, militärischer Haltung schritt er zur Bar. Neben Rasmussen blieb er stehen und räusperte sich.
Der Fremde maß ihn mit einem kühlen Blick.
»Wer sind Sie?«
»Oberst Gloucester-Smith, im Ruhestand, zu Ihren Diensten. Darf ich Sie … äh … zu einem Drink einladen?«
»Nanu! Sie wollen mir einen Drink spendieren, General?«
»Oberst!« korrigierte Gloucester-Smith den Fremden. »Jawohl, mein Bester, ich würde gern ein Glas mit Ihnen trinken. Als Zeichen unserer Gastfreundschaft, sozusagen.«
»Das finde ich verdammt anständig von Ihnen, General.«
»Ahem … keine Ursache, guter Mann.« Der Oberst i. R. suchte Michaels' Blick. »Ein Glas Whisky für unseren Gast, bitte. Ich schlage vor, die bewährte Marke.«
»Sehr wohl, Sir.« Michaels faßte unter die Theke und holte eine dickbauchige, bernsteinfarbene Flasche hervor. Er entkorkte sie und goß reichlich von dem Inhalt über die schmelzenden Eiswürfel in Rasmussens Glas.
»Trinken Sie nicht mit, General?« erkundigte sich der Fremde.
»Doch, aber ich bleibe bei meinem gewohnten Kognak.«
»Da verpassen Sie etwas«, meinte Rasmussen. »Es geht doch nichts über einen guten Whisky. Na denn Prost, alter Knabe!«
Er hob das Glas, schnüffelte daran, nickte befriedigt und trank. Er legte den Kopf in den Nacken und trank das Glas in einem Zug zur Hälfte leer. Dann befeuchtete er seine Lippen, machte eine anerkennende Miene und kippte den Rest des Glases hinunter.
»Nicht schlecht, General, nicht schlecht. Ich vermute, es ist ein -«
Rasmussen unterbrach sich. Plötzlich schienen seine Augen aus den Höhlen treten zu wollen, und er klappte den Mund auf. Ein erstickter Laut entrang sich seinen Lippen. Mit der rechten Hand umklammerte er seine Kehle.
Jählings, übergangslos stürzte er auf den teppichbelegten Boden, zuckte noch einmal und blieb dann reglos liegen.
Im Raum herrschte absolutes Schweigen. Oberst Gloucester-Smith kniete neben Rasmussen nieder und fühlte seinen Puls. Bald stand er wieder auf und gab Peters und Michaels ein Zeichen.
Die beiden Männer trugen die leblose Gestalt des Fremden zur Tür hinaus, durch das dunkle Speisezimmer und die Küche, von wo aus ein

Nebeneingang nach draußen führte. Gleich hinter dem Hotel erstreckte sich einsam und dunkel das nebelverhangene Moor.
In den Salon kehrten abermals Ruhe und Frieden ein. Eifrige Hände rührten sich. Lediglich das Knistern der Holzscheite im Kamin störte die Stille.
Es wurde erst wieder gesprochen, als Oberst Gloucester-Smith seinen gewohnten Platz am Feuer einnahm.
Cecil Whitehead, der unmittelbar rechts von ihm saß, beugte sich vor. »Wie viele sind es jetzt, Oberst?«
»Elf, glaube ich.«
»Hoffentlich war dies der letzte«, flüsterte Whitehead. »Ich genieße so sehr diese wohltuende Stille.«
»Ich auch«, wisperte der Oberst zurück. Behutsam, damit kein raschelndes Papier die anderen Gäste störte, entfaltete er seine Ausgabe der *London Times*.

Die Entscheidung

Mark Sadler

Warren Manning lächelte. »Könnten Sie unseren Tresor öffnen, Eddie?« Manning war ein großgewachsener, distinguiert aussehender Herr, Präsident des Pharmakonzerns Manning & Coles. Entspannt saß er hinter dem Schreibtisch seines vornehm eingerichteten privaten Büros. Sein konservativer grauer Anzug paßte ihm wie angegossen.

Eddie Berger hingegen war klein und schmächtig, sein brauner Anzug wirkte alt und abgetragen. Er betrachtete den massiven, in die Wand eingelassenen Stahlschrank.

»Es ist ein guter Tresor«, räumte Eddie ein, »aber es gibt keinen Safe und keine Stahlkammer, die ich nicht öffnen könnte. Allerdings habe ich mich vom Geschäft zurückgezogen, Mr. Manning. Seit zwei Jahren bin ich sauber, und rückfällig werde ich nicht. Sie brauchen sich also keine Sorgen zu machen.«

»Heute in einer Woche, Eddie, befinden sich zweihundertfünfzigtausend Dollar Bargeld in diesem Tresor«, fuhr Manning fort. »Ich werde dieses Geld stehlen, und ich brauche Sie, um den Tresor zu öffnen.«

Amüsiert lächelte er über den Ausdruck, der sich auf Eddies schmalem Gesicht abmalte: es handelte sich um eine Mischung aus Gekränktheit und Entsetzen.

»Für einen Mann, den man bedingt aus der Haft entlassen hat, ist das ein schlechter Scherz«, versetzte Eddie.

»Es sollte kein Scherz sein, Eddie«, klärte Manning ihn auf.

Eddie Berger schwieg. Er schien nachzudenken. Sein mageres Gesicht nahm einen harten Zug an.

»Sie brauchen keinen Oberbuchhalter«, meinte Eddie. »Vermutlich ist in Ihrer Buchhaltung gar keine Stelle frei. Sie sagten, Sie wollten einem ehemaligen Strafgefangenen, der seit zwei Jahren sauber ist, eine Chance geben. Es war nur ein Vorwand. In Wahrheit benötigen Sie einen Tresorknacker.«

»Einen Tresorknacker mit einem langen Vorstrafenregister, den man vorzeitig auf Bewährung aus der Haft entlassen hat«, ergänzte Manning. »Es dauerte lange, bis ich auf den richtigen Mann stieß, aber dann fand ich Sie.«

Eddie Berger stand auf. »Und schon haben Sie mich wieder verloren.«

Der schmächtige Geldschrankknacker rüstete sich zum Gehen. Der Präsident des Konzerns sah zu, wie er die Tür öffnen wollte. Sie war versperrt.

Eddie drehte sich um. »Die Tür läßt sich auf elektrischem Wege verriegeln. Öffnen Sie, bitte!«

»Setzen Sie sich!« befahl Manning. »Ich habe diesen Einbruch sehr sorg-

fältig geplant, Eddie. Erinnern Sie sich an unser zweites Gespräch, als ich Sie bat, bei einem Mann in einem Restaurant ein Päckchen abzuliefern?«
»Ja.«
»In diesem Päckchen befand sich Morphium. Es handelte sich um gestohlene Ware. Der Mann, dem Sie es aushändigten, ist ein bekannter Drogenhändler. Von dieser Begegnung gibt es Fotos. Diese Bilder kann ich jederzeit der Polizei zuspielen. Allein die Tatsache, daß Sie sich mit einem Kriminellen getroffen haben, verletzt die Bewährungsvorschriften. Zu diesem Zeitpunkt, ehe der Einbruch stattgefunden hat, würde kein Mensch Ihnen glauben, wenn Sie irgend etwas über mich erzählen. Und später werden Sie von selbst den Mund halten, dessen bin ich mir gewiß. Ich brauche keine Druckmittel gegen Sie in der Hand zu behalten.«
Eddie Berger stand immer noch an der Tür. Er entgegnete nichts.
»Bevor sich der Einbruch ereignet hat, kann ich Sie jederzeit ins Gefängnis zurückbringen«, betonte Warren Manning. »Nehmen Sie wieder Platz, Eddie.«
»Entweder ich öffne für Sie den Safe - oder ich lande wieder im Knast.«
»Ich fürchte, eine dritte Möglichkeit gibt es nicht.«
»Bei meinen Vorstrafen bedeutet das lebenslänglich.«
»Davon müssen Sie ausgehen.«
»Mir bleibt also gar keine Wahl.«
»Ich sehe jedenfalls keine Alternative.«
Eddie Berger nahm seinen Platz wieder ein. Warren Mannings Lächeln wurde breiter.
Eddie schüttelte den Kopf.
»Verzichten Sie auf Ihren Plan, Mr. Manning«, riet er. »Ich habe mein Leben lang gestohlen und dafür die Hälfte meiner Jahre in Gefängnissen zugebracht. Sechs Strafen, davon zwei unter erschwerten Haftbedingungen. Ich bin abgehärtet, ich war Berufsverbrecher. Und ich verstand mein Handwerk. Bei Ihnen ist das etwas anderes, Mr. Manning. Im Gefängnis werden Sie sich sehr umstellen müssen.«
»Stellen Sie sich intelligenzmäßig mit mir auf eine Stufe, Eddie? Ich sagte Ihnen doch, ich habe alles genau geplant. Keiner von uns beiden wird erwischt. Es handelt sich um das perfekte Verbrechen.«
»Ich höre, Mr. Manning. Beweisen Sie mir, wie klug Sie sind.«
Manning nickte und beugte sich vor. »Ich habe kein Motiv für die Tat. Ich bin nicht unvermögend, spiele nicht, habe keine Schulden, stecke in keinerlei Schwierigkeiten. Ich bin Junggeselle, Frauenprobleme existieren nicht für mich. Ich benötige das Geld überhaupt nicht.«
»Warum wollen Sie es dann stehlen?«
»Es gibt einen Grund, doch der ist nicht offensichtlich. Und es wird sehr lange dauern, bis er einmal aktuell wird. Doch selbst dann wird keiner auf die Idee kommen, mich zu verdächtigen. Falls doch - nun, es fehlen jegliche Beweise.«

»Und was wird aus mir? Ich bin ein bekannter Safeknacker mit einem bekannten *modus operandi.«*
»Sie verschaffen sich ein Alibi. Kein hieb- und stichfestes, natürlich, aber ein glaubwürdiges. Es genügt, wenn Sie nur ein klein wenig von Ihrer üblichen Methode abweichen.«
»Sie scheinen sich sehr sicher zu sein. Warum?«
»Weil ich gerade noch rechtzeitig in mein Büro zurückkehren werde, um den Einbrecher fliehen zu sehen! Das versetzt mich in die Lage, der Polizei eine ziemlich genaue Beschreibung des Mannes zu geben - eine Beschreibung, die niemals auf Sie zutreffen kann. Wenn die Polizei und die Versicherungsgesellschaft entdecken, daß Sie ein Alibi haben und ich keinerlei Motiv, dann wird man sich an die Personenbeschreibung halten und nach einem Phantom fahnden. Und auch das Geld findet man nie.«
Eddie Berger überlegte. »Wissen Sie was, es könnte klappen.«
»Es wird klappen.«
»Aber warum benötigen Sie meine Hilfe? Warum täuschen Sie den Einbruch nicht einfach vor?«
»Die Polizei kann einen echten Einbruch von einem vorgetäuschten unterscheiden. Mein Geschäftspartner und ich sind die einzigen, die die Kombination des Schlosses kennen. Der Einbruch muß echt aussehen, so als sei ein Experte am Werk gewesen.«
Eddie nickte. »Wie hoch ist mein Anteil?«
»Einhundertfünfzigtausend für mich, einhunderttausend für Sie, plus Auslagen. Es soll sich für Sie lohnen.«
»Das muß es auch. Seit zwei Jahren bin ich sauber. Wenn ich mir schon die Finger schmutzig mache, dann möchte ich, daß etwas für mich dabei herausspringt.«
Eddie Berger stand auf. »Geben Sie mir einen Tag Zeit. Ich muß verschiedenes planen und meine Frau einweihen.«
»Sie bekommen den Tag, Eddie.«

In der winzigen Stube der billigen Wohnung, in der Eddie Berger und seine Frau seit zwei langen, harten, aber ehrlichen Jahren lebten, fand ein Gespräch statt.
Eddie zuckte mit den Schultern. »Wir haben keine Wahl, Grace. Manning hat mich in der Hand.«
»Bist du sicher, Eddie? Muß es wirklich sein?«
»Ja. Er hat mich in die Enge getrieben. Und wenn es schon so ist, dann sollten wir das Geld ruhig mitnehmen. «
»Glaubst du, daß es funktionieren wird, Eddie?«
Eddie nickte. »Bestimmt.«
»Manning macht mir angst«, bekannte Grace.
»Wegen Manning brauchst du dich nicht so sorgen. Er ist geldgierig, aber er geht auf Nummer Sicher. Für ihn steht eine Menge auf dem Spiel.«

»Tja«, sinnierte Grace, »das alte Leben war nicht übel. Wir besaßen Geld, von allem konnten wir uns das Beste leisten. Wir lebten wie die Maden im Speck - wenn du nicht gerade im Gefängnis warst.«
»Dieses Mal gibt's kein Gefängnis. Wir werden wieder aus dem vollen schöpfen, Liebling, auch wenn es heißt, daß wir uns auf die Dauer nirgendwo niederlassen können. Einerseits war es ja schön, nicht ständig unterwegs sein zu müssen, aber mit dem Lohn eines Hilfsbuchhalters kann man keine großen Sprünge machen. Vielleicht ist es nicht das Schlechteste, wieder einmal Geld in den Fingern zu haben.«
»Und Manning läßt uns ja gar keine Wahl.«
»Es gibt keinen Ausweg«, bekräftigte Eddie. »Du weißt, was du zu tun hast? Flugkarten besorgen und so weiter?«
»Ich kümmere mich um alles, Schatz.«
»Ausgezeichnet.«

Manning und Eddie trafen sich in einem Hotelzimmer, um die Einzelheiten zu besprechen. Beide achteten darauf, daß man sie beim Betreten des Hotels nicht sah.
»Am Montag abend liegt das Geld im Safe«, erklärte Manning. »Alles unmarkierte Scheine, die Nummern sind nicht notiert. Es handelt sich um die erste Rate für eine große Warenlieferung ins Ausland. Am Samstag abend verlassen Sie die Stadt und quartieren sich mit Ihrer Frau in irgendeinem Urlaubsort ein. Montags kehren Sie, in letzter Minute, hierher zurück. Unterdessen benimmt sich Ihre Frau, als befänden Sie sich die ganze Zeit über in jenem Ort in Ihrem Hotelzimmer. Sofern Sie niemand fortfahren oder heimkehren sieht, liefern Sie der Polizei keinen Grund, an Ihrem Alibi zu zweifeln. Ich glaube jedoch nicht, daß man Sie verhören wird.«
»Mich sieht schon niemand. Und Grace weiß, was sie zu tun hat«, entgegnete Eddie.
»Gut. Wenn Sie hier eintreffen, tragen Sie weiße Segeltuchschuhe und irgend etwas Weißes an Ihrem Hut, damit ich Sie erkenne - vor allen Dingen, wenn Sie das Gebäude verlassen. Wieviel Zeit werden Sie brauchen?«
»Ungefähr anderthalb Stunden. Normalerweise arbeite ich mit Nitro, aber dieses Mal benutze ich einen anderen Stoff, um die Methode zu ändern.«
Manning nickte. »Wenn ich Sie sehe und weiß, daß Sie das Geld bei sich haben, gehe ich in die Fabrik zurück, angeblich, um noch zu arbeiten. Meinem Partner gegenüber werde ich zuvor erwähnen, daß ich plane, länger zu bleiben. Sobald ich mein Büro betrete, schreie ich, der Safe sei aufgebrochen worden und der Einbrecher gerade zum Fenster hinaus. An dieser Stelle ist die Straßenbeleuchtung so ausgezeichnet, daß ich ohne weiteres eine ausführliche, glaubwürdige Personenbeschreibung abgeben kann. Nach dem, was ich der Polizei erzählen werde, kommt sie vermut-

lich nicht einmal entfernt auf den Gedanken, in dem Täter Sie zu vermuten.«
»Erzählen Sie mir etwas über die Bewachung und die Alarmanlage.«
»Ein Wachmann befindet sich im Foyer, so weit entfernt, daß Sie sich um ihn nicht zu kümmern brauchen, ein zweiter macht die Runde. Seinen Zeitplan erhalten Sie von mir. Ein einzelner Mann bewacht das Tor. Wie Sie den ausschalten oder umgehen, ist Ihre Sache.«
»Das geht in Ordnung. Die Wachmänner sind kein Problem.«
»Im Erdgeschoß gibt es eine ganz simple Alarmanlage. Unser Unternehmen stellt keine Risikogüter her. Der Tresor ist mit einer Alarmanlage ausgestattet, die in der Zentrale einer Wach- und Schließgesellschaft einen Sirenenton auslöst. Das Ganze soll nach dem Werk eines Profis aussehen, deshalb müssen Sie sich auch mit den Alarmanlagen befassen.«
»Darin sehe ich keine Schwierigkeiten«, gab Eddie zurück. »Was mache ich mit dem Geld, wenn ich draußen bin? Ich meine mit Ihrem Anteil?«
»Bringen Sie das Geld zur Busstation und verwahren Sie es dort in einem Schließfach. Den Schlüssel legen Sie in einen Wagen, der auf dem Platz für Dauerparker stehen wird. Das Auto wird man nicht mit mir in Verbindung bringen. Marke und Kennzeichen des Fahrzeugs bekommen Sie von mir, sobald ich es besorgt habe.«
»Okay«, stimmte Eddie zu. »Nachdem Sie sehen, wie ich das Gebäude verlasse, müssen Sie mindestens eine halbe Stunde warten, ehe Sie hineingehen und Alarm schlagen. Soviel Zeit brauche ich, um meinen Anteil des Geldes irgendwo unterzubringen und mich auf den Rückweg zum Urlaubsort machen.«
»Na schön, aber nicht länger. Der Wachmann, der für die Patrouille zugeteilt ist, schaut alle zwei Stunden in mein Büro hinein, wenn ich nicht da bin. Die Zeiten müssen gut aufeinander abgestimmt sein, und sobald ich mein Büro betrete, muß ich den Einbruch entdecken und Alarm geben.«
»Eine halbe Stunde genügt mir vollauf«, bekräftigte Eddie. »Ich habe alles genau geplant.«
»Prächtig. Dann brauchen wir uns wohl kein zweites Mal zu treffen, oder?«
»Ich wüßte nicht, warum. Hoffentlich läuft für uns beide alles glatt.«
»Es geht nichts schief, Eddie«, behauptete Manning. »Alles läuft wie geplant.«

Am nächsten Montag, kurz nach siebzehn Uhr, teilte Warren Manning seinem Partner, George Coles, mit, er wolle an diesem Abend lange arbeiten, und dazu müsse der Panzerschrank offenbleiben.
»Müssen Sie heute nicht noch zu einer Versammlung?« fragte Coles.
»Verflixt ja, zur Konferenz der Gesellschaft für Chemie! Na schön, ich arbeite, bis ich aufbrechen muß, und komme später noch einmal zurück. Oder möchten Sie die Arbeit für mich erledigen?«

»Leiden Sie ruhig«, grinste Coles. »Ich habe Theaterkarten.«
»Viel Spaß«, wünschte Manning.
Coles ging, und nun war Manning an der Reihe zu grinsen. Er hatte dafür gesorgt, daß Coles später aussagen konnte, er habe eigentlich gegen seinen Willen Überstunden gemacht - ein Detail, das unter Umständen wichtig war.
Um achtzehn Uhr dreißig kam der Wachmann auf seinem Rundgang zum erstenmal an ihm vorbei. Manning nickte ihm zu, als habe er nur flüchtig Zeit, von seiner Tätigkeit aufzublicken. Er gab vor, in seine Arbeit vertieft zu sein.
Die nächste Kontrolle fände also erst in zwei Stunden statt, wie er es einkalkuliert hatte. Um zwanzig Uhr dreißig sollte Eddie Berger eintreffen. So sah der Plan es vor - nur hatte Manning eine wichtige Änderung vorgenommen, die die sofortige Ausführung verlangte. Also schritt er zur Tat.
Er ging an den Tresor, holte die Viertelmillion Dollar heraus und packte das Geld in einen Koffer, den er zuvor in seinem Schrank versteckt hatte. Danach versperrte er den Panzerschrank und schaltete die Alarmanlage ein. Nachdem er sich davon überzeugt hatte, daß der Korridor leer war, trug er den Koffer die Hintertreppe hinunter und in einen Lagerraum, von dem aus eine vergitterte, kaum benutzte Nebentür ins Freie führte. Er schloß auf, trat hinaus und ging zu seinem Wagen. Das Geld versteckte er im Kofferraum, dann eilte er auf demselben Weg zurück in sein Büro. Niemand hatte ihn gesehen.
Bis acht blieb er in seinem Büro. Nach einem prüfenden Blick auf seine Uhr zog er seinen Mantel an, setzte sich den Hut auf und begab sich hinunter ins Foyer.
»Gegen halb elf komme ich noch einmal zurück«, teilte er dem Mann mit, der das Portal bewachte.
In geruhsamem Tempo fuhr Manning zu einem freien Feld, das sich, keine Meile von der Fabrik entfernt, längs der Straße ausdehnte. In einer kleinen Senke vergrub er den Koffer in einem Loch, das er bereits früher ausgehoben hatte. Dann fuhr er zur Fabrik zurück, parkte jedoch so, daß niemand den Wagen entdecken konnte.
Wenige Minuten vor halb neun hielt in einer Seitenstraße nahe der Fabrik ein kleines Auto. Manning sah, daß der Mann, der ausstieg und die Gasse entlangschritt, weiße Segeltuchschuhe trug. In einer Hand hielt er eine schwarze Tasche. Im Schein einer Straßenlaterne erkannte er einwandfrei Eddie Berger. Berger verschwand aus Mannings Blickfeld, als er um eine Ecke des Werksgebäudes bog. Manning ließ den Motor an und fuhr fort.
Kurz nach zwanzig Uhr dreißig tauchte er auf der Konferenz der Gesellschaft für Chemie auf und unterhielt sich mit vielen Leuten, die ihn kannten. Noch vor zehn verließ Manning unauffällig die Versammlung und fuhr zur Fabrik zurück.

Zwei Minuten nach zehn erschien Eddie Berger von neuem. Manning sah, wie der schmächtige kleine Tresorknacker die Straße auf und ab spähte, als suche er dort nach der Viertelmillion Dollar, die sich nicht in dem Safe befunden hatte. Manning schmunzelte. Dann schlug Eddie den Weg in die Seitengasse ein, und bald darauf brauste der kleine Wagen stadtauswärts.

Manning gab Eddie zwanzig Minuten Vorsprung, um zu dem Urlaubsort zurückzufahren und für sein Alibi zu sorgen. Dann lenkte er seinen Wagen auf den Firmenparkplatz und betrat das Gebäude durch das Hauptеingangsportal. Dem Wachmann nickte er grüßend zu, als er nach oben in sein Büro schritt.

Der Safe stand offen, fachmännisch gesprengt, und aus dem hinteren Fenster hing ein Seil.

»Haltet den Dieb!« brüllte Manning. »Einbrecher! Zu Hilfe! Einbrecher!«

Zwei Wachleute kamen herbeigestürzt. Manning deutete auf das offene Fenster. »Dort kletterte er hinaus! Ein großer Mann, sehr kräftig, dunkelhaarig. Rufen Sie die Polizei!«

Ein Wachmann hastete ans Telefon. Der andere trat näher an den Safe heran.

»Die Arbeit eines Experten«, meinte er. »War vielleicht -«

»Ja!« schrie Manning. »Eine Viertelmillion Dollar lag da drin!« Er beugte sich über den Safe, um sein Lächeln zu verbergen.

Die Polizei nahm den Fall in die Hand. Sie untersuchten den Tresor, das Büro, und zum Schluß hörten sie sich Warren Mannings Geschichte an.

»Nach der Konferenz hielt ich noch irgendwo an, um einen Hamburger zu essen, dann kam ich hierher zurück. Sobald ich mein Büro betrat, sah ich den aufgebrochenen Tresor. Als ich unter dem Fenster Geräusche hörte, blickte ich hinaus. Dieser Teil der Straße ist ziemlich gut beleuchtet, deshalb sah ich den Kerl ganz deutlich. Er war ein großer, kräftiger Mann - vielleicht einhundert Kilo schwer - mit dunklem Haar. Ich glaube, er trug einen Anzug aus grünem Militärdrillich. Das Geld schleppte er in einem Sack mit sich!«

Die Polizei nahm die Einzelheiten in das Protokoll auf, und eine Stunde später durfte Manning gehen.

Der Präsident des Pharmakonzerns fuhr geradewegs zu seiner Villa, die in einem eleganten Vorort der Stadt lag. Zu Hause mixte er sich einen großzügigen Scotch mit Soda, machte es sich in einem Sessel bequem und griff nach dem Telefon. Er wählte die Nummer, unter der Eddie in seinem Alibi-Domizil zu erreichen war.

»Hallo, Eddie«, meldete sich Manning, »bedauerlicherweise brauche ich die gesamte Viertelmillion. Einen Mann mit Ihrer kriminellen Erfahrung dürfte diese Wende jedoch nicht überraschen.«

»Nein«, versetzte Eddie mit gepreßter Stimme.

»Am Tresor haben Sie erstklassige Arbeit geleistet. Ich bin Ihnen sehr dankbar«, fuhr Manning glattzüngig fort. »Sie werden natürlich den Mund halten. Wie versprochen, gab ich der Polizei die ausführliche Beschreibung eines imaginären Täters, in dieser Hinsicht dürfen Sie also beruhigt sein.«

»Ja«, erwiderte Eddie.

»Solange Sie schweigen, gibt es für Sie keine Probleme. Wenn Sie mich anzeigen, belasten Sie sich selbst. Sie mit Ihrem Vorstrafenregister würden bei einem Prozeß weitaus schwerer bestraft als ich.«

»Das ist mir klar, Mr. Manning.«

»Gut. Ich hielt Sie immer für einen vernünftigen Mann. Leben Sie wohl, Eddie.«

»Sie auch, Mr. Manning«, gab Eddie leise zurück.

Nachdem Warren Manning eingehängt hatte, saß er lächelnd in seinem ruhigen Wohnzimmer und nippte an seinem Scotch. Um Eddie brauchte er sich keine Sorgen zu machen.

Natürlich würde die Polizei im Zuge ihrer Ermittlungen auch in seinem, Mannings, Leben forschen, doch sie konnten nichts Verfängliches entdecken. Die Leute von der Versicherung gebärdeten sich vermutlich noch mißtrauischer, aber ein Motiv vermochten auch sie nicht zu finden.

In ein paar Monaten, wenn über den Einbruch Gras gewachsen wäre und die Versicherung sich ein wenig beruhigt hätte, wollte Manning den Koffer mit dem Geld ausgraben. Er plante, es unter einem oder auch zwei falschen Namen zu investieren, wobei er langsam und sehr vorsichtig zu Werke gehen mußte.

Ein paar Jahre später besäße er dann genügend Kapital, um seinen Partner auszuzahlen und den Konzern gänzlich in seinem eigenen Namen zu führen.

So stellte er sich seine Zukunft vor. Gewiß, manche Leute mochten sich wundern, woher er das Geld für die Firmenübernahme hatte, doch kein Mensch würde ihm etwas nachweisen können. In dem Gewirr aus Transaktionen, scheinbaren Verlusten und echten Profiten, das er zu errichten gedachte, würde sich außer ihm niemand zurechtfinden.

Weder der Einbrecher noch das Geld würden je wiederauftauchen. Und heutzutage war eine Viertelmillion Dollar für eine Versicherungsgesellschaft auch nicht mehr die Welt. Andere Schadensfälle würden diesen Einbruch in den Schatten stellen. Wenn das Glück ihm hold blieb, stieß die Polizei bei ihren Ermittlungen vielleicht auf einen Einbrecher, dessen Aussehen seiner Personenbeschreibung so nahekam, daß man ihn ernsthaft der Tat verdächtigte oder ihn sogar in einem Indizienprozeß verurteilte.

Mit dieser angenehmen Vorstellung im Sinn, lehnte Manning sich bequem in den Sessel zurück, um seinen Scotch und seinen Erfolg zu genießen.

Drei Monate später hörte die Polizei auf, Leute zu befragen, die Warren Manning kannten. Man stöberte nicht weiter in seinem Privatleben nach. Die Versicherungsinspektoren erschienen nicht länger in den Büroräumen von Manning & Coles. Sie flogen nach New York zurück, um sich aktuelleren Schadensfällen zu widmen.
Während der vergangenen drei Monate war Manning seinem normalen Alltagstrott nachgegangen, als wüßte er nicht, daß man in seinem Leben das Unterste zuoberst kehrte. Man interessierte sich für seine Bekanntschaften, Gewohnheiten, suchte nach eventuellen Motiven. Es störte ihn nicht. Er wußte ja, daß es in seinem Leben keine dunklen Punkte gab, nirgendwo war auch nur die Andeutung für ein Tatmotiv zu erkennen. Wie er es vorhergesehen hatte, blieben die Nachforschungen der Polizei und der Versicherung ergebnislos.
Man zerbrach sich den Kopf über die Tatsache, daß Mannings Personenbeschreibung auf keinen der einschlägig bekannten Tresorspezialisten paßte. Manning vermutete, daß man sich in der Szene ausgiebig umgeschaut hatte, wahrscheinlich war auch Eddie Berger verhört worden. Doch Eddies Alibi schien jeglichen Verdächtigungen standzuhalten, sein Name wurde jedenfalls kein einziges Mal erwähnt.
Die Polizei wunderte sich vor allen Dingen über das Ausbleiben jeglicher Informationen, die den Einbrecher oder die Beute betrafen. Ihre Informanten und Spitzel schienen genauso ratlos zu sein wie sie. Es widersprach jeder bisher gemachten Erfahrung. Schließlich einigte man sich auf die Annahme, der Einbruch ginge auf das Konto eines Außenseiters und Einzelgängers.
Am Ende der drei Monate verließ Manning die Stadt, wobei er vorgab, in einer dringenden geschäftlichen Angelegenheit nach New York reisen zu müssen. Er quartierte sich in einem großen Hotel ein, ließ sich in einem Kino eine Karte für einen Film reservieren, den er bereits kannte, und ging dann aus zu einem frühen Abendessen. Einschließlich der Drinks nach der Kinovorstellung, verschaffte Manning sich auf diese Weise sechs Stunden Zeit, um zurückzukehren, das Geld zu holen und dann wieder nach New York zu fliegen. Es würde knapp werden, doch er konnte es schaffen.
Angetan mit einem falschen Bart und neuer Kleidung, bestieg Manning in La Guardia den Jet, der ihn in seine Heimatstadt zurückbrachte. Dort angekommen, setzte er sich in den Mietwagen, den er vorsorglich auf einem Parkplatz abgestellt hatte. Zügig, aber ohne Hast, fuhr er zu dem freien Feld, das sich eine Meile von seiner Fabrik entfernt erstreckte. Umsichtig überzeugte er sich davon, daß niemand ihm folgte.
Das Feld lag einsam und verlassen da. Genau eine Stunde lang harrte er in einem Versteck aus, um sicherzugehen, daß keiner ihn beobachtete, dann stieg er hinunter in die Senke.
Drei Meter von der Stelle entfernt, an der er das Geld vergraben hatte,

blieb er stehen. Selbst im Dunkeln erkannte er den Hügel aus aufgeschüttetem Erdreich. Langsam schritt er auf die klaffende Höhlung zu. Er brauchte nicht zu rennen.
In der Finsternis stand Manning da und starrte hinab in das leere Loch im Boden. Er bückte sich und betastete den Rand der Höhlung, dann strich er mit der Hand prüfend über den Erdhügel. Die Krume war hart und trocken. Auf dem Grund des Lochs, wo sein Geld gelegen hatte, sammelten sich nun welke Blätter und kleine Zweige, die der Wind herbeigetrieben hatte.
Das Geld war schon seit Monaten fort, wahrscheinlich wurde es noch in derselben Nacht gestohlen, in der er es vergrub. Natürlich, es mußte in derselben Nacht passiert sein; das Geld hatte bereits nicht mehr dort gelegen, als er, seinen guten Scotch schlürfend, in seinem Wohnzimmer saß und Eddie geraten hatte, er solle den Mund halten.
Manning hegte keinerlei Zweifel, wer das Geld an sich genommen hatte. Offenbar ahnte Eddie etwas, hatte ihn an jenem Abend beobachtet und war ihm dann zum Feld gefolgt. Er hatte ihn erst die Beute vergraben lassen, um sie dann - vermutlich wenige Minuten später - wieder auszubuddeln. Der naive, kleine, erpreßbare Eddie Berger hatte ihm, Warren Manning, eine Viertelmillion Dollar gestohlen!

Eddie und Grace Berger aalten sich in der Sonne und blickten hinaus auf das unwahrscheinlich blaue Meer, das ihr feudales Inselhotel umspülte. Beflissene Kellner warteten nur darauf, ihnen jeden Wunsch von den Augen abzulesen. Grace lächelte dem kleinen Tresorknacker zu. »Drei Monate sind vorbei, Eddie. Ich glaube, wir haben es tatsächlich geschafft.«
»Machtest du dir etwa Sorgen, mein Herz? Nachdem die Polizei mich verhört und dann freigelassen hatte, und als das Geld außer Landes war, konnte gar nichts mehr schiefgehen. Alles lief wie am Schnürchen.«
Verträumt schaute Grace einer schnittigen Segelyacht nach, die auf der sanften Dünung dahinglitt. »Ich bekam Angst, als du in Mannings Büro den Safe öffnetest. Ich hielt es für ein unnötiges Risiko. Das Geld hatten wir doch schon. Warum mußtest du unbedingt noch den Einbruch begehen?«
»Der Tresor mußte aufgebrochen werden«, bekräftigte Eddie. »Nur Manning und Coles kannten die Kombination. Wäre der Safe unversehrt geblieben, konnte bloß Manning der Schuldige sein. Man hätte ihn eingebuchtet, und er hätte geredet. Natürlich hätte er den Bullen alles über mich erzählt. Wozu sollte er mich decken? Im übrigen mußte ich ihn im Glauben lassen, ich sei ahnungslos, damit er der Polizei die falsche Personenbeschreibung lieferte.«
»Bist du sicher, daß er dich eines Tages nicht verpfeift?« vergewisserte sich Grace.

»Absolut sicher«, behauptete Eddie. »Er ließ mir keine Wahl, das war sein Fehler. Entweder zurück ins Gefängnis - oder der Einbruch. Ich an seiner Stelle wäre auch auf die Idee gekommen, meinen Partner übers Ohr zu hauen, es schien ja alles so sicher zu sein. Zum Glück war dieser Mann sehr leicht zu durchschauen. Ich merkte gleich, daß er niemals die Absicht hatte, mich zu beteiligen. Er wirkte so selbstgefällig. Und als er dann die Firma früher als geplant verließ, wußte ich sofort, daß er das Geld bei sich trug. Wenn man mich schon zwang, wieder kriminell zu werden, dann sollte es sich wenigstens lohnen.«
Eddie stand auf und räkelte sich. »Man darf einen Menschen niemals in die Enge treiben, Grace. Man muß ihm immer noch ein Hintertürchen offenlassen.« Er lächelte. »Laß uns jetzt eine Weile im Meer schwimmen, und heute abend gehen wir wieder tanzen.«
Hand in Hand liefen sie in die erfrischende, salzige Brandung hinein.

In der Finsternis und Kälte der Nacht stand Warren Manning vor der gähnenden Höhle, in der einstmals eine Viertelmillion Dollar gelegen hatte. In Gedanken hörte er Eddie Bergers Stimme.
»Sie haben die Wahl, Mr. Manning«, sagte der kleine, schmächtige Mann und lachte.
In der Tat standen ihm zwei Wege offen. Er konnte Eddie anzeigen, alles über den Einbruch erzählen und dann gemeinsam mit ihm ins Gefängnis wandern.
Er konnte auch schweigen, auf eine Viertelmillion Dollar und seine hochfliegenden Pläne, den Konzern allein zu besitzen, verzichten - und in Freiheit leben.
Er stand vor der Entscheidung, ins Gefängnis zu gehen oder Eddie Berger die Viertelmillion zu überlassen.
Er hatte die Wahl …

Knopfdruck genügt

Jamie Ellis

Adair lehnte sich in seinem Stuhl am Küchentisch zurück, der ihm gleichzeitig als Schreibtisch diente, und wischte sich mit dem Handtuch, das er sich um den Nacken geschlungen hatte, den Schweiß vom Gesicht.
Dann stutzte er und schaute zum Fenster hinüber, das in die rückwärtige Wand der Küche eingelassen war. Jemand stolperte die Feuertreppe herunter.
Das Fenster stand weit offen. Die schlaffe Gardine wurde zur Seite gerissen, und plötzlich blickte Adair in einen Pistolenlauf.
Der Mann, der die Waffe in der Hand hielt, beugte sich ein wenig vor und fragte:
»Haben Sie den Kerl gesehen, der vor ein paar Minuten die Feuertreppe hinabrannte?«
»Nein«, erwiderte Adair. »Wer sind Sie? Ein aufgebrachter Ehemann, der seine Gattin bei einem amourösen Abstecher ertappte?«
Der Mann schnaubte durch die Nase und senkte die Pistole. »Ich bin Polizist. Bleiben Sie, wo Sie sind. Ich komme gleich zurück.«
Dann entfernte er sich. Unter Geklapper und Getöse hetzte er die Metallstufen hinunter. Adair blinzelte, zuckte mit den Schultern und wandte sich wieder seiner Schreibmaschine zu.
Er schaffte es gerade zu tippen: *In einem anderen Viertel der Stadt schmiedeten die Mörder Pläne, wie sie ihr verruchtes Spiel* - als er hörte, wie die Schritte lärmend zurückkehrten.
Dieses Mal zog der Mann die Gardine gänzlich zurück, schwang ein Bein über das niedrige Fenstersims und stand auch schon in der Küche. Nicht ohne Erleichterung bemerkte Adair, daß er die Pistole fortgesteckt hatte.
»Mein Name ist Brooks«, stellte er sich vor. »Im Stockwerk über Ihnen ist etwas passiert -«
»Davon weiß ich nichts«, versetzte Adair.
»Vor ein paar Minuten wurde ein Mann in seiner Wohnung erschossen. Die Zimmer liegen direkt über Ihren. Haben Sie gehört -«
»Nein.« Adair musterte den jungen Burschen, der vor ihm stand. Er trug ein T-Shirt, eine ausgebeulte Hose und Pantoffeln. »Ist das die neue Herbstuniform für unsere Polizeibeamten?«
»Was? Ach so! Nein, Sir, ich wohne auch in diesem Gebäude.« Aus der Gesäßtasche zog er ein Ledermäppchen. Er schlug es auf und zeigte Adair eine Erkennungsmarke und einen Ausweis.
»Um genau fünfzehn Minuten vor zwölf wurde geschossen. Sie müssen doch -«
»Keineswegs. Gute Nacht und viel Erfolg.«

Seelenruhig widmete Adair sich wieder seiner Schreibmaschine, während Brooks ihn mit wachsendem Mißmut anfunkelte.
»Moment mal«, schnarrte er. »Sie scheinen mich nicht zu verstehen. Heute nacht fand hier, direkt über Ihrem Kopf, ein Mord und ein versuchter Raubüberfall statt! Der Mörder entkam über die Feuertreppe - er mußte an Ihrem Fenster vorbei.«
Adair seufzte, lehnte sich zurück und sagte:
»Hören Sie, junger Mann, seit drei Stunden sitze ich an diesem Platz und arbeite. Während dieser Zeit benutzte niemand die Feuertreppe - außer Ihnen. Ich habe keine Menschenseele bemerkt.«
»Und Sie hielten sich die ganze Zeit über in der Küche auf?«
Adair furchte die Stirn. »Tjaa ... ein- oder zweimal ging ich ins Bad. Es wäre möglich, daß jemand - aber Sie sagten doch, es wäre innerhalb der letzten zehn Minuten passiert. Seit mindestens einer halben Stunde habe ich diesen Stuhl nicht verlassen.«
»Aha.« Brooks beugte sich aus dem Fenster und rief: »Simmons? Ich komme sofort!«
Dann wandte er sich wieder um. Er betrachtete den Tisch, auf dem sich Berge von Papier, Aschenbecher und leere Bierdosen häuften. An dem dem Fenster nächsten Ende stand die Schreibmaschine.
»Ich lebe allein«, erklärte Adair. »Zugegebenermaßen ist der Haushalt ein bißchen verschlampt.«
Brooks nickte. »Sie heißen -«
»William Pitt Adair, fünfundvierzig Jahre alt. Von Beruf Schriftsteller.«
»Und dies ist Ihr Arbeitsplatz?«
»Ein Platz ist so gut wie der andere.« Adair zögerte, dann fragte er widerstrebend: »Was ist da oben passiert?«
»Mr. und Mrs. Farley - kennen Sie sie?« Adair schüttelte den Kopf. Brooks fuhr fort: »Jemand brach in ihre Wohnung ein, indem er das Fenster zur Feuerleiter benutzte. Die Farleys lagen bereits im Bett und schliefen. Durch irgendein Geräusch wurde Mrs. Farley geweckt. Sie stand auf, um nachzusehen.
Als sie aus dem Schlafzimmer trat, wurde sie niedergeschlagen. Sie muß eine Weile bewußtlos gewesen sein, denn als sie wieder zu sich kam, saß sie gefesselt auf einem Stuhl im Wohnzimmer.«
»Sah sie den Einbrecher?«
»Vorläufig noch nicht. Aber sie hörte Stimmen aus dem Schlafzimmer. Das Licht war eingeschaltet, und der Einbrecher bedrängte Mr. Farley, er möge ihm die Zahlenkombination des Safes verraten. Die Farleys besitzen einen kleinen Tresor, der sich im Schlafzimmer befindet.«
Adair fiel ihm ins Wort. »Wozu brauchen Leute, die in einer billigen Mietskaserne wie dieser wohnen, einen Safe?«
»Mr. Farley gehörte ein kleines Café, es liegt ein paar Straßen weiter. Er hatte die schlechte Angewohnheit, seine Tageseinnahmen mit heimzuneh-

men. Aus diesem Grund ließ er sich ins Schlafzimmer einen Safe einbauen.«

Adair stieß einen grunzenden Laut aus. »Wußte er denn nicht, daß es bei Banken einen Nachtschalter gibt?«

Brooks hob die Schultem und ließ sie wieder sinken. »Keine Ahnung. Jedenfalls wollte Farley dem Einbrecher die Kombination nicht verraten. Er begann, um Hilfe zu rufen. Der Einbrecher schoß auf ihn - zweimal - und rannte ins Wohnzimmer zurück. Mrs. Farley erhaschte einen Blick auf ihn, als er in die Küche lief -«

»Wo er aus dem Fenster kletterte und die Feuertreppe hinunterflitzte?« ergänzte Adair. Versonnen blickte er auf die fleckige Wand, die seinem Schreibtisch gegenüber lag. Dann schüttelte er den Kopf.

»Das kann ich mir nicht vorstellen. Er muß über das Dach gekommen sein.«

»Nein, Sir. Die Feuertreppe endet vor dem Küchenfenster der Farleys. Von dort bis zum Dach erstrecken sich sieben Meter glatter Klinkermauer.«

»Tjaa -«

»Es wurden zwei Schüsse abgegeben, Mr. Adair. Meine Frau und ich haben sie gehört. Wir wohnen den Farleys gegenüber, gleich auf der anderen Seite des Korridors. Sekunden später war ich schon drüben und hämmerte mit der Faust gegen die Tür, noch ein paar Sekunden, und ich stand in der Wohnung. Es gab einen Mordslärm. Merkwürdig, daß Sie nichts gehört haben.«

Adair deutete ein Lächeln an. »Wenn ich schreibe, merke ich nicht, was rings um mich her vorgeht.«

Brooks musterte den Schriftsteller nicht ohne Interesse. Adair war alles andere als eine Augenweide. Gedrungen, korpulent, fleischiges Gesicht. Das strähnige braune Haar war bereits stark angegraut.

Er trug bis zu den Knien reichende Shorts, ein schmuddeliges, kurzärmeliges Hemd, und über den speckigen Nacken hatte er sich ein nicht mehr ganz sauberes Frotteehandtuch gelegt.

Gedehnt wiederholte Brooks: »Sie haben also nichts gesehen oder gehört? Und die Farleys kennen Sie auch nicht? Stimmt das?«

Unter buschigen Brauen hervor funkelte Adair den jungen Polizisten an. »Es stimmt. Und wenn Sie mich jetzt bitte entschuldigen wollen -«

Das Jaulen einer Sirene zerriß die Stille der Nacht.

Brooks stürzte ans Fenster und kletterte hinaus auf die Feuertreppe. Im Gehen rief er Adair zu: »Das wird die Mordkommission sein. Ich nehme an, man wird auch Sie verhören, Mr. Adair. Wie sämtliche anderen Hausbewohner. Vertiefen Sie sich also nicht zu sehr in Ihre Arbeit.«

»Prächtig«, stöhnte Adair.

Er fand kaum Zeit, sich eine neue Bierdose zu öffnen und sich an den Schreibtisch zurückzubegeben, als es an der Wohnungstür läutete. Adair ahnte bereits, wer sein Besucher sein mochte. Sergeant MacIvers von der Mordkommission.

»Verflucht noch mal, Sie sind es tatsächlich«, grüßte der schwergewichtige Sergeant.

»Allerdings«, seufzte Adair. »Wie geht es Ihnen, Mac?«

»Ausgezeichnet. Captain Holcomb möchte nämlich mit Ihnen sprechen. Droben ...

Adair erwiderte nichts darauf. Als die beiden Männer den trübe beleuchteten Korridor entlang zum Treppenaufgang schritten, sagte MacIvers:

»Seit Sie vor ein paar Jahren Ihre Stelle bei der Zeitung aufgaben, habe ich Sie aus den Augen verloren. Wie ist es Ihnen ergangen, Adair?«

»Ich habe mich zur Ruhe gesetzt«, entgegnete Adair mit spöttischem Unterton.

»Hmm. Früher wären Sie längst oben bei der Dame gewesen und hätten den Fall geklärt, noch ehe einer von uns Polizeitölpeln auf der Bildfläche erschienen wäre.«

Adair verzichtete auf eine Antwort.

Im Korridor des dritten Stocks hatte sich ein Grüppchen sensationslüsterner Mieter versammelt. Sie drängten sich um die weit offenstehende Tür zur Wohnung der Farleys. Adair erkannte, daß das Holz um das Schloß herum gesplittert war und daß die Türfüllung schief in den Angeln hing. Brooks mußte sie eingetreten haben.

Drinnen in der Wohnung schaute Adair sich um, während Sergeant MacIvers sich ein paar Beamten in Zivil zugesellte, die vor einer geschlossenen Tür standen und miteinander redeten.

Adairs struppige Brauen fuhren in die Höhe, als er die Wohnungseinrichtung in Augenschein nahm. Offenkundig verfügten die Farleys über Geld und einen erlesenen Geschmack. Das Wohnzimmer war ganz in Pastellblau und Silber gehalten, und als Adair es insgeheim mit seiner eigenen Stube verglich, zuckte er innerlich zusammen.

Das einzige störende Element bildete ein hölzerner Küchenstuhl, der umgekippt mitten im Raum lag. Ein wirrer Klumpen Isolierband verunzierte den eleganten Teppich, und ein paar Streifen klebten sogar noch am Stuhl selbst.

Mit kritischem Blick nahm Adair das Bild in sich auf.

Vor dem Stuhl, an der Wand, stand ein großes Farbfernsehgerät. Darum gruppiert befanden sich zwei Polstersessel und ein Sofa.

Ein hochgewachsener, grauhaariger Mann in grauem Anzug trat auf Adair zu. Grüßend streckte er die Hand aus.

»Na so etwas, na so etwas, Bill Adair höchstpersönlich.«

Adair schüttelte die dargebotene Hand. »Wie geht es Ihnen, Lieutenant - halt, mittlerweile sind Sie ja Captain geworden.«

»Allerdings«, entgegnete Captain Holcomb. »Und wie geht es Ihnen, Bill?«

»Ich wurstele mich so durch … MacIvers sagte, Sie wollten mich sprechen.«
»Aber natürlich! Alte Freunde wie wir sollten in Verbindung bleiben.«
Adair schnaubte. »Sie reden von Freundschaft, George, und ich werde gleich nach einem Anwalt verlangen.«
Holcomb stieß ein joviales Lachen aus. »Immer noch der gleiche alte Adair … Nein, ich dachte mir, Sie könnten uns vielleicht ein wenig auf die Sprünge helfen. Es gibt da ein paar unklare Punkte. Kommen Sie mit in die Küche. Dort können wir uns ungestörter unterhalten. Was haben Sie so getrieben, seit Sie Ihre Stelle bei der *Times* aufgaben?«
»Vor allen Dingen konnte ich des Nachts besser schlafen.«
»Ahaa! Ja, das glaube ich Ihnen gern.« Im Vorbeigehen deutete Holcomb auf den umgestürzten Stuhl. »An den wurde Mrs. Farley gefesselt. Der Einbrecher umwickelte ihre Arme und Beine mit Isolierband, das er außerdem noch als Knebel benutzte. Als Officer Brooks hier hereinkam, hatte sie es gerade geschafft, ihre Hände zu befreien.«
Adair nickte. »Nett von dem Mörder, den Stuhl aus der Küche ins Wohnzimmer zu tragen. Stellen Sie sich vor, er hätte mit dem klebrigen Isolierband die Polstersessel verdorben.«
»Ja, richtig«, stimmte Holcomb lahm zu . »Wirklich nett von ihm.«
In der Küche hielt sich lediglich der Experte für Fingerabdrücke auf. Er untersuchte das Fenster, das auf die Feuertreppe ging.
Captain Holcomb setzte sich rittlings auf einen Stuhl und stützte die Arme auf der Rückenlehne auf. Mit dem Kinn bedeutete er Adair, sich einen zweiten Stuhl heranzurücken, dann begann er:
»Folgendes spielte sich ab: Officer Brooks wohnt den Farleys gegenüber, auf der anderen Seite des Flures. Heute abend kam er kurz nach elf heim, wie üblich. Von drei bis elf fährt er Streife. Egal, jedenfalls hatte er kaum sein Hemd ausgezogen und an einem Drink genippt, als er und seine Frau zuerst laute Stimmen und dann zwei Schüsse hörten.
Brooks stürmte hinaus auf den Korridor. Er hörte ein ersticktes Stöhnen, das aus der Wohnung der Farleys kam. Er brach die Tür auf - sie war von innen verriegelt - und entdeckte Mrs. Farley, wie sie eingewickelt wie eine Mumie auf dem Küchenstuhl hockte. Er befreite sie von dem Knebel. Zu Anfang gebärdete sie sich etwas hysterisch, doch dann beruhigte sie sich so weit, daß sie ihm das Vorgefallene schildern konnte.
Brooks inspizierte flüchtig die Wohnung. Im Schlafzimmer fand er Mr. Farley, er lag auf dem Bett, das der Tür am nächsten steht. Der Gangster hatte ihn an den Hand- und Fußgelenken mit Isolierband gefesselt und später zweimal in die Brust geschossen.
Nachdem Brooks die Wohnung durchsucht hatte, stieg er hinaus auf die Feuertreppe. Nichts zu sehen.
Während er bei Mrs. Farley blieb, ging seine Frau in ihre Wohnung zurück und benachrichtigte die Polizei. Wenige Minuten später traf ein

Streifenwagen ein, und ein Polizist suchte im ganzen Haus nach dem Mörder. Dabei ergab sich ein kleines Problem.«
Holcomb legte sein Kinn auf die verschränkten Arme und blickte Adair forschend an.
Der zuckte mit den Schultem. »Ich sagte Brooks, es sei möglich, daß der Kerl an meinem Fenster vorbeilief, während ich mich gerade im Bad aufhielt.«
»Sicher. Aber es ist nicht wahrscheinlich. In der Wohnung unter Ihnen lebt ein junges Paar, Bill. Heute nacht saßen sie ungefähr eine Stunde lang auf dem Treppenabsatz und bewunderten den Vollmond. Brooks stieß auf die beiden, kurz nachdem er mit Ihnen gesprochen hatte. Sie erzählten ihm, niemand sei die Treppe hinauf- oder hinuntergegangen - jedenfalls sei keiner an ihnen vorbeigekommen. Also ...«
»Also?« Adair zog die Stim kraus.
»Wie verließ der Mörder das Haus. An der einzigen Tür, die nach draußen führt, stand Brooks, auf dem untersten Absatz der Feuertreppe saß das Liebespaar. Einen dritten Ausgang besitzt die Wohnung nicht.«
Nervös rutschte Adair auf seinem Stuhl hin und her.
»Vielleicht hatte der Kerl die Wohnung gar nicht verlassen.«
»Mag sein. Natürlich hätte er die Feuertreppe lediglich bis zum nächsten Absatz hinunterlaufen und zu Ihnen in die Wohnung steigen können ... Aber Sie behaupten, dem sei nicht so gewesen.«
»Hören Sie -«
»Ich verdächtige Sie keineswegs, Bill«, protestierte der Captain erschrocken. »Es käme mir nie in den Sinn -«
Die Küchentür wurde aufgestoßen, und Adair blickte sich um. Er sah eine große Blondine in einem Morgenmantel, unter dem sie einen rüschenbesetzten Pyjama trug. Das lange Haar war zerzaust, und sie ging barfuß. Aus rotgeränderten Augen blinzelte sie Adair an. Hinter ihr stand einer von Holcombs Beamten.
»Haben Sie - haben Sie den Mann schon gefangen?« fragte sie mit heiserer Stimme.
»Dies ist der Herr, der unter Ihnen wohnt, Mrs. Farley«, stellte Holcomb vor. »Ich nehme an, Sie kennen sich.«
Inez Farley kniff leicht die Augen zusammen. »Ich weiß nicht recht. Wissen Sie, nur im Schlafzimmer brannte Licht. Die übrige Wohnung lag im Dunkeln. Ich sah ihn nur, wie er an mir vorbei in die Küche huschte.«
»Verzeihen Sie die dumme Frage«, mischte Adair sich ein. »Aber was hat das zu bedeuten?«
»Es könnte dieselbe Stimme sein, die ich hörte«, meinte Inez Farley nervös.
»Aber ich bin mir nicht sicher. Es ging alles so ... so schnell.«
»Natürlich«, erwiderte Holcomb tröstend. »Versuchen Sie, sich ein wenig zu beruhigen.«

Der Beamte, der hinter Mrs. Farley stand, griff an ihr vorbei und schloß die Tür. Adair wandte sich an Holcomb.
»Wir müssen jeder Spur nachgehen«, erklärte der Captain mit hochgezogenen Brauen. »Und als Brooks mit Ihnen sprach, wenige Minuten nach dem Mord, waren Sie wie in Schweiß gebadet. Draußen ist es ziemlich frisch, trotzdem saßen Sie an einem offenen Fenster. So, als ob Sie kurz zuvor noch gerannt wären und sich abkühlen wollten ...«
»Hören Sie mal!« platzte Adair heraus. »Das ist doch die Höhe. Wenn ich arbeite, läuft mir der Schweiß immer in Strömen herunter. Schriftstellerei ist nämlich auch Arbeit, wissen Sie!«
»Natürlich. Wie erfolgreich waren Sie bis jetzt als Autor, Bill? Haben Sie schon viel Geld verdient?«
Adair stieß einen knurrenden Laut aus. »Teufel noch mal, nein ! Aber ich komme zurecht, ohne andere Leute zu berauben. Außerdem besitze ich Ersparnisse - «
»Ah-haa! Warum gaben Sie Ihre Stelle bei der *Times* eigentlich auf? Es war doch eine solide, feste Arbeit.«
»Ich hatte meine Gründe. Einer davon war ein Magengeschwür, nur um ein Beispiel zu nennen. Und ich hatte es satt, mich ständig in die Probleme anderer Leute einmischen zu müssen. Im übrigen geht Sie das Ganze nichts an, Holcomb, nur damit wir uns von Anfang an verstehen.«
Eine Zeitlang betrachtete der Captain Adairs gerötetes Gesicht. »Welche Art von Romanen schreiben Sie?«
Adair zog eine Grimasse. »Kriminalgeschichten. Sie beruhen auf Fällen, die sich tatsächlich ereignet haben.«
»Ach du meine Güte!« Vor Staunen riß Holcomb die Augen auf. »Nun ja, in dieser Hinsicht kommt Ihnen wohl Ihre Erfahrung als Zeitungsreporter gut zustatten. Warten Sie einen Moment, ich bin gleich wieder da.«
Der Captain verließ die Küche. Beinahe zur gleichen Zeit trat Brooks ein. Der junge Polizist hatte sich ein korrektes Hemd und Schuhe angezogen. Brooks betrachtete Adair voller Interesse, beinahe mitfühlend. Er sagte: »Verdammt peinlich - für Sie -, daß das Liebespaar sich auf dem untersten Absatz der Feuertreppe niedergelassen hatte, Mr. Adair.«
Adair gab keine Antwort. Er zündete sich eine Zigarette an und inhalierte versonnen den Rauch. Mit den Fingerspitzen trommelte er einen Marsch auf die Tischplatte. Er hatte Captain Holcomb die Wahrheit gesagt. Er kündigte seinen Job bei der Zeitung, weil er es von Herzen leid war, seine Nase in das Chaos zu stecken, das manche Menschen aus ihrem Leben machten. Es beruhte nicht auf einem Zufall, daß er jetzt über historische Kriminalfälle schrieb, die mittlerweile als abgeschlossen galten.
Er hatte nicht die Absicht, sich in die widerwärtige Geschichte von heute nacht einzumischen, obwohl sein alter Freund Holcomb unentwegt versuchte, ein paar Mutmaßungen aus ihm herauszukitzeln. Offenbar verrannte er sich in die Idee, er, Adair, wüßte mehr, als er zugeben wolle.

Er sah Brooks an. »Eigenartig. Obwohl der Mörder die ganze Nacht lang Zeit hat, sein Vorhaben auszuführen, schlägt er ausgerechnet in dem Augenblick zu, als Sie - ein Polizist - nach Hause kommen.«
Brooks zuckte mit den Schultern. »Aber ich habe die Schüsse gehört. Meine Frau ebenfalls, und auch noch ein paar andere Mieter, die auf dieser Etage wohnen. Und Mrs. Farley konnte sie nicht abgefeuert haben - unmöglich!«
»Kennen Sie sie?«
»Nur vom Grüßen her, wenn man sich mal auf dem Flur traf. Meine Frau und ich aßen gelegentlich in Farleys Café einen Hamburger. Er war ein leutseliger Typ, immer freundlich und aufgeschlossen. Außerdem servierte er verdammt gute Hamburger in seinem Imbiß.«
»Arbeitet seine Frau auch dort?«
»Nein. Sie übt einen künstlerischen Beruf aus. Sie gehört zu irgendeiner dieser kleinen Theatergruppen, Sie wissen schon, was ich meine. Ich glaube, sie nennt sich ›Bühnendekorateurin‹.«
»Bühnendekorateurin«, echote Adair. »Das paßt. Ich nehme an, es erhöht den dramatischen Effekt, wenn das Opfer an einen Küchenstuhl gefesselt ist. Außerdem läßt es sich viel einfacher bewerkstelligen.«
»Hä?«
»Nichts. Als Sie die Wohnungstür aufbrachen, was sahen Sie da? Saß sie auf dem Stuhl?«
»Ja. Fast hätte sie es geschafft, ihre Hände von dem Isolierband zu befreien. Der Kerl hatte sie mit dem Zeug umwickelt wie eine Mumie.«
»Haben Sie schon mal daran gedacht, daß sie sich selbst gefesselt haben könnte? Und daß ihre Hände beinahe frei waren, weil sie es nicht schaffte, das Band fester zu ziehen?«
»Klar«, bekannte Brooks. »Es war sogar das erste, woran ich dachte. Aber da taucht ein zeitliches Problem auf. Wie hätte sie ihren Mann erschießen, die Waffe verstecken und sich selbst an den Stuhl fesseln können, wo ich doch Minuten nach den Schüssen bereits die Tür eintrat? Übrigens - die Tatwaffe haben wir immer noch nicht gefunden.«
Adair blickte skeptisch drein.
»Auf Anhieb fällt mir auch nicht ein, wie sie dies alles in so kurzer Zeit bewerkstelligt haben könnte.«
Nach einem forschenden Blick auf die geschlossene Tür wandte sich Brooks wieder Adair zu. In verschwörerischem Ton flüsterte er:
»Ich glaube, sie hatte einen Geliebten. Irgendein Kerl half ihr, den Plan auszuhecken. Im richtigen Augenblick tötete er Mr. Farley, um sich danach unverzüglich aus dem Staub zu machen. Auf diese Weise verschaffte er Mrs. Farley ein hieb- und stichfestes Alibi. Verstehen Sie, was ich meine?«
»Ich glaube schon. Nur - wie verließ er das Gebäude?«
Brooks trat von einem Fuß auf den anderen und wiegte mit Grüblermiene

den Kopf. »Nichts für ungut, Mr. Adair, aber es passiert schon mal, daß ein Mann sich mit einer Frau einläßt und darüber den Kopf verliert. Besonders Männer in Ihrem Alter -«
»Schon gut.« Adair winkte ab. »Hat Holcomb Ihnen diesen Floh ins Ohr gesetzt, oder kam Ihnen selbst dieser Geistesblitz?«
Brooks errötete und klappte den Mund auf. Ehe er etwas äußern konnte, betrat Holcomb die Küche.
»Okay«, begann der Captain ohne Einleitung. »Ich kenne Sie als alten Schürzenjäger, Bill, aber Sie und Inez Farley kann ich mir als Paar nicht vorstellen. Erstens ist sie gut einen Kopf größer als Sie, zum anderen zwanzig Jahre jünger.«
»Danke«, versetzte Adair trocken. »Sind Sie endlich auch zu dem Schluß gelangt, daß die Dame das Ganze allein inszeniert hat?«
»Ich … ich bin mir nicht sicher. Völlig unschuldig ist sie gewiß nicht. Der Schlag, den sie auf den Kopf erhalten haben will, würde keine Fliege betäuben. Mir scheint, sie hat sich selbst mit einem Schuh oder etwas Ähnlichem den Scheitel gezogen. Soeben fanden wir die Waffe. Sie steckte genau dort, wo man sie zuerst hätte suchen müssen.«
»Im Wassertank?«
»Wo denn sonst? Eine kleine Zweiundzwanziger mit Schalldämpfer. Aus der Waffe wurden zwei Schüsse abgefeuert. Keine Fingerabdrücke, aber -«
»Captain«, mischte Brooks sich unvermittelt ein, »die beiden Schüsse, die ich hörte, stammten aber nicht aus einer Zweiundzwanziger, und schon gar nicht aus einer, die mit einem Schalldämpfer versehen war.«
»Das ist tatsächlich ein Problem.« Holcomb seufzte. »Aber der Arzt behauptete, Farley starb an einer Kugel vom Kaliber zweiundzwanzig, die ihm mitten durchs Herz drang. Aller Wahrscheinlichkeit nach wurde sie aus eben dieser Pistole abgefeuert. Wir wissen Genaueres, wenn die Ballistik einen Vergleichstest unternimmt.«
Brooks schüttelte energisch den Kopf. »Ich bin mir absolut sicher, daß ich keine Zweiundzwanziger hörte.«
Adair erhob sich, wanderte zum Küchenfenster und wieder zurück, einen Schleier bläulichen Zigarettenrauchs hinter sich herziehend.
Plötzlich blieb er stehen. »Suchen Sie mir ein Fernsehprogramm«, forderte er.
Holcomb runzelte die Stirn, nickte dann versonnen. Mit dem Daumen bedeutete er Brooks, sich zu sputen.
»Über Inez habe ich ein paar Dinge herausgefunden«, erzählte der Captain. »Offenbar interessierte sie sich nicht nur für die Bühnenbilder, die sie an diesem Laientheater entwirft. Mit einem der Schauspieler unterhielt sie eine hübsche kleine Affäre. Ihr Mann kam dahinter. Ein Freund Farleys sagte uns, er habe die Scheidung einreichen wollen. Das gesamte Vermögen befand sich in seinem Besitz. Nach der Scheidung hätte Inez

ganz schön im Regen gestanden, sie hätte keinen Cent Abfindung gekriegt.«
Adair nickte zerstreut. »Also wickelte sie dieses Bühnenstück in eigener Regie ab. Sie wartete, bis ihr Mann fest eingeschlafen war, schoß ihm ein Loch ins Herz, arrangierte eine krimireife Szene und wartete ab.«
»Richtig«, pflichtete Holcomb bei.»Und da man ihr natürlich die Hauptrolle in diesem Stück zuschieben würde, brauchte sie ein einwandfreies Alibi. Allerdings -« Der Captain unterbrach sich. Er blickte ein wenig hilflos drein.
Adair fuhr fort:
»Sie wußte, wann Brooks heimzukommen pflegte. Sie konnte sich ausrechnen, wie er reagieren würde - wie eben ein Polizist reagiert, der plötzlich Schüsse hört. Alles wunderhübsch ausgedacht - mit einem kleinen Fehler. Sie versuchte, aller Welt weiszumachen, daß eine Frau, die mit ihrem Mann gemeinsam in einem Zimmer schläft, selbst aufsteht und nachschaut, wenn sie ein verdächtiges Geräusch hört.«
Holcomb lachte. »Meiner Frau würde so etwas im Traum nicht einfallen. Sie würde mich wecken und losschicken. Immer!«
»Wie jede andere Frau«, meinte Adair.
»Aber die erhobenen Stimmen - Männerstimmen und die beiden Schüsse«, sinnierte Holcomb. »Wie erklären Sie sich die?«
»Lassen Sie mich nachdenken.«
Adair verstummte, da Brooks die Küche betrat, in der Hand eine zusammengefaltete Zeitung.
Holcomb nahm ihm die Zeitung ab, faltete sie auseinander und suchte das Fernsehprogramm. »Mal sehen, ach, da haben wir's schon. Ab zehn Uhr dreißig lief ein Gangsterfilm. Alte Klamotte, zum soundsovielten Male wiederholt.« Holcomb näherte die Zeitung seinen Augen. »Sieh einer an. Hmm. Neben dem Filmtitel befindet sich eine hauchdünne Bleistiftmarkierung.«
»Da hätten wir's«, stellte Adair lakonisch fest.
»Warten Sie einen Moment«, protestierte Brooks. »Um Himmels willen, woher sollte die Frau wissen, daß in diesem Film gerade zum rechten Zeitpunkt geschossen wurde?«
Holcomb schnaubte verächtlich durch die Nase. »Jeder Mensch, der gelegentlich fernsieht, hat diesen Film mindestens schon einmal gesehen. Laute Stimmen? Schüsse? Aus mehr besteht dieser Streifen doch nicht.«
»Natürlich kannte sie den Film«, bekräftigte Adair. »Sie wartete, und als sie sicher war, daß Brooks sich in seiner Wohnung aufhielt, stellte sie das Fernsehgerät kurz auf volle Lautstärke. Nachdem die ersten Schüsse fielen, schaltete sie den Apparat sofort aus.«
Brooks schüttelte den Kopf. »Nein, Sir. Niemals hätte sie die Zeit gehabt, sich innerhalb dieser wenigen Minuten so an den Stuhl zu fesseln, wie ich sie vorfand.«

»Ein so großes und teures Gerät wie dieses besitzt vermutlich eine Fernbedienung«, überlegte Adair.
Holcomb war bereits aus der Küche geflitzt. Kurz darauf kam er zurück. Auf seiner ausgestreckten Handfläche lag eine kleine schwarze Box mit Drucktasten.
»Ich fand es unter dem Sofa. Sie muß es mit einem Fußtritt darunterbefördert haben, nachdem sie das Gerät ausschaltete.«
Der Experte für Fingerabdrücke steckte den Kopf zur Tür herein. Mit unglücklicher Miene wandte er sich an Holcomb.
»Captain, ich muß Ihnen etwas sagen -«
»Auf der Taste, die den Apparat ausschaltet, befindet sich Mrs. Farleys Fingerabdruck«, ergänzte Holcomb selbstgefällig.
»Falsch«, erwiderte der Mann betroffen. »Ich fand weder ihren Fingerabdruck noch den ihres Mannes.«
Holcomb murmelte einen Fluch. Wütend fuhr er Adair an: »Also hatte sie doch einen Komplizen!«
Adair kämmte sich mit den Fingern das ohnehin schon strähnige Haar. Plötzlich erhellte sich seine Miene. »Sie trug einen Morgenmantel und darunter einen Pyjama …«
»Ja, ja. Es tut mir leid, aber wir brauchen Ihre Fingerabdrücke, Adair. Sie sind wirklich der einzige Verdächtige, der uns noch bleibt -«
»Keineswegs.« Adair grinste. Er wandte sich an den Fingerabdruck-Experten. »Man kann Schalter mit einem Finger niederdrücken, aber auch mit einem Zeh. Und Finger- und Zehabdrücke einer Person sind nicht identisch -«
Der Mann fluchte und verkrümelte sich.
Adair, Holcomb und Brooks starrten einander an und warteten. Lange wurde ihre Geduld nicht auf die Probe gestellt.
Sie hörten eine empörte Frauenstimme, die in Schreie und schließlich in hysterisches Schluchzen überging.
Der Fingerabdruck-Experte kam zurück. Kurz und bündig erklärte er:
»Sie tat es mit der rechten großen Zehe.«
Nicht lange danach schritten Captain Holcomb und Adair einträchtig die Treppe hinunter. Vor Adairs Wohnungstür blieben sie stehen. Der Captain fragte:
»Hätten Sie nicht Lust, auf einen Drink mit mir in die Stadt zu kommen? In einer Stunde habe ich dienstfrei.«
»Nein, danke«, lehnte Adair ab. »Sie sind ein prima Kumpel, George, aber ich möchte weder mit Ihnen noch mit irgendwelchen Mordfällen etwas zu tun haben.«
Er nickte kurz, betrat seine Wohnung und schloß dem Captain leise, aber bestimmt, die Tür vor der Nase zu. Am Türknauf hing ein kleines Schild: BITTE NICHT STÖREN!
Kopfschüttelnd setzte der Captain seinen Weg fort.

Ein schlauer Fuchs

John Lutz

Um die Kontaktmänner zu sprechen, befinde ich mich bei den Ausscheidungsspielen der nationalen Handballmannschaften in St. Louis. Handball ist zwar nicht der populärste hiesige Sport, aber diese Spieler, die ich mir dort ansehe, sind die Besten im Lande. Und die Besten, gleichgültig, womit sie dieses Prädikat verdienen, zu sehen, bereitet mir größtes Vergnügen, denn eben diese Leute haben ihren Beruf oder ihr Hobby zur Kunst erhoben. Normalerweise werden sie ganz gut bezahlt, und das steht ihnen auch zu - ebenso wie mir, denn auch ich bin der Beste meines Fachs.

Ich habe einen sehr ungewöhnlichen Beruf, einen Beruf, der mich in Kontakt mit einigen der bedeutendsten Gestalten des organisierten Verbrechertums bringt, und dennoch pflege ich nie das Gesetz zu brechen, denn in meiner Branche bedeutet die Tatsache, der Beste, gleichzeitig auch der Vorsichtigste zu sein. Tatsächlich gibt es keinen Grund, weshalb ich jemals illegal handeln sollte. Mein Name ist bei gewissen Polizeibeamten mindestens ebenso bekannt und geschätzt wie bei einer ganzen Reihe ihrer Widersacher.

In Gangsterkreisen gibt es eine Anzahl hochbezahlter berufsmäßiger Killer. Das ist ein Job, der viele Fähigkeiten erfordert, wobei die Risiken natürlich höher sind. Das ist einer der Gründe, weshalb ich mir diesen ganz speziellen Beruf ausgesucht habe. Selbstverständlich gibt es da auch noch andere Gründe, wie beispielsweise mein ausgezeichneter Instinkt. Ebenso wie es beim Fußball offensive und defensive Spieler gibt, gibt es das vermutlich in meiner Branche auch.

Manche Menschen haben einen zerstörerischen Instinkt, andere einen Instinkt, der erhalten möchte. Ich gehöre zu letzterer Kategorie. Mit unendlicher Sorgfalt und makelloser Berufsmäßigkeit rette ich Leben.

»Otto Bellom möchte sich gerne mit Ihnen über einen Job unterhalten«, raunt mir eine leise Stimme zu, gerade als der Ball gegen die unnachgiebige Wand geschmettert wird.

Ich tue zuerst so, als habe ich die Stimme nicht gehört, weil ich erst noch über Otto Bellom nachdenken muß. Er ist einer der Größten im Mittelwesten - und irrsinnig reich. Er war viele Jahre lang an der Spitze, und daraus schließe ich, daß er vermutlich auch die stärksten Feinde haben dürfte. Falls der Job darin besteht, daß ich Bellom zu schützen habe, dann muß ich mir mein Geld wirklich sauer verdienen; aber die Bezahlung ist wahrscheinlich ziemlich hoch.

»Gut, ich werde mich mit ihm unterhalten«, sage ich. »Wo soll das stattfinden?«

»Im *Fairview Motel,* Zimmer dreiunddreißig«, sagt die leise Stimme. »Nennen Sie eine Zeit.«
Ich drehe mich um und wende mich dem Besitzer der leisen Stimme zu. Ich sehe ihn mir sehr sorgfältig an. Er ist klein, hat eine helle Gesichtsfarbe und trägt einen konservativen grauen Anzug. Er runzelt die Stirn und gibt sich die größte Mühe, mich nicht anzusehen.
»Ist Bellom jetzt im Motel?« frage ich.
Der graue Anzug nickt.
»Dann würde ich vorschlagen, gleich jetzt«, sage ich lächelnd. Er blickt mich etwas überrascht an, als ich aufstehe, um zu gehen. »Noch viel Spaß beim Zuschauen.«
Das *Fairview Motel* ist ein sehr moderner, einstöckiger Bau; er bildet ein U um einen großen Swimmingpool herum. Im Swimmingpool tummeln sich mehrere Leute. Drumherum rennt ein halbes Dutzend Kinder; ein bildschönes blondes Mädchen setzt auf dem Sprungbrett gerade zum Sprung an.
Ich beobachte sie. Sehr hübsch.
Zimmer dreiunddreißig gehört zum mittleren Teil. Nachdem ich meinen Wagen geparkt habe, biege ich in einen schmalen Weg ein, suche nach den Nummern und klopfe an der Hintertür.
»Wer ist dort?«
Die Stimme klingt durch die Tür hindurch gedämpft, die Besorgnis darin jedoch keinesfalls.
»Howard Deal«, sage ich. »Sie haben einen kleinen Mann in einem grauen Anzug zu mir geschickt, der mir ausgerichtet hat, daß Sie mich zu sprechen wünschten.«
Nach einigem Zögern wird die Tür langsam geöffnet, und Otto Bellom bedeutet mir mit einer Geste, einzutreten. In der Hand hält er einen kleinen Revolver.
»Stecken Sie das Ding weg«, sage ich seelenruhig. Er tut es, und ich trete ein und ziehe die Tür hinter mir zu.
Bellom ist ein Mann mittlerer Größe, aber sehr dick. Er ist sehr teuer gekleidet; er trägt ein spezialangefertigtes Hemd, eine Seidenkrawatte, einen sehr teuer wirkenden Schulterhalfter. An seinem linken Ringfinger glänzt ein Diamant in dem schlecht beleuchteten Raum.
Auf einem Tablett in der Nähe des Nachttischchens stehen verschiedene Gläser, eine Flasche Scotch und ein Eiskübel.
»Pur?« sagt Bellom.
Ich nicke, und er gießt zwei Drinks ein, tut Eis dazu und reicht mir den einen davon.
»Es geht um einen Job«, sagt er. »Ich habe gehört, daß Sie einer der besten Leibwächter sind.«
»Deshalb bekomme ich auch dreihundert Dollar pro Tag, plus Spesen, Mindestgebühr liegt bei fünftausend.«

Der Preis haut Bellom keinesfalls um. Das hatte ich anders auch nicht angenommen. Sein Gesichtsausdruck bleibt genau wie vorher. Dennoch erkenne ich etwas, was mich interessiert. Am Haaransatz, dort, wo seine Haare sich schon zu lichten beginnen, werden dünne Schweißtropfen sichtbar.

»Ich benötige Ihre Dienste etwa einen Monat lang«, sagt er, »bis George Hogan vor dem Senat als Zeuge vernommen wird.«

»Die Regierung schützt Hogan«, sage ich. »Sie macht das beinahe genauso gut wie ich.«

Ich nehme einen ersten Schluck von dem Scotch, nachdem Bellom bereits die Hälfte hinuntergekippt hat. Der Scotch ist ausgezeichnet.

»Ich möchte nicht, daß Sie Hogan beschützen«, sagt Bellom. »Ich möchte, daß Sie mich beschützen, und zwar, bis er ausgesagt hat. Ich weiß, was er aussagen wird, und sobald er es ausspricht, wird man Frank Vero augenblicklich verhaften ...«

Vero, soviel weiß ich, ist Hersteller von Warenautomaten im Osten.

»Und?«

»Vero weiß, daß der Staat mich möglicherweise zu diesem Prozeß vorladen läßt. Ich weiß genug über ihn, um ihn auf den elektrischen Stuhl zu bringen, und er hat was dagegen, mich bis zum Gerichtssaal vordringen zu sehen. Deshalb hat er auch jemanden angeheuert, der mich davon abbringen soll - das habe ich aus zuverlässiger Quelle -, einen Mann, der unter dem Namen ›Der Eskimo‹ läuft.«

Mein Interesse ist blitzartig geweckt. Von Eskimo habe ich schon gehört, Eskimo ist ein ganz genialer Mörder. Einmal hat er Sprengstoff in das Hörgerät eines Opfers hineinpraktiziert, den Betreffenden dann angerufen und ihm mit sanfter Stimme mitgeteilt, er solle die Ladung zünden.

Mit diesen neuartigen Sprengstoffen kann man schon kleinste Mengen in kleinen Gegenständen wie Hörgeräten unterbringen, und trotzdem reichen sie aus, die ganze Seitenwand eines Zimmers aufzureißen.

Eskimo beschäftigte sich jedoch nicht ausschließlich mit Sprengstoffen. Manchmal benutzte er auch einen Eispickel mit einem gelockerten Griff; er stößt den Pickel dann in das Opfer, zieht den Griff wieder heraus und läßt nur das spitze Ende drin. Auf diese Weise erwischte er Mike Royce, mitten in New York auf der Fifth Avenue, während dieser ganz harmlos dort entlangbummelte.

Es wird behauptet, daß diese Methode zuerst nicht einmal weh tut, und daß das Opfer zuerst gar nicht merkt, daß es erstochen worden ist. Der Eskimo macht seinen Job ausgezeichnet. Mike Royce ging noch etwa zwanzig Meter weiter, ehe er tot umfiel. Zu diesem Zeitpunkt war der Eskimo vermutlich bereits auf der anderen Straßenseite.

Seine Eispickelmethode hat ihm auch den Namen Eskimo eingetragen, aber da eigentlich niemand ihn näher kennt, ist es nicht ausgeschlossen, daß er tatsächlich ein echter Eskimo ist. Außerdem weiß kein Mensch,

wie er aussieht. Das ist auch der Grund, weshalb er absolut der Größte in seinem Fach ist.
»Gut, ich übernehme den Job«, sage ich. »Wo soll das Ganze denn stattfinden?«
Bellom kippt seinen Drink hinunter und wirkt sehr erleichtert.
»Nun, ich glaube, ich kann es Ihnen sehr erleichtern, Deal. Ich werde den nächsten Monat draußen in meinem Haus auf dem Land verbringen - und dort sind wir ganz allein. Wenn es Ihnen passen würde, können wir bereits morgen aufbrechen, und dann weihe ich Sie in den Plan ein, wie wir vorgehen wollen.«
»Und warum machen wir das nicht gleich heute?« sage ich. »Was Sie als erstes tun müssen, ist, sofort von hier verschwinden.«
»Nein.«
Bellom schüttelt den Kopf. »Mir wäre es auch lieber, wir könnten es sofort abwickeln, aber ich habe vorher noch ein paar andere Dinge zu erledigen. Wir können aber morgen um neun aufbrechen.«
»Geht in Ordnung«, sage ich, während ich mich an dem restlichen ausgezeichneten Scotch erfreue, »aber seien Sie sich über eins im klaren: ab neun Uhr morgen bin ich für Sie verantwortlich, und von da an müssen Sie meinen Anordnungen folgen, oder ich lege die Arbeit für Sie nieder.«
»Schon gut«, sagt Bellom, während er sich den Schweiß von der Stirn wischt. »Ich verstehe, Sie haben Ihren guten Ruf zu verlieren.«
Ich hole meinen mit Initialen versehenen goldenen Füllfederhalter aus meiner Hemdtasche und kritzele eine Telefonnummer auf die Innenseite eines Notizblockes.
»Dort können Sie mich erreichen, falls es nötig sein sollte«, sage ich. »Und denken Sie daran, ab neun Uhr morgen früh bin ich voll und ganz für Sie verantwortlich, den ganzen Monat lang.«
Um Punkt neun Uhr am nächsten Morgen verlassen wir das *Fairview Motel.* Der kleine Mann im grauen Anzug, von dem Bellom sagt, man könne sich hundertprozentig auf ihn verlassen, heißt Maury Sims. Maury fährt Belloms großen Sedan vor uns. Bellom sitzt neben mir, in meiner grauen Limousine, ein neues Modell.
Das luxuriöse Versteck befindet sich etwa sechzig Kilometer vom Stadtrand entfernt und ist nur über einen schmalen Kiesweg erreichbar, der kurz vor dem Haus durch ein verschlossenes Tor abgesichert ist.
Die Gegend um das Haus ist flach und übersichtlich, hinter der Lichtung jedoch befinden sich dichtbewaldete Hügel. Bellom erzählt, daß das Grundstück mit einem elektrischen Zaun umgeben sei, der mitten durch den Wald laufe.
Das Innere des Hauses ist erstaunlich luxuriös. Hohe Schiebetüren führen zu einem steinernen Innenhof, in dem sich ein Swimmingpool befindet. Das Bassin ist von einem hohen Holzzaun eingefaßt, und als ich näher trete und mich umsehe, wird mir klar, daß ein Schwimmer nur aus einer

riesigen Entfernung von einem der bewaldeten Hügel aus eine Zielscheibe bieten würde.

»Nur ganz wenig Leute wissen, wo ich mich aufhalte«, sagt Bellom, als Maury die Koffer hereinbringt.

»Wenn der Eskimo hinter Ihnen her ist«, sage ich, »wird er Sie auch finden.«

Ich sehe, wie er leichenblaß wird. Der beste Klient ist für mich immer ein Mensch, der sich aus tiefster Seele fürchtet.

Während Bellom seine Koffer auspackt, sehe ich mir alles sehr gründlich an und mache meine Pläne. Das Haus ist vollständig isoliert, sehr geschickt konstruiert; zusätzlich sind alle Fenster mit dickem, kugelsicherem Panzerglas versehen. Die einzige bedrohliche Möglichkeit kommt durch die Wälder auf uns zu, obgleich die Lage - der nächstgelegene Highway liegt meilenweit entfernt - ein Annähern praktisch unmöglich macht. Die nächste Stadt ist Grantville. Sie liegt über zwanzig Kilometer weit entfernt und hat achthundert Einwohner. Einen Fremden würde man dort sofort erkennen.

Ich gehe von dem Hof aus wieder ins Haus, um Bellom und Maury meine Anweisungen zu erteilen. Bellom darf das Haus nicht verlassen, nicht einmal, um eine Runde zu schwimmen, ohne mich zu informieren. Maury, der mit einem Revolver ausgerüstet ist, soll in dem kleinen Nebengebäude, das an das Haupthaus angrenzt, übernachten. Es befindet sich an der dem Wald am nächsten gelegenen Stelle. Während ich in dem kleinen Blockhaus residieren werde, das in der Nähe des Tores liegt und von dem aus man den Zufahrtsweg gut im Auge behalten kann.

Maury ist angewiesen, alle Telefongespräche abzunehmen und meinen Wagen jeden zweiten Tag zu den unterschiedlichsten Zeiten nach Grantville zu fahren, um dort Post abzuholen. Ich habe bereits mit dem Postamt telefoniert und darum gebeten, die Post nicht mehr zuzustellen. Niemand, erkläre ich Maury mit Nachdruck, absolut niemand darf während des nächsten Monats dieses Grundstück betreten. Man weiß von dem Eskimo, daß er den alten Trick mit der Telefonreparatur angewendet hat, um irgendwo eine Bombe zu legen.

Dann schicke ich Maury in die Stadt, wo er zwei deutsche Schäferhunde kaufen soll, die wir in der Nähe der Wälder anketten werden, an einer Stelle, wo man am ehesten eindringen kann. Wenn sie bellen, muß Maury nachsehen.

Nachdem ich mich versichert habe, daß Bellom und Maury begriffen haben, trage ich meinen Koffer in das Blockhaus und richte mich dort häuslich ein. Es ist, obwohl ziemlich klein, ganz gemütlich. Es gibt eine Toilette, ein Waschbecken und ein paar Schränke. Bellom gibt mir aus dem Haus eine Liege und Kissen und eine Decke. Ich packe meine »Ausrüstung« aus, wozu eine siebenschüssige Pistole gehört, ein halbautomatisches Gewehr und sehr starke Ferngläser.

In dem winzigen Blockhaus befindet sich nur ein Fenster, daher gehe ich am Nachmittag daran, mit einem Drillbohrer Löcher in die Holzwände zu bohren, sie mit einem Brecheisen so zu weiten, bis sie groß genug sind, damit man hindurchsehen und -schießen kann. Bellom kann den Schaden von meinem Honorar abziehen, was er meiner Schätzung nach liebend gern tun wird.
Bei Einbruch der Dunkelheit ist Maury mit den Hunden zurück, und wir richten uns nach Plan ein. Zum Blockhaus gibt es einen zweiten Telefonanschluß, und ich sage Bellom, daß er mir Bescheid gibt, wenn er ins Bett geht oder sonst etwas unternimmt.
Eine Woche lang läuft alles reibungslos. Bellom macht einen sehr entspannten Eindruck, wohl in dem Bewußtsein, den besten Leibwächter zu haben. Nachmittags schwimmt er normalerweise, und danach erledigt er telefonisch ein paar geschäftliche Angelegenheiten. Er bekommt auch eine ganze Menge Post, die Maury ihm immer aus Grantville holt. Am frühen Abend, vor dem Abendessen, spielen Bellom und Maury zusammen Gin Rommey, während ich alle Sicherheitsvorkehrungen noch mal überprüfe. Nachts schlafen Maury und ich wechselweise, er in seinem Nebengebäude, ich in meinem Blockhaus, wo wir jeweils Wache halten.
In der Nacht von Dienstag auf Mittwoch erwache ich durch das heftige Bellen der Hunde. Wir haben alles sorgfältig geplant. Maury hat den Auftrag, nachzusehen, weshalb die Hunde bellen. Ich stecke mir den Revolver in den Gurt, nehme das Gewehr und renne leise auf das Haus zu.
Die Beleuchtung im Wohnzimmer ist voll angeschaltet, als ich die Tür aufstoße und hineinstürme.
Bellom steht, in Morgenrock und Pantoffeln, in der Mitte des Zimmers.
»Was ist los?« will er wissen. »Weshalb bellen die Hunde?«
Sein aufgeschwemmtes Gesicht ist blaß vor Angst, und seine Unterlippe zittert.
Ich gebe keine Antwort, während ich auf die gegenüberliegende Wand zueile und die Lampen ausknipse. Dann gehe ich zu einem Fenster und blicke in die mondlose Nacht hinaus. Eine Gestalt kommt kühn die Auffahrt zum Haus herauf. Als sie näher kommt, stelle ich fest, daß es Maury ist.
»Nichts«, sagt Maury, als er eintritt. »Ich habe überall nachgesehen und nichts entdecken können. Es muß irgendein Tier gewesen sein.«
Jetzt bellt nur noch einer der Hunde, und während wir ihm lauschen, bellt er immer seltener und hört schließlich ganz auf.
»Vielleicht«, sage ich. »Sie bleiben am besten bei Bellom, während er schläft. Ich werde draußen aufpassen, bis morgen früh.«
Ich warte, bis die beiden ins Schlafzimmer gehen und die Tür hinter mir zusperren.
Da es draußen sehr warm ist, tut es gut, das kühle Haus zu verlassen; wie viele zu dicke Leute stellt Bellom die Klimaanlage immer viel zu hoch

ein. Als ich auf meine Armbanduhr sehe, stelle ich fest, daß es drei Uhr ist, und ich mache einen sorgfältigen Bogen um das Haus.
Dann klettere ich mäuschenstill auf das Dach, um in alle Richtungen zu sehen, und verbringe den Rest der Nacht damit, von dort aus die laue Sommerluft zu genießen .
Die nächsten beiden Nächte gehen ohne Ärger vorüber.
Am Freitag vormittag klopft Maury an die Tür des Blockhauses, kurz vor elf, und steckt seinen Kopf herein: »Das Postamt von Grantville hat gerade angerufen«, sagt er, »der Typ dort hat mir erklärt, es täte ihm leid, aber er habe vergessen, die Postzustellung zu stoppen, und nun käme ein Wagen hierher, der ein Paket abgeben wolle.«
Ich schwinge mich von meiner Liege und stehe auf, um mein Hemd in die Hose zu stopfen.
»Haben Sie gesagt, ein Paket?«
Maury nickt und weicht zurück, um mir den Weg zur Tür nicht zu versperren.
»Sie bleiben bei Bellom«, sage ich. Ich sehe ihm nach, wie er zum Haus geht, und ehe ich in meinen Wagen klettere, schleiche ich geduckt zu dem Blockhaus zurück und hole meine schwarze Tasche heraus.
Dann halte ich in einiger Entfernung von dem Tor, parke den Wagen und gehe den Rest des Weges zu Fuß. Ich passiere das Tor, schließe es wieder hinter mir ab und warte etwa hundert Meter weiter auf den Paketboten.
Eine Viertelstunde später höre ich Motorengeräusche. Und dann sehe ich einen blauen Jeep mit einer weißen Aufschrift auf den Seitenwänden, die »U.S.-Postamt« besagt. Ich trete aus meinem Schlupfwinkel hervor und gehe auf den Wagen zu.
»Sie haben ein Paket für Mr. Bellom«, erkläre ich lächelnd.
Der Briefträger ist ein hagerer alter Mann mit einer abgetragenen Postmütze, der mich äußerst mißtrauisch beäugt.
»Wenn es Ihnen nichts ausmacht«, erkläre ich ihm liebenswürdig, »werde ich es ihm überbringen.«
»Aber Sie sind nicht Mr. Bellom«, sagt er. »Jetzt bin ich schon so weit gefahren, da kann ich noch das letzte Stück hochkommen.«
»Das ist nicht nötig«, sage ich. »Ich bin bei Mr. Bellom zu Besuch, und er hat mich hierhergeschickt, um das Paket in Empfang zu nehmen.«
Wieder widme ich ihm ein Lächeln und reiche ihm eine Zehndollarnote durch das Jeep-Fenster.
Der alte Mann lächelt mich mit mehreren Zahnlücken an und kichert leise, als er das Geld entgegennimmt.
»Sie müssen das hier unterzeichnen«, meint er, »und dann gebe ich Ihnen eine Empfangsbescheinigung dafür.«
Er ist der geborene Bürokrat.
Er überreicht mir einen rosa Zettel, und ich hole meinen Füllfederhalter aus meiner Hemdentasche und unterschreibe; ich reiche es ihm zusammen

mit dem rosa Formular zurück, und dann füllt er ein gelbes Formular aus, das er mir zusammen mit dem Paket durch das Fenster gibt.
»Vielen Dank«, sage ich, während ich wartend mit dem Paket in der Hand stehenbleibe, bis der Wagen außer Sicht ist.
Dann lege ich vorsichtig das Paket auf den Boden und renne zu meinem Wagen zurück, um die schwarze Tasche zu holen. Während ich sie hinstelle, blicke ich auf das gelbe Formular. Es gibt dort eine Stelle für den Absender, und dort steht in der krakeligen Schrift des alten Postbeamten: Dallas, Texas. Wen kennt Bellom in Texas?
Ich kehre mit der Tasche zurück und starre auf das Paket nieder. Es hat die Maße von etwa dreißig auf dreißig Zentimeter und ist mit einer schwarzen Schnur verschnürt. Auch die Adresse ist in schwarzer Tinte gedruckt. Ich hebe es auf und trage es in den Schatten, in eine Nebenstraße. Dann öffne ich meinen Ausrüstungskoffer und breite alle meine Spezialwerkzeuge aus.
Nachdem ich das Paket in aller Eile mit meinem Stethoskop untersucht habe und kein Uhrwerk darin entdeckt habe, fühle ich mich erheblich sicherer, und ich beginne, es mit äußerster Vorsicht zu öffnen.
Ich entdecke eine Plastikverpackung, die zum Schutz in Zeitungspapier eingewickelt ist. Ich bin sehr vorsichtig, und zwanzig Minuten später habe ich die Schachtel aufgemacht und finde darin kleine Weinflaschen. Allem Anschein nach ist es eine Probesendung einer Weinfirma, und das, was vor mir liegt, sind Weinproben aus aller Welt.
Mit meiner nadelscharfen Drahtzange breche ich ein kleines Stück von der Umhüllung los. Es ist ganz gewöhnliches Plastik. Dann untersuche ich die Flaschenkorken. Es ist durchaus möglich, daß jemand genügend Sprengstoff in die Flaschenkorken hineinpraktiziert hat, um Belloms gesamten Sommersitz in die Luft zu sprengen. Aber die Korken sind kompakt.
Ich entferne die Korken aller Flaschen und rieche an dem Wein, wobei ich manchmal eine Spur davon mit den Fingerspitzen probiere. Soviel ich weiß, könnte er durchaus mit einem geschmacklosen Gift versetzt sein, aber ich bin ziemlich sicher, daß sich kein Sprengstoff darin befindet. Nachdem ich alles sorgfältig wieder in der Schachtel verstaut habe, bringe ich alles in den Wagen und fahre zum Haus zurück.
»Was ist los?« erkundigt sich Bellom, als ich das Paket niedersetze. Ich habe es sehr sorgfältig wieder zugeschnürt.
»Öffnen Sie es«, befehle ich ihm. »Die Sache ist absolut sicher. Es ist eine Weinprobe aus Dallas.«
»Ich kenne niemand in Dallas.«
»Irgend jemand in Dallas kennt Sie. Jedenfalls kommt das Paket aus Dallas, laut Postamt. Ist es nicht möglich, daß sich dahinter ein Freund von Ihnen verbirgt, der weiß, wie gern Sie Wein trinken, der Ihnen zufällig eine Kostprobe davon geschickt hat?«

Bellom wölbt seine schwulstigen Lippen vor. »Möglich ist es schon!«
»Aber unwahrscheinlich«, werfe ich ein. Meine Stimme hat einen scharfen Unterton. »Seien Sie nicht unvorsichtig. Ich lasse Ihnen den Wein hier, aber ich bestehe darauf, daß Sie nicht einen Schluck davon probieren, verstanden?«
»In Ordnung«, sagt Bellom. »Wenn Sie es wünschen, schütte ich das ganze Zeug in den Ausguß.«
»Das ist nicht nötig. Wir werden es hier aufbewahren - einfach so - zur Erinnerung. Nur, bitte rühren Sie den Wein nicht an.«
Ich gehe zum Blockhaus zurück. Die Sonne steht nun hoch über den grünen Wipfeln der Bäume, und während ich durch das Gras wandere, springen kleine Insekten mir aus dem Weg. Es ist ein schönes Gefühl, in das kühle Halbdunkel des Blockhauses zu tauchen und sich auf das Bett zu legen. Aber lange genieße ich den angenehmen Schatten nicht. Etwa eine Viertelstunde später höre ich jemand von draußen auf das Haus zukommen. Es wird an die Tür geklopft.
»Telefon für Sie, Mr. Deal.« Es ist Maurys Stimme. Ich richte mich auf.
»Okay.«
Noch während ich den sich entfernenden Schritten lausche, frage ich mich, was der Anruf wohl soll. Niemand weiß, daß ich hier bin; ich habe keiner Menschenseele davon erzählt.
Vorsichtig hebe ich die Telefongabel des Nebenanschlusses ab und halte den Hörer an mein Ohr.
»Deal.«
»Mr. Deal. Hier spricht der Eskimo.«
Ich erhebe mich blitzartig, bereit, in Aktion zu treten.
»Wenn Sie sich die Mühe machen wollen«, sagt eine sanfte Stimme, »nach Mr. Bellom zu sehen, werden Sie feststellen, daß er ganz kalt ist.«
Ein leises Klicken, dann das Amtszeichen.
Eine Sekunde lang stehe ich wie vom Donner gerührt da, dann renne ich zum Haus hinüber. Maury steht draußen und sieht mich überrascht an.
»Bleiben Sie hier stehen und rühren Sie sich nicht von der Stelle!« befehle ich ihm, während ich an ihm vorbeihaste.
Ohne meinen Schritt zu verlangsamen, stoße ich die Tür zum Wohnzimmer auf und bleibe in geduckter Stellung mit gezogenem Revolver stehen. Bellom sitzt hinter seinem Schreibtisch in der Ecke und starrt mich voller Panik an.
»Wo ist der Wein?« frage ich, während ich den Revolver wieder einstecke.
»Hier, genau dort, wo Sie ihn hingestellt haben.«
Bellom ist ebenfalls aufgestanden, und gemeinsam starren wir auf das lose verschnürte braune Packpapier.
»Sie haben nichts davon getrunken?« Bellom schüttelt den Kopf.
»Das kann ich beschwören.«

Das Telefon klingelt. Einmal - zweimal.
Als Bellom nach dem Hörer greift, halte ich sein Handgelenk fest. Er betrachtet mich entsetzt, als ich ihm den Hörer aus der Hand nehme und ihn wortlos an mein Ohr führe. Wir halten beide den Atem an.
»Mr. Deal?«
Ich erkenne die Stimme des Eskimos augenblicklich, und zum erstenmal kommt sie mir irgendwie bekannt vor.
»Hier spricht Deal.«
»Ist Mr. Bellom auch da?«
»Er ist da«, sage ich ruhig, »und er ist am Leben.«
»Es ist jetzt elf Uhr und neunundfünfzig Minuten und eine halbe Sekunde, Mr. Deal. Das ist sehr wichtig. Ich habe auch für Sie eine sehr wichtige Information. Haben Sie ein Blatt Papier und einen Füller?«
Wieder nagt die Stimme an meinem Gedächtnis.
»Ja, schießen Sie los«, sage ich und schiebe einen Umschlag über den Schreibtisch. Dann greife ich nach meinem Füllfederhalter.
Noch bevor ich den Deckel abzuschrauben beginne, wird mir alles klar. Er ist sehr schwer, das Gleichgewicht ist anders gelagert - und die Initialen sind ganz neu eingraviert! Es ist nicht mein Füllfederhalter!
Es ist gar nicht mein Füllfederhalter!
Als ich den Hörer sinken lasse, höre ich noch sein hohes, schepperndes Lachen. Ich werfe den goldenen Füllfederhalter gegen das Fenster, aber er prallt an dem dicken Panzerglas ab und landet wieder mitten im Raum. Ich hechte über den Teppich, um ihn zu ergreifen!
Einen gräßlichen Augenblick lang sehe ich die Explosion, ehe ich sie höre.

Inhalt